U0935803

国家“十五”重点出版工程项目

教 育
大百科全书

比较教育与国际教育

[美] D.亚当斯 主编
朱旭东 译审

INTERNATIONAL ENCYCLOPEDIA OF EDUCATION

西南师范大学出版社

图书在版编目(CIP)数据

比较教育与国际教育/(美)亚当斯主编;朱旭东等译.—重庆:西南师范大学出版社,2011.4

(教育大百科全书/(瑞典)胡森,(德)波斯尔斯韦特主编)

ISBN 978-7-5621-3841-9

Ⅰ.①比… Ⅱ.①亚… ②朱… Ⅲ.①比较教育②国际教育 Ⅳ.①G40-059.3②G51

中国版本图书馆 CIP 数据核字(2011)第 059732 号

比较教育与国际教育

主　　编:[美] D. 亚当斯
译　　审:朱旭东等
责任编辑:周安平　李远毅等
责任印制:钟孝钢
出版发行:西南师范大学出版社
　　　　　(重庆·北碚　邮编:400715)
网　　址:www. xscbs. com
印　　刷:重庆东南印务有限责任公司
开　　本:787mm×1092mm　1/16
印　　张:13
字　　数:343 千字
版　　次:2011 年 4 月第一版
印　　次:2011 年 4 月第一次印刷
书　　号:ISBN 978-7-5621-3841-9
定　　价:31.00 元

《教育大百科全书》学术指导委员会

《教育大百科全书》编译委员会

《教育大百科全书》编辑出版委员会

凡 例

一、中外文

1. 本书中文采用1986年10月10日经国务院批准、国家语言文字工作委员会重新公布的《简化字总表》中所规定的简化字。

2. 词条英文标题及附录中的外文的拼写、顺序、大小写、括号、标点和版式等均根据原书相应排列。

二、专题

3. 原书所有词条按英文字母顺序排列分卷，本书另以原书专题索引为参考，按专题归类。

4. 每个专题按相应内容范畴细分若干小节，每小节按原书英文顺序排列。

三、附录

5. 词条中所引用参考文献以附录形式出现于该词条中文部分之后，并以原书版式排版，相应正文中以圆括号简单标注作者、年份及页码，或只标注年份或页码。

如：(Anderson 1961 P. 125)；(Adams 1956，Bloom 1953)

四、译文

6. 词条原文中的“/”同时有“和”、“或”的意思，译文中均予以保留，不另作他译。

如：她/他　教/学　教师/家长

7. 计量单位从原书，英制、公制均照译，原则上不另行换算。

8. 所有译者注以括号形式随正文编排。

9. 所有正文词条标题按中文标题在前、外文标题在后的次序排列。

五、译名

10. 外国人名根据新华社译名室编辑的《世界人名翻译大辞典》进行翻译，著名外国人名则采取“名从主人、约定俗成”的原则,各学科中已有定译的外国人名采取“名从主科、遵从定译”的原则。

11. 作者名及译者名出现在每个词条中文部分之后,并且作者名都给出相应原文。每个专题的译审者名只出现在该专题扉页上,不另于每个词条后标注。

12. 一般外国译名只在第一次出现时给出原文,其他个别著名人物直接译成中文。

如:亚当斯(Adams);亚当·斯密

13. 外文人名一般只译出其姓,部分宗教人物、封有爵位的人物译出尊称“圣”或爵位名称。

14. 涉及日本及中国学者的人名时,前者以《日本姓名译名手册》(科学技术文献出版社)为主,后者以核实真人姓名为主。

如:《中华人民共和国的教育制度》的作者 Teng Teng 为滕藤

15. 外国地名根据中国地名委员会审订的《世界地名录》统一;该书未收的地名,根据通用的译名表译出;非英语国家的生僻地名则保留了原文未译。

16. 学术著作、机构团体、杂志名参照专业工具书及通用译名统一。

17. 正文括号中涉及某人的生卒年,其英文原文与生卒年之间用逗号隔开,以便与附录所引用的人名年份区分。

如:葛兰西(Gramsci,1891~1937)

六、图表

18. 词条中相关的图表来源一般根据原文注明作者、年份及页码,以便于读者查阅相关资料。

序

周远清

在当前建设小康社会的征途中，教育事业具有基础性、全局性和前瞻性的地位，关系到国民素质的提高，关系到科学技术的进步，关系到数以千万计的专门人才和大批创新人才的培养。因此，我们必须下大力气把教育事业搞好，根据经济社会发展和人的全面发展提出的客观要求，进一步解放思想，实事求是，与时俱进，在确保教育质量的前提下，继续深化教育改革，大力开展教育创新，努力形成一个比较完善的既能反映先进生产力和先进文化发展要求，又能满足广大人民群众教育需求的新型现代国民教育体系。

要建立这样一个新型的现代国民教育体系，是一个长期而艰巨的任务，不可能一蹴而就。因此，我们既应该有远大的理想，也应该有脚踏实地的精神；既要有历史的责任感，也应该有实事求是的科学态度。就当前我们的工作来说，各级各类的教育行政和科研部门，都要大兴调查研究之风，到教育实践第一线去，真正搞清楚我国国民教育体系的现状，分析哪些方面是有优势的，哪些方面已经与经济社会发展和广大人民群众的要求不相一致，因而是需要花费时间、精力和财力去改革的，还有哪些方面是原有的国民教育体系中根本没有，以至于需要我们充分地发挥教育创新精神研究部署的。到教育实践第一线去，也有助于我们切实和广泛地了解广大的教育实际工作者一些富有创造性的工作，收集和整理他们结合实际情况进行教育教学改革的经验，从而为我们的教育决策和科学研究提供大量翔实可靠的第一手材料。

要建立这样一个新型的现代国民教育体系，不大力发展教育科学事业是不行的。现代教育实践与任何其他的现代社会实践一样，既要合目的性，也要合规律性，是目的性与规律性相统一的实践活动。要想达成良好的教育目的，不讲教育科学是不行的。国内外教育实践的历史已经证明，教育实践的规模与范围越大，教育科学的重要性就越突出。因此，大力发展教育科学事业，在今天比在以往任何时候都急迫，反映了不断深化和教育改革与创新的客观需要。发展教育科学事业，需要各方面的条件和努力。在当前，特别要提倡马克思主义理论联系实际的学风，认真研究新时期有中国特色的社会主义现代化建设以及国际政治、经济与文化发展的新趋势给教育工作带来的新情况、新问题和新挑战，围绕着教育改革和创新过程中出现的又是人民群众最关心的那些基本问题和重大问题，组织攻关，协同研究，推动教育理论创新，为政府决策服务，为教育实践服务，为学生的全面发展服务。

要建立这样一个新型的现代国民教育体系，光靠我们自己的摸索是不够的，还应该在邓小平同志"三个面向"精神的指导下，学习和借鉴国际上一切先进的教育经验、理论和制度，把握并反映国际上教育改革与创新的一些共同特征，并由此探索出一条有中国特色的社会主义教育改革和创新之路。在这方面，我们既有宝贵的历史经验，也有一些值得反思和吸取的教训。回顾20世纪历史上历次大的教育变革，绝大部分都与对当时国际上先进的教育经验、理论和制度的学习有关。甚至可以说，没有这种对国际上先进教育经验、理论和制度的虚心学习，就没有清末民初中国现代教育制度的建立。但是，百余年来，我们在学习国际上先进教育经验、理论和制度时，也经常犯一些简单化的或囫囵吞枣的毛病，给教育实践带来了许多消极的后果。因此，学习国际上一切先进的教育经验、理论和制度，必须坚持"洋为中用"的原则，从中国的传统和现实出发，对它们进行辩证的分析和科学的批判，从而最大限度地有利于我国的教育改革和创新事业。

《教育大百科全书》的英文版，由联合国教科文组织、国际教育研究院组织当今世界教育界各学科的专家撰写，内容涵盖与教育相关的所有领域，将其译介成中文，可以说是中国教育界的一个福音，对于教育决策者、教育研究者以及教育管理者，该书都是一部具有重要价值的参考书。

欣闻《教育大百科全书》中文版即将出版，是为序。

中文版前言

教育是人类通过正式课堂和日常生活以获得知识、人生观和生存技能的一种历程。其意义在于通过传递历史的累积经验,既能为社会培养有效率的人群,又能为个人启智育能,使之具备新的创造力。

根据世界文明史的考察,人类的正式教育始于中国、印度和古希腊,去今约有2 300年的历史。但把教育作为一个独立的学科来进行研究,大抵还是19世纪以来的事情。应该说,这门学科被公众认可的历史远远晚于其他人文社会科学。但自公共学校普及以来,教育领域的各项研究皆取得了长足的发展,且愈来愈国际化,一些重要的研究成果为人类所普遍认同。尤其20世纪以来,各国综合国力的竞争,本质上可以说是教育的竞争。因此,各国政府对教育的重视程度、投入水平和成果质量,也基本成了衡量其现代化和文明化程度的标准之一。

各国文化传统、政治制度和经济状况的不同,反映在教育和教育研究领域是各具特色的。近20年来,随着全球化进程的加速,教育作为一个普世的主题,越来越多地受到各国政府和学界的重视。国际间的教育合作也日趋增加,各国民众和教育界人士希望了解全世界教育和教育研究现状的要求也愈趋迫切。正是在这一背景下,应联合国教科文组织的倡议,欧洲著名的教育出版集团——爱思唯尔科学出版集团(Elsevier Science Limited),在1985年首次编辑出版了这套《教育大百科全书》,并于20世纪90年代中后期全面修订(90%的词条重新撰写)再版了本套巨著。

这是目前世界上关于教育科学领域最权威也最具实用价值的一部具有理论性、学术性、工具性的全书。本套书几乎囊括了教育的所有课题,所有编委成员均由联合国教科文组织、国际教育研究院、国际教育评价协会和世界银行等权威机构推选,其条目由来自90多个国家和地区的1 000多位具有国际视野的教育专家用英语撰写。将这样一套涵盖了世界各种教育思想、理论、制度和方法,长达1 000多万字的教育百科全书译介到中国,对于我国各级各类教育管理者、教育工作者和教育理论研究者,无疑是一个福音。它有利于我们了解各国教育现状,借鉴世界先进的教育思想与体制,促进与深化我国的教育改革,从而使我国在21世纪步入世界教育强国之林。

正是基于此，西南师范大学出版社和海南出版社联合购进了本套书的中文版权，并被国家新闻出版总署列为国家“十五”重点出版工程。为作好本套书的编译工作，由教育部的相关领导及部分专家组成编译委员会，并邀请全国著名的教育学专家成立了本套书的学术指导委员会。由以北京师范大学教育学院专家为主的 100 多位本学科中坚学者组成了编译专家组，用长达四年多的时间完成了本书的翻译、审定和编校工作。为作好本书的出版工作，还由教育出版界的著名专家组成了编辑出版委员会。为了方便读者购买和阅读，我们将《教育大百科全书》的 22 个专题分册出版。在本书即将付梓行世之际，谨向所有关心、支持和参与本书编译出版的领导和专家学者表示诚挚的感谢。

本套书的英文版名为 *The International Encyclopedia of Educaiton*，为避免中文版读者将“国际教育”理解为狭义的“比较教育”与“各国教育概况”，在中文版的书名中去掉了“国际”一词。需要说明的是，作为教育学的经典工具书，本套书无论是作者国籍之多、资历之深，还是学科之广、理论之精、前沿学术之新，均为当世仅见，堪称一部国际性或世界性的教育百科全书。故在编译过程中，难免存在不妥之处，尚祈方家和读者垂教。

西南师范大学出版社

英文版前言

十卷本的《教育大百科全书:探索与研究》(International Encyclopedia of Education: Research and Studies)(以下简称《全书》)的第一版是于1980年规划、1985年出版的,其中的大部分词条撰写于1981年和1982年。它还吸纳了社会科学和人文学科中与教育问题相关的学术成果,为研究教育和从事教育事业的人士提供了丰富的信息。该书面世后,得到了教育学界的广泛好评,并且被美国图书馆协会授予了最佳参考书奖。另外,它还被《选择》杂志评选为1987年“杰出学术书籍”。

所有的人类知识领域中的学术信息永远都处在不断的流变之中。教育的实践,不仅因为立法改革之故而发生变化,而且亦因为要适应新的社会呼声、社会需求以及不同国家的不同经济状况而不断发生变化。理论正被不断地修正,新概念则层出不穷。林林总总的各类作品则伴随着或者紧跟着这些变化纷至沓来。实际上,教育领域及相关领域的学术作品可谓卷帙浩繁,完全可以与自然科学和技术领域相媲美。

教育的各个领域所发生的这种急剧的变化,于1989年和1990年先后催生了《全书》的两个增补卷。由于同样的原因,出版商和主编们都确信,现在是出版一个全新版本的《全书》的时候了。他们的这个想法,得到了《全书》第二版的编辑委员会的肯定。因此,编辑们就决定开始着手编纂《全书》的这一最新版。在少数情况下,本版只是对第一版及其增补卷中的词条进行了更新。然而,在绝大多数情况下,本版使用的都是全新的词条(90%的词条重新撰写)。

每一个主题领域,知识体系都被重新组织安排,并且特别注意了读者在第一版及其增补卷中找不到的主题。教育学的主要领域,比如教育社会学、教育哲学、教育人类学、女性教育以及著名历史人物对教育思想的贡献,都被赋予了更为显著的地位,而且都占据了相当的篇幅。

1. 作为探索、研究和对话领域的教育

《教育大百科全书》是向人们展示国际学术界对教育问题、理论、实践和制度的研究成果的最新全貌的第一次描述。因此,将教育定义为一个有关探索、研究和对话的领域,这是至关重要的。劳伦斯·A. 克雷明(Lawrence A Cremin)在他的著作《公共教育》中,将教育定义为“传播、激发或者习得知识、态度、价值观、技能和情感的有意识的、系统的且持续的努力,以及此种努力所带来的任何预料中的或者预料外的学识”。这是一个非常宽泛的定义,它将自学包括在内了。克雷明里程碑式的三卷本著作《美国教育》的一位评论家提出了这样一个问题:对教育的定义如此宽泛,难道不是几乎等同于人类学家所称的“同化”或者社会学家所称的“社会化”了吗?在那本有关公共教育的著作中,克雷明本人完全否认了这种说法,并坚持认为他提出的教育的概念要比这狭窄得多。然而,即使认同这个非常宽泛的对教育的定义,从具体的层面上来讲,“教育”到底指的是什么?它远非仅指学校以及类似的制度的功能,它是代际间的。儿童和青少年从比他们年长的人、父母以及其他人那里得到教育。父母、兄弟姐妹、同伴和朋友以及教堂、博物馆、图书馆、民间运动、广播和电视网络都是影响儿童和青少年的因素。就像学校一样,它们是按照自己的“课程”来行事的。

因此,“教育”指的是有意识地、有目的地影响或塑造儿童、青少年以及成人的行为的一门艺术(成人教育本身最近已经获得了独立的实践与研究领域地位)。从事教育者,比如父母、老师和其他负有教育责任的人,利用了观念、理论以及以研

究为基础的知识。教育理论研究的是抚养和教育其他人以及如何在一个政治的、社会的、历史的视角中塑造其他人的行为的问题。因此，父母以及老师的教育实践就包含了各种理论洞见和以前的经验之间的整合。这些洞见来自各种学科。

教育理论并不同于诸如物理学这样的一元性的、界定分明的领域。它具有多个学科维度。在法语中，教育理论被称为 sciences pédagogiques。这一术语就暗示着，教育理论包含着源自多个（已确立的）学科的知识。在德语以及斯堪的纳维亚诸语言中，Pädagogik 的含义比英语中的“Education”的含义的范围要狭窄一些。它更具体地指向学校教育，这一含义被如下事实进一步强化了：大学中的教育（Pädagogik）教席设立的目的，就是为了培训学校教师。然而，随着 Pädagoische Hochschulen（大学教育）逐步融入德国的大学，这个领域获得了一个新名称 Erziehungswissenschsften（亦即教育学），这一术语包含教育理论和教育方法。

因此，教育作为一个有关抚育和教育他人的研究领域，就是一个多学科的领域。自 19 世纪末以来，教育方面的学术知识，在很大程度上，是由心理学的经验研究生产出来的。在 20 世纪早期的德国，experimentelle Pädagogik（实验教育学）、experimentelle Psychologie（实验心理学）是同义的。在20世纪 90 年代早期，范围广阔的社会科学和人文科学学科构成了教育学的知识“基础”：心理学、社会学、历史学、哲学、经济学、人类学和政治学。

严格的教育和一般意义上的行为矫正之间的界限是难以划定的。下面这个类比清楚地说明了这一点：对某个神经官能症患者进行治疗并对之进行训练，和对这个患者进行教育的行为之间，到底有何区别，是难以捉摸的。区分它们的标准之一是——尽管这个标准要应用起来是很困难的——“治疗”的目的（前者是为了让患者恢复某些能力，后者是为了让患者恢复精神健康）。

因此，最广义的教育，就是一个由与抚养和教育他人有关的所有现实问题构成的宽泛的领域。抚养和教育可以是正式的，比如学校教育就是如此；也可以是非正式的，比如大部分情况下在职学习就是如此。发生在家庭中或者同年龄群体间的教养就是非正式的。正如在所有重要的人类事业中一样，教育可从与其目的、过程或者结果有关的学术研究中获益。教育的目的、过程或者结果这些问题，可以由与它们有密切联系的理论研究来解决。然而，在实际的“工程设计”中，教育工作者必须利用其他领域中发展出来的概念、方法和主题，因为这些领域包含着更为定形的有关人类的知识。因此，作为一个研究和实践的领域的教育，就处在许多已经成熟的学科的交叉路口上。

克雷明曾论及“教育的生态环境”，它指的是由社会中的教育机构和教育所赖以运作的社会文化及经济制度所构成的一个综合体系。同时，教育理论不是一元的，也不是界定清晰的，它有着多种学科维度。的确，正如上文所言，范围广阔的社会科学和人文学科构成了教育学的知识“基础”：它们是心理学、社会学、历史学、哲学、经济学、人类学和政治学。

因此，《全书》中的教育，不仅包含从学前教育到成人教育与工作教育的正式的和非正式的实践，而且也包括与教育有关的学术学科中的知识。这一多样性使得规划一个试图包含这个领域中的所有研究和探索的大百科全书的工作，成为一项高度复杂的事业，根本无法在理论和实践之间或者学术探索及其应用之间，划出什么明晰的界限。

这里，“教育”领域被划分成许多“次级领域”。每一次级领域下都有相应的词条。其中的主要领域如下：

——成人教育

——教育人类学

——比较教育与国际教育

——课程

——教育经济学

——教育管理

——教育评价

——特殊需要儿童教育

——教育政策与规划

——教育研究方法
——教育技术
——女性与教育
——教育史
——人的发展
——教育心理学
——各国(地区)教育制度
——教育哲学
——学前教育
——教育社会学
——教师教育
——教学
——职业技术教育

2. 关于书名中的“国际”

将本书称为“国际”(英文版书名冠以 International,即“国际”一词,为避免中文版读者将“国际教育”理解为狭义上的“比较教育”与“各国教育概况”,在中文版的书名中去掉了“国际”二字,以彰显该书的普适性——出版者注)大百科全书意味着,其中的词条对许多国家都具有参考价值。我们竭尽全力,力图让每个词条所叙述的主题都包含着当今的最新信息,并力争(除了其他标准以外)依据相关人士在相关问题上所具有的“世界性”知识的水平来选择作者。然而,这一大百科全书所提供的参考书的广度和多样性是有一定局限性的。首先,没有哪个人能够了解整个世界在某个特定领域中所取得的全部进展。其次,这一大百科全书是以英文出版的,这样做是为了让它拥有广泛的读者群。这要求作者必须以英语写作,但这确实可能导致这样的情况发生:某些作者尽管在他们的相关领域卓著不凡,而且知悉以他们的母语发表的学术著作,但却对以其他语言发表的某些学术研究不甚了了。事实是,经验研究成果之中有超过 80% 的部分是以英文发表的,而且大体上也都是在讲英语的国家(特别是美国)完成的。《全书》体现了这一状况。

尽管如此,全书中 1 262 个词条的作者来自 95 个以上的国家和地区。荣誉编辑顾问委员会力促全书的作者结构达致一种均衡。我们联系了诸如联合国教科文组织(特别是其下的国际教育规划协会)、经济合作与发展组织、世界银行和国际教育成就评价协会等国际性组织,让它们帮着挑选具有国际视野的作者。而且,全书还特别注意将发展中国家特别关心的词条包括进来。那些关于教育政策与规划、教育经济学、职业技术教育和比较教育学的词条,清楚地体现了这一点。

3. 全书的编纂过程

1990 年做出推出全新版本的《全书》的决定之后,两位主编随即任命了 22 个栏目编辑,并要求这些编辑提交他们打算在他们负责的部分中纳入哪些词条,并同时推荐相关词条的作者。1991 年 2 月,由责任编辑、主编和出版商代表组成的联合会议,审议并修改了这些词条清单。此次会议之后,责任编辑们就开始要求作者撰写相应的词条。作者撰写的词条提交上来之后,马上就由责任编辑评审,随后再提交给两位主编审议。有时候,某些词条没有获得通过,或者未能及时提交上来,就必须寻找新的作者。当编辑们对词条中的内容及其国际性没有把握的时候,就邀请外部评议人提出意见。一旦一个词条被两位主编通过,就马上被转到格伦达·克肖(Glenda Kershaw)那里,她领导的、位于普格曼(Pergamon)的编辑人员,马上就进行最后的审稿工作(这包括校正参考文献和索引),之后再将之交付排版和印刷。

我们利用了最新的计算机生产技术来编纂《全书》的第二版。与以前可能使用的传统编辑和排版技术相比,这次的速度和准确性都大为提高了。索引软件的使用,使得编辑人员能够在编辑过程中的任何阶段,完全控制那些复杂的索引。插图则是利用计算机设计技术制作的,这使得它们获得了高度的标准化和准确性。最后,整部《全书》的文字和插图都被记录在一个数字文件中,这样一来,其中的任何部分都可以被修改、摘取或者转化成多种媒体格式。

4. 全书的结构

要安排这一被称作“教育学”的知识体系的结构确非易事，因为这一知识体系源于许多学科。我们面临的最基本选择是，要么以学科为单位，围绕几个主题将相关词条组织成一个综合性的专题，要么让词条变得相对短小一些，以字母顺序来排列。这两种形式没有哪种是理想的。将词条组织成综合性的专题的优点是，某个领域（例如“课程”）的所有信息构成了一个整体。其缺点是，某些具体的次级领域就无法作为适当的话题而得到其应得的篇幅。而且，由于某些话题与多个专题相关，因此，不论将相关话题划分到哪个专题之下，都显得有些武断。经过大量讨论之后，最终决定按照字母顺序组织各个独立的词条，同时在相关词条之间安排交叉索引。这样一种形式使得人们能够迅速查找到教育学中的典型主题和话题。这一安排使得这一点显得尤为重要：让按照字母顺序排列的词条的内容相对详尽一些，具体安排是让每个词条平均长约4 000个单词。同时，这还使得主题索引变得更为重要：实际上，主题索引成为全书的关键点之一。

成人教育的135个词条是由责任编辑阿尔伯特·图季曼（Albert Tuijnman）负责的，他担任责任编辑时，正任教于荷兰的图文特大学（University of Twente），并且自1992年中期以来一直在经济合作与发展组织中任职。

自《全书》第一版发表以来的十年之中，成人教育已经发生了许多变化。不仅其投入和参与度在全球范围内都提高了，而且这一领域本身也已经成熟起来。随着20世纪接近尾声，职业教育的重要性已经大幅提高了，而且带来了许多新的成人教育研究论题。这些变化必须反映在“成人教育”这一部分的组织结构中。

该部分的词条不仅涵盖了这一领域中的重要概念和定义，而且是从学科视角来体现其发展的。它们覆盖了世界上所有地区内的成人教育和职业教育的筹资和组织问题。同时还讨论了成人教育的主要提供者以及接受成人教育的主要人群，描述了地区性的、全国性的以及国际性的成人教育政策及项目。另外，还特别对终身发展、认知、成人学习及成人教育的理论和方法给予了相当的关注。而且，相关词条还涉及了成人教育的评价和研究方法问题，以及成人识字率的测算和继续教育的问题。由于原来被认为是相互独立的理论和实践的不断融合，以下两个方面已经得到了越来越多的关注：成人的通才教育和职业教育。

教育人类学这一部分则是由约翰·U. 奥布（John U Ogbu）负责的，他任职于美国加利福尼亚大学伯克利分校的人类学系。该部分的词条主要集中在教育人类学的历史和性质、方法和概念以及实质性问题这三个主要方面上。关于教育人类学的历史的词条，解释了这一新兴领域在人类学中的兴起及其性质，以及其在教育学中日益扩大的存在与影响。任何一个新兴的次级领域所面临的挑战之一都是，发展出一个适当的方法及概念框架，以让这一领域的知识能够为改善教育而服务。那些有关实质性问题的词条则丰富了这方面的研究。

比较教育与国际教育部分则是由唐·亚当斯（Don Adams）负责的，他任职于美国匹兹堡大学的教育学院。这部分的词条涵盖了大量的历史和当代问题，并集中在三个主要方面上：界定了比较教育研究和国际教育研究的概念、方法及资料源；职业组织、政府组织和政府间组织开展的比较教育活动和国际教育活动；对与特定教育水平或功能相关的问题和趋势进行的比较分析。比较教育学和国际教育学可以看作是一个全球性的新兴领域，它获得了学术界及职业界的普遍关注，并且利用了教育学和社会科学中的理论及方法。

课程部分则是由阿瑞亚·莱维（Arieh Lewy）教授负责的，他任教于以色列的特拉维夫大学。正如《全书》第一版一样，这一部分的词条包括两个类别。第一个类别的词条，讨论的是与课程安排、课程理论的最新发展、课程研究的创造性方法以及对安排学校课程的方法的评价等方面有关的一般性问题。在这一类别的词条下，给课程评估安排了整整一小节，这一小节特别强调了质量评估问题和对计算机软件的评估问题。

“课程”部分的第二个类别的词条，讨论了各个科目的具体发展和研究。这些词条是按照学校讲授的传统科目组织起来的：母语、外语、人文学科、艺术、社会科学、数学和科学（包括技术）。此外,有一组词条还讨论了学校讲授的生存技能,比如安全教育、家庭教育、保健教育和人生教育等。

教育经济学部分则是由马丁·卡诺依(Martin Carnoy)和亨利·M.莱文(Henry M Levin)负责,二人都是美国斯坦福大学的"教育和经济学"教授。这部分的词条主要集中在教育经济学的三个主要方面:对教育进行投资时应当采取什么样的标准,以及此种投资的回报是什么?组织和生产教育的最有效方式有哪些?应当如何为教育筹措资金?

每个社会及每个个人或者家庭必须决定,应将自己的资源中的多少投入到教育上,以及投入到哪种类型的教育上。有关这个问题的词条探讨了发展中国家和发达国家中不同层次与不同类别的教育的经济回报和社会回报问题。有关教育生产的效率的词条,讨论了学校规模、学校和教育部门的组织及不同的激励计划对教育结果的影响等问题。有关应如何筹措教育资金的词条,则探讨了公共筹资和私人筹资的问题、教育的税收来源问题、政府间责任问题以及对诸如优惠券这样的市场策略的利用问题。

教育管理部分是由威廉·洛·博伊德(William Lowe Boyd)负责的,他任教于美国宾夕法尼亚州立大学的教育学院。这个专题下的词条是围绕着以下四个研究主题组织的:教育管理的理论和实践、学校的绩效及其改进、教育的管理和政策以及教育管理中的服务、任务和问题。

许多词条都有一个共同的主题:在这个社会变化日趋复杂、社会进展日益加速的时代,教育管理者如何应对人们对学校运作的效果和效率提出的更高要求。世界经济的不断重组,以及世界经济的相互间的依赖和竞争的不断加大,已经使得教育及国家劳动力的水平成为生死攸关的问题。与此同时,许多国家的政府体系和教育体系的效率,正经历着一场信心危机。结果是,政府体系和教育体系的重组和"再造"成为20世纪90年代的一个显著特征。由于同时期出现的要求学校消除它们在对待和服务各种社会弱势人群方面的不足之处的压力之故,这些雄心勃勃的计划变得更加复杂棘手了。所有这些情况造成的最终结果是,人们开始对教育政策和教育管理的方法重新思考。

教育评价部分是由位于美国芝加哥的伊利诺伊大学的赫伯特·J.沃尔博格(Herbert J Walberg)负责编辑的。这部分的词条关注的是教育评价的理论、方法及实践。这些词条表明,教育评价涉及从为评价学生而进行的信息收集到收集资料以对国家教育体系进行比较等方方面面的内容。教育评价关注的是教育产品、活动及结果的价值。教育评价为改进教育提供了丰富的信息和深刻的洞见,而且已经被越来越多地运用在教育政策的制定过程之中。这些词条清楚地说明,教育评价是从教育实践中发展起来的,但它更多地以心理学和社会科学的理论和方法为基础。

特殊需要儿童教育部分是由位于美国费城的坦普尔大学(Temple University)教育研究中心的玛格丽特·C.王(Margaret C Wang)负责编辑的。她得到了同属该研究中心的唐·戈登(Don Gordon)的有力协助。这部分的词条关注的是与对有特殊需要的儿童的教育相关的研究和实践。它们围绕着11个主题领域展开:总体情况;课程考虑;诊断和分类;提供服务的替代性方法;有特殊需要的婴儿以及学前儿童;有特殊需要的儿童及青年;轻度和中度残疾的儿童及青年;语言障碍和语言能力培育;当代的情况;教育及相关服务;职业教育和过渡性模型;天才儿童和青年。

在向所有儿童(包括学业成绩很差的儿童以及那些需要不同的、特别的支持和抚育的天才儿童在内)提供普遍的、有效的教育方面,已经取得了长足的进步,特别是自《全书》第一版出版以来更是如此。在世界上许多地方,那种试图确保儿童获得有效的学校教育平等机会的教育改革新浪潮,正致力于提高学校的教育能力,为越来越多样化的学生群体,特别是那些在以前的改革中被过分遗忘或被抛在边缘地位的有特殊需要的学生,提供更好的教育服务。

教育政策与规划部分则是由约瑟夫·P.法雷利(Joseph P Farrell)负责编辑的,他是位于加拿大多伦多的安大略教育研究院(Ontario Institute for Studies in Education)的国际教育和发展教育中心的主任。这部分的词条讨论了发达国家和发展中国家的教育政策的制定及其实施中的主要问题,这既包括正式教育中的问题,也包括非正式或成人教育的问题。其中的许多词条集中讨论了教育政策的制定和规划中的技术性问题。由于教育政策和规划是一个涉及面很广的领域,它利用了几乎所有的基础学科(例如社会学、政治学、人类学、经济学、心理学及测量和统计学等),而且它被以这种或那种方式应用到了所有的教育体系和问题之上,所以,让读者密切注意这个部分的词条之间的交叉索引是非常重要的。

教育研究方法部分则是由南澳大利亚富林德斯大学的约翰·P. 基夫斯(John P Keeves)负责编辑的。这个内容广泛的专题关注的是以下几个方面的内容:教育研究的性质、教育研究所使用的(不论是经验的还是人文的)方法以及(为研究目的而展开的、同时是评价教育实践结果的标准的)教育测量和心理测量所采用的程序及其遇到的问题。这是一个在继续飞速发展的领域:整个20世纪的大部分时间中,它就一直是这样发展着的。然而,最新的发展动力则来源于微型计算机的介入。自《全书》第一版面世以来,微型计算机已经大量地摆上了教育研究者的桌面。这个领域正发生着令人兴奋的变化,有时候还引发热火朝天的争论,并激发着对教育过程的全新理解。人们已经越来越广泛地承认以下这一点:教育关注的是人的特性的变化,而既受个人层面上的又受群体层面上的因素的影响的人的特性,是必须得到精确测量的。

教育技术部分是由特耶德·普洛波(Tjeerd Plomp)和唐纳德·P. 埃利(Donald P Ely)共同负责编辑的,前者任教于荷兰图文特大学的教育科学和技术系,后者任教于美国锡拉丘兹大学的教育学院。

这部分的词条被组织在五个大的类别之下:定义、概念背景及教育技术的传播;程序设计、工具和资源;教育技术实现方案;教育技术的应用及制度环境;新问题。

第一类词条将教育技术当作一种概念和领域进行了讨论,并讨论了教育技术在不同的方法(比如通过各种组织和刊物)下是如何在全世界传播的。

第二类词条集中讨论了诸如评估、设计、媒体制作、扩散和实施等教育技术程序。由于教育技术的设计过程高度依赖于良好的组织,因此这一类别还包含了有关教育技术的管理和教育技术专家经常利用的资源的词条。

第三类词条则讨论了实现教育技术的战略、工艺、材料和设备。有关教育技术的实例则是在教育技术的应用和制度环境这一类别的词条下提供的。最后一类词条讨论的是新出现的问题,比如教育技术和版权的社会因素。

女性与教育部分是由澳大利亚墨尔本大学教育研究院的政策、环境和评估研究系的加布里埃尔·拉可姆斯基(Gabriele Lakomski)负责编辑的。这是全书中新加进来的一部分,主要是为了从国际视角来说明、记录并解释女童和妇女在教育方面为什么会成功,又为什么会失败。

由于女童和妇女所处的极为不同的文化、宗教、经济及其他条件之间有着许多共同的问题,由于对许多问题的解决方案超出了这部分的范围,所以,这部分的词条是围绕三个主要类别组织起来的:相关国家中的女性教育历史;规定、塑造并探索了女性教育、男女不平等和女权主义研究的问题及概念;对那些传统上女性处于弱势的领域(比如某些课程、女性在管理层和教育业中所占的比例以及获得职业培训的机会等)的经验研究和讨论。

教育史是由西克斯登·马克隆德(Sixten Marklund)负责编辑的,他是瑞典斯德哥尔摩大学的国际教育研究所教授。这部分的词条主要归属于下列三个主要领域:第一,教育思想的历史;第二,教育制度体系及其立法史;第三,宏观教育史和教育史学。教育思想史及其应用的词条,主要介绍了一系列的自古典时代开始出现的伟大教育思想家和教育家,从柏拉图直到20世纪90年代的诸如齐奥格·克申施泰纳(Georg Kerschensteiner)和玛莉亚·蒙台梭利这样激进的教育家。教育制度体系及其立法史主要涉及的是教育政策和教育制度的历史,这被分作学前教育、初等教育和中等教育三个方面,另外还补充了一些有关特殊教育、职业教育和成人教育的历史的词条。宏观教育史和教育史学则包括与教育史学有关的词条,此外还包括当代教育史、教育研究史和课程研究与开发方面的词条。

人的发展部分是由弗朗茨·E. 韦纳特(Franz E Weinert)主持的,他是位于德国慕尼黑的马克斯·普朗克心理学研究所的主任。其中的词条覆盖了人的发展研究的三个大的方面:人的发展的基本现象、日常概念和理论;人在生命周期中的发展变化的科学模型;躯体、认知能力和性格的发展变化与发展进程。

为了体现人的发展研究的方法的多样性,第一部分的词条覆盖了研究人的发展最为重要的方法、某些与人的发展有关的日常概念以及关于人的发展的所有最为重要的科学理论。第二部分的词条则覆盖了人的发展的主要时期和阶段,这包括幼儿期、儿童期、青少年期、成年期和老年期。第三部分的词条则讨论了人的发展的主要方面,从人的发展的生物学基础和躯体变化,到认知发展的各种现象和机制,再到人的个性的某些方面的社会环境根源,可谓应有尽有。

教育心理学是由艾里克·德·科尔特(Erik De Corte)主持的,他任职于比利时的卢汶大学(University of Leuven)的教育心理学和教育技术中心。这部分总共有51个词条,这些词条描述了当今世界对人的学习的过程和结果的理解,以及对影响这种过程和结果的人内心的或个人的、环境的、文化的、社会的和教育的因素的理解。这些词条的范围并不仅限于学校学习,而是包括了在工业环境下的学习,比如成人学习。尽管这部分强调的是获得知识和认知技能的问题,它还是包括了一些关于情感方面的、社会方面的和运动神经方面的学习的词条。

自从20世纪70年代以来,教育心理学的一项重大发展是,有关学习和教育的研究越来越针对专门问题了。这种趋势在这部分得到了很好的反映,其中有一系列的词条回顾了与主要主题领域有关的研究,这些主题领域一起构成了普通教育的课程。

另外,还有几个词条对这个领域的历史进行了回顾。而且,我们尽力使这部分覆盖国际上的主要研究,同时确保不同的研究方法都得到适当的照顾。

各国(地区)教育制度是由德国汉堡大学的比较教育学教授、本书的主编之一,T. 内维尔·波斯尔斯韦特(T Neville Postlethwaite)主持的。几乎在任何情况下我们都与各国的教育部联系,让它们安排相关词条的撰写。我们向所有的作者发出一份详细的内容大纲,目的是让对所有国家(地区)的教育体系的全部描述都尽可能地有相同的结构。这要求作者撰写以下内容:其所属国家(地区)的基本背景和社会、政治及经济环境,以及这些因素对本国(地区)教育体系的影响;教育政策与规划;正规教育体系的结构和学生人数,以及对学前教育、特殊教育、职业教育及成人和非正式教育的特别说明;正规教育体系的资金来源;教师的培训和供应;课程开发程序;升学、考试和证书程序;教育评价和研究;20世纪80~90年代的主要教育改革;该教育体系到2000年以前将面临的主要挑战。

有少数国家的教育部没有给出回答。这些国家有的正发生内战、政治动荡或者干旱。某些国家的教育部确实推荐了作者,但是相关作者除了与我们写过少数几封信之外,就再也没有什么音讯了。尽管遇到了这样一些问题,全书中还是包含了142个国家(地区)的教育体系的词条。

教育哲学部分是由美国斯坦福大学的教育和哲学教授丹尼斯·C. 菲利普斯(Denis C Philips)主持编辑的。这部分包括一些很长的词条,这些词条从历史角度回顾了教育哲学、教育哲学中的分析传统和教育研究中的认识论问题。还有一些词条则关注的是地区现象,另外一些则对那些经常影响教育理论和实践的主要的宗教思想派别进行了综述。同样都源自欧洲大陆的解释学、批评理论以及后现代主义,被分别放在不同的词条中讨论。然而,主要词条讨论的却是整个20世纪英美的教育哲学所集中关注的一些具体问题:比如教育中的批判性思维、课程理论、政治和道德哲学及其对教育的影响、当代的认识论理论及其教育学分支、哲学中的实证主义和现实主义及其对有关教育研究方法的影响以及西方作家眼中的马克思的社会理论的遗产。

学前教育是由美国伊利诺伊大学的初级教育和儿童早期教育中心的主任莉莲·G. 卡茨(Lilian G Katz)主持的。这部分的词条涉及了与从出生后到小学之前的儿童的成长、发育和学习等方面有关的话题,以及与这些儿童的父母有关的问题。另外还有一些词条专门讨论了与婴幼儿和学龄前儿童有关的计划的性质。

对于致力于对相关计划的效果进行评估、测量和预测的研究人员来说,学前教育具有特殊的挑战性。学前教育的这三个方面的词条,还回顾了学前教育的评估和学前教育评估的当前趋势,并综述了对学前教育计划展开的纵向研究的结论。

全世界范围内的学前教育以及儿童早期教育方面的专家,都特别强调了家长参与以及旨在对家长抚育孩子的能力进行培训的极端重要性。我们安排了专门的词条,对这类研究成果进行了分析。此外,几乎所有的专家都一致认为,学前教育计划的质量在很大程度上是由学前教育人员的经验和资历决定的。因此,本部分亦将学前教育人员的培训的进展包括进来。

教育社会学是由位于澳大利亚堪培拉的澳大利亚国立大学的社会学系的劳伦斯·J.萨哈(Lawrence J Saha)主持的。相关词条可以划分为三个主题:教育社会学的理论和主要领域;教育的结构和体系;关于教育过程的社会学。

对教育的社会学研究和解释被大量理论视角所主导着,这些视角全都提供了有关教育如何在社会中发挥作用的深刻洞见。因此,某些词条集中讨论了几种主要的教育社会学理论(包括古典理论和当代理论),并且还特别讨论了相关的生育理论和阻抗理论。除了一个有关教育社会学的词条之外,另有五个词条对有关成人教育、课程、学习、特殊教育和教学的社会学进行了综述。

第二个主题关涉的则是教育结构和体系问题,并且包括了诸如教育体系的不同层级之间的关系、公共和私人教育、能力追踪、教育体系的阶层现象以及教育与国家方面的词条。

最后,有关教育过程的丰富的社会学知识体系则体现在大量的词条之中,这些词条讨论了诸如教师工作和教师的过劳状况、性别差异、家庭结构、友谊模式以及课堂的动力机制等方面对学生的学业和其他在校成绩的影响。

教师教育这部分则是由美国南加州大学的罗林·W.安德森(Lorin W Anderson)负责组织的。教师教育这一专题的词条是围绕四个主题展开的:教师教育的概念和模式、职前教师教育、在职教师教育以及特殊领域的教师教育。有关教师教育计划的管理、认证、课程和评价都在这些词条中得到了讨论。所谓的特殊领域则包括阅读、语言艺术和文学、数学、音乐、体育、科学以及社会研究。

教学也是由美国南加州大学的安德森教授负责组织的。这一专题的词条则是围绕八个主题展开的:教师和教学的概念、教师的个人特性和职业特性、课堂环境和限制、教师做出规划和决定的行为、讲课策略和教学方法、教师行为和教师与学生之间的互动关系、教师和教学效果以及对教师和教学的研究。具体的词条则覆盖了从有关"作为职业人士的教师"的理论讨论到有关"教师的管理行为"的经验分析的丰富内容。

职业技术教育是由英国爱丁堡大学的肯尼斯·金(Kenneth King)负责编辑的。这部分的词条覆盖了技术和职业技能培训的三个场所:正式的学校教育;独立的培训机构(往往由劳动部而不是教育部负责管理);工业界和商业界内部进行的培训,这包括发展中国家的小型企业、农场和工厂的生产小组以及德国或其他国家的著名的"二元体系"。

"理论"知识和"职业"知识之间的关系是极端复杂的,而关涉它们之间的关系的国家政策,则是与诸如是否能够获得进一步的教育、工作前培训以及(对许多国家来说)受教育者的失业情况所造成的威胁等等问题紧密联系在一起的。此外,技术和职业教育往往比理论教育更加昂贵。因此,除了讨论技术和职业教育的覆盖范围、时间安排及其制度定位之外,许多词条讨论了技术和职业教育的筹资机制问题。

5. 如何使用本大百科全书

正如上文指出的,教育不是一个被某种传统的学科视角一统天下的学术研究领域。实际上,许多学术地位已经确立的成熟学科都对探讨教育中的问题有价值。划分与这些问题相关的知识体系的结构的任何企图,都会遭到数不胜数的困难。尽管本书的词条是按照字母顺序排列的，但是读者还是可能不清楚某个相关词条是否包含着他们需要的信息。因此，出版商特地准备了一卷索引卷（西南师范大学出版社与海南出版社2006年1月出版的10卷精装《教育大百科全书》将索引并在第10卷中），该索引卷包含三个层次的主题索引：名称索引、分类词条表和词条作者表。这应当会有助于克服作为一个研究领域的复杂性所引发的困难，并可引导读者快速查找到自己所需要的信息。

我们要求各词条的作者列明他们撰写的词条的关键词和关键短语，这些关键词和关键短语都是他们希望传达的信息的根本要素。这些术语就构成了主题索引的基础。接着，大量的索引专家利用一个计算机索引程序对超过1 200条的术语进行了协同一致的分析，从而制作出了一个易于使用而且全面的索引，这个索引可满足不同知识层次和不同经验水平的读者的不同要求。涉及某个问题的实质性讨论的页码索引被醒目地标了出来，而交叉索引则将读者导向相关的词条。因此，主题索引就成为使用本全书者可依赖的最重要的工具了。名称索引也提供了一个颇为有用的切入点。

分类词条表则勾勒出了本大百科全书的内容的基本结构。它以"主题词条"将相关词条组织成多个以字母顺序排列的领域，并将涉及相互关联的话题的词条安排在相关的总的小标题之下。某些内容则同时被列在多个不同的专题之下。此外，某些标题则跨越了本大百科全书为安排相关词条而按专题划分的界限。这样，读者就可以找到所有与"阅读"有关的、被安排在一起的词条，即使这些词条是由两个不同的责任编辑负责组织的。

索引卷还包括了一份列明作者及其所属机构的完整列表，并指明他们撰写了哪些词条。同时还包括了一份列明主要教育研究刊物的列表，这对于本大百科全书的读者来说，定会是一个便捷的索引工具。

为了满足读者对某个特定词条内包含的具体内容的更为深入的兴趣，通常作者都在他们撰写的词条后的参考书目之后指明了与相关词条相关的进一步的资料源，而且，还交叉索引了本大百科全书中与他们撰写的词条紧密相关的其他词条。

6. 致谢

编纂一部大型的大百科全书是一项艰巨而浩繁的工程。我们要特别感谢几个人。首先，我们要感谢巴巴拉·芭蕾特（Barbara Barrett），普格曼的编辑部主任，正是她第一次提出编纂这一新版的大百科全书。其次，我们要特别感谢责任编辑，感谢他们的责任心、能力、智慧以及他们在本书工作上所花的大量时间。再次，我们要感谢所有作者，感谢他们撰写（以及重写）相关词条。我们深深地受惠于荣誉编辑顾问委员会以及相关词条复审人的卓绝才识。另外，我们亦深深受惠于汉堡大学和斯德哥尔摩大学的许多人士，他们重打了许多有时候几乎都无法辨认的词条，并且对每一个词条所处的状况都进行了随时随地的追踪。这些人士包括：欧姆特劳德·弗里茨（Irmtraud Friz）、冈达·列姆考（Gunda Lemkau）、罗斯尼·兰宾（Rosine Lambin）、朱莉·弗雷德里克斯（Julie Fredericks）、杰德·哈里斯（Jed Harris）和克里斯蒂娜·雷昂（Kristina Rayon）。我们要感谢菲利普·阿什列特（Philip Aslett）和费昂纳·巴尔（Fiona Barr），他们承担了编纂主题索引的主要任务。最后，我们还要向普格曼的优秀的编辑队伍表示我们由衷的谢意：格伦达·科尔肖、安吉拉·莫瓦（Angela Moar）、艾丽森·唐内特（Alison Dunnett）、彼得·米歇尔（Peter Mitchell）、露茜·赫伯特森（Lucie Herbertson）以及米歇尔·惠顿（Michde Wheaton）。

托尔斯顿·胡森（Torsten Husén）
T. 内维尔·波斯尔斯韦特
（T Neville Postlethwaite）

6.歌剧

[illegible]（Barbara Hannigan）[illegible]

[illegible]

[illegible]（Linda Fontan）[illegible]（Justine Landry）[illegible]

[illegible]（Angela Moor）[illegible]（Alison Dunnett）[illegible] Peter Mitchell [illegible]（Linda Herbststeen）[illegible]

[illegible]

[illegible]2006年1月18日[illegible]

[illegible]

目　录

·比较教育和国际教育中的概念、方法和信息资源

比较教育和国际教育:组织和机构(Comparative Education and International Education:Organizations and Institutions)

20 世纪 90 年代以来,国际研究和比较教育得以快速发展。随着"地球村"成为现实,研究者和政策制定者共同致力于将理论、研究成果、培训以及政策用于世界范围的学校教育。比较与国际教育组织(CIEOS)在过去的工作就主要是完成这些任务。由于任务环境的转变,理论、研究和政策三者相互结合对于教育发展是十分重要的。许多国际组织都正在反思他们的长期政策,以便更好地在 20 世纪 90 年代促进教育发展。在本词条内针对重要的比较教育和国际教育组织的工作平台进行概述,为理解比较教育组织的历史、范围、资金和提出的要求提供一种背景。除此之外,大学、研究机构以及计划机构的角色也得以剖析,当与任务相联系时,也表明了这些机构是如何全面凸显他们的目的的。最后将展现上面提到的 30 个主要教育组织的详细注释,以便让读者全面地理解在教育领域工作的国际组织。

1. 大学作为范式建构者

比较教育经常遭遇不确定性和协调的问题,因为教育领域本身就充满了基于全世界数百万教师的实践而提出的相互冲突的范式。主要的大学和基金会在非常不确定的情况下,极其依赖于著名院系,以确保他们的声望。这也就在很大程度上影响着这些组织计划及他们工作的方式。从历史上讲,大学已经完成了建构用于解释教育行为的智力范式的任务,主要通过在世界范围来培养研究骨干、学者以及教育策划者等。只是一些大学侧重于理论研究,其他的侧重于政策和培训。例如:芝加哥大学、斯德哥尔摩大学、伦敦大学的比较教育系其研究重点是理论,而英国的苏塞克斯大学、比利时利哥大学和尼日利亚的伊巴多恩大学则侧重于培训方面的理论。

在通常情况下,当研究机构给国际教育企业提供确定的和得到公认的信息时,科学的政策就会得以实施。为在 20 世纪 90 年代得到发展,比较教育部门必须将理论与实践相结合来影响教育政策、教育管理和数据收集技术。

2. 研究和信息机构

研究和信息比理论建构的风险小一些,特别是当那些支持分析性手段的方法和技术都已经被人们熟知后。但是,要管理信息仍然需要高度的协调。从逻辑上讲,这些主要从事调查性研究的机构致力于使评价技术更精确化,而一些私人机构可能为了盈利仅通过签订合同进行研究。传统上,方法论者、统计学家和教育者是这些教育研究企业的推动者。通过给教育部门提供信息,研究和信息机构扮演着实践的角色。例如在墨西哥,它们为国家机构做评估研究。还例如,日本的国家教育研究所、澳大利亚的教育研究委员会、法国的国际教育研究中心、意大利的欧洲教育中心等等,它们主要的工作是调查研究,但具体表现为数据收集、为政策制定者进行信息处理或者完善技术程序和信息交流。在 20 世纪 90 年代,为了加强政策制定者和大学之间的联系,这些机构必将改进调查技术和数据处理技术。

3. 以教育政策为目标的组织

在 20 世纪的最后 10 年,国际机构,例如世界银行、联合国教科文组织、经济合作与发展组织、主要的基金会和双边捐助者(日本海外经济合作基金、加拿大的 IDRC、美国的美国国际发展总署、斯堪的纳维亚的 NORAD),包括一些政府教育部门已大大促进了国内和国外的人力资源发展。由于教育是实现这个目的的关键因素,各国的政策目的都在于在世界教育研究与培训界促进教育和培训的发展。各国政策的重点向行政/管理方面倾斜是很明显的。在增加数量的同时提高质量,已成为主要的国际政策组织的目的,它们关注的是监控教育。政府教育部门有时属于这种类型,但是主要的组织,例如斯宾塞(Spencer)和贝塔斯曼(Bertelsmann)基金会,或者像国际考试委员会和国际阅读委员会这样的行动组织也是这种类型的组织。一些非政府组织也为公众提供信息(例如国际教育成就评价协会、世界教育研究协会以及欧洲教育和社会政策研究所)。

在这一领域,政治的作用很大,因为这些组织都采取集中的资源配置形式、计划和游说功能来影响教育。当教育决策顺利时,不确定性很少而且科层制结构占主要作用。但是当决策不能确定时,这些组织将采用跨学科的策略,以确保政策研究能影响变化。

从根本上说,如果没有足够的研究信息和理论,政策和计划委托人将因为以主观判断制定政策而受到谴责。由于快速的政治变化,许多基金会和政策制定者只给"活动项目"提供资金而不是投资于长期的将培训、理论、政策和信息学结合起来的协调性研究。将来,这些组织将有持续的研究计划,同时也将设计新的有助于解决教育问题的范式。

4. 整合功能和角色

不考虑组织之间的关系,在20世纪90年代必须看到国际教育组织与政策、信息、教育理论以及培训的关系越来越近,否则国际教育组织将无助于未来比较与国际教育理念的发展。跟国际与比较教育有关的组织必须在取得战略一致之前确定目标。没有一个组织能控制它的工作环境,这是由领导能力的分层、协调问题、快速变化的技术所决定的。所以机构之间的合作对于长期保持对比较教育的影响是非常重要的。许多负有政策制定或培训任务的双边援助机构和国际基金会已经依赖大学为其提供理论基础和培训教育人员。当为了解决具体的政策问题时,政府教育部门也与大学和研究机构签订调查研究合同。

接下来,通过对在20世纪90年代早期一些组织的界定,描述了国际教育事业的主要要素之间的关系,这些组织对规范比较教育与国际教育做出了突出贡献。

以下每个组织都致力于许多不同的任务,一般来说侧重于一个特别的功能。根据这些任务所需要研究的理论、政策或培训的多少,这份文件揭示了各个研究机构致力于改善教育所采用的策略。

5. 比较教育组织概况

图1表示以上提到的国际比较教育机构的空间位置。靠近外国的组织在这个位置上是因为某些任务功能(例如政策、研究等)控制了它们的策略。这张图表明了20世纪90年代以及后来的时期,主要的国际和比较研究组织所要面临的世界环境。图上的布局是示意性的,并非很精确。

5.1 伦敦大学教育学院

比较教育的源头可以追溯到伦敦大学教育学院,也许并不令人惊讶。从20世纪30年代开始这所大学的教育学院给比较欧洲研究提供资金,从60年代起开始整个英联邦的比较研究。这就包括了许多非洲和印度次大陆的第三世界国家。这个教育学院在地理上和历史上的位置都是属于前列的。它将研究范式输出到其他地方,从而最大限度地将比较教育与社会相联系(一般通过主题内容和社会阶层),早期到海外学习比较教育的毕业生和学者将伦敦大学教育学院的影响传播到北美、亚洲和非洲。

从伦敦大学教育学院成立的初期,就吸引了来自世界各地的求学者,他们在学成之后回到各自的家乡为政府部门和大学工作。在国际发展方面,这一机构与经济合作与发展组织、联合国教科文组织和欧洲委员会在许多项目上协同合作,出版了很多颇具影响力的《世界教育年鉴》(一直到1974年),并且在1961年帮助建立了欧洲比较教育协会。到1970年,这一协会发展成为世界教育家协会理事会。随着时间的流逝,伦敦大学教育学院不断发展并出版了对比较教育影响深远的研究成果和理论范式,培养了许多比较教育学家,对经济合作与发展组织、联合国教科文组织和欧洲理事会的教育理念产生了广泛影响。该组织将自己的传统一直保持到了20世纪90年代。

5.2 芝加哥大学比较教育中心

在20世纪五六十年代,纽约(哥伦比亚大学师范学院)、匹兹堡(匹兹堡大学国际研究中心)和芝加哥大学都开设了跨大西洋国际教育课程。

1957年芝加哥大学率先通过成立比较教育中心,将一种跨国家、跨学科(社会学、经济学和心理

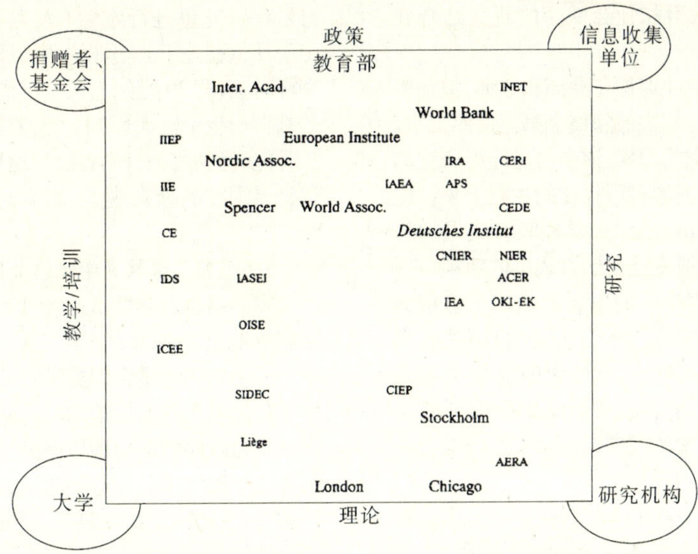

ACER: Australian Center for Educational Research(澳大利亚教育研究中心)

AERA: American Educational Research Association (美国教育研究协会)

APS: Academy of Pedagogical Sciences, Moscow(教育科学学院,莫斯科)

CEDE: *Centro Europeo Dell'Educazione*, Rome(戴尔欧洲教育研究中心,罗马)

CERI: Center for Educational Research and Innovation, Paris (教育研究和革新中心,巴黎)

Chicago: University of Chicago, Comparative Education Center (芝加哥大学,比较教育中心)

CIEP: *Center International d'Etudes Pédagogyque*, *Serves*, France(国际教育研究中心,法国)

CNIER: Chinese National Institute for Educational Research, Beijing(中央教育科学研究所,北京)

CE: Council of Europe, Strasbourg(欧洲理事会,斯特拉斯堡)

Deutsches Institut: *Deutsches Institut für Internationale Pedagogische Forschung*, Frankfurt(德国国际教育研究所,法兰克福)

European Institute: The European Institute of Education and Social Policy(欧洲教育和社会政策学会)

IAEA: The International Association for Educational Assessment (国际教育评价联合会)

IASEI: *Instituto Ajijc Sober Education Internatiónal*, Mexico(墨西哥国际教育研究所,墨西哥)

ICEE: International Center for Educational Evaluation, Ibadan, Nigeria(国际教育评估中心,伊巴丹,尼日利亚)

IDS: Institute of Development Studies, University of Sussex(发展研究学会,苏塞克斯大学)

IEA: International Association for the Evaluation of Educational Achievement, The Netherlands(国际教育成就评价协会,荷兰)

IIE: Institute of International Education, New York(国际教育协会,纽约)

IIEP: International Institute of Educational Planning, Paris(国际教育规划学会,巴黎)

INET: International Networks in Education and Development, Michigan(教育与发展国际网络,密歇根)

Inter. Acad.: International Academy of Education(国际教育学院)

IRA: International Reading Association(国际阅读协会)

Liège: *Laboratoire de Pédagogie Expérimentale*, University of Liege, Belgium(教育研究所,利哥大学,比利时)

London: University of London Institute of Education (伦敦大学教育学院)

NIER: National Institute for Educational Research, Japan(国家教育研究协会,日本)

Nordic Assoc.: Nordic Association for the Study of Education in Developing Countries, Oslo(北欧发展中国家教育研究联合会,奥斯陆)

OISE: Ontario Institute for Studies in Education, Toronto(安大略教育学院,多伦多)

OKI-EK: The Hungarian Center for Evaluation, Budapest (匈牙利评估中心,布达佩斯)

SIDEC: Stanford International Development Education Committee (斯坦福国际发展教育委员会)

Spencer: The Spencer Foundation, Chicago(斯宾塞基金会,芝加哥)

Stockholm: The Institute of International Education, Stockholm (国际教育研究所,斯德哥尔摩)

World Assoc: World Association for Educational Research, Paris (世界教育研究联合会,巴黎)

World Bank: World Bank Education and Employment Division, Washington, DC (世界银行教育和就业部,华盛顿)

图1　世界比较教育机构的空间位置示意图

学)的研究方法与教育和社会秩序的研究结合在一起。

尽管它的主要关注点是在欧洲和非洲,但是发展到后来它逐渐将影响扩展到整个第三世界国家。通过早期对非洲研究的积累,该中心已经把研究的重点放到教育规划、发展和现代化的主题上来。这些主题影响到了认知和非认知学校教育成果的思索,并提出了教育在改变社会的方式上的新观点。

芝加哥比较教育中心的主要贡献在于运用调查研究的方法(包括多角度的分析视角)将关系到时间分配的经济决策理论、学校财政的公平与效率、世界学生人口的学业成绩等所体现出来的经济、社会和心理学方面的问题结合起来进行综合研究。

例如,在20世纪60年代中期该中心运用计算机技术、卡片分类技术和基本的规划方法在12个国家展开了第一次大范围的关于学生数学成绩的调查。在20世纪六七十年代,该中心发展了量化研究方法论。而且,这种方法从一开始就对美国的比较教育研究产生了深远影响。芝加哥大学学习比较教育的学生毕业时获得的是社会科学学位而不仅仅是单一的教育学位,因此学生可以利用芝加哥大学全面的学科优势进行学习。而比较教育中心的工作重点则是将理论运用于实践。

5.3 斯德哥尔摩国际教育研究所

斯德哥尔摩大学国际教育研究所(研究生教育机构)成立于1971年,在欧洲教育中发挥着重要作用,它主要致力于进行有关教育的量化调查研究,尤其是在国际课程领域。在20世纪70年代,斯德哥尔摩国际教育研究所承担了大型的国际学校教育成绩调查的数据收集工作,并且培养在数据收集和分析方面的调查研究人员。其培养出的调查人员具备良好的研究素质,成为欧洲和世界其他地方的研究机构的工作人员。20世纪90年代,该研究所继续进行学生学业成绩调查,并且也通过培训和模式建构以促进比较教育和课程的发展。

5.4 斯坦福国际教育发展委员会(SIDEC)

该机构附属于加利福尼亚斯坦福教育学院。这一项目于1965年正式启动,它的主要任务是运用社会科学的方法进行教育规划和制定政策,既进行量化研究也进行定性(人类学、政治学)研究。由于其位置处于北美洲的西海岸,因此在它发展的高峰时期,即20世纪七八十年代,对亚洲和南美洲的教育产生了巨大影响。自从该机构接纳学生以来,许多优秀的教育学者已从这里毕业。他们对第三世界国家的教育观念、教育过程产生了重要影响。

5.5 安大略教育学院(OISE)

安大略教育学院成立于1965年,是享有与大学同等地位的独立机构。它与加拿大最大的大学——多伦多大学合作提供研究生的教育和培训。由于与加拿大的发展辅助项目密切相关,安大略教育学院为政府的这一项目提供了学术理论、计算机和数据处理专家。它每年的研究经费预算为1 000万美元,主要用于第二语言、计算机辅助教学和方法评估。

5.6 国际教育评价中心(ICEE)

尼日利亚爱伯旦(Ibadan)大学的国际教育评价中心成立于1957年,它代表着非洲最好的教学和指导国际性研究的国际教育研究中心。ICEE与英国建立了合作关系,它管理各会员机构的考察工作,指导非洲以英语为母语的国家的在职教育培训,提供研究评价和方法论专业的研究生和大学本科水平的教育。该中心也像教育研究与发展(R&D)、国际财团一样为西非提供服务并且出版《西非教育》期刊。

以上列出的教育研究中心代表着对比较与国际教育最有影响力的研究机构。这些组织都附属于大学,从事跨学科的学术研究,并且能将理论与研究方法论、培训与政策制定相结合。这些大学致力于理论构建,并通过专题和全体人员的研究进行确认。它们为全世界培养出的教育研究者分布在各国政府教育部门、国际捐赠机构和信息发布中心等。其中一些机构将在下面的内容中谈到。

6. 大学以外的教育研究自治机构

大学以外的主要的教育研究机构已经得以建立和发展,它们或者是私立性质的,或者是附属于政府的。这些机构从事对实验性和大范围调查研究的指导工作。它们或者具备实力雄厚的经验主义研究基础,或者具有深厚的理论基础。在前一种情况下,它们常常为政府部门收集数据,在后一种情况下,它们也进行数据的解释工作,当然,这就需要运用最新的理论和方法。

6.1　教育科学学院(APS)

教育科学学院位于莫斯科,创立于1967年,它完全由政府提供研究资金,主要从事教育学、教育心理学等方面的研究,并且收集全国范围内学校教育各个方面的信息。它向国家教育部和教师协会报告所有的研究发现。该科学院聘用的专业人员超过1 600名(这在1990年需要1 400万美元的预算)。受聘的工作人员分布在莫斯科各地的研究中心工作。苏联的解体毫无疑问地影响到了这一组织,使得它自成立以来对共和国教育的影响大不如以前。根据1990年的情况,教育科学学院主要分为15个部门,它们包括:教育理论和历史、方法论、教育心理学、发展心理学、特殊教育、教育行政管理、学前教育、普通中等教育、职业教育、信息学、教学辅助、审美教育、专业教育、成人教育以及双语教育。这些分支机构将所有的研究发现向政府机构、教师和家长公布汇报。

该机构的国际合作主要集中于东欧国家和联合国教科文组织。在20世纪90年代早期,APS参与了和日本、美国、英国、德国、芬兰、中国、加拿大、挪威及意大利的合作研究。APS和国际调查社团一起参与了学生数学成绩的调查,并且管理实验学校,以便学术研究人员实施研究工作。但是APS只在实验学校方面有经验,在指导大范围的样本调查方面却缺乏经验。该学院出版主要的期刊,也出版课本和教师及家长用的教育小册子。

6.2　国际教育研究中心(CIEP)

国际教育服务中心位于巴黎,成立于1945年。主要从事培养法语国家的教师,进行教育指导,使教育实践概念化并对教育改革发布调查信息。该中心附属于法国国家教育部,主要承担四项功能:(a)法语作为外语的研究;(b)教育体制评价的比较研究;(c)培养法国的外语教师;(d)召开比较教育会议。

CIEP的这些功能相互结合,在将来自世界各地各个组织的教师、教育家、研究者和教育行政人员召集起来的过程中,研究者在法语语言培训方法、教学和其他学术科目上进行创造性的对话,这也促使了理论和教育需求之间的关系更加紧密。

该中心为各个国家教育系统提供文献服务,以促进比较方法的发展。它现在正与加拿大魁北克省、美国、比利时和德国以及许多非洲北部及西部国家协同合作。在法国国内,该中心在读写教育、数学和计算机教育等领域指导调查研究。它将大范围的实证性研究、课程以及政策分析相结合。

6.3　匈牙利评估中心(OKI-EK)

位于布达佩斯的匈牙利评估中心是半独立于匈牙利国家公共教育机构的单位,主要由教育部提供资金。该中心的任务主要是开发新的国家核心课程和考试,实施全国成绩调查,指导教育教学中的研究、课程研究、评估以及出版有关课程历史和理论的丛书。

自从20世纪70年代以来,该评估中心在政治和意识形态的压力之下参与进行西方式的实证主义的实验研究。波兰和罗马尼亚的研究机构有几次也试图参与到这样的研究当中,但是没有成功。该中心最为自豪的是采用新型的方法对匈牙利的各级各类考试进行评估。它使用国际先进的范式指导全国性的调查,这些调查在数学、自然科学和语言学习等方面已经设立了水准基点。调查结果发现,在国际标准衡量之下匈牙利教育体制已经达到很高的水平,尤其是在数学和自然科学教学领域,但是在阅读和语言学习等方面水平一般。

该评估中心是世界上少有的几个在20年内使用国际标准进行大范围教育项目实证测试的机构之一。它将继续实施调查研究并开始帮助其邻国发展相似的教育研究项目。

6.4　德国国际教育研究所

德国国际教育研究所位于法兰克福,成立于1951年,主要致力于学校组织、课程开发、教育计划等方面的实证研究,目的在于将所有的研究成果呈交德意志联邦教育部。1964年,该机构改建为一个全职的研究机构,并获得了作为独立机构的合法地位,但仍保留着政府的资助资金。

随着时间推移,该研究机构的国际视野已经从西欧、北美向东欧和第三世界国家转移。由于比较教育不再停留于过去的关注点，该研究机构也致力于与全世界的其他组织合作研究教育历史、职业教育、特殊教育、经济发展、测试建构、教育标准和数据处理等方面的内容。结果，教育研究项目很可能偏向这些方面而并不强调比较的研究。

通过信息交换，该研究所为欧洲共同体、欧洲理事会、联合国教科文组织和经济合作与发展组织在教育方面的决策提供建议。该研究所出版的期刊——《教育科学研究》每半年发行一次，同时也出版一些学术书籍和期刊文章。德国国际教育研究所更强调实证研究而非理论探讨。

6.5 日本国家教育研究协会(NIER)

作为文部省的附属机构，日本国家教育研究协会成立于1948年，位于东京。20世纪60年代，该机构在两方面得以扩展。一方面，它在指导教育中的科学和实践研究领域取得巨大进步，其研究实力也得以提高。另一方面，由于参与联合国教科文组织的研究项目，使得该机构在信息和人员交换、交流方面迅速发展。1967年，它与联合国教科文组织合作以加强亚洲地区的教育研究活动(研讨会、分组讨论会等)。这项研究推动了20世纪70年代旨在促进发展的教育革新学术项目，日本在其中发挥了主要作用。

1990年，NIER的研究预算达到了700万美元，主要用于教育哲学/历史、高等教育、教育计划、教育评估、教育指导/建议、幼儿教育、学校课程、比较研究、教学方法以及科学与数学教学内容等方面的研究。该机构定期出版日文刊物，偶尔也发行英文报告。自20世纪60年代以来，它就参与到国际调查研究中，并在90年代承担常规的数学和自然科学以及计算机学习测试。

6.6 澳大利亚教育研究中心(ACER)

澳大利亚教育研究中心(ACER)是一个独立的非政府组织，位于维多利亚，其经费来源于补助金，与联邦政府和州政府签订的研究合同、私立机构的拨款、出售教育和心理书籍以及其他教育物品的所得。该委员会成立于1930年，到1990年其专业研究人员达到50人，每年的经费预算为270万美元。从根本上说，澳大利亚教育研究中心的功能主要在于有关澳大利亚教育的研究和发展项目，包括培养研究方法论者和发布教育研究结果。著名的ACER出版物有《澳大利亚教育杂志》，以及一些有关读写教育、数学和科学教学研究等方面的成果及有关学校—职业过渡教育等方面的研究报告。该中心正致力于国际数学和科学教育调查。

6.7 墨西哥国际教育研究所(IASEI)

IASEI是一个私立的、非营利性质的国际组织，成立于1978年，附属于墨西哥瓜达拉拉哈拉(Guadalajara)自治大学。该机构在比较教育的框架之下进行高等教育的比较研究。它主要集中于研究拉丁美洲的事务和组织行为，并将研究结果在国际上发行，其文章内容涉及高等教育、科学研究、教育与就业、国际合作等。IASEI的咨询委员包括许多来自全世界的教育家。

6.8 中央教育科学研究所(CNIER)

中央教育科学研究所位于北京，在“文化大革命”后于1978年得以重建，它作为一个全面的教育研究机构附属于中国教育部。主要从事中国教育事业的理论与实践研究，以期为教育改革提出政策建议，并以此促进中国的现代化建设。该机构拥有250多名研究人员，主要在学前教育、计算机教育和科学课程发展领域进行指导研究。它服务于承担着4亿学龄儿童教育任务的中国教育部。

6.9 欧洲教育研究中心(CEDE)

欧洲教育研究中心位于罗马城外。该机构于1960年成立，作为许多指导性的中心之一，它与罗马大学以及其他4所意大利的大学相互合作。这些大学具备授予实验教育学领域包括研究方法论在内的博士学位的资格。欧洲教育研究中心为这项工作提供指导和支持。

该机构的研究人员是在全国范围内挑选出来的，一共包括50名教授和教师(他们仍保留其在国家教育系统中的职位)。自从1974年起CEDE就已确定其工作目的，即通过比较研究收集、解释和发布意大利及其他国家(主要是欧洲)的教育信息和文献。CEDE的各个部门分别实施在项目成本、教育与就业、学习过程、教育革新和在职培训以及教育技术应用方面的研究，当实施国际性的大型研究项目时，它的各个部门将合作进行研究。

1991年，CEDE的研究经费超过了150万美元，它向联合国教科文组织、经济合作与发展组织和欧洲理事会以及欧洲共同体提供教育领域的建议。除此以外，意大利比较教育协会也加入了CEDE。20 世纪 90 年代早期，其全国性的研究项目包括意大利和外国文学的教学、学校计算机应用以及当代文学。

CEDE 参加的国际调查也逐渐增加：学前儿童教养、写作、数学和自然科学；CERI 在学校背景下的国际活动；与意大利比较教育协会联合组织的欧洲青年研究项目。该机构出版的季刊——《教育评论》在意大利佛罗伦萨出版发行，其中的文章使用意大利语或英语，而摘要是以各种语言翻译的。

7. 协会和非政府组织(NGOs)

除了大学和研究机构，还有大量的协会和非政府组织，它们既为政策制定者和各个大学收集、处理、发布数据，也为教育研究和政策制定提供培训项目。

7.1 国际阅读协会(IRA)

国际阅读协会是一个服务组织，拥有 80 000 多名教师，其目的在于提高世界阅读教育水平。为了促进阅读，该协会发行报纸、文章和书籍，包括《阅读研究季刊》、《阅读教师》、《阅读期刊》。

该组织以大规模的利益群体为其服务对象，这也构成其特征，这些群体代表着从事阅读教育的教师。该协会每年发起一次大会，每两年一次国际会议，并正致力于在欧洲发展国际阅读协会网络。

7.2 国际教育评价联合会(IAEA)

国际教育评价联合会位于美国新泽西州的普林斯顿，成立于 1974 年。作为评价机构，IAEA 负责发布教育评价信息。该会的目的在其规章制度中得以说明：提供具有评价技术的专家、应用并不断改进其评价技术。IAEA 的成员活动已经制度化，它包括分布在世界各地的八十多个评估机构，每年在世界各地轮流举行一次研讨会。1991 年，肯尼亚的奈洛比就是那一年大会的聚集地。该组织以出版《教师评估指南》，负责为联合国教科文组织实施高等教育调查，为世界银行组织培训，并且为申请出国留学的大学生编制多种语言的国际能力发展测试的样题。

7.3 世界教育研究协会

1977 年，前国际教育高级研究协会更名为世界教育研究协会。该协会的秘书处设在比利时的根特大学。这是一个非营利性的组织，其目的在于交流和传播研究信息，促进高质量的国际教育研究。该协会的成员由大学教授和其他致力于教育研究的人组成。每 4 年召开一次大会，并且每年出版两期《交流》杂志，该杂志是《国际教育实证研究》期刊的一个部分。

7.4 发展中国家教育研究北美交流协会

该协会创立于 20 世纪 80 年代初，位于奥斯陆。它致力于通过南北对话，为学生研究者提供技术支持，并与北欧捐助机构签订合同，以加强学生和各研究机构之间的交流。定期展开有关教育规划、大学和国家发展的课题，并且每年出版其研讨会的论文，以促进第三世界国家和大学的教学与研究。

7.5 教育与发展国际网络(INET)

教育与发展国际网络位于密歇根州立大学，它的目的是促使致力于国家发展的教育者之间的相互合作，并通过在世界范围内促进研究报告的交换与交流的形式完成其使命。该网络也与其他大学协作，以撰写研究报告并承担国际研究项目。

密歇根州立大学与包括中国、巴基斯坦、泰国和津巴布韦等国在内的大学有合作关系。

7.6 国际教育科学院

国际教育科学院作为非营利性的科学协会成立于 1986 年，位于布鲁塞尔。在德国的汉堡设有一个合作机构。

该科学院致力于促进第三世界国家和欧洲在教育研究与评价领域的合作与交流。它通过完成调查报告，进行分析与综合研究，为政策制定和举行研讨会提供建议。其成员仅限于在国际研究中指导学术工作的个人。

7.7 国际教育协会(IIE)

国际教育协会位于纽约市，它发源于 20 世纪 20 年代在伍德罗 · 威尔逊(Woodrow Wilson)领导下的国际主义。自 1950 年起，它开始为管理项目服务，并且为在美国学习的外国留学生提供培训和补助金。除此以外，该协会还收集外国留学生的统计数据，并针对留学生的流动情况提出政策建议。该中心已经制定了培训计划，代表基金会和政府援助机构管理拨款项目。为来自发展中国家的个人提供资助，其款额达到每年1亿美元。

7.8 欧洲教育和社会政策研究协会

该机构成立于1975年，1982年改为现在的名称。它从建立之初就一直与布鲁塞尔的欧洲理事会、位于纽约的国际教育发展委员会以及阿姆斯特丹的欧洲文化基金会建立了合作关系。其总部设在巴黎大学，但在布鲁塞尔也设有办事处，资金来源于拨款补助以及与前述合作机构所签订的合同。

该研究所的工作人员是全职的，其任务是考察欧洲的中学后学校教育以及就业情况。主要的课题有学生在欧洲的流动情况以及通过欧洲共同体所进行的欧洲教育合作情况。它发行的官方学术季刊有《欧洲教育》。

7.9 欧洲理事会

欧洲理事会成立于1949年，其总部位于法国，由分布于欧洲各地的25个成员机构组成，它们在许多社会和经济事务上展开合作。从1976年起，欧洲理事会的文化合作部门就已经明确了自己在文化和教育领域参与国际项目的目标，即：(a)建立教育项目，例如改进语言教学、提高欧洲成人教育的质量；(b)有关实验研究的教育研讨会和出版物；(c)公共服务活动，如奖学金项目、交换项目等；(d)有助于人权、移民工人、青年就业等的教育培训和研究项目。

每年，理事会的成员将讨论影响欧洲的各种各样的教育话题，然后确立项目并给予启动项目资金，这些资金将用于会议、出版物等。其研究是应用性的而不是理论性的，它更注重于活动的整个过程而不是结果。欧洲理事会出版并管理欧洲教育文献资料。

7.10 教育研究和革新中心(CERI)

该中心作为经济合作与发展组织之一，正式成立于1971年，位于巴黎，其工作在于支持经济合作与发展组织成员国的教育研究，促进先导性项目以测试教育改革成效，并已在24个工业化国家的教育系统中达成一致意见。根据管理部门的指令，由经济合作与发展组织秘书处的成员来执行。在这样的框架之下，该中心一般执行为期数年的项目，其中最主要的项目之一是促进成员国教育领域的科学和技术的发展。

7.11 世界银行的教育和就业部门

该机构位于华盛顿，是世界银行内部的一个单位，其任务是帮助制定教育政策、发布教育信息、指导有关银行贷款的项目(包括初期研究和中期分析)。

该部门正在不断提高其工作能力，通过实证性的研究，拓展其在国际教育中的作用。

7.12 国际教育成就评价协会(IEA)

国际教育成就评价协会成立于1959年，位于斯德哥尔摩，在海牙设有秘书处。IEA的成员仅限于政府教育部门、大学和教育研究机构，因为这些组织从事调查研究并代表着世界各地的教育体制。其活动的资金来源于其成员的基金、补助金以及研究合同。1992年，IEA的预算达到了330万美元。

自20世纪60年代起，IEA就开始了对全世界60多个国家的中小学课程的调查研究。课题包括数学、科学、阅读和书写以及外语教学等，每一个课程都涵盖了全世界范围的样本，其数额达到25万名学生、1万名教师和数千所学校。其研究采用具有实证意义的样本、测试和问卷、数据收集、过程和结果分析，这些结果都将用国际成绩标准进行解释并做出研究报告。

其测试是诊断性的。该组织每年举行一次集会，通过英国帕各蒙出版公司出版其学术刊物。这些刊物包括解释性的分析、政策制定的理论和方法论。其内容都是关于在不同的条件下如何使教育体制更有效。

罗克斯利(Loxley) 著
刘 静 译

附录

Ayres R 1983 *Banking on the Poor: The World Bank and World Poverty*. MIT Press Cambridge, Massachusetts

Cowen R 1987 *International Directory of Research Institutions on Higher Education*, 2nd edn. UNESCO, Paris

Debeauvais M 1990 *National Educational Research Policies: A World Survey.* UNESCO, Paris

Hodson H V (ed.) 1986 *The International Foundation Directory*, 4th rev. edn. Europa, London

Huczynski A 1987 *Encyclopedia of Organizational Change Methods.* Gower, Adershot

Lehming R (ed.) 1982 *Directory of Research Organizations in Education.* Far West Laboratory for Educational Research, San Francisco, California

Ronnen S 1986 *Comparative and Multinational Management.* Wiley, New York

UNDP/UNICEF/UNESCO/World Bank 1990 *World Declaration on Education for All* and *Framework for Action to Meet Basic Learning Needs.* UNDP/UNICEF/UNESCO/ World Bank, Paris

UNESCO 1987 *Directory of Educational Research Institutions.* International Bureau of Education, UNESCO, Paris

Union of International Associations 1991 *Yearbook of International Organizations 1991/92: Organization Descriptions and Index*, 28th edn. K G Saur, Munich

比较教育协会(Comparative Education societies)

比较教育的学术性和专业性协会在凸显各国学者的思想交流、促进各国教师和学生的教育交换方面发挥了重要作用。本词条主要讨论这些协会的建立、目标、成员组成、资金来源、召开会议和关注话题。主要的协会有美国比较与国际教育协会(CIES)、欧洲比较教育协会(CESE)和世界比较教育协会理事会。这三个协会获取的信息也与各国的比较教育协会分享。

1. 比较与国际教育协会

1956 年,作为现代比较教育最早的专业性学术组织,美国比较与国际教育协会在纽约成立,这是纽约大学教育学院的威廉姆·布里克曼(William Brickman)和杰拉尔德·里德(Gerald Read)组织的一系列年度会议的结果。该协会的目标为:"鼓励教育领域里的比较研究和国际研究方面的学术研究……促进世界各国教育者的相互访问和对各国教育的实地考察……促进比较教育领域的研究成果和最新信息的出版。"(Brickman 1985 P. 852)

自一开始,协会的目的便已被协会的章程所明确规定,即:"促进高等学校里的比较教育和国际研究方面的教学和研究;促进其他诸如比较性与国际性领域、区域研究和国际研究中心的发展阶段方面的教育研究;促进比较研究、跨文化研究、跨领域研究和国际研究成果的出版与流通,以在一个更加广泛的、相互联系的政治、经济和社会背景下解释教育领域的发展;鼓励教育者之间的交流和参观。"(比较与国际教育协会 1990)

CIES 由每年交纳会费的个体成员组成。交纳会费就可以获得以下资格:获得《CIES 通信》和协会的杂志《比较教育研究》,并且可以参与协会的年会和地区会议的事务性和学术性工作。该协会以美国为根据地,面向世界开放。1991 年,《比较教育研究》有 974 位个人订阅者,其中,707 位来自美国,267 位来自其他国家;有1 327个组织机构订阅者,这些机构主要为图书馆,其中 735 个来自美国,其他国家为 592 个(Epstein 1992)。CIES 的收入来自会费、杂志收入、会议报名费,以及学术机构和其他机构的经费及其他形式的援助。这些收入使协会维持了相对良好的财政状况。《比较教育研究》的声誉无疑是吸引学者加入协会的重要原因。虽然协会的早期研究重点趋向于对正规教育制度的研究,而且他们的投稿大多把自己定位为教育家,但是最近的研究反映出协会成员构成的多样性与跨学科性,他们涉及的理论问题与现实问题更加宽泛,已不仅仅限于教育学家的研究范围。

CIES 的副主席按惯例是四年一选,然后沿着当选主席(任期内负责组织年会)、主席和前任主席的历程推移。其他选出的官员任期为 3 年。《比较教育研究》的编辑和协会秘书由委员会经过公开竞争和各个机构评价提议的过程之后任命。来自"东道主机构"被认为是提议成功的重要因素。CIES 是遵守美国法律的注册公益组织,但协会秘书

处并不因为在美国居于特殊位置而具有法律义务。

协会自成立以来已经召开了多次年会。年会的主题多种多样。主题通常为会议提供了一个普遍的中心话题,但并不限制接受其他建议。年会主题一般反映了组织委员会和当选主席的学术兴趣。会议为一系列若干主题的研讨会和座谈小组。一些主题由组织者从概念上串联在一起。因此,在任何一个会议上都有一个包括了许多主题的“折中综合话题”。会议每年举行一次,地点通常在美国,但也有几次在加拿大,一次在墨西哥,一次在牙买加的金斯顿。最值得一提的会议是1986年在加拿大多伦多举行的会议。那一年恰好是协会成立30周年。那次会议吸引了相当多的人参加,扩大了未来CIES会议的影响范围。

协会也在年会之间举办地区会议,由美国各地的CIES会员组织。虽然不存在单独的CIES的地区协会,但这些会议也为来自特定区域的学生和同行提供了参加小规模论坛的机会。在西部地区,同行(会员们)常常合作,就具有共同兴趣的主题著书,如人权(Tarrow 1987)、教育在国家发展计划中的作用(Thomas 1992)。所有CIES会议的工作语言都是英语。

自成立以来,CIES就吸引了各个学科的学者,但是在会员的特征和兴趣上仍有一些可以觉察的变化。早期会员主要为偏好教育的社会基础和国际教育的代表。以后,协会会员在各个学科领域(如社会学、人类学、政治学或经济学)具有更加专门的训练,主要以大学院系为基地。在20世纪80年代,一个变化趋势就是会员人数逐渐增加,他们以私人部门、教育咨询公司、主要的援助机构和金融机构为基地。这一变迁对协会的活动特征、争论特点的影响至今仍在。

CIES与美国其他专业组织有着正式的联系,包括诸如教育研究、教师教育和全球教育方面的组织。此外,其会员有的成为美国和其他地方政府和国家机构的咨询人员。CIES也是世界比较教育协会的创建会员。

2. 欧洲比较教育协会

欧洲比较教育协会(CESE)于1961年在伦敦成立。这是在伦敦大学教育研究所教授约瑟夫·劳韦里斯(Joseph Lauwerys, 1902～1981)组织的一次会议期间成立的。该会议大约有60人出席。与会者来自12个欧洲国家和3个非欧洲国家。

CESE的第一个章程采用了CIES的章程,并于1963年在阿姆斯特丹的第一次CESE会议上通过。1978年,CESE秘书处由伦敦迁至比利时,其条例也随之修改,以符合比利时的法律。1980年,比利时班都灵国王的皇家法令给予其法律地位,并批准了其条例。

CESE的目的为:“鼓励和促进教育领域里的比较性与国际性研究。这要求:(a)促进和改善高等教育机构里比较教育的教学;(b)鼓励这方面的研究;(c)为比较教育研究的出版和投稿提供便利;(d)让其他领域的教授和教师感兴趣于自己研究的比较性和国际性维度;(e)鼓励教育者参观和研究各国的教育制度和体系;(f)与其他领域合作,以在更广泛的文化背景里解释教育的发展;(g)组织会议。”(CESE Statues 1980)CESE也与其他比较教育协会合作,加强该领域的国际性活动。CESE也是世界比较教育协会理事会的发起成员之一。

CESE大会至少每隔两年召开一次,并选举执行委员会成员(其任期为两年)。常务委员会由主席、上任主席、两个副主席以及两名其他成员组成。秘书长每年由常务委员会任命。

CESE入会程序为:由两名CESE会员提名,并申请常务委员会批准。CESE的会员为高等院校里教授比较教育的专业学者和关注教育的机构、组织里的比较与国际教育领域或相关领域的人。会员资格并不限于欧洲,也曾在其他各洲招收会员。CESE的收入主要来自会员费和会议费,以及来自教育组织和机构的援助。CESE出版有《CESE通信》和《CESE会议记录》。在欧洲各国,CESE已建立了分会,有一些分会后来在20世纪70年代成为了独立的比较教育协会,如英国比较与国际教育协会、法国比较教育协会(AFEC)、荷兰比较教育学会和德国的比较教育学会。德国比较教育学者有一个比较教育委员会,它是德国教育科学协会的一部分,并仍然保留CESE的会员资格。20世纪80年代意大利分会成立。这些分会都有着自己的年会。但对

于更小的协会，两年一度的 CESE 年会仍是他们聚会的主要机会。一些协会，如 AFEC，其工作会议的主题就是让其成员为 CESE 会议做准备。

CESE 试图建立和维持与东欧同行的联系。例如，第四次 CESE 会议于 1969 年在布拉格召开，由查尔斯大学的辛盖特（Singate）教授（于 1991 年逝世）组织。辛盖特教授参与组织了布拉格的第八次世界比较教育大会。世界大会通常每三年举行一次，由世界比较教育协会理事会赞助，由其一个成员协会主持。一些中欧和东欧国家的各种比较教育者和社会科学家组成的其他群体也正在组建自己的协会。新的组织在欧洲其他国家处于形成阶段，如葡萄牙、希腊、波兰、斯堪的纳维亚半岛国家、匈牙利和保加利亚。

CESE 自成立以来，在欧洲的主要城市每两年举行一次会议。CESE 的工作语言为英语、法语和德语。随着会议在欧洲各地的举行，许多主办国家的语言也成为工作语言（如意大利语、匈牙利语和西班牙语）。

CESE 会议的组织一直比美国模式更加完善。当会议主题宣布后，就相应地形成若干下属委员会，每一个委员会负责该主题的一个方面或一个次级主题。委员会主持征选论文，或提出供审查的建议。这些委员会形成了会议的基本结构。在会议期间作会议记录，在闭幕大会上以摘要形式记录。CESE 历届会议主题包括政策发展、教师教育、教育改革、学校与社群、比较教育领域学科等。

CESE 在欧洲教育发展中发挥了特殊作用。它在所有欧洲地区都有独自的分支协会，其常务委员会的成员来自多国别、多语种的背景。CESE 会议在整个欧洲举行。若干协会成员还是欧洲理事会或欧共体的顾问或专家。

3. 世界比较教育协会理事会（WCCES）

成立世界比较教育协会理事会的构想是由加拿大的约瑟夫提出的。他曾于 1960 年构想了“国际教育年”。这个想法得到了许多人，包括 CIES 的官员、Phi Delta Kappa 国际教育联系委员会的成员、加拿大联合国教科文组织国家委员会的工作人员以及汉堡联合国教科文组织研究所的比较教育专家的支持。1967 年，联合国教科文组织宣布 1970 年为“国际教育年”（Read 1985）。

卡茨（Katz）也是 1967 年加拿大比较与国际教育协会的创始者。1970 年，加拿大比较与国际教育协会在渥太华大学主办了第一届世界比较教育大会。为保持国际教育年的势头，为该大会召开而成立的国际规划委员会被重新命名为世界比较教育协会理事会。该理事会由以下协会的代表组成：加拿大比较与国较教育协会、欧洲比较教育协会、日本比较教育协会、韩国比较教育协会和美国比较与国际教育协会。

1971 年，WCCES 在联合国教科文组织汉堡教育研究所召开会议。由于秘书处没有筹措到足够资金来保证协会的建立，于是同意日内瓦的帕勒斯·威尔逊（Palais Wilson）国际教育局为秘书处提供办公用房。这期间，协会出版了协会通讯，但成员协会的捐助并没有提供经费基础。

1973 年，作为一种非官方的 C 类组织，WCCES 在联合国教科文组织获得了特殊顾问地位。1991 年，这种地位上升到了 B 类。与联合国教科文组织的关系意味着 WCCES 被邀请与其他国际教育组织的成员协商共事，并参与联合国教科文组织资助的若干研究方案。最著名的是 1983 ~ 1987 年的国家教育政策方案（Debeauvais 1990）。世界理事会也被提名为 1990 年在泰国宗滴恩举行的世界全民教育大会的指导委员会。

世界理事会条例于 1972 年草拟和采用，于 1974 年开始实施。1984 年对其做了修订，并继续被采用。世界理事会的法律地位是：“一个国际性的非官方组织，代表国际层次的正当组织的协会和比较教育专家群体，并且遵纪守法。”（WCCES 1984）在这个方面，它的结构不像任何其他成员组织。它是由各国分协会组成的协会，并不断与没有正规协会的国家和个人建立联系。

由于 WCCES 会员资格对于正式协会的申请是开放的，因而加入整体的过程很缓慢，但是理事会的成员目前已有相当大的增加。1992 年，来自各个大陆的大约 25 个协会加入了世界理事会。一些成员也遗憾地注意到这样一个特点，就是南半球参与的国家少于北半球。其原因在于：缺乏世界理事会提供的旅行经费资助,许多高等院校没有比较教育研究中心,以及比较教育研究者分散的地理分布。协会要求招收会员和每年200美元的会费,由于货币兑换率与转账价格使得许多国家不能缴纳会费。世界理事会也接受来自教育组织、世界大会东道主国家和联合国教科文组织的经费资助。有时,世界大会拥有的储备金能够维持理事会的工作直到下一届大会。但是,一般而言,世界理事会的资金都很困难,许多无形的支持都不能转换成经费储备或流动资产。

世界理事会的目标为:促进教育,以利于旨在和平的国际理解、跨文化合作、各国人民的相互尊重和人权的维护;改善教育制度,以更完善地实现教育权利(WCCES 1984)。该理事会特殊的专业目标为:促进各国的比较与国际教育研究,并提升该领域的学术地位;通过培养各国专家的合作行动,使比较教育能够解决今日主要的教育问题。WCCES为此采取的特殊活动在范围上非常类似于CIES和CESE的活动,但是它更致力于鼓励建立新的比较教育协会。

世界理事会的结构以执行委员会为基础。该委员会包括主席、一名或多名副主席、秘书长、分会代表、其他会员(如委员会主席)和增选的非选举成员。世界理事会通常一年召开一次会议,并被授权把工作委托给一个办事处。该办事处人员由主席、秘书长和至少其他由执行委员会任命的成员构成。

由理事会赞助的历届世界大会的历史及其主题都鲜明地反映了理事会成员的兴趣和关注的问题。与早期关注相当特殊的和欧洲中心的主题(如1974年的中等学校)相比,大会的主题已经扩大到更具有全球性的主题,如1987年关注世界经济危机造成的影响。

自1970年在渥太华召开成立大会之后,第一届大会于1974年在日内瓦举行,其主题为"中等学校的效率和无效"。当时世界大会的组织遵循欧洲模式,即收集与主题相关的论文,建立作为大会结构的一部分的组委会。到1975年,理事会成员已增加到9个,增加了来自澳大利亚、新西兰、法国、荷兰和西班牙的代表。第三届世界大会于1977年在伦敦召开,主题为"教育中的一致性和多样性",有40个国家的350名代表参加。那次大会决定第四届大会在日本召开(1980),秘书处也移至东京。由于韩国比较教育协会想要共同主办这次会议,因此在汉城举行了一个预备会,有来自35个国家的220名学者和教师参加。来自35个国家的465名代表出席了东京的世界比较教育大会(Epstein 1981 P.262)。

显然,在整个20世纪70年代,人们对比较与国际教育的兴趣逐渐增加。但是,世界理事会仍是各个协会的联邦,并没有得到单个会员在财政上的支持。在第四届世界大会之后,它的财政基础因为大会收入的增加而得到巩固。

到了20世纪80年代,世界理事会的大会组织已经是一个非常复杂的事务了。它不仅仅是由于自建立以来的参加成员的剧增,世界大会的规模也相应扩大,并且各个协会之间的联络和个别学者之间的交往也逐渐变得必要。20世纪80年代,一些新协会也加入其中:阿根廷、英国、哥伦比亚、中国、西德、印度、埃及、伦敦比较教育协会(LACE)、尼日利亚、意大利和巴西。在20世纪90年代早期,原苏联的同行以及来自捷克和斯洛伐克(它们的协会已经以一种或其他形式存在了三十多年)、中国台湾地区和中国香港地区的比较教育协会与保加利亚的比较教育协会也被认可。其他若干国家(地区)也正在申请会员资格。

第五届世界大会最初计划于1983年在墨西哥蒙特雷举行。由于一些组织上的问题,最后取消了这个计划,而于1984年在巴黎举行,由法国比较教育协会主办。

第六届世界大会在里约热内卢举办,其主题为"教育、危机和变迁"。这是世界大会第一次在南半球举行,并取得了极大的成功。在这次会议上,决定第七届大会于1989年在蒙特利尔举行,主题为"发展、交往与语言"。

第七届大会的组织模式是欧洲理事会的传统与北美工作场所的"自由市场"的结合。它于1989年7月举行,吸引了比以往更多的人参加。这届大会要解决的主要问题为:是否可能于1991年在北京举行下一届大会。由于1989年在大会一周前发生的"天安门事件",大会决定推迟于下一年在马德里进行决定。最后决定,1992 年在布拉格举行第八届世界大会,1995 年在北京举行第九届世界大会。第八届世界大会的主题为"教育、民主与发展"。

因此,世界理事会的历史既表明了它自己的组织逐渐复杂,又表明了外在事件对其发展的影响。但是,所有大的协会也拥有使小国家的会员趋向于某些更大的组织的向心力量。这里仍然存在一种并未完全沟通的南北分歧,而东西关系则制造了更大的复杂性。世界理事会与联合国教科文组织的关系仍然受到世界的发展以及大型援助机构和财政制度的影响。

4. 结论

正是在本词条描述的三个组织中的承诺声明,使得他们设法构建了一个由学者和教师构成的自愿性网络,它们记录了 20 世纪 50 年代到 20 世纪 90 年代比较教育领域里的巨大成就。

这些协会的成功也许在增加学者们聚会和工作交流的可能性上最引人注目。现在有每隔一年、两年或三年举行一次的定期召开的会议,有更多的学者、顾问和教育家参与。另一个成功之处就是比较教育作为一个领域的发展特性。它把不同领域的学者聚集在一起,这些学者也许都感兴趣于一个地理区域或一个特殊理论方法。协会也把具有多种观点的学者集中在一起,提供了国际论坛,以讨论当代理论的和实践的问题。

在出版方面,这些协会业已取得了多方面成功。CIES 成功地为其投稿者创办了一份杂志,由会费和聘用编辑的制度支持。国际协会不能提供这种服务是因为它的成员结构,因为单个成员不能提供一种财政基础,而且寻求制度支持也很困难。他们已经出版了会议记录。他们的分会也出版了许多独立的比较教育杂志。

这些协会也极力加强理论与实践的联系。对于教师与学生交换的计划以及一个重要的少数群体会员中存在的海外学生和海外培训计划的作用,这些协会有着不断增长的兴趣。此外,在比较与国际教育家的会议上也逐渐在探讨当前的教育改革和政策发展问题。

在高等教育机构里,比较教育学者已经在为纳入教师培训计划的教育构成基础的主题和研究生计划而四处奔走。在这些努力中,他们获得了一定的成功,因为比较教育有时被视为一种在财政紧张时期可以被排除的无用装饰。在其他情况下,教师培训的国际改革对于教师教育的内容也许具有一种影响,而这种教育内容并不是任何学术协会能够预测的。

学术协会明显的非政治特性使得比较教育者关于任何问题的游说都很少有政治性游说的倾向。他们强调国际层面上实施改革的技术性或逻辑性问题,但这也这意味着比较教育者参与了最终要有政治议程的活动,虽然这里讨论的学术协会在既有的政治问题上并没有任何有关联的立场。

一个正在争论的问题,也是 20 世纪 90 年代许多国家的公共问题,就是国家教育制度与其他国家如何比较或排位。比较教育协会在阐释这些具有普遍意义的讨论上仍未发挥其重要作用,但会员在会议中已经探讨了该问题的许多方面。

V. L. 梅斯曼(V. L. Masemann) 著

郑富兴 译

附录

Brickman W W 1985 Comparative and International Education Society. In: Husén T, Postlethwaite T N 1985 *The International Encyclopedia of Education*, 1st edn. Pergamon Press, Oxford

Comparative and International Education Society in Europe (CESE) 1980 *Statutes*. CESE, Brussels

Comparative and International Education Society (CIES) 1990 Constitution. *CIES Newsletter* 95: 14—18

Debeauvais M 1990 *National Educational Research Policies: A World Survey*. UNESCO, Paris

Epstein E H 1981 Toward the internationalization of comparative education: A report on the World Council of Comparative Education Societies. *Comp. Educ. Rev.* 25(2): 261—271

Epstein E H 1992 *Comparative Education Review*. Annual Report for 1992

Read G H 1985 The World Congress of Comparative

Education Societies. *CIES Newsletter* 77:1—3
Tarrow N B 1987 *Human Rights and Education*. Pergamon Press, Oxford
Thomas R M (ed.) 1992 *Education's Role in National Development Plans: Ten Country Cases*. Praeger, New York
World Council of Comparative Education Societies 1984 *Statutes*. WCCES, Manchester

其他参考文献

Bereday G Z F, Brickman W W, Read G H 1960 *The Changing Soviet School*. Houghton Mifflin, Boston, Massachusetts
Canadian and International Education. Journal of the Comparative and International Education Society of Canada
Comparative Education Society in Europe (CESE) *Newsletter* (3—4 times annually). CESE, Brussels
Compare. Journal of the British Comparative and International Education Society
Plancke R L 1973 The Comparative Education Society in Europe: Ten years of meetings. *Paedag. Hist.* 13 (2):552—556
Ryba R 1989a The contribution of the *Association francophone d'éducation comparée* (AFEC) to comparative studies of education. Paper delivered at the CIES Annual Conference, Harvard Graduate School of Education, March 30—April 2
Ryba R 1989b The Contribution of Comparative Education Societies: A Case Study of the British Society in Comparative Perspective. Paper delivered at the 7th World Congress of Comparative Education, Montreal, June 26—30
Song Y, Wilson D N 1989 A Brief History of the Comparative and International Education Society of Canada. OISE, Toronto
The Comparative Education Review. Journal of the Comparative and International Education Society
Van Daele H 1991 CESE is 30 years old. *CESE Newsletter* 31:2—3
World Council of Comparative Education Societies (WCCES) 1988 *Annals of the VIth World Congress of Comparative Education: Education, Crisis, and Change*. Brazilian Society of Comparative Education, Rio de Janeiro

欧洲共同体:教育目标和规划 (European Community: Educational Goals and Plans)

由来自12个成员国家3.2亿人口组成的单一欧洲共同体市场于1993年1月1日正式成立,它代表着世界上最大的单一市场。而且,由于它代表了欧洲中部和东部的发展变化趋势,欧洲经济共同体(EEC)将继续扩大并增加其成员。

欧洲经济共同体于1957年随《罗马条约》的签订而宣告成立。该条约由比利时、法国、卢森堡、荷兰、西德共同签署,随后,希腊于1982年加入,西班牙、葡萄牙于1986年加入。澳大利亚和土耳其也已经提出了加入申请,芬兰、瑞典、瑞士都希望在20世纪末成为其成员国。一个强大的欧洲正在发展成为不仅包括西欧,而且正沿着大西洋、乌拉尔山脉不断扩展的组织。

《罗马条约》最初的考虑只涉及经济事务,根本没有直接提及教育,唯一一条与教育有关的条款是第128条,说明共同体有责任"为共同体的培训政策的实施制定一般的原则"。只是在条约签订过后,该组织的创始人之一莫内说:"如果让我重新开始,我将从教育着手。"

在1957年,教育机构代表着一个主权国家最敏感的统治领域,这种状况一直持续到20世纪70年代早期,统一市场和联合欧洲都不是1968年起源于法国五月风暴然后遍及各国的学生运动的主旨,但是从那个时候起,人们的注意力迅速转移。现在,教育和人力资源开发已经成为在欧洲发展一种新秩序的争论的中心议题。对《罗马条约》的修改已经商讨了好几年,最终于1992年2月7日签订了《马斯特里赫条约》以取代《罗马条约》。该条约明确宣布共同体的任务之一是致力于提高各成员国的教育质量并促进各国文化的发展。

1. 机构体系

简要介绍欧洲共同体的主要教育机构有助于澄清本词条中出现的术语。它们是国会、部长理事会(通常称为理事会)、委员会以及经济和社会委员会,其他的机构如欧洲银行以及地区委员会等,不一而足。

1.1 国会

该组织共用于三个共同体:欧洲经济共同体、欧洲煤炭和钢铁共同体(ECSC)以及欧洲原子能共同体(EURATOM)。其成员由普选产生(518 名代表),他们具有立法权、预算功能以及负有监督的责任。

1.2 部长理事会

理事会由成员国政府的部长组成并为共同体制定主要的政策。组成理事会的部长是根据讨论议题的不同而选取的。理事会的理事长由各成员国的部长轮流担任,每六个月轮换一次。

尽管理事会无权直接为共同体立法,但由于它将各国的首脑聚集在一起,也不能低估它的重要性。理事会主要处理由委员会提交的提议并且有权在全体意见一致的情况下改变这些提议。

1.3 委员会

该机构由各成员国至少选派一名代表组成,其任务主要包括:(a)确保共同体的规则得以体现(即担当"条约保护者"的角色);(b)向部长理事会提交有可能形成共同体正式政策的提议;(c)实施共同体的政策。该机构主要负责管理四种主要的基金,分别用于农业、欧洲地区性发展、非洲的发展、加勒比海和太平洋沿岸国家以及为工人提供职业培训,其目的在于促进就业和职业流动(欧洲社会基金)。

该委员会由一名主席领导,并且设有一个常务秘书处,一个法律服务部,一个统计部门和 22 个常务委员(DGS)。它做出决定(在全体成员中做出)、提出建议(只限于对结果而不是方式的建议)以及对问题发表评议(没有限制)

1.4 经济和社会委员会

经济与社会委员会是一个咨询机构,代表着雇员、商业联合会以及相关的利益群体(例如农民和消费者)的利益。在委员会的提议被理事会采纳之前,必须征求国会、经济和社会委员会相关部门的意见。

2. 为涉及教育内容的项目奠定基础

第一个涉及教育内容的意义深远的项目出现于 1971 年 8 月,当时理事会通过了为实施一项共同体的职业行动方案而制定的总体指导方针。两个月后,六十多位教育部长召开了第一次会议,在教育领域的合作与行动由此拉开序幕。委员会组建了两个"智囊团",一个由法国的教育部长担任,另一个由比利时前任教育部长领导。在 1972 年和 1973 年之间,他们整理出许多结论并提出建议。这也成为后来所有的共同体行动方案的典范。

1973 年,各理事的托管权中在研究和科学政策这一项增加了教育的内容。1987 年,单一法案修订了《罗马条约》的内容,增添了"研究和技术发展",这就为欧洲共同体在教育领域的行动计划奠定了法律基础。1989 年,共同体致力于"人力资源:教育与培训"任务,由常务理事会独立运行。其资金来源于欧洲社会基金,该基金主要用于与教育有关的项目。

2.1 基本原则

1974 年 6 月 6 日,各成员国教育部长在理事会的名义之下召开会议,为未来各国在教育领域的合作制定了如下基本原则:(a)教育不能仅仅被看成是经济生活的一个组成部分;(b)必须为各国的传统及各自的教育政策和制度留有发展的空间;(c)不能把协调不同的欧洲教育制度看成是其终极目的。

2.2 行动范围

所有成为于 1976 年被采纳的第一个框架项目的组成部分的行动方案,致力于在各种不同的欧洲教育体制之中寻求合作以促进所有的教育形式都获得平等的发展机会。这样的合作为各自的发展留下空间。

2.3 教育委员会

教育委员会成立于 1976 年。它由来自各成员国教育部的至少一名高级官员组成,同时他们也属于委员会的工作人员。其一部分工作是为教育理事会的会议作准备。该教育委员会也参与管理和监督有关部长会议进度的项目和报告。

3. 第一框架项目

在欧洲共同体的术语中,一个框架项目意味着包括于其中的具体行动方案都是意义重大的。例如,职业培训或欧洲教育体系之间的紧密合作。在1976年,各国教育部长通过了教育领域的第一行动项目计划的决议,为以后的发展奠定了基础。

3.1 教育框架项目的内容

教育框架项目的内容可以概述为以下几点:

(a)在一个东道主国家进行对其他成员国的国民及其子女的文化和职业培训。

(b)各教育系统之间的紧密合作,为实现这一目标,组织各成员国的教育政策制定者和相关人员互访,以及在欧洲范围内开展教育活动。

(c)编辑最新的教育统计数据和文献。提出了为建立共同体的教育信息网络的设想。每个成员国委任其全国信息服务部来参与这一网络的建设工作(以后将与 EURYDICE 合作,这在后面具体叙述)。

(d)高等教育中的合作(后来成为 ERASMUS 项目)。

(e)共同体内的外语教学。有三个具体目标:所有的儿童都有机会学习在共同体内的至少一门外语;所有未来的语言教师都应当在将其所要教学的语言当作口语的国家或地区生活一段时间;促进传统的学校体制之外的语言教学。

(f)所有形式的教育都有平等发展的空间。当时,最迫切的问题是解决年轻人过早离开学校,即没有获得足够的培训也缺乏就业机会这一问题。

这一项目的各方面工作很快得以实施,尽管在十多年以后其效果才体现出来。另外两个项目也很快启动:“1976~1987 年工作生活过渡项目”(新的 Petra 项目可以看作是它的后继)、“为男性与女性提供平等教育机会的项目(1982)”。

4. 主要的项目

简要考察欧洲共同体 1986 年以来投入且不断增加的主要项目也许是理解它在教育和培训领域的当务之急和策略的最佳途径。这四个最主要的项目分别是:技术教育和培训共同体、欧洲共同体大学学生交流行动计划、LINGUA 和 TEMPUS。各种资源都被分配到各个项目中去,并在采纳这些项目的过程中产生了广泛的政治影响,其中最重要的是整个共同体所分享的成功,使得 ERAMU COMETT 项目成为共同体在教育领域合作的典范和领头羊。

4.1 技术教育和培训共同体(COMETT)

技术教育和培训共同体所投入的第一个教育和培训项目的名称是 COMETT Ⅰ。该项目的第一阶段持续时间为 1987 年至 1989 年,其经费预算达到6 500万欧洲货币单位。第二阶段(COMETTⅡ),从 1990 年至 1994 年,经费预算为 2 亿欧洲货币单位,其目标在于促进大学与工业、企业合作以提高高水平新技术的培训质量。其所采用的方法都考虑到了受训者(包括已经完成初步培训计划的人)、正在积极寻找工作的人(包括顾主和工人代表)以及培训工作人员所能想到的各种需要。

该项目的第一部分集中于大学与工业企业之间的培训伙伴关系,其培训对象为已经完成了初步培训项目的人。第二部分侧重于跨国配置那些有技术能力的学生和劳动力,通过他们将技术带入企业和大学之中,以提高那里的培训活动和实践。第三部分致力于大学与企业的合作项目的试验以促进以后的培训。最后,第四部分是合作与发展多媒体远程教育体系。

委员会最多承担 50% 的经费。1992 年,法国和英国是最初的参与者,紧随其后的是德国、比利时、西班牙、荷兰和意大利。总计引入2 500个方案,其中 635 个已经获得启动资金。在 1988 年有更多的资金投入,使得涉及2 400名大学生的1 320个方案得以实施。1989 年,得到资助的方案已经促成了 125 项大学—企业培训合作关系。

4.2 欧洲共同体大学学生交流行动计划(ERASMUS)

ERASMUS 的主要目的在于增加在欧洲共同体内接受高等教育学生的流动性以及在其初步培训中引入欧洲尺度。第一个目标就是欧洲共同体的

至少1/10的大学生能尽可能快地在任何一个成员国的大学中学习相当长的一段时间。ERASMUS的第一个阶段为1988～1990年，第二阶段为1991～1993年。整个项目分为多个子项目：行动计划1主要致力于发展以大学间的合作以及交换教师两方面内容的欧洲网络。提供这些教师用于路费和住宿费用的奖学金达到3 500欧洲货币单位。行动计划2的目的是帮助学生在一个大学完成3个月至1年的学习。其补助金平均是2 000欧洲货币单位。行动计划3的目标是建立整个欧洲大学文凭的承认体系，以及进行欧洲各大学的学分承认体系的实验工作。行动计划4是帮助组织研讨会和短期课程，资助出版一些书籍，并对那些促进欧洲大学合作的组织和个人予以表彰。

ERASMUS已经取得初步成效，在第一阶段期间有43 000名学生和1 500个机构参与到四个行动计划中的其中一个（在项目的起步阶段，有600万名学生和来自欧洲共同体国家的3 500个高等教育机构）。1991～1992学年，有2 754名学生申请大学间合作项目的支持；有1 748名学生被选中而且其中1 592名已包括在学生流动项目中。

在项目运作的第二年，即1990～1991年，也就是欧洲共同体课程学分转换系统（ECTS）为期6年实验阶段中的一年，有81个高等教育机构参与了该项目的实验。ERASMUS项目与其他的共同体项目在高等教育领域相互作用，尤其是在COMETT、LINGUA和TEMPUS项目上。

4.3 LINGUA

LINGUA（1989年被采纳）的目标是提高欧洲共同体内人们的外语能力。该项目在五年期间（1990～1994）的财政预算达到2.5亿欧洲货币单位。它包括了一系列的具体措施以促进外语教师和外语培训人员的在职培训，如高等教育中的外语学习、工作情况和经济生活中外语使用的质量提升以及接受专业、职业和技术教育的年轻人的交流与发展。

该项目涵盖的语言有丹麦语、荷兰语、英语、法语、德语、希腊语、爱尔兰语、意大利语、卢森堡语、葡萄牙语和西班牙语。还有一些措施是用以支持那些较少使用的地区语言的发展。

4.4 TEMPUS

该项目于1990年5月被采纳，致力于促进中欧和西欧高等教育体制发展。其主要目的是提高高等教育的质量并促进其发展，鼓励通过合作活动和交流促进越来越多的欧洲共同体合作者之间的互动。

另外的知名项目，在科学和技术领域包括：ESPRIT（信息技术）、RACE（电子通信）、BRITE（工业技术），EURAM（新材料）、FAST（技术、工作以及就业之间的关系）、SPRINT（中小型企业的改革）以及DELTA（多媒体学习系统的开发）。

第二类项目主要致力于培训（主要是年轻人），这包括：EUROTECHNET（新技术）、TRANSITION（从学校到就业的过渡）、PETRA（为年轻人提供初步培训）、IRIS（为妇女提供培训项目的网络）以及FORCE（继续职业培训）。

5. 职业教育和青年培训

16～19岁青年的职业教育和培训得到普遍关注，所有年轻人都应有机会接受初步的质量得到承认的职业培训。组织中学后培训体系的措施得以制定，鼓励更多的女孩和妇女参与到更有价值的职业当中，鼓励声讨反技术、反职业文化的行动。而且，贯穿职业生涯的继续教育和培训已经成为欧洲在20世纪90年代发展策略中的主要内容。

PETRA项目建立于1987年，该项目注重加强各国之间的合作伙伴关系来完成其目标。其最主要的活动是建立欧洲培训合作的网络。第二个侧重点是青年的初步培训项目。该项目通过一笔数额有限的资助金，一年的有效期限，尽力支持有利于培训青年人及其在世界市场就业的计划。项目资金的接受者将参与编辑对青年人有用的信息，这是一种更有效的辅助方法。这些活动的初衷都是要培养发展年轻人的主动性、创造性和责任感。

该项目的第三方面的目的是研究合作。研究合作的主旨是满足全国和共同体范围内的职业资格变化的需要、职业培训中指导方法的改进以及促进职业教育前和特殊青年培养项目的实施。

6. 文凭的承认

6.1 大学的等级

ERASMUS 项目很快就遇上了关于学历资格承认的问题。例如,在希腊获得的 BED 文凭在丹麦还有效吗?一个比利时的学生能在本国学习葡萄牙的儿童心理学课程并获得学分吗?欧洲共同体课程学分转换体系应当提出相应的解决方案。

相同的情况是,获准进入欧共体各国高等教育机构的资格也需要对各国中学体系的相互承认。从欧洲学士学位的做法中可以获得一些经验,但是彻底的解决办法尚未找到。至少法院已经规定在大学的入学费用上不允许有歧视。

6.2 其他文凭和职业资格认证

1988 年采纳的一项指标代表了消除阻碍人们自由流动的主要障碍的里程碑。各成员国第一次通过了一个新的方法,即在相互信任的基础上承认由非大学的高等教育机构颁发的文凭。这项新的立法涉及的专业超过 100 个。现在,在低水平和中等水平的职业资格的承认方面也采用了这一做法。同时也正在考虑公共领域就业的流动。

7. 加强欧洲化程度

只有欧洲各国的公民将欧洲作为一个整体认同为他们的家园,并且相互理解各成员国的政治、社会、文化生活才能形成真正的联合。

促进欧洲共同体认同感的措施主要有以下几项:

7.1 教师交换计划

在 1989 ~ 1990 学年,大约有 400 项资助金共计预算额达到 60 万欧洲货币单位,用于鼓励中学教师在另一个成员国任教三个星期或一个月。

7.2 欧洲学校

第一所欧洲学校于 1953 年成立于卢森堡,用于解决欧洲煤炭与钢铁共同体官员的子女就学的问题。1957 年,由欧共体成员国共同签署的欧洲学校法令的颁布确保了该学校今后的以及其他同类型学校的发展。20 世纪 90 年代有 9 所这样的学校。这些学校分为小学和中学,为欧洲共同体各机构官员的孩子提供免费教育。其他的孩子如果住宿方便并且付清学费也能入学。

这类学校只颁发欧洲学士学位,它被承认为与各成员国中等教育结束后所颁发的文凭具有同等的水平。其课程由管理董事会控制,教学使用 9 种语言:丹麦语、荷兰语、英语、法语、德语、希腊语、意大利语、葡萄牙语和西班牙语。从小学一年级起,学生将从英语、法语和德语中任选一门作为第二语言(第一外语),由以该语言作为母语的教师任教。

7.3 欧洲大学协会(佛罗伦萨)

该协会建立于 1976 年,致力于发展欧洲的科学和文化遗产,这是一个本科层次的研究机构,负责教学和在历史、文明、法律、政治和社会科学领域的研究。在 1989 ~ 1990 学年,其预算达到 265 万欧洲货币单位,学生 280 人。每年在简·蒙特(Jean Monnet)奖学金的支持下,学生都会有机会得到资助。与 ERASMUS 项目相互协作促使其入学率不断上升。

7.4 为了欧洲的青年(Youth for European)

这一项目的目的在于促进年轻人(15 ~ 25 岁)的交流和双边、多边的接触,它将涉及 3 万名年轻的欧洲人。这一项目的运作期是从 1989 ~ 1991 年共 3 年的时间,经费预算达到 1 500 万欧洲货币单位。

8. 信息服务

8.1 EURYDICE

EURYDICE 成立于 1980 年,是各国国内和共同体在教育领域的建设与发展最主要的机构。这个网络由各成员国中的相应单位以及一个总的欧洲机构组成,他们协同合作共同致力于这一项目的发展。欧洲共同体理事会以及各国教育部长在 1990 年所采纳的方案中要求 EURYDICE 在未来的发展中应致力于帮助:

(a)促进教育结构和系统中的问与答的反馈机制。

(b)协助编辑比较性的分析、报告以及教育合作中出现的重要问题的调查报告等。

(c)以多样化的形式传播信息和出版物。在 1990 年每月平均出版 3 万册的文件。

20 世纪 90 年代,EURYDICE 是在关于建立欧洲共同体整体教育社区的争论当中发展起来的。

8.2 CEDEFOP

CEDEFOP(创立于 1975 年)的任务是促进欧洲共同体职业培训的发展,提供信息、研究、咨询是其最主要的三部分工作。文件中心(位于柏林)和最新数据单元(于 1990 年开始提供在线服务)从各个国家回馈网络中获得最新信息。众多的出版物诸如研究报告、专论、手册和各个时间段的公告都从此散布出去。EURYDICE 和 CEDEFOP 对教育和培训具有补充的性质,这使得二者理想的模式在于提供连续不断的信息。

9.《马斯特里赫(Maastricht)条约》

《马斯特里赫条约》(1992)修改了《罗马条约》中的内容,代表着迈向联合欧洲的重要步伐。例如,整个 20 世纪 90 年代,欧洲共同体都在为单一货币——欧元作准备。在该条约的总论中着重指出欧洲共同体最主要的任务之一就是致力于使每一个人获得公平的教育机会。更具体的目标如下:(a)发展整个欧洲各方面各层次的教育,特别是促进各成员国之间不同语言的学习;(b)大力发展教师和学生在各国的交流与互换;(c)加强各成员国在教育系统各方面所面临问题时的交流与合作;(d)发展远程教育。

由于民族主义仍然是个敏感的话题,所以对待教育的态度仍然很谨慎。中期阶段(1989 ~ 1992)欧洲共同体指导方针的文本就是供参考的基本原则之一:

> 保护和尊重共同体内丰富多样的教育传统并从共同的遗产中汲取精华以促进未来高水平的发展是十分重要的。教育系统的完全一致或整齐划一的标准化是毫无价值的;这不是共同体在教育领域的目的,所有成员国和共同体本身都应当致力于提高教育服务的整体质量,而这需要通过将不同的教育体制长期联系起来进行合作与协商,并尽量避免不必要的分歧,否则这也将有碍于人员和思想的自由活动。(欧洲共同体委员会 1989)

10. 小结

多年以来,联合欧洲并非是大多数欧洲人的理想,不管是年轻人还是老年人。但是这种情况已经发生了巨大转变,像 ERASMUS 和 COMETT 这样的项目对这一转变做出了巨大贡献。世界上激进的政治事件,1993 年“内部市场”的开放(例如,各成员国之间关税限制的提升),以及在这种背景之下,财政和政策性经济运作都有助于这一转变趋势。

法国的一家报纸在 1988 年 3 月刊登的一项民意调查显示有 20% 的欧洲学生准备到另一个成员国的大学中学习,而有 60% 的学生则认为 1993 年将预示着一个美好时代的到来。

随着《马斯特里赫条约》的签订,教育开始成为欧洲共同体权利范围之内的责任。一项普通的欧洲教育政策必须具备三个主要目标(Fernandez 1991):为每个人提供最基本的质量得到保证的教育和培训;欧洲各教育体系之间的相互交流,不同文化间交流的途径。在某种程度上,合作已经成为共同体的基本政策,除了法律辩论需要时间外,在教育领域几乎没有遗留一个角落。

10.1 教育体系所面临的共同挑战

所有的教育体制都需要考虑到以下几点因素:

(a)只有足够的人力资源,欧洲才能具备竞争力。

(b)世界经济对教育的要求必须与个体的教育需求保持一致。

(c)教育的质量依赖于许多关键因素,包括教师的基础知识、教学准备、职业动机和工作条件;新技术的融入以及学校的支持和评价系统。

(d)就业市场需要更多合格的年轻人。

(e)劳动人口需要连续不断地培训。

(f)整合多元文化。

(g)必须保留本地和地区性的发展能力。

10.2 共同体面临的挑战

共同体正面临着如下几方面的挑战:

(a)应加强政策制定者与教育者之间的双向认识和理解。

(b)必须增加直接接触、体验其他思想和文化的机会。

(c)必须打破法律、行政和学术上的壁垒。

(d)详细说明全欧洲基本的教育和培训的最基本的原则。

不过,将权力移交给共同体并非解决欧洲教育问题的百宝丹。

G. 德·兰德施尔(G. de Landsheere) 著
刘 静 译

附录

Commission of the European Communities 1989 *Education and Training in the European Community: Guidelines for the Medium Term 1989—1992.* Commission of the EC, COM (89) 236, Brussels

Fernandez J A 1991 *El Gran Mercado Europeo y la Educacion: La Perspectiva Españiola.* CEC. EURYDICE, Brussels

其他参考文献

Commission of the European Communities Task Force on Human Resources, Education, Training and Youth 1989 *Guide to the European Community Programmes in the Field of Education, Training and Youth.* EURYDICE, Brussels.

Commission of the European Communities Task Force on Human Resources, Education, Training and Youth 1990 *Activities of the European Communities in the Field of Education, Training and Youth Policy During 1989.* EURYDICE, Brussels.

Commission of the European Communities 1990 *The Institutions of the European Communities.* Office for Official Publications of the EC, Luxembourg.

Council of the European Communities General Secretariat 1989 *European Policy Statements.* Office for Official Publications of the EC, Luxembourg

EURYDICE European Unit 1991 *Cooperation in Education in the European Community: Historical Outline and Future Prospects.* EURYDICE, Brussels

Jones H C 1990a *Education and Training in the Perspective of 1992.* Belgian National Council on Science Policy, Brussels

Jones H C 1990b *New European Challenge for Education. The Impact of 1992.* Royal Society, London

Neave G 1984 *The EEC and Education.* Trentham Books, Stoke-on-Trent

Noel E 1988 *Working Together. The Institutions of the European Community.* Office for Offcial Publications of the EC, Luxembourg

国际会议、委员会和教育改革(International Conferences, Commissions, and Reforms in Education)

教育体制改革和变化经常是专业教育者和政策制定者共同作用这一过程的结果。政治革命以后,这一过程逐渐加快,例如在尼加拉瓜(Miller 1984)。但无论背景如何,各国的教育改革过程大体都是相似的。没有政治上的支持,教育者无法进行自己的工作;没有教育者的建议,从政者也会陷入困境。所有的变化都是由于各个国家的内部活动造成的,其中很多变化都没有结合国际背景进行。然而,在当今这个危机时代,当世界上发生类似事件时(如1990年苏联解体的事件),国际会议在教育者和从政者当中的影响却是巨大的。例如,在20世纪80年代,人们越来越对下列事实达成共识:"扭转许多国家基础教育严重下降的局面"势在必行(WCEFA 1990 P.1)。上述这些现象形成了在泰国宗滴恩召开的世界全民教育大会的背景。随着教育政策的制定成为遍及全球的事情,这种国际会议在教育者和政策制定者中共同发挥作用。本词条主要分析委员会的一般会议如何影响和反映教育政策的制定。

1. 委员会

一般会议可以在各种水平上召开,有各种参与者和各种形式的组织参加,而委员会则在全国范围内召开。在肯尼亚,自从1963年国家独立以来,有两次这样的委员会,并且都有相关论文出版,每次会议都有教育者和从政者参加,而且每次会议都针对教育的未来发展向政府提出了建议(Kenya Government 1964, 1965, 1976)。当一项对教育理念和教育战略的调查被认为是必要时,国际委员会的地位才得以确立。国际教育发展委员会(1971 ~ 1972)是最典型的例子。该委员会成立于人们开始对关于学校教育的增长和经济发展之间的紧密联系的先前观点产生怀疑的时候。而且,委员会的主席还说道:

> 国际教育发展委员会不仅防止经济、知识和公民之间的差别越来越大……而且它还使我们认识到该委员会不再仅仅是一项慈善机构。

我们所处的这个时代的巨大变化正在危及着物种和人类自身的统一和未来发展(Faure 1972 P. xxi)。

国际教育发展委员会报告《学会生存》(Faure 1972)成为教育思想中人文基础和科学基础的典型的、详细的声明,同时,该报告也是很实用和很有远见的。其中的指导思想之一就是教育发展应该在社会综合发展的整体框架中加以研究。这种跨学科研究的方法在18年以后宗滴恩召开的会议上得到了回应(参阅本词条第3部分)。

"富尔报告"(后来人们对这个报告的叫法)的核心是学习化社会的概念。根据过去的实践和现在的新发现、新技术,教育应该囊括各个年龄群和社会的各个方面。"我们建议将终身教育作为各个发达国家和发展中国家制定教育政策的主要思想。"(Faure 1972 P. 182)报告中建议的内容包括各年龄阶段的人群和社会团体都有较为灵活的、容易的入学机会;减少教育制度内部的阻碍因素;加强教育、生活和工作之间的联系;对经验认可并认证;重视正规教育和对雇主进行教育的作用等。"教育过程的正常终点应该是成人教育。"(Faure 1972 P. 205)

上述建议在未来一段时间内还很难实现。由七位成员组成并有大量教育专家为其提供建议的委员会确信以上述建议为指导的教育改革不仅是必要的,而且是必需的。只有让越来越多的人意识到这一点,改革才会成为可能(Faure 1972 P. 105)。同时,肯定会有人问:1972年以来的这些乐观的观点如何与15年以后人们对所取得的进步的悲观看法保持一致?委员会的工作到底发挥了怎样的作用?对于这些问题目前只能做出临时性的答复,但通过进一步分析和其他国际会议(参阅本词条第3部分)可以得出较为乐观的答案。

作为宗滴恩会议准备工作的一部分,哈拉克(Hallack 1990 P. 23)在研究中指出,自1960年以来,"由于政府的政治意志和社会对教育的要求共同发挥作用",20年来,世界教育改革取得了很大进步。同时,在1980年以前的30年中,发展中国家的入学率和识字率比工业化国家同期的增长要快得多。但也有人对此进步表示怀疑。早在1967年召开的世界教育危机的国际会议上,就有人提出了疑问(Williamsburg USA),因为自1972年以来,大规模的经济增长已经消失,随之而来的就是人们对基础教育质量的担心,20世纪90年代早期,投入基础教育部分的资源十分有限。

2. 专门会议

专门会议可以按主题(如1979年召开的关于非正规教育的联邦专家会议)、专业/职业(如世界教学专业组织会议)或者教育中的不同方面(如世界比较教育协会代表会议)来划分。另外,也有特殊旨趣的会议召开,这些会议由对其他国际机构造成压力的组织召开,组织成员也在地区和国家组织中寻找机会促进自己的观点的发展。随着人们逐渐接受教育政策的制定越来越成为一项政治问题的观点,最后这种类型的会议的重要性也日益得到提升。其中一个典型事例就是国际成人教育大会中召开的一系列世界会议。成人教育是这些会议中所讨论的众多问题中的一个方面,但它的政治性的不断加强与包括政治和社会因素在内的教育工作的思想不断扩大有密切关系。

2.1 特别会议:国际成人教育大会(ICEA)

直到20世纪60年代,受教育(读写)在很大程度上一直被认为只是一种技能、技巧,这种技能、技巧可以被教授,可以学习到,并且可以在大部分环境中使用,而无需具体的背景资料。后来,教育被进一步认为必须具有某些功能,尤其是直接为经济增长和经济发展服务的功能。1975 年,国际上提出了一个明确的指示,要求教育的功能应该有所扩大,包括政治、经济、社会和文化的所有方面,“……读写……必须首先以引起个体对社会现实的深刻认识为目标,同时使他们理解、掌握并改变自己的命运”(Bataille 1976 P. 273 ~275)。

这种教育作为解放的观点曾在富尔报告中提出(Faure 1972 P. 139ff.),现在则再次被国际成人教育大会提出。在这一过程中,大会的各种世界性会议由传统的事先准备好论文的学术性会议(1976 Dar-es-Salaam,1982 Paris)转变成由大会成员组成的世界性集会,在这种集会中,各成员之间为自己的自治权力相互庆祝并试图进行一项互为一体的国际社会运动(1985 Buenos Aires, 1990 Bangkok)。

1976 年的会议已经超出了纯粹的学术范围,会议提出了一个“行动设计”计划,并呼吁重建教育功能。会议的焦点是成人教育与社会经济发展之间的关系,但坦桑尼亚总统却在其就职演说中明显并坚定地表现出了更多的政治倾向。发展的目的是“人类的解放……教育也是如此”(Hall and Kidd 1978 P. 27)。“从被忽视和依附中解放出来就是教育的目标,除此之外,别无其他。”

后来的会议运用了非常不同的方法,其中主要是采用拉丁美洲公共教育运动的方法,人们希望通过会议对激烈的社会变革做出某些政治上的承诺。因此,在曼谷会议中,通过对建立新社会实施可持续发展、发展公共教育、加强民主、妇女读写、读写与和平等众多话题的讨论,会议在很大范围内对泰国的教育计划进行了“一致的审查”。整个讨论中的重点是政策制定中的民主性以及制定政策的不同方法,通过这些方法,上述目标可以进一步得到加强(Yarmol-Franko 1990)。

国际成人教育大会由联合国教科文组织先前组织的三次关于成人教育的国际会议发展而来(1949 Elsinore, 1960 Montreal, 1972 Tokyo)。召开这次大会的想法首先在日本的东京提出,第二年就成立了大会,到第四次联合国教科文组织国际大会在巴黎(1985)(Lowe 1982, UNESCO 1985)召开时,国际成人教育大会已经成为一个有男女成员共同参加的成熟的组织。这些成员“渴望更好地理解自己所生存的世界,并希望在不合理的经济制度中提出自己的要求”(国际成人教育大会 1985 P. 2)。

2.2 专题会议

大部分国际会议的一个普遍结果是会后的活动受到会议主题的很大影响,尤其是 1967 年在威廉斯堡召开的“世界危机”大会表现得更为明显。这次大会的与众不同之处是与会者共同讨论一个单独的工作报告,该报告后来成了出版大会论文集的基础(Coombs 1968)。威廉斯堡会议的论题是:尽管世界教育已经取得了很大进步,但各国的教育制度,无论是工业发达国家还是发展中国家,由于难以快速适应周围环境的变化,都处于危机之中。教育中的不稳定因素逐渐增加,其中包括不恰当的课程设置,不能满足经济和社会发展的要求,越来越多的入学和教育结果的不平等以及教育消费和政治意志或政府对教育投资能力之间的鸿沟不断加大等。

威廉斯堡会议中提出的一项改革是给各种成人教育和培训计划以较高的地位并使之协调发展,这些成人教育和培训计划在各国都存在,但当时还没有被纳入教育政策的考虑范围之内。例如,工业化国家中符合现代要求的专业课程、离校失业者的技能培训、发展中国家的农民培训和为实现一定目标而组成的妇女团体等都是这些计划的具体形式。组织这些培训计划的目的是为了发展一种“不正规教育制度”。

不正规教育的思想是在 20 世纪 70 年代发展起来的,这突出表现在库姆斯和其合作者的著作中(Coombs et al. 1973, Coombs and Ahmed 1974, Coombs 1985)。到了 70 年代末,各联邦教育部长认为不正规教育的思想已经成为时代的要求,因此需要及时召开以发展为目的的国际不正规教育专家大会,这次大会最终于 1979 年在印度的新德里召开。

会议召开时,不正规教育的概念不仅进一步被加以明确和发展,而且发展本身的内容也被加以修改,就业问题、环境问题、社会公平问题,尤其是社会不利群体参与发展的问题,开始代替简单的经济增长而成为发展的主要目标(世界银行 1974)。不正规教育在减少贫穷方面发挥着重要作用,而在将不正规教育与工业发达国家的专业继续教育衔接方面却比库姆斯强调的要少。因此,会议主要集中讨论发展中国家贫穷地区的教育问题。在制定教育计划时,其关键词是:相关性、灵活性和参与性。

专题会议的一个最大好处是能够将许多教育界的当局者、服务者和政治家们集中到一起,会上提出的问题能够详细加以讨论,对于有疑问之处,与会者还可以进一步深入讨论,这样就能够较容易达成一致意见,而一般会议却不能做到这一点。例如,许多以英语为母语的国家和地区,都不愿意从政治的教育来看教育问题。大会主席马尔凯姆·阿迪西汉(Malcolm Adiseshiah)在闭幕词中讲道:“教育并不是政治中立的”,“我们最好大胆地去思考我们的计划、建议和地位的政治含义”(Fordham 1980 P.21)。在国际会议中寻求一致意见时,不同观点有时会被忽视,但在新德里召开的这次国际大会中则不会如此,这正是这次会议取得丰硕成果的原因。

3. 世界全民教育大会

威廉斯堡会议结束二十多年以后,教育中的世界性危机仍然存在,但是其特点有所改变——目前,更多地强调教育质量的提高、更好的管理和更多的参与,而不只强调革新或课程的更新——但人们所担心的仍然是教育外部的相关因素、较高的教育消费和为资助教育而为政府提供政治决策的需要。

1990 年在泰国宗滴恩召开的世界全民教育大会在下列几个方面有所创新:

(a)本次大会的规模宏大。在前几年召开的大量磋商会议以后,这次大会共有1 500多人参加,其中包括 155 个政府的代表、20 个政府间机构代表和 150 个非政府组织。

(b)本次大会是各种机构共同努力的结果。大会由联合国儿童基金会、联合国发展计划、联合国教科文组织和世界银行的领导们共同负责召集。同时,它还得到 18 个政府和其他组织的支持。

(c)本次大会是一次跨部门的会议。大会一方面源自主办者,同时也重点强调了将教育看成是一种促进社会其他方面(如农业和卫生等)发展的活动的必要性,这种教育活动包括正规的学校教育制度的活动在内。

(d)本次大会被限制在所有儿童、青年和成人的基础教育范围内。在不同国家、文化背景和时期内进行基础学习需要视具体情况而定,但所有上述情况中都包括个人和社会两个方面。大会所关注的内容如下:人类“为了生存,为了全面发挥自己的能力,为了体面地生活和工作,为了得到全面发展,为了提高生活质量,为了做出明智的决策,以及为了继续学习”(WCEFA 1990 P.43),他们需要掌握什么样的技能(如读些活问题解决技能)和了解哪些内容(如知识、技能和价值)。

大会要达到的三个主要目标是:

(a)突出基础教育的重要性和影响,改变其责任,使所有人都能接受基础教育。

(b)在设计为满足儿童、青少年和成人的基本学习需要的行动框架上达成全球范围的一致。

(c)为激励正在进行的工作或已经计划好的工作,为大家提供一个分享各自经验和研究结果的论坛。

在强调政策最终是国家政府的责任时,大会通过了一个《世界宣言和行动框架》,该《世界宣言和行动框架》注重教育的共同目标和共同战略。作为该文件的一部分,“扩大的教育”强调下列内容:普及入学并促进教育平等;关注学习结果;扩大基础教育资源和范围;改进学习环境;加强国家间和国际间、政府组织和非政府组织以及私立机构的合作等。

在采取行动计划和进行世界范围内的活动时,世界全民教育大会无疑在以下几个方面取得了成功:提高教育政策制定的国际地位;加强基础教育的重要性;增加教育的政治支持。在这些方面,我们可以说世界全民教育大会正在实现它的第一个和第三个目标。但是,达到“全球一致”仍然是一个很大的问题。

任何与社会政策问题相关的大型国际会议存在的一个永久性问题是在寻求教育的普遍性时掩饰了其差异性。即使在大会本身,会议通过的宣言也只是掩盖了而没有取消各主要参与者之间的本质差别。例如,世界银行通过强调改进现存教育管理制度而强调了提高初等教育的质量,而其他非政府组织(如国际发展研究中心)则强调了成人受教育条件的改善和社区参与各级各类教育政策制定机会的增加。这些情况并不是一直如此,但在为有限的资源而进行激烈的政治竞争时,可能就会出现上述情况。

世界全民教育大会通过的宣言中的一些基本设想受到了挑战,尤其是一些批评家认为,宣言的内容过多地依赖人力资本理论和现代化理论,很少关注非正规劳动力市场和对发展中国家继续的技术依赖,而且也没有强调公众对各级各类教育计划和管理的参与(Torres 1991)。另外还有会议内外的批评家指出,大会对国家的债务问题关注不够。

4. 结论

国际大会和委员会虽然没有实现教育改革的目标,但至少对可能发生变革或值得进行变革的地方提供了某些普遍性。只有政府为教育活动提供支持,教育政策的制定才会有效。但是这些国际会议的确对教育政策产生了很大影响,事实上,这也是大会主办者的意图。他们不制定政策,但可以间接改变政策。

P. 福特汉姆(P. Fordham) 著

郄海霞 译

附录

Bataille L (ed.) 1976 *A Turning Point for Literacy.* Pergamon Press, Oxford

Coombs P, Ahmed M 1974 *Attacking Rural Poverty: How Non-Formal Education Can Help.* Johns Hopkins University Press, Baltimore, Maryland

Coombs P 1968 *The World Educational Crisis: A Systems Analysis.* Oxford University Press, New York

Coombs, P, Prosser R, Ahmed M 1973 *New Paths to Learning for Rural Children and Youth.* International Council for Educational Development for UNICEF, New York

Coombs P 1985 *The World Crisis in Education: The View from the Eighties.* Oxford University Press, New York

Faure E (Chair) 1972 *Learning To Be: The World of Education Today and Tomorrow.* International Commission on the Development of Education Report. UNESCO, Paris

Fordham P (ed.) 1980 *Participation, Learning and Change: Commonwealth Approaches to Non-formal Education.* Commonwealth Secretariat, London

Hall B L, Kidd J R 1978 *Adult Learning: A Design for Action. A Comprehensive International Survey.* Pergamon Press, Oxford

Hallack J 1990 *Investing in The Future: Setting Educational Priorities in The Developing World.* UNESCO: Inter national Institute for Educational Planning/Pergamon Press, Paris/Oxford

International Council for Adult Education 1985 *Contribution of the International Council to the Fourth UNESCO International Conference on Adult Education.* ICAE, Paris

Kenya Government 1964 *Kenya Education Commission Report, Pt I.* Government Printer, Nairobi

Kenya Government 1965 *Kenya Education Commission Report, Pt II.* Government Printer, Nairobi

Kenya Government 1976 *Report of the National Committee on Educational Objectives and Policies.* Government Printer, Nairobi

Lowe J 1982 *The Education of Adults: A World Perspective*, 2nd edn. UNESCO, Paris

Miller V 1984 *Between Struggle and Hope—The Nicaraguan Literacy Crusade.* Westview Press, Boulder, Colorado

Torres C A 1991 A Critical review of the Education for All (EFA) background documents. In: International Development Research Center 1991 *Perspectives on Education For All.* IDRC, Ottawa

UNESCO 1985 *Final Report*, International Conference on Adult Education. UNESCO, Paris

WCEFA 1990 *Final Report* and *Background Document of the World Conference on Education For All.* Inter-Agency Commission (UNDP, UNESCO, UNICEF,

World Bank), for the WCEFA, New York

World Bank 1974 *Education Sector Working Paper*. The World Bank, Washington, DC

Yarmol-Franko K (ed.) 1990 *Literacy, Popular Education and Democracy: Building the Movement*. International Council for Adult Education, Toronto

经济合作与发展组织：教育活动 (Organization for Economic Co-operation and Development, OECD: Educational Activities)

经济合作与发展组织为世界上的工业化国家进行经济和社会政策的国际合作提供了一个独特的论坛。其成员包括欧洲、北美和太平洋地区的24个发达国家，具体有：澳大利亚、奥地利、比利时、加拿大、丹麦、芬兰、法国、德国、希腊、冰岛、爱尔兰、意大利、日本、卢森堡、荷兰、新西兰、挪威、葡萄牙、西班牙、瑞典、瑞士、土耳其、英国和美国。经济与合作发展组织成立于1961年，其前身是欧洲经济合作组织(OEEC)，当时的欧洲经济合作组织曾经是马歇尔计划(该计划是第二次世界大战后美国对欧洲实施经济援助的计划)的执行者。经济合作与发展组织的活动主要是为促进经济增长、就业和世界经济的协调发展，在这些发展过程中，教育是一个重要组成部分。该组织在建立之初就将人力资本对教育的要求考虑在内，并从20世纪60年代末起要求给予教育更多、更全面的关注。本词条主要介绍经济合作与发展组织在教育上的突出贡献，追溯其历史，并探讨其中的一些当前问题。

1. 经济合作与发展组织的贡献

经济合作组织通过一些具体的委员会和工作小组(共有二百多个)来进行自己的工作，并得到国际秘书处的支持。该秘书处设在巴黎，具有支持经济合作组织工作的资格，并且是一个独立的机构。代表所有成员国的各委员会确保将经济合作与发展组织的工作与各成员国的国家利益结合起来，因此也形成了大家普遍认同的解决问题的方法。秘书处通过其分析与制定政策的工作来支持委员会的讨论。秘书处没有进行或委任别人进行自己的基本研究工作的资源，而只适合将现有的事实上或观念上的知识集中起来，根据这些知识，委员会再提出一些与政策发展相关的结论。这样，经济合作与发展组织实际上在扮演着各国信息比较和政策分析的知识宝库的角色，同时又是上述问题解决途径和政策方向的倡导者，这些途径和方向对经济和社会的进步尤其有利。

秘书处主要由秘书长领导，根据主要的委员会，分为几个具体的理事会。工作人员主要根据一些具体工作计划开展自己的工作，这些工作计划可以是目前正在进行的工作或者是特殊的工作计划。传统上，工作计划主要涉及国际专家的合作，他们当中有些是单独委任来撰写论文的，有些是为小组工作服务的。各成员国通过委员会或直接与秘书处建立联系来促进秘书处工作的顺利进行，在某些情况下，还可以向秘书处提交具体的国家报告。大部分工作计划最终将以报告的形式结束，还有许多计划通过向其他会议团体提供材料，加以具体讨论，这些会议团体的具体形式相当广泛，从非正式的研讨会到政府间的正式会议。

这种国际论坛尤其在教育上很有价值，因为大部分教育政策的制定都与国家和地方有关。大概每五年教育部长们就汇集巴黎商讨经济合作与发展组织最近在教育上的事宜。这是发达国家唯一的“教育首脑会议”。经济合作与发展组织这种关于教育的工作方式确保与会者和教育部长们的当前利益。但同时，该组织也能够采取一个更加独立的、长期的教育发展目标。经济合作与发展组织的这种双重功能表现在其关于教育工作的结构中。

该工作由两个主要的委员会提出，并得到秘书处成员的支持。教育与培训区主要是为OECD组织中的教育委员会服务的，其主要任务是提出符合成员国政府当前利益的政策问题。教育研究与改革中心(CERI)尽管是经济合作与发展组织的一个组成部分，但却在其主要组织之外发挥作用，因为CERI的管理委员会虽然由成员国政府提名，但并不代表其利益，而是由OECD组织的主要会议任命的。教育研究与改革中心董事会包括学者、官员，中心主要致力于教育和社会相关趋势的长期发展。除了正常的资助外，其获取额外资助的能力增加了其采取独立活动的范围，例如，一个小小的独立计划就着眼于高等教育机构的管理。另外一个独立的计划和教育委员会相关，主要解决校舍问题。

教育培训部、教育研究与改革中心和其他两个较小的计划都在经济合作与发展组织的教育、就业、劳动和社会事务董事会内工作，这个董事会使所有的教育工作密切联系（为方便起见，本词条只介绍其内容而不区分上述几个部分的区别）。董事会内其他部门的密切联系保证了教育与社会发展和劳动市场的关系。将教育放在一个更广泛的社会背景中加以审视是经济合作与发展组织的又一个突出方面。作为一个以经济为起点的组织，难免会考虑教育在促进经济发展中的作用。但是，经济合作与发展组织的跨学科特点使其不仅关注经济增长，同时还考虑到教育在增加个人于日常生活和就业中的发展机会的作用。

2. 过去的工作

直到1970年，经济合作与发展组织才有了一个专门的教育委员会，比教育研究与改革中心晚两年。在20世纪60年代，教育工作主要由科学技术人员委员会来组织，这些早期的工作主要集中讨论教育制度和对人力资源要求的关系，目的是为了满足经济的需要——尤其是为了培养科学家和工程师。

在这一阶段，经济合作与发展组织促进了人们对教育经济学概念的分析：人力资本的思想和教育成就与增长的关系。这为教育投资提供了一个良好的环境，但很快使经济合作与发展组织开始考虑更深入的教育政策问题，并认识到教育扩张不仅要考虑到人力资本的要求，而且还要考虑社会其他方面的要求。在这种情况下，经济合作与发展组织制定了许多新的教育发展计划，并于1970年在巴黎召开的关于"政策与教育增长"的政府间会议中达到极致。

教育委员会和教育研究与改革中心都是在固定期限的委任下建立起来的，由经济合作与发展组织的管理委员会认可。委任期满后重新委任，现在是每五年一次。重新任命时难免会发生争论，所以在准备每一次任命时，有必要制定符合当前各成员国需要的优先战略。这一过程由上述各部门会议协助完成，并常常在重新任命决定做出之前进行。

1970年会议以后，20世纪70年代的主题是教育扩张。这一阶段的努力主要集中在如何使教育政策适合社会对教育需求的不断增长上。委员会在工作计划中重新明确了关于教育目标、进行资源配置的新方法、适当的计划和管理工具等方面的内容，尤其是扩大了包括质量和数量在内的教育计划的范围。同时，教育研究与改革中心的活动主要集中于教育机会均等的各个方面，其中包括对有特殊需要的儿童的教育援助和对成人接受回归教育的需要。

在教育不断扩张的同时，OECD为了保持教育质量，于20世纪80年代对各成员国的学生成绩进行了预测，尤其是在1984年的部长级会议上，教育标准问题被提上了重要议事日程。同时，根据各成员国政府的要求，通过与其合作，该问题还在具体计划中和各国的教育政策中得到了具体讨论。到1991年为止，大概有三十多篇这方面的评论文章依据各国的教育报告得以出版。

20世纪80年代期间，教育与经济之间的关系再次得到人们的关注，但这次是从一个全新的角度。通过寻求扩大教育数量来促进经济增长的方法被更多地对教育质量的关注取代，即教育如何使人们为进入知识经济作准备。由于以手工制造为基础的工作减少和技术的极大进步，工业经济的结构发生了改变，这种改变又引起了工人对所需技能的调整。CERI关于对人力资源要求的具体工作消除了在20世纪80年代初盛行的一种思想，即技术能够仅仅通过先进机器代替技术工人。相反，CERI关于复杂技术将会比以往要求更多的工人的结论则为教育的进一步扩张提供了基础，这一次的教育扩张范围将包括所有成人和学生。

3. 20世纪90年代的工作重点

1992年的委任工作开始之前，先是召开了一个教育部长级会议，会议明确了20世纪90年代OECD教育工作的重点，高质量的初始教育和培训仍然被认为是最基础的工作——但这是作为终生学习的基础。作为达到社会平等的一个方法，OECD在20世纪70年代初率先提出了回归教育的思想，现在，它又将促进劳动者的继续教育和培训作为推动经济工作的重点。20世纪90年代的成人劳动力缺乏必要的技能，20世纪70年代以来相对较低的出生率意味着将要花20～25年的时间使一半的劳动力得到更新。部长级会议对发达国家的功能性文盲表示了极大的关注，并提出为使成人“积极加入当今快速变化的劳动力市场和社会”(OECD 1992《为全民提供高质量的教育和培训》P.33)而提供接受教育和训练的机会。

在初等教育中，OECD目前的工作主要是关于课程、教师和教育不利人群方面的，这方面的工作继承延续了20世纪七八十年代以来的努力，从而保证教育制度在满足教育数量、教育质量和教育公平方面的要求时达到协调发展。但是，我们的社会现在面临一个新的环境，在一种要求所有工人都具备思考能力而不仅仅是少数精英的经济中，增加不利人群的受教育机会很明显在整体上利于整个社会的发展。因此，从工业上借鉴来的“全面质量管理”思想形成了OECD在教育上的方法。

为了使新的团体工作更加有效，各成员国开始对本国教育制度传统的资助和治理方法提出了质疑。OECD在20世纪90年代的工作计划中将教育的资助和治理作为一个具体问题。关于高等教育资助情况的研究已经表明许多与政府集中管理模式相脱离的新的方法出台。

可靠数据的收集和对实践的评估被认为是有效改进教育的进一步要求。迄今为止，作为与相对孤立的教育制度进行比较的兴趣的反应，OECD正致力于改进国际教育统计质量及对其进行解释说明的工具。

20世纪90年代OECD在教育方面的工作在其见解的广度上仍然是与众不同的。教育委员会与就业、劳动和社会事务委员会的新合作代表着跨学科方法的开发越来越得到重视。教育比以往更多地被认为不仅仅是教育本身的事情，教育、商务以及更广泛意义上的社区之间的合作问题正得到人们积极的响应。OECD不仅关注目前成员国的教育发展状况，而且更关注其他国家在教育上的整体利益。在20世纪90年代初期，东欧一些国家进行过一个合作项目，为使OECD的工作与这些国家协调，还于1990年成立了“欧洲经济合作过渡中心”，并于1991年与波兰、匈牙利和捷克斯洛伐克签署了协定，主要是为了加深各国在OECD活动中的联系。同时，OECD还加强了和亚洲、拉丁美洲一些国家的经济联系。

4. 出版物

OECD出版了两种主要类型的出版物：“整体分配文件”和一些书籍。这两种类型的出版物都有英语版和法语版，出版的书籍分到各成员国进行销售，这些书籍也可在设在巴黎的OECD出版中心直接购买，在该中心可以得到最近的出版物。

T. J. 亚历山大(T. J. Alexander)　著
郄海霞　译

联合国组织：比较教育与国际教育中的研究和服务(United Nations Organizations: Research and Service in Comparative and International Education)

联合国组织及其在教育领域的专门机构形成了在比较的视野下进行国际教育对话和交流的独特平台；同时，它们在教育发展和改革过程中又起着协助作用。更重要的是，改进教育和教育政策要求明达的决策、建立在研究和研究结果基础上的专业计划和管理以及容易获取并充分利用相关信息和文件的能力。因此，比较与国际教育的其他研究和服务，尤其是培训、文献的管理和传播，成为合作中的重要领域，联合国的专门机构在这方面承担着特殊的责任。

本词条主要概括了比较与国际教育领域面临的主要挑战，即要求联合国专门组织和机构所致力的主要方面。同时，该词条还提供了一个简捷的行动路线，各专门机构(它们是联合国教科文组织、IIEP、IBE和联合国教科文组织教育学会)试图依据此行动路线对重要的教育工作和需要做出反应。本词条还在比较与国际教育(CIE)框架下对未来可能的主题和合作形式进行了预测。

1. 比较与国际教育最近的发展趋势

"比较教育"也许不能一直被认为是描述教育国际方面的某种形式的重大变化的恰当词语,自从20世纪70年代初期以来,人们通过对文化、制度和与政策利益有关的其他教育制度的特点进行传统上的研究,对比较或国际教育的强调不断发生变化。政策利益主要涉及资金、治理、效度和平等问题——较少强调数量问题,更多关注质量问题;较少强调投入,更多关心产出和过程。这一趋势导致了对"比较教育"一词和下列两类问题的分析:第一类,对教育进行顺利投资的条件、不同分配制度的成本效益和机构管理的改革;第二类,一定投入(教育人员、设施、资金来源等)和产出(以学生的考试成绩或其他可以测量的成绩表现)之间的关系。其中最完善和最综合的关于影响学生学业成绩的学校和教育学因素的比较工作是由国际教育评估协会来做的。

尽管政治方面的决策者们总是致力于通过研究和"借鉴"国外模式来改进本国的教育条件,对不同国家关于类似问题的教育政策进行研究已经成为一种新的发展趋势。这至少是因为比较教育政策研究的可行性受到仅仅依靠国家间表面的分析的限制,但是,如果进行认真设计、实施和利用,比较政策研究在理解不同教育制度的共同问题和对现有的国家教育目标和方法提出质疑,从而扩大决策者对各种可能性方法的认识方面是很有价值的。

20世纪80年代末和90年代初世界不同地方的变化(如东欧国家的社会政治、经济转变)、不断发展的工业化和城市化,尤其是在南亚和东南亚地区的节俭措施和结构调整政策等都对教育产生了重大影响。这些变化的一个具体结果是增加了政府角色作用和市场机制的价值,同时使联合国机构各成员国的政府通过学习国外经验,加强自己在决策方面的努力。通过比较与国际教育的研究和其他适当服务,联合国专门组织和机构明确了协助重要地区政府工作的责任。

2. 联合国教育组织和机构面临的主要挑战和工作重点

回顾历史,许多发展中国家的教育取得了实质性进步,正如下列因素所表明的:20世纪60年代到80年代之间,受教育人数从43%上升到了60%;同期,世界儿童接受各级各类正规教育的比例几乎增长了一倍;而且,在任用和培训各级师资方面也进行了积极努力。发展中国家国民生产总值用于教育的部分不断增加,1950年至20世纪80年代中期,共有一百三十多万所初等学校建立,并在对新的教学—学习方法进行实验、引进新的分配制度和改革正规尤其是非正规学习方面进行了不懈努力。然而,这些教育扩张和发展并不能使人们就此忽视发展中国家的教育制度今天仍然面临的一系列挑战、困难甚至更加恶化的问题。

尽管各国在教育上采取的形式和强调的重点不同,但下列几个关于教育发展的问题则是世界各国都共同关注的。

2.1 扫除文盲

人口的增长是阻碍经济发展、普及学校教育和根除文盲的主要障碍之一。20世纪90年代初,世界上已有1亿多儿童失去了接受初等教育的机会,其中至少包括6 000万女童;同样多的儿童和更多的成人没有达到基础教育的要求。今天,超过9亿的成人文盲或功能性文盲已是所有国家一个共同的重要问题,无论工业化国家和发展中国家都是如此。许多国家,尤其是最贫穷的国家,人口仍会继续增长,因此,这些国家在扩大自己的教育制度所需资金和减少文盲方面存在着很大的困难。

2.2 残酷的国际竞争和迅速的科技革新背景下人力资源的开发

科技革命,尤其是信息、生物和物理领域的革命,改变了社会对教育和培训的要求,而且,面对激烈的国际竞争,所有国家都必须不断提高本国劳动力的质量。大量发展中国家面临严重的失业、贫穷和技术落后等问题,因此,他们尤其强调了教育和培训中的质量、全面性和灵活性等问题。

2.3 减少教育管理的无效性

适用于解决上述问题的财政危机和结构调整导致了用于教育的资金没能够发挥多少价值,甚至引起了某些国家教育水平的下降。因此,许多国家必须找出减少成本、提高资源有效性的根本出路,同时,要更加注意已有的财政机制及其效果。

20 世纪 80 年代,世界许多地区在政治领域同样经历了巨大变革。大量发展中国家对政府越来越没有信心,因此,开始对公共机构能够和应该发挥的作用产生了怀疑。这些变化影响了教育决策者、计划者和实践者关于教育机构管理的思考,他们对下列问题提出了质疑:如何使教育计划和管理更加灵活、分散,并更倾向于实践取向? 教育资金的重组能够在多大程度上、以何种方式增加教育制度的有效性?

2.4 弥补教育研究、计划和相关服务的能力鸿沟

尽管各国在创立和加强研究中心和筹备地方人力资源以及成立能够做出明智的教育决策、计划和管理的机构方面已经做出了实质性努力,但现在仍然有很多工作要做,例如,下列工作就是需要着手进行的:

(a)教育制度中关于范围、成本、质量的信息和数据经常缺乏,或没有被充分、有效地收集、处理和使用。

(b)在少数几个国家,研究和分析所需的拥有充足人员、软硬件设施、职业结构和进行全职研究的机会等稳固、永久性结构的建立受到资金不足、缺乏政府支持和学术基础设施整体上恶化的阻碍。

(c)在许多国家,尤其是最贫穷的发展中国家,地方人力资源的完全不足导致了对教育管理、计划和文件管理等培训要求的不断提高。这种培训需求的增长一方面常常由于管理和计划工作的多样性造成,另一方面源于分权和参与趋势的加强以及决策者、市民及财政机构在该领域的兴趣。

总体来看,世界不同国家和地区在知识的获取、创造、分配、管理方面仍然存在很大差别,形成教育研究政策和决策的最基本的文件、信息和传播服务也缺乏或严重不足。在上述这些趋势和挑战的作用下,联合国比较与国际教育专门服务机构提出了以下四方面的工作重点:

(a)为全民基础教育提供支持,基础教育是终身学习的基础。

(b)通过适当地选拔和提高各级教育和培训的质量开发人力资源。

(c)改善学校和制度两个层面的管理。

(d)加强和巩固国家在研究、培训、信息和档案管理方面的能力。

3. 联合国中 CIE 专门组织和机构的反应

有几个联合国机构提供研究、信息、培训和文件管理服务,并且为促进教育交流、咨询和合作组织会议和联系网络,其中一些机构进行职业培训(日内瓦国际劳动办公室及其专门的中心和机构),或者是涉及与教育发展密切相关的具体领域,如儿童早期护理(UNICEF)、健康(世界卫生组织)和营养(粮食和农业组织)等。然而,对于这些组织来说,教育仅仅是他们具体活动的一个方面。相反,联合国教科文组织及其下属机构,尤其是国际教育局、联合国教科文组织教育协会和教育计划国际协会,在全球化背景下得到了特殊的关照。下列几个部分即集中讨论后面这三个组织在应对 CIE 面临的上述一些挑战时所进行的不同活动。

3.1 联合国教科文组织(UNESCO)

在联合国体制中,联合国教科文组织是在世界教育发展中发挥最大作用的一个组织。事实上,联合国教科文组织的重要主题和行动模式是通过在其能力所及范围内与社会主要趋势和各种挑战并肩战斗来体现的。

3.1.1 重要主题

根据 20 世纪 90 年代的教育计划,联合国教科文组织的主要目标是帮助在过去几十年中仍未取得教育进步的成员国解决面临的严重问题,同时,也为未来的新世纪培养新一代年轻人:

(a)促进全民基础教育被给予了最高重视。1990 年 3 月在泰国宗滴恩召开的世界全民教育大会与联合国教科文组织、联合国发展计划、UNICEF 和世界银行共同形成了扫盲运动的里程碑。世界全民教育大会有助于各个组织在满足基础教育需要和在探索推动教育机会快速发展过程中对存在的一些具体问题进行估计。大会与同年联合国提倡的国际扫盲年一起,为满足根除文盲的需要,为引起政府、机构和普通公众的注意提供框架,并且

提出关于进行下列行动的可能性:综合运用各种方法,通过为没有接受过学校教育或接受学校教育很少的青年、成人提供读写教育来扩大和提高初等教育。以这种方法为基础,联合国教科文组织正在进行一项大范围的活动,该组织对弱势人口给予了特别关注,如妇女和女童、农村或偏远地区的人群、残疾青年和其他弱势群体。在许多发展中国家,家庭资源投入到确保儿童的早期发展的部分越来越少,因此,造成了这些国家在生理、精神和情感方面所面临的主要威胁。联合国教科文组织制定了一个关于儿童早期发展的特别计划,他们主要进行以下三方面的努力:营养和儿童早期激励;父母—儿童间的家庭互动;儿童期残疾。该计划在与UNICEF、FAO、ILO、UNFPA和不同政府与非政府组织的合作中得以完成。

(b)21世纪的教育是联合国教科文组织的又一个工作重点,其目标是使教育内容、方法、组织适应一个更加独立、变化无常和面临多方面挑战的环境。该组织的行动内容包括以下几个领域:推动环境教育的发展,尽管是在学校教育外来进行环境教育的,但它也是各级正规教育制度的一个有机组成部分;为使人力资源开发更加有效,加强科技教育的质量和地区适应性;评论、更新、改进职业和技术教育的组织、内容和方法;提高高等教育的有效性,尤其通过开发可靠有效的机构、划算的教学(学习方法和技术)、高度综合的学科和机构间的流动;培训、研究和生产部门的紧密联系;通过重建现存教育制度、发展校外教育和培训的多种可能,为终身学习创造更好的机会并改进其服务。

(c)进一步发展各成员国自己制定和实施有效、可靠的教育政策与战略的能力将继续成为联合国教科文组织的主要任务之一。该组织已经对下列教育人员的培训给予了特别关注:校长、教师、行政人员、课程和教学方面的专家、文件管理中心领导、校外教育活动的组织者,等等。

关于改进妇女和女童状况的活动已融合到了联合国教科文组织所有活动和服务当中。对妇女和女童进行教育的主要功能是使她们平等参与社会、经济和文化生活的所有领域,同时也促进教育的进步和整体的发展,因此,联合国教科文组织进行了一项旨在促进他们在教育中的形象、增加女性受教育率及为进入高等教育及各级科技教育提供便利的大范围内的活动。

3.1.2 行动模式

联合国教科文组织的行动模式是和使国家决策能力和教育领域等其他类型的活动稳定发展的中心目标一致的(UNESCO 1990)。除了遵循国际惯例和要求,联合国教科文组织还采取了下列方针和行动模式:

(a)不同国家间的信息交流通过教育部长会议、专家会议、研究论坛等得以推进。

(b)根据本地区的实际情况和具体问题,进行包括咨询服务和实际的工作计划在内的地区行动项目(这些具体项目通过联合国教科文组织的地区机构进行推进和调整)。

(c)安排最新的教育统计数字的收集、处理和提供,这是准备、实施和评价教育政策和战略的前提条件。

(d)文件管理和信息服务:联合国教科文组织传播与教育有关的文件和出版物,并准备了与联合国教科文组织有关的专门目录和文章,将文件管理中心及其相关机构与教育联系起来。

(e)网络越来越成为联合国教科文组织技术合作方法的关键领域,尤其是这将涉及与联合国教科文组织地区机构、教育改革网络系统和主要地区性项目的合作。

而且,日内瓦的国际教育局(IBE)、汉堡的联合国教科文组织教育协会(UIE)和巴黎的国际教育规划协会(IIEP)三种机构为联合国教科文组织在合作和国际教育工作中提供了基础。

3.2 国际教育局

国际教育局成立于1925年,因此,在比较与国际教育中有丰富的经验。1969年以来,作为联合国教科文组织整体的一个组成部分,国际教育局的主要功能在教育文献和信息领域,同时,它还负责准备教育国际会议和宣传并推动教育政策及教育制度的比较研究。

3.2.1 文献和信息

20世纪90年代初,国际教育局数据库中保存的10万条目录(书籍、文件和期刊)和大量胶片都可在国际教育局的文献中心获得。教育信息则进一步通过目录、术语表和参考书目提供,如“联合国教科文组织或国际教育局宝藏”和“国际教育局布告栏”。国际教育局还不断扩大“国际教育信息网络系统”(INED),以此来加强和世界一百多个国家文献中心的合作。为提高INED网络系统的工作效率,国际教育局欢迎各个国家的有关人员前来进行图书馆技术的短期培训实习,并为参与者组织了地区性或地区以下水平的专题讨论会和咨询活动。

3.2.2 关于教育的会议和研究

作为联合国教科文组织普通会议的补充,教育国际会议将教育部长和高级教育官员集中到一起,共同探讨一个具体的教育主题。1990年召开的会议致力于扫盲,并在促进文化发展和教育改革方面分别由1992年和1994年的下列主题继续进行:评估和前景。根据这些会议,国际教育局出版了《国际教育年鉴》;它也是1990年世界全民教育大会期间所发文件的主要知识库。因此,随着时间的流逝,关于比较与国际教育不同主题的研究和大量信息被国际教育局准备并传播。教育研究者们的一项“住校学者”计划成为IBE推进世界范围内比较与国际教育发展的基础。

3.3 联合国教科文组织教育协会

联合国教科文组织教育协会成立于1951年,主要是进行研究和提供其他在广泛意义上与“终身教育”相关的服务。该协会特别(但不是独有的)进行下列工作:非正规教育;各级各类教育的终身教学、学习过程和实践的内容。

3.3.1 20世纪90年代的重点

世界全民教育大会(1990)及其追随者使UIE将其活动集中于成人教育领域,并进一步关注下列基础教育的具体方面:

(a)扫盲和扫盲后教育:对于扫盲计划的目标群体来说,传统的扫盲方法经常被证明是不适合的,尤其是对于校外的儿童。根据一系列关于扫盲和扫盲后计划的探索与实验研究及其结果和产生的影响,UIE为实践者开发并提供了参考书和手册。UIE还出了几本关于扫盲后教育和继续教育的书,集中讨论了下列问题:模式的分布、相关人员的培训和学习结果的评价;同时,它还通过与几个地区性非政府组织进行合作,开展了一项关于代际扫盲的计划。UIE中的发展中国家为主要专家举行的地区性和跨地区性研讨会以及为实践者进行的“常驻专家”计划促进了扫盲后计划的有效进行。UIE还是“东西欧功能性文盲”项目的参与者。

(b)基础教育:为满足世界上成千上万没有接受正规教育的儿童的需要,应进一步开发和发展非传统类型的基础教育。20世纪90年代,根据关于“正规和非正规初等教育之间的补偿教育”的研究结果和结论,通过运用有效的教学、学习策略和方法,并通过对各种形式的补偿教育的适当管理和评价,UIE开始了致力于提高非传统基础教育的质量的努力。

(c)终身学习背景下儿童早期学习和普通教育、成人教育的内容:正规、非正规和非正式教育活动间密切、有效联系的加强,以及为适应学校环境的变化而对普通教育进行的灵活调整,无疑构成了终身学习顺利开展的最基本内容。在这种思想指导下,UIE开展了各种活动:关于儿童早期学习的解释性研究;关于普通教育课程内容更新和相关因素的研究使其适应不断变动的环境,这种环境有助于批判思维的形成和开展预备性学习(这种学习尤其强调和平、环境意识、人权和科学文化);关于对发展中国家和工业化国家不同背景下成人开放的学习机会的可能性和内容的主要趋势的分析,从而使成人教育项目和政策得以更新和民主化。

3.3.2 永久性服务

联合国教科文组织教育协会出版了一种拥有三种语言的杂志——《国际教育评论》,杂志主要面向教育机构、决策者和计划者。UIE的文献中心拥有成千上万与UIE的研究工作相关的词条,其资料包括150种语言,这些资料包括海报、录像带、胶片、教学手册、评估和其他为教育实践者提供的材料。

协会还是各种活动的基地,如信息服务和交流、研究的推进和讨论会、圆桌会议的组织等,这些活动由在1986年成立的“读写交流网络系统”开展;来自工业化国家的650个机构和个人参加了这个网络系统,到2000年为止,网络系统的范围将进一步扩大到发展中国家。

3.4 国际教育规划协会

国际教育规划协会的要求是为加强发达国家和发展中国家的教育规划和管理而组织培训、研究和宣传活动。IIEP方法最有意义的特征之一是在比较的视野下完成大部分活动。

3.4.1 目前的研究重点

(a)提高基础教育质量:该项目是与下列内容有关的研究活动结合进行的:继续现有的初等和成人教育和培训计划;利用提高教育质量和监管教育发展的信息,IIEP积累该领域的经验;世界全民教育大会的结论和结果,大会结论和结果特别强调了为实现全民教育进行非传统教育的必要性。

(b)教育财政:IIEP研究工作集中于下面这个问题:不同财政机制的角色,具体来说则是,关于下放学校管理决策权的努力以及公共、私人资金各自的角色。

(c)教育公共事务管理和行政管理:在新探讨的研究方法中,IIEP对高等教育机构的管理、考试的作用和教育制度的规则中的其他机制给予了特殊关注。

(d)人力资源开发:为解决许多国家不断出现的失业、贫穷和技术落后等问题,近年来,人们对人力资源开发给予了较多关注。IIEP的计划基本上是关于普通中学科学教育的规划、技术教育的政策和趋势以及规划和管理人力资源开发的新方法。

3.4.2 培训和传播

培训构成了IIEP活动的核心,并和研究与学习计划密切交织在一起。IIEP提供了各种类型的培训课程:

(a)9个月的年度培训课程涵盖了教育规划者和管理者肯定会遇到的问题和任务,如数量规划和预算、教育质量的规划和管理、制度规则和管理、方案设计和监管、协商和政策的形成等。

(b)为某些具体领域、研究讨论会、培训讨论会、短期专题讨论小组(如为决策者和辅助机构)而设的2~4周的强化课程是IIEP培训项目中更重要的部分。

教育规划中关于新概念、方法和技术的信息与研究成果还要通过协会关于出版物及各种文件的广泛计划、论坛和会议、文献中心的服务等进行传播。

3.4.3 国家力量建设

为使研究和培训项目取得更大的、多方面的效果,IIEP进一步强调了下列几方面的内容:培训者的培训项目;与大量教育规划和管理问题及技术相关的教学与自学资料的开发、传播;关于研究中的培训,基本是在已经与地方机构开展合作的各个国家的研究和学习活动的框架中进行。

4. 联合国背景下比较与国际教育研究与其他服务的未来发展

尽管取得了很大的成就,联合国各成员国在研究培训、文献管理和教育领域尤其是比较与国际教育领域的服务方面的能力在数量和质量上仍是不足的。上述所有问题都必须考虑促进国家能力发展和持续进步的方法与方式。只有持这种观点,联合国教科文组织才能和国际教育局、联合国教科文组织教育协会、国际教育规划协会共同给予国际教育合作和协助越来越多的重视,这将会产生更多方面的效果。在最有前途的合作模式中,特别提出的是下列几个:

(a)机构建设:为了进行机构建设,为各机构提供了“合作包”,其中包括信息和人际交流、教学和管理人员的培训以及机构发展过程中的咨询服务。

(b)更好的目标与培训课程和论坛参与者的多样性:通过为教育专家提供研究和培训研讨会,希望取得更大、更多的效果,这些教育专家在各自国家发挥着重要的培训功能;同时,还为高级教育政策制定者和决策者提供短期讨论会。

(c)最后,但不是最次要的,为促进国家教育研究能力并提供其他重要的教育服务,需要进一步加强各国,尤其是发展中国家和不同水平、不同机构的教育合作网络系统。20世纪70年代成立的、由联合国教科文组织推动、UNDP资助的地区性教育改革网络系统是国际合作的典型实例,国际合作已经成为教育改革策略和许多参与国准备的中心内容。

教育研究、文献管理培训和信息中专家之间、机构之间有效的网络系统的发展正在进行，但如果要使其更加繁荣，则需要进一步的关注和支持。

J. 霍勒克（J. Hallak）
G. 嘉托曼－德瑞特（G. Göttelmann-Duret） 著
郄海霞 译

附录

UNESCO 1990 *Worldwide Action in Education.* UNESCO, Paris

其他参考文献

Fraser S E, Brickman W W (eds.) 1968 *A History of International and Comparative Education: Nineteenth Century Documents.* Scott, Foresman & Co., Glenview, Illinois.

Hallak J 1990 *Investing in the Future: Setting Educational Priorities in the Developing World.* UNESCO/IIEP, Paris and Pergamon Press, Oxford

Husén T, Kogan M (eds.) 1984 *Educational Research and Policy: How Do They Relate?* Pergamon Press, Oxford

Noah H J, Eckstein M A 1969 *Toward a Science of Comparative Education.* Macmillan, London

区域研究：比较教育和国际教育（Area Studies: Comparative and International Education）

"区域研究"这个词首先是在军事智能活动的词句意义上使用的，现在用来描述强调特殊民族国家（伊朗或日本研究）或者国家群，它表现地理位置上的邻近性特征，并且在社会结构、文化或语言与历史传统方面展示出共同的特点（如拉丁美洲、南亚或撒哈拉沙漠以南非洲的研究）。这个词具有项目性而不是学科性的意义，尽管地区研究通常包括在人文和社会科学学科范围的研究和教学中。这个词在美国用得最普遍，因为1958年"国防教育法"的实施导致了这类项目的较大发展，尤其是那些侧重于苏联、东欧和欠发达国家的项目。

虽然作为一个研究领域的比较教育较早获得发展，并且独立于地区研究项目，但地区研究项目的增加也使比较教育得到了快速发展，因为特定地理或文化区域的教育体系的调查研究通常是这些项目中的一个可选因素。另外，比较教育的思想和方法论的进展导致了"普适性专家"的真正退位，而这个领域的多数实践者事实上成为了各个国家或一定区域的发展教育专家。这提出了启示性的目的，即把"比较教育"这个词明确限定在跨国的调查研究上看来是可以接受的。这种启示如果没有被接受，原因无外乎两个，首先，因为所有的社会科学类型的调查研究都涉及比较，因此把这个词限定在一个武断的分析水平，这似乎是不明智的（Farrell 1979）。其次，比较教育多数大型的跨国比较在优势上都是有限的，事实上它们关涉到了"对比描述"而不是分析比较。这在定量研究领域更是这样，因为有关数据可比性和涉及现有资料再分析的障碍的问题是难以克服的。确实，由国际教育成绩评估协会所做的一项针对21个国家的6个主题的教育调查还算是在研究设计、原始数据收集和分析结论上跨国调查研究方面少有的成功项目。

因此在一个国家或在一个特定文化范围基础上所做的区域类型的调查研究就更多一些，成果通常也更丰富一些。然而，在一般的题目范围内区分两类研究在概念上是有好处的。第一类是对教育发展的深度调查研究，通常是在一个特定的民族国家内的，对那些影响教育发展的重要因素的描述。教育体系常被理解为一种构造，因为这种构造只能根据它存在于其中的独特的历史和文化传统来解释。这种方法基本上侧重于历史方法，像萨德勒、康德尔和汉斯等这一代学者的著作就是典型。

在规范意义上，根据民族国家教育产生的独特事件来理解民族国家教育体系是站得住脚的。然而，早先的"单一国家"研究（在某种程度上是缺乏定量所致）的弱点在于它忽视了民族国家内部教育法律条款和教育本质方面的大量变量。例如，即使在高度集权化的民族性国家教育体系内部，教育的普及在发展的早期阶段也是极其不平衡的。后一代学者就强调内部的差异并试图对它们做出说明,其根据是经济增长比例方面的相应差别和在地方社会结构或文化方面的变量。克雷格(Craig 1981)提供了前一种传统方面有价值的著作概要,而凯伊(Kay 1979)提供了后一种传统方面针对肯尼亚背景的最好例子。因此使用相关变量的方法的比较能够在单一民族国家内部得到有效的运用。而且,在许多欠发达国家,民族国家并不是最合适的调查研究单位,但在内部亚地区是合适的。

第二种类型的单一国家或地区的研究是有显著特征的,这种研究并不去描述教育发展,而是强调正规教育的某一种维度或功能:例如,学校教育和社会分层或教育和经济发展。虽然这类研究使用了历史材料,但它们利用的分析范畴和方法却来自社会科学。因此这种类型的调查研究从合法性上可以命名为"案例研究",因为它的目的在于考察单一国家一般社会过程中的实例,这些过程被认为是在其他民族国家或社会正在发生的。这种类型研究的跨国含义是明确的,如阿修(Archer 1979)对丹麦、英格兰、法国和俄罗斯的深刻分析就是这样。其跨国含义也可能是含蓄的。例如加纳(Foster 1963)的教育和社会选择的研究为这种类型的分析提供了一个概念框架。这种分析还在对其他撒哈拉沙漠以南非洲国家研究中使用,也成为与象牙海岸比较的基础,因为这是一个具有与加纳真正相似特征的,继承了真正的法国正规教育体系的国家(Clignet and Foster 1964)。同样,用来考察尼日利亚(Abernethy 1969)或墨西哥(Morales-Gomez and Torres 1990)的教育与政治之间的关系的分析范畴很适合用于其他欠发达国家,并能够成为跨国比较的基础。

这样看来,似乎比较教育研究的未来发展将是地区或区域性的,它经常使用案例研究方法,因为在更系统、大范围的跨国研究中遇到的费用和方法论障碍证明是很难克服的。

P. 福斯特(P. Foster) 著

朱旭东 译

附录

Abernethy D B 1969 *The Political Dilemma of Popular Education: An African Case.* Stanford University Press, Stanford, California

Archer M 1979 *The Social Origins of Educational Systems.* Sage, Beverly Hills, California

Clignet R P, Foster P 1964 Potential elites in Ghana and the Ivory Coast: A preliminary comparison. *Am. J. Sociol.* 70:349—362

Craig J E 1981 The expansion of education. In: Berliner D C (ed.) 1981 *Review of Research in Education*, Vol. 9. American Educational Research Association, Washington, DC

Farrell J P 1979 Necessity of comparisons in the study of education: The salience of science and the problem of compatibility. *Comp. Educ. Rev.* 23:3—16

Foster P 1963 Secondary schooling and social mobility in a West African nation. *Sociol. Educ.* 37(2): 150—171

Kay S 1979 Early educational development in East Africa: A case study. *Comp. Educ. Rev.* 23(1): 66—81

Morales-Gomez D A, Torres C A 1990 *The State, Corporatist Politics and Educational Policy-making in Mexico1970—1988.* Praeger, New York

比较教育和国际教育:总论和历史发展(Comparative and International Education: Overview and Historical Development)

"比较教育"和"国际教育"两个词经常被混淆。前一个词是指一个研究领域,这种研究运用历史的、哲学的和社会科学的理论及方法来解决教育中的国际问题。在其他学术研究领域也有相同的比较研究,它们是那些致力于其他社会制度的跨社会性的研究,诸如比较政治、比较经济和比较宗教。比较教育首先是一种学术和跨学科的探索。

国际教育在知识和旨趣上形成一种国际趋向,并且通过其他开创性活动把来自不同国度的学生、教师和学者聚集在一起相互学习。国际教育也包括对这些活动的分析和描述。国际教育的许多实践者是在国际交流和交换方面的专家。他们的活动在某种程度上是以比较教育知识为基础的。然而,在国际教育所包含的特定范围的活动上存在着一定的分歧。霍尔斯(Halls 1989)把国际教育理解为比较教育的亚学科范畴,它组成了"国际教育学"。这种教育学包含了这样一些内容,即国际理解教育、教学准则的国际化和国际教育制度的研究。其他学者把国际教育理解为依从于比较教育的应用性领域。

比较教育学家显然与国际教育学者不同,他们首先是学者,他们感兴趣的是解释教育制度和教育作用为什么不相同,解释教育如何与社会因素和动力相互关联。国际教育在强调国家和社会及它们的教育制度和结构的描述信息上更直接一些。国际教育学者利用比较教育的研究成果更好地理解他们要考察的教育作用,从而提高他们在那些国际交流和理解项目方面的决策能力。

国际教育和比较教育是互补的。虽然它们现在是协作的研究,但比较教育产生于国际教育,并且受到它的启发。比较教育学家和国际教育学者经常在一起工作,两者都参加一些国际组织,比如"美国比较教育和国际教育协会"。

1. 历史发展

国际教育和比较教育产生于人们对其他民族及其教育了解的愿望,这种了解比从旅行者草率的报告中学到的要更多一些。这些领域随着19世纪组织化的国民教育制度的形成而呈现出现代形态,在20世纪追求以学校来教育广大民众的模式,技术的进步使旅行和通讯更加容易,但这些追求主要是在欧美地区,尤其是法国,它甚至可以说是这些追求的摇篮。

1.1 国际教育的起源

1808年,巴塞特(Basset)要求任命一位学者"不受民族和方法论的偏见的束缚",在官方支持下到别国去旅行考察法国之外的教育(Basset 1814)。1831年法国教育部长维克多·库森发表了具有国际影响的有关德国公共教育的报告(Cousin 1836)。在19世纪,出现了几位著名的学者,他们到国外去旅行,并且发表了比较不同国家教育的报告。在20世纪,这种收集信息的途径被许多杰出的教育家所沿用,包括杜威。然而,正如旅行变得日益方便一样,个体团队进行的考察也随之成为通则。学校组织团队研究国外的计划,而在第二次世界大战后,若干个国家采取了合作援助措施,并建立了国际教育组织。最大的组织可能是以美国全国海外学生事务联合会(NAFSA)为基础的组织:国际教育者联合会,它创立于1948年。该组织致力于援助大学和社会组织处理法律的、社会的、行政的和学术的国际交流的复杂问题。它出版了一份杂志(《国际教育家》),还出版了许多书籍和论文。NAFSA也鼓励和支持国际研究。1990年它有大约7 000名会员,广泛分布在差不多60个国家的2 000多所学院和大学中工作。

1.2 比较教育的起源

作为一个独特的领域,比较教育起源于1816~1817年由法国学者朱利安(Jullien)发表在《教育杂志》上的五篇系列论文,这些论文在1817年得到了重印。在此著作中,朱利安首创了一种比较方法:利用标准的问卷调查收集信息,并且把研究结果置于综合目录中以便使国家间教育方面的差异可一览无余。这些目录所提供的因素可以有效地从一个国家传递到另一个国家,它们涉及了地方特性,尤其是"意识"的差异。朱利安的目标在于"推演出真实的原则和确定的规则以便于教育转变成一种绝对的科学"。

尽管朱利安奠定了19世纪早期对教育进行系统的跨国研究的基础,但他对比较教育的影响只是后来才被人们所认识。朱利安之后的几十年里比较教育并没有受到青睐。随后到了英国诗人和学校督学马修·阿诺德那里才又取得了进展,他对法国、荷兰、瑞士和德国进行了一系列报道,这些报道在1861~1888年被发表,他要求对教育数据进行比较。然而,直到新世纪到来时才出现新的曙光。在1900年发表的一次重要的公众演讲当中,英国教育学者麦克尔·萨德勒坚决主张:"我们不能随意漫步于世界教育体系当中,像一个在花园里的小孩,从这个枝头上摘一枝花,从另外一个枝头上揪几片叶子,然后期望我们把它们种入家乡的土壤里,我们就会得到一棵植物。"(Sadler 1900)萨德勒极力主张,在教育制度改革的时候,简单的跨国性教育描述无助于数据的使用。然而,他既没有推动由朱利安提出的那种方法,也没有促进诸如迪尔凯姆这样的社会科学家建议的方法。相反,萨德勒提到,比较应当用来"探寻那些所谓无形的、无法感触的精神动力,这种动力就任何一种成功的教育制度而言实质上在于对学校制度的支持,在于对学校制度目前的功效负责"。那种"精神动力"是外在于教育的东西,有效的调查要求的不仅是对学校教育的考察,而且也是对学校在其中起作用的社会背景的考察。

朱利安和萨德勒在比较领域独立性上的思想是一致的。他们反对为了教育改革的目的而运用学校制度的简单化特点。他们也相信,比较学者必须考虑超越学校的因素,其目的在于更好地理解教育。然而,尽管他们在这些基础方面是共同的,但是他们在认识论和方法论上是截然不同的。

朱利安的方法基本上是法理学的:把一些社会因素隔开以辨识根本性的趋势和模式,并且把这些趋势和模式应用于学校教育以达到对一类教育行动或事件的普遍解释。19 世纪后期迪尔凯姆提出了利用科学方法进行跨文化地检验问题的假设的思想,这种方法的使用开辟了以法律为根据的研究工具。对此我们可以举一个当代的例子,我们可以在地区,甚至可以在全球水平上对如下现象进行比较:是否在社会阶层上的差异会导致学校成绩的差异。

相比较而言,萨德勒的方法是表意性的:分析一个社会与另一个社会在学校教育上之所以有区别的特殊社会和文化环境。对于萨德勒而言,真正的比较教育产生理解。比较教育学家之所以可以有特殊的条件来进行教育改革,不是因为对涉及社会和教育变量的假设进行跨国度的科学检验而获得的精确度,而是因为他们从一些国家的学校—社会关系的集中研究中得到的特殊洞察力。表意的和法理的途径描绘了到目前为止的比较教育的轮廓。

1.3 1900~1945 年的比较教育

20 世纪的前几十年比较教育的早期诺言并没有很好地完成。这个时期发生了两次世界大战。激烈的冲突使这个领域的发展停滞不前。比较经常为意识形态的竞争服务。最好的学术成就也就是出版几本重要的书籍和年鉴系列。这个时期出版的最重要成果是康德尔的经典著作《比较教育》(Kandel 1933)。康德尔当时在美国(以哥伦比亚大学的教师学院国际研究所为基地)就指出,比较方法应当利用一定的概念或问题比较民族性国家教育体系之间产生差异的动力。他的影响也可以从其他方面表现出来。在 20 年间,也就是从 1924 年到 1944 年,他主编了《教育年鉴》。他利用《教育年鉴》发表其关于方法的观点。康德尔强调的重要问题包括教会和国家(1932)、农村教育(1938)、成人教育(1940)和高等教育(1938)。其他的重要年鉴也在这个时期出版,突出的是《教育年鉴》(1932 年初版)和《国际教育年鉴》(由日内瓦国际教育局在 1933 年创办)。

在这个时期,此领域的第一个学术杂志《国际教育评论》创刊了。遗憾的是,它沦落为国际冲突中的牺牲品。它是于 1931 年在德国创刊的,由施奈德(Schneider)任主编,并立即得到了(来自美国的)孟禄(Monroe)的加盟。此杂志被誉为"国际理解中的新事业"。在克服了早期严峻的财政困难之后,杂志获得了较好的发展前景,但到了 1934 年,施奈德从波恩教育学院和科隆大学的位置上退了下来,被一位名叫鲍姆勒(Baeumler)的纳粹所取代,成为一个合作主编,鲍姆勒是柏林大学的哲学和政治教育的教授。孟禄在 1938 年离开,但由另一位美国人取代,他叫道顿(Doughton),是另一位宾夕法尼亚曼斯菲尔德州立教师学院的教育学主任,与鲍姆勒一起继续合作主编这一职位。1940 年版的时候,鲍姆勒成为唯一的主编,公开承认纳粹的控制(战后《评论》迁到了奥地利的萨尔兹伯格,施奈德又重新成为主编)。

这个时期还成立了若干比较教育中心来培养未来几代比较教育学者。最重要的新机构是美国哥伦比亚教师学院的国际研究所和伦敦大学的教育学院。此领域的学者通常都是从"母"学科,主要是历史学和哲学中成长起来的。然而这个时候形成了第一批课程和专业。美国研究机构(如哥伦比亚大学、塞勒科斯大学和密歇根大学)的比较教育课程的内容都是描述性的，主要强调英格兰、法国、德国和美国的学术体系。课程内容得以扩大的途径主要是增加“比较”的国家范围，而不是纳入更多的分析问题。在分析民族性国家教育体系的时候仍然根据组织结构、教师培训和教学方法等这类问题进行并置比较。在学校显性功能上的考察也没有做出太多的努力。然而在本领域引进课程的机构数量方面自 1920 年之后迅速增加，尤其在美国和英国。

1.4 1945 年之后的比较教育

与 20 世纪前半叶比较教育断续性发展不一样的是，第二次世界大战之后本领域得到了蓬勃发展。战争本身变成了催化剂。自战场返家的战士们带来了其他国家的人们的生活、工作和学习方式的新观点，理解了社会秩序的复杂性，比较教育的目的开始扩大，它不仅要把民族性国家教育体系利用为发展和发展的模式，而且要理解教育在形成社会结构和影响经济发展中的作用。社会学家、经济学家、政治学家、人类学家以及心理学家都加入到了历史学家和哲学家当中来改革这个领域。法理性的和表意性的分析方法取代了毫无结果的民族性国家教育体系的描述。社会科学开始发挥极为重要的作用。

20 世纪 60 年代像美国的和平团这样的自愿性援助机构让大量的年轻人与国外的人们保持密切的联系，并且极大地促进了比较教育的兴趣。返回的援助工作人员更感兴趣的是研究学校在经济发展中的作用，而不是把学校利用为他们自己国家改革的模式；他们进一步强调了比较教育是一种社会科学的活动。

第二次世界大战结束，除了一些独立的大学和文件提供中心以外，再也没有组织化的结构可以把这些不同的兴趣聚集在一起了。如果这个领域要进步的话，那么为了来自不同机构、不同国家和传统背景的历史学和哲学学科以及新的重要社会科学的学者之间进行讨论就必须创造论坛。1956 年在美国建立了一个专业的比较教育学会，它就是“比较教育协会”，协会举办一年一度的会议和其他地区会议，还创办了杂志(《比较教育评论》)。1969 年它把名称改为“比较教育和国际教育协会”，反映了这两个领域的紧密联系。1961 年欧洲比较教育学者创办了欧洲比较教育协会(CESE)。它发展几个国家和地区的欧洲 “分部”起到缩影的组织的功能。这些分部，像讲法语的团体，多数最终演变成为独立的学会，它们自己召开会议，拥有自己的管理结构。国家组织也在世界的其他地区建立，如 1964 年日本建立了比较教育协会。

随着国家组织的建立，一些比较教育学家看到了联系全世界学者的网络的需要。1968 年加拿大不列颠哥伦比亚大学的凯茨(Katz)召集了一次比较教育学会的国家理事会。1970 年理事会把它的名称改为“比较教育协会世界理事会”，反映了该组织在本领域发展中的参与性作用。它的最重要功能已经是规范比较教育学会理事会。

战争后比较教育继续在重点大学和其他组织中得到发展。在美国，1958 年芝加哥大学比较教育中心的创建是最值得注意一个发展事件。在安德森(Anderson)的领导下的 10 年间，它显然成为了本领域最具影响力的机构。它强调社会科学的应用，尤其是教育在经济和社会发展中的作用。斯坦福大学和密歇根大学在此期间也建立了比较教育专业，威斯康星大学也这样做了。20 世纪 80 年代比较教育专业在美国中西部，包括爱荷华大学、伊利诺伊大学、印第安那大学和肯特州立大学等诸多公立大学建立起来，在布法罗纽约州立大学、洛杉矶加利福尼亚大学和哈佛大学建立了著名的比较教育中心。20 世纪 70 年代期间，加拿大在安大略教育研究所和卡尔加利(Calgary)大学成立了举足轻重的比较教育中心。20 世纪 80 年代匹兹堡大学和佛罗里达州立大学所做的工作卓有成效。

在欧洲，伦敦大学在比较教育专业方面一直令人注目。大学经久不衰的影响力在某种程度上要归功于一些杰出的学者们所做的工作，如汉斯(Hans)、金(King)和霍尔姆斯(Holmes)。在德国，法兰克福大学、汉堡大学、波鸿大学和柏林(洪堡)大学设置了重要专业。在西班牙，马德里的远程教育国立大学在加西亚－加里德的领导下发挥了重要的影响力。在瑞典，国际教育研究所这个北欧国家唯一的比较教育研究机构于 1970 年在斯托克霍尔姆大学得到创建。

一些国家和国际组织也在比较教育领域产生了重要影响。在国际机构中间,联合国和世界银行是最卓越的。由这些机构所做的研究成果在质量上可以与大学的成果相媲美。联合国教科文组织的《统计年鉴》与其他联合国和世界银行的出版物都是此领域的重要资源。

在1959~1961年,联合国教科文组织的教育研究所开展了一项开创性的研究,比较13岁儿童的成绩。这项研究最终成为了第一项重要的国际研究,它主要是在12个国家之间比较了13岁儿童和毕业年级的学生的数学成绩。然后紧接着就对科学、阅读、文学、作为外语的法语和英语以及公民教育方面的成绩进行了跨国比较。后来比较的学习测验领域和国家数量进一步扩大了。

地区组织所发起的比较研究在人力资源的形成和合作的政策方面发挥了强大的影响力。例如,欧洲理事会与牛津大学合作研究了西欧学术型中等学校毕业考试的内容来评价在它们中间的协调的可能性。一些国家的政府和准政府组织也在比较教育发展中发挥了重要作用。在这一点上,美国的国际发展局、柏林的马克斯·普朗克教育研究所、塞尔维亚的国际教育研究中心、莫斯科的教育科学院、东京的国立教育研究所以及墨西哥城的教育研究中心都是最知名的例子。国际教育评价学会(IAEA)在此领域对某些范围的学术产生了巨大的影响力。

在此期间学术刊物取代了年鉴成为了本领域的学术新鲜血液。杂志在传播大量的学术成果方面拥有比书籍和年鉴更迅捷的优势,因此可以更好地满足此领域的知识的快速扩展。1955年《国际教育评论》改名为《教育的国际评论》,体现联合国教科文组织教育研究所新的编辑思想和创办理念。1957年《比较教育评论》创刊作为美国比较教育协会的重要机构刊物。其他的新杂志包括《比较教育》、《比较》和《国际教育发展杂志》。

2. 比较教育和国际教育:一种关系

国际教育是比较教育的起点,因为它是建立在观察别国教育的框架基础之上的。比较赋予了这些国际教育所可能做到的观察的意义,同时扩展分析的可能性。要对一些事情为什么发挥功能以及如何发挥进行理解的话,就必须探讨它的各部分之间的关系。如果要掌握一些学生为什么比其他学生能获得更高水平的成绩的缘由,那么就需要判别高成绩获得者和低成绩获得者之所以产生差异的因素,查看这些因素中的某些因素就可以确实说明是否产生了差异。这类研究可在一个特定的国家进行,但是这样做限制了可以用来解释成绩的因素范围。例如,X国家可能显示了较低的国内生产总值和低水平的技术,因此在那里学术成绩的范围被限制在一种具有特殊文化的学生上。但是如果研究扩展到不同国家的学生,无论是发展中国家还是发达国家,那么被思考的因素范围可以扩大,它们可以显示X国家和其他国家提高成绩水平变量的有效原因的可能性。一个特定国家可以收集教育方面的无限统计数据,但除非它们被体现在比较教育的框架内,否则分析是有局限的。

比较教育通常从社会科学那里获得灵感。因此在获得的时候它会对学校教育提出一定的假设。就一件事情而言,此领域把学校视为文化的一个不可分割的组成部分,它对社会变革从来都是敏感的,从未有惰性,反过来影响到了变革的节奏和方向。社会变革对教育提出了共同的要求,比较教育学家可以研究这些要求如何在不同的社会中间产生不同的结果。他们也可以观察通过学校传递的文化内容是如何因为科学和技术的进步及在社会与政治结构中的重新排列而产生差异的。

比较教育研究可以利用不同的形式。一种研究可以把一个社会视为一个独特的整体,利用其他的社会来突出一个特殊的社会。同样它可以立即显示出一个既定社会拥有与其他社会相同的质量,目的是为了辨明其独具特点的不同影响,这些特点构成了独立的变量。首先,社会是可以比较的,恰恰在这一点上发现了它的学校体系和其他制度在跨文化的环境中是独特结构中的组成部分。其次,首先要辨别与其他社会或国家一样的文化的共同性,然后才能由比较研究教育的独特性看看它们是否产生不变的结果。

比较既可以是显性的,也可以是隐性的。显性比较可以关涉到当代不同的社会，这些社会显示了相似的特征。它们也可以侧重于一个特定社会的不同历史时期。隐性比较并不是对两个或更多社会或时期给予一样的关注。研究一个特定社会或历史时期问题可以体现比较的质量，只要分析方案可以扩展到其他社会和时期的问题。

随着比较教育的知识的扩展，它日益成为了启发国际教育活动的重要源泉。例如，《比较教育评论》1992 年第 11 期发表的两篇文章实证性地调查了美国国际学生的状况。一篇文章确定了被认为在预测印度尼西亚籍学生的学术成就方面重要的因素。另一篇文章考察了在国外学习的中国学生在国外滞留的时间对他们的母国意识形态所产生的影响。这类研究的成果对构建国际学生学习环境具有重要的实践意义。

确实，这类研究所产生的结果对理论的形成和迎合国际学生的学校具有重要的价值。它们通过把比较教育的话语扩大到影响不同环境中的学生行为的因素来进行理论引进，它们通过提供国际学生的学习结构如何形成以最有效地产生预想结果方面的知识体现国际教育的实践价值。

E. H. 爱泼斯坦(E. H. Epstein) 著

朱旭东 译

附录

Basset C A 1814 *Essais sur l'organisation de quelques parties d'instruction publique*, 2nd edn. Brundt-Labbe, Paris

Cousin V 1836 *Report on the State of Public Education in Prussia*, 2nd edn. Wilson, London

Halls W D 1989 *Comparative Education: Contemporary Issues and Trends.* Jessica Kingsley, London

Jullien de Paris M-A 1817 *L'Esquisse et vues preliminaires d'un ouvrage sur l'education comparée.* Colas, Paris

Kandel I L 1933 *Comparative Education.* Houghton Mifflin, Boston, Massachusetts

Sadler M 1900 How far can we learn anything of practical value from the study of foreign systems of education? The Surrey Advertiser, Guildford

比较教育和国际教育：范式与理论 (Comparative and International Education: Paradigms and Theories)

比较教育和国际教育研究包括了一个综合性领域，它从各种学科、研究方法和教育实践中借用思想、方法和数据。相应地，在该领域任何特定时期，通过运用概念建构(如范式和理论)对知识视角进行归类、并置，以及使之相互联系，都将是一种复杂的活动，最乐观地看，也是一种探索性的活动。本词条将通过文本诠释来审视 20 世纪 50 年代末以来该领域的知识表达的变化，确定其主流范式和理论；就这些逐渐多样化的构成如何可能既被描述成一个理智领域，也被描绘为一个实践范畴提出了建议。

1. 知识表达的演变

虽然比较教育者只是自第二次世界大战后才明确地谈论他们的理论建构选择，但是在比较教育开创者的著作中也能看到一些隐含的知识观。18 世纪和 19 世纪的基础文本全都支持自然百科全书式的描述和公共教育的宏观比较，以对其效率做出概括。随着工业社会或现代社会里国民教育制度的建立以及这种制度部分地迁移到殖民国家，比较教育的知识关注也转移到形成和区分这些制度的社会力量和背景的研究。到 1950 年，萨德勒(Sadler)、康德尔(Kandel)和汉斯(Hans)等人的著作已有助于巩固功能主义范式作为理解国家教育现象和跨国教育现象的主流(尽管是隐含的)方式的地位。

表 1 概括了三个主要时期的比较教育文本的知识取向：(a)20 世纪 50 年代和 60 年代，功利主义和实证主义的正统学派主导；(b)有争议的 20 世纪 70 年代和 80 年代，激进的功能主义者、人文主义者和激进的人文主义者范式挑战正统学派；(c)20 世纪 90 年代出现的更加异质性的时期，接受了不同范式的互补性。为促进比较，表 1 区分了一下几组文本表述：知识控制与组织，知识、本体、建构与风格，知识和性别(或情感)，研究结果。应该注意的是，自功能主义范式在社会学、社会人类学、政治科学、现代化和人力资本理论中占有统治

表 1　比较与国际教育文本中知识表达的演变(20 世纪 50 ~ 90 年代)

文本表达的特征	线性(1950 ~ 1960)	分支(1970 ~ 1980)	交织(1990)
知识控制和组织	正统派学说:等级性和中心化	非正统派学说:"新"变化和新研究视角的出现	异质成分:百家争鸣和相互补充的知识共同体
知识联系	霸权和极化	范式冲突,如不可公度的世界观的"非此即彼"的争鸣	后范式性的出现,如根状式和交互式
知识本体	现实主义观支配	现实主义者和相对主义者对现实的辩驳	更多包容了多元现实和视角的视角观
知识建构	功能主义和实证主义主导	功能主义者、批判论和诠释论观点的争鸣和去中心倾向	更具折中性、反思性和范式性
知识风格	简约,价值中立	自我中心和宗派主义	逐步具有跨文本性、生态性和偶然性
知识性别	男性:逻辑思维主导	女性主义观点的出现、竞争和去中心倾向	性别问题更加开放和模糊
知识情感	乐观和自信	轻蔑、怀疑或愉悦	模棱两可,如对确定性的怀旧和对多样性的欢呼
知识产品	类似法则的跨国陈述的理想	意识形态争鸣	解释、阐释、模拟、翻译和映射
文本举例	亚当斯和法雷利(Adams and Farrell 1969),安德森(1961),贝雷迪(1964),胡森(1967),诺亚和埃克斯坦(1969)	安德森(1977),布尔迪厄和帕瑟罗恩(Bourdieu and Passeron 1977),鲍尔斯和金蒂斯(Bowles and Gintis 1976),卡诺伊(Carnoy 1984),克利格内特(Clignet 1981),爱泼斯坦(Epstein 1983),海曼(Heyman 1979),胡森(1988),卡拉贝尔和哈尔西(Karabel and Halsey 1977),凯利和尼亨伦(Kelly and Nihlen 1982),保尔斯顿(Paulston 1977)	阿尔特巴赫(Altbach 1991),柯温(Cowen 1990),拉塞(Lather 1991),梅斯曼(Masemann 1990),保尔斯顿(1990,1993),保尔斯顿和蒂德韦尔(Paulston and Tidwell 1992),拉斯特(Rust 1991),冯雷坎(von Recum 1990)

地位之后,功能主义范式也在比较教育文本中占有统治地位,虽然在时间上落后了约五年。

1.1　早期正统派学说

第二次世界大战后,随着反殖民化和冷战的兴起,比较教育研究(尤其是北美)继续被进化论的和功能主义者的观点所建构,同时更接近社会科学,关注于用法律性的词汇来解释和指导社会和经济的发展。在功能主义者和实证主义者正统学派主导的几十年,也是比较与国际教育研究的繁荣期,创办了学术杂志,获得了政府和基金会支持,在最杰出的美国和欧洲的大学建立了若干比较教育中心。在芝加哥大学建立的比较教育中心,第一任主任在一个基础性文本中认为,比较教育的终极目标是系统的因果关系的知识,如根据分析结果概括出类似法令的一般规则。较早时期的教育研究和教育心理学计划运用了统计方法和实验方法,在方法论上赢得了欧洲和北美高等教育界的尊重。

安德森(Anderson 1961)提出,比较教育应该通过三层策略来追求这种认可:(a)与功能主义社会科学相整合;(b)运用假设检验和协方差分析的自然科学方法;(c)理论的解释性和普遍性的承诺。最后,他提议强化自比较教育的起源及其整合进社会科学研究之后支持的两个广泛而又相互补充的比较教育途径:(a)教育内部的分析产生精确的教育数据,这将教育视为一个自为的社会系统。这第一种情况将产生被视为对比较教育制度和教育实践是必不可少的统计。(b)第二个途径是教育与社会关系的跨学科研究,它将检验社会赋予学校的社会的、政治的和经济的功能和任务。安德森的三层安排,为的是创建一个更具系统性和社会科学特性的比较教育,并得到美国和西欧的同行支持。如果比较教育想要掌握和理解"具体实在"的相关方面,那么安德森只是把运用了功能分析和演变分析的假设检验视为适合的知识建构理念。

贝雷迪(Bereday 1964)也提出一个建立在实证论者和激进论假设之上的比较方法论。相反的是,他选择了强调一种归纳的、非社会科学比较方法论的需要,因为这能够进行跨国界的即时性教育分析,从理想的角度看,能够促进比较教育中法则确定的假设检验。贝雷迪的方法论主导的途径追求发展一种逐渐具有分析性但又态度客观的、与比较政治学和比较宗教学类似的领域。换句话说,是一个不受伦理或范式考虑约束的领域。

相比之下,诺亚和埃克斯坦(Noah and Eckstein 1969)试图发展一种更具科学性的比较教育。他们不是建立在他们的老师贝雷迪支持的比较方法的基础上,而是建立在波普尔爵士和自然科学的研究模式中。他们把在比较教育中获得的严格科学解释作为一个困难的目标,但是这最可能来自一个以功能主义假设为根据的方法论上的经验主义。相反,研究架构的选择集中于检验教育与社会关系的命题。关于学校教育的形式和功能的问题将限定在教学效率问题和有着更复杂制度的教育关系的相关分析上。这里的比较方法被视为一个有待界定的(如果不完善的话)实验研究的替代物。比较教育中的解释被表述为一个沿着好奇、描述、初始量化到精细量化发展的过程,这就提供了一个严格的科学检验的手段,以检验对政策和规划的支持。最终它将产生"科学预言"。诺亚和埃克斯坦主张,经验科学模式把比较教育带进了主流社会科学的传统。但具有讽刺意味的是,正是这个现代性的基础在社会科学和人文科学中遭到了猛烈抨击(Rust 1991)。

胡森的报告指出(Husén 1967),国际教育成就评价协会(IEA)实现了更加科学地比较全世界教育实践的要求。在美国,这个要求部分地是由苏联人造卫星上天引起的恐惧所驱动的(1957),而西欧对此的关注与大众化中等教育的出现有关。IEA 计划最大限度地运用了教育测量中的实证方法和研究普遍性规律的传统。比较教育者是第一次运用客观测验以解释测验结果的变化,从而测量了学习成绩的国际差异。对教育输入和产生特殊教育输出的过程的新的理解层次,解释了产生更有效的和更有预测可能性的教育实践的方式。该方案也提供了一个新的比较教育研究模式,即追求用相关研究作因果解释,而不是早期研究中常见的叙事描述和道德劝诫。在来自哥伦比亚大学师范学院、芝加哥和斯德哥尔摩大学以及全世界诸多教育部的比较教育人员的参与下,IEA 承诺确证了 20 世纪 50 年代和 60 年代比较教育领域的科学走向。由于把世界视为一个教育实验室,并运用与比较相关的方法,IEA 方案首先表述了发现"认知普遍性"的目的。相反,假如每所学校和每一种教育制度都嵌于复杂的和独特的文化、政治和经济的关系网络之中,那么经验表明了学校教育的非预期结果的重要性、数据太多和概念模型太少的危险以及比较自身带来的问题。

20 世纪 60 年代末,若干提供经费的机构和比较教育研究者转向国际教育—— 一个比较教育新的分支,主要涉及教育的规划、发展和理论研究的问题,关注于新兴独立国家的教育和社会变迁的宏观研究。在代表一个主导的正统观念的权威文本里,亚当斯和法雷利(1969)提出,比较与发展教育研究的主要目的是概括和详述变量之间的关系的可以测量的命题或陈述。但是,由于比较教育学者被认为是已经很勉强地承担了这个任务,我们的知识仍然很零星和不系统。作者的补救方法就是根据帕森斯的直线发展结构区分的观点整理教育制度内部和教育制度之间的关系的知识。这是一个过程。在这个过程中,所有正在现代化的社会都将遵循大致相同的序列。

1.2 非正统派学说

到20世纪70年代早期的时候,功能主义理论和实证主义方法已经在比较研究与教育研究中取得了正统派学说的地位,同时在社会科学和发展研究中,他们也遭到了来自批判主义者与诠释论者的知识共同体的联合攻击。这种易受攻击性是来自多方面的:(a)在美国,由种族隔离社会转变为多元社会,文化的多元主义带来了认识论和本体论的多元主义;(b)功能主义理论在指导或解释发展的充分性上具有局限;(c)美国越战的失败;(d)其他事件,如许多新的学术中心的形成(Cowen 1990)和新型学者的产生,他们大都来自第三世界国家,运用了与功能主义相对的新马克思主义批判理论、女性主义与依附论观点。

结构功能主义世界观的一个主要的中心偏离开始于伯杰(Berger)和利克曼斯(Lickmanns)的一部有重要影响的著作《实在的社会建构》(1967)。人文主义范式及其对观念的交互主体性或社会起源的支持被分解为本土方法论视角和现象学视角(见表1),同时强化了新的比较教育的人种志途径。

激进功能主义世界观是首先由阿尔都塞(Althusser 1966)阐述的,然后是其他人如鲍尔斯和金蒂斯(1976)——他们解释了教育如何发挥复制资本主义结构的功能,也相当迅速有效地对结构功能主义的教育改革和现代化失败的解释进行了有力的批评。卡诺伊(1984)记录了随后出现的许多新马克思主义文本。这些文本植根于20世纪70年代早期的历史唯物主义世界观,是比较教育话语里较早的范式冲突典型。

这些文本大量利用了激进功能主义的反正统观念,大大增加了对陷入困境的帕森斯结构功能主义及其在现代化理论和人力资本理论中的变体的批评的数量和影响力。但是,由于传统的马克思列宁主义文本把教育描述为一种上层建筑,他们很少注意到教育是如何促进革命的社会主义战略的。到20世纪70年代,新马克思主义研究者已经对该问题给予了最优先的考虑。

在20世纪60年代的法国,在阿尔都塞对马克思的解释中(1990)上层建筑(包括教育)被看作是由生产关系决定的,统治阶级的领导权存在于这种生产手段的关系之中,并直接界定了教育制度的目的和功能。因此,教育制度应该被看作是超功能性的,即它必然要复制生产关系,任何来自教育者或学生的反对统治阶级的反应都被极大地排除了。

在美国,鲍尔斯和金蒂斯(1976)运用了阿尔都塞的结构符合论,试图把美国教育现实视为资本主义生产的价值和关系。他们指出,没有生产结构的相应变迁,改革学校的努力注定失败。

美国的伯恩斯坦(Bernstein)和新教育社会学流派详细阐述了一个研究教育制度的新马克思主义方案,把教育制度作为文化传递与复制的行为者。在其关于社会阶层在教育知识的分类和架构中的影响的重要著作中,伯恩斯坦显然受到"旧"教育社会学激进派的束缚,但是他也广泛吸收了人文主义(或诠释理论)和功能主义世界观的思想(见表1)。在一个对研究视角的评价中,卡拉贝尔和哈尔西(1977)认为,美国新马克思主义者的宏观社会冲突的研究与英国微观社会的诠释研究是完全互补的,而且两者都已对共同的对手——功能主义理论和方法论中的经验主义——发起了攻击,但他们没有协调彼此的批评。

20世纪70年代,许多结构主义马克思主义者的研究文本也对"为什么许多第三世界国家的现代化败于结构性不平等和阶级利益"提供了具有穿透性的结构主义解释。但是,由于这些文本忽视了偶然性、人的因素、个人主观性以及具有更加保守的结构功能主义特性,因此,他们只能提供批判性的、确定性的和自上而下的解决措施,这是依据一个单一的社会过程观做出论断的措施(Schrag 1986)。

到20世纪80年代,一个更具人文主义特性的马克思主义,或者称为激进人文主义,开始在批判研究中具有突出地位。这种知识取向构成的文本利用了法兰克福学派(在德国由尤根·哈贝马斯领导,在北美由亨利·吉鲁领导,在第三世界由保罗·弗莱雷领导)的批判理论。作为这一理性运动的一个分支,女性主义文本也开始了采用批判理论的意识解放方案,运用否定辩证法论证来揭示教育在父权社会中是如何服务于控制妇女的,如同马克思主义文本认为资本家控制工人一样。例如,凯利和尼亨伦(1982)批评了所有的已有比较教育文本,因为他们对于教育复制性别不平等的作用保持沉默。他们也提出了一个对自己复制架构有价值的反思性批评,发现他们既不能处理"偏见",也不能用图表表示这些偏见是如何和何时发生或变得重要的。他们得出结论,答案不会来自从决定论功能主义或激进功能主义的结构或历史分析,但也不会来自植根于人文主义和激进人文主义范式的诠释研究——这种人文主义范式告诉了我们:妇女在日常生活中是如何体验和解释教育以及她们是如何逐渐理解和抗拒控制的。

随着20世纪七八十年代认识论多元主义的传播以及实证主义在社会科学中的主导地位的衰落,解释性研究架构的选择也开始在比较教育文本中出现。例如海曼(1979)提出的一个解释性文本,在该领域提出了一个替代性本土方法论的知识取向,一个抛弃了功能主义途径的基本原理和一个人种志研究方案。海曼主张,比较教育并没有提供给教育规划者、政策制定者和改革者有用的知识,因为它对社会事实的责任是没有背景的(如IEA的研究),它的兴趣局限于功能性和结构性关系(如现代化和马克思主义研究),而且它关注的是社会科学指标,而不是实际社会和教育环境中参与者之间的交往。根据海曼的观点,建立在指标测量基础上的研究是对比较者力求解释和理解的那个社会实在的一种严重扭曲。这些指标是在理论上与概念结果相联系的代表物。他这种离经叛道的论证建立在加芬克尔(Garfinkel)20世纪60年代的著作之上,呼吁用解释性分析途径替代实证主义分析途径,以更好地观察、描述和解释日常存在的"这种实在"。本土方法论(即研究个人是如何参与现实构造过程的)被提出是因为它宣称在人类交往中得到比相关研究更多的社会实在的不断产生。以往的相关研究假定目标不能一次为两个事物,或者应具有稳定的、具体的和永恒的属性——这种假设更适合于物理科学。对海曼而言,比较研究的分析层次必须从宏观转向微观,从一个客观主义者—实在主义者转向主观主义者—相对主义者本体论,转向日常生活的研究。比较教育研究必须停止试图成为科学和追求宏大命题的观念,相反应该变得微观起来,朝着探索性过程发展,通过复制来建构他们的比较性解释和理论。

在一个相关的范式文本里,克利格内特(Clignet 1981)也拒绝了功能主义者和激进功能主义者的世界观。克利格内特认为,尽管他们有着明显的差异,但也都具有若干缺点:(a)都给予功能主义者的解释以优越地位,即运用效果来解释事件;(b)都强调了垂直等级联系而忽略横向交互联系。在对结构的强调中,他们都忽视了学校的复制和同化过程是如何取决于位于同样的社会实在层面的个人和社会群体之间的重要交往集合的。两种观点都妨碍了研究者分析学校运用的同化和复制功能机制的变异性,并且也都妨碍了研究者区分教育交往过程及其在学生的生活机会中的结果之间的差异。

相反,克利格内特注意到了行为科学,并提出了一个心理的或生物的框架,以区别每个有机体个体的观点及其适应环境的模式——在这种情况下教师和学生组成的学校环境。这种生态途径拒绝了功能主义者和批判性论证的普遍有效性的要求。相反,它开始于一个微观层面,具有行为者个人的传记性记载,检验了教育结构和教育行为之间的关系。它把局部适应和分化视为社会实在整体的一部分;如果变迁的努力有效的话,也可视为历史上和文化上非本质策略的必然性。相应的,克利格内特论证道:绝大多数教育发展政策和规划的失败源于他们僵化的、统一的、自上而下的教育处理,这种处理反应的是意识形态原则而非科学原则。到20世纪80年代中期,面对这种攻击,该领域所有基础知识都已不堪一击(Paulston 1977,Epstein 1983)。

比较教育文本的第一次概述出现于20世纪70年代中期,它们追求揭示和描述该领域的范式观和理论观。保尔斯顿(1977)的"现象图示分类"(phenomenographic typing)关涉国际教育改革文献是如何描述和解释国家改革的努力和结果的，产生了一个以平衡观或冲突观构成的文本的非正统派的或两极的并置。各种理论，或者说改革的解释，与两种范式取向相联系，包括了进化论的和功能主义的理论以及属于平衡一极的制度。虽然各种马克思主义者、文化复兴论和无政府主义乌托邦理论都属于批判这一极。当解释论者或女性主义者对国家教育改革过程和结果的解释已经出现时，他们都没有出现在概括的图表里。在20世纪90年代却不是这样。这可以在表2和图1中看出。在这两个表中，随之而来的功能主义者、批判论者和解释主义者的知识观的分支和交错，以及激进诠释学批评和解释的出现，无疑是清晰可见和迅速发展的(Masemann 1990，Lather 1991)。

到20世纪70年代中期，安德森(1977)已逐步限制了他在较早时期对比较教育中的唯我独尊的结构功能主义分析的强烈支持。为回应来自对立的整体——诠释观和批判观支持者的攻击，他警告，如果调查研究者“过于轻率地从假定存在的社会需要推断出明显的学校功能”，而不是从严格遵守“许多前提假设的证明”进行推断，那么，混乱和庸俗的功能主义就会出现。该前提假设关涉用于解释不同制度的教育实践中功能对等的复杂变量矩阵。尽管对比较教育的研究方法状况有点悲观，但安德森预言，在“教育制度的基本机构和功能的功能性对等物”的理解上仍有持续进步。他也反对整体社会观的效用：“也许我们应该停止把社会说成一个‘无缝的网络’，相反应该视之为一个具有5个相关系数的矩阵。相应的，社会的整体观应得到大量条件的支持，即使当前我们决不把冲突置于我们思想方案的核心。”(Anderson 1977 P. 413)安德森的一个芝加哥学生爱泼斯坦(1983)，在其任比较与国际教育协会主席的致辞中，也指出了比较教育文本在“适宜方法论”上的紊乱，是一个似乎在思想意识形态上不可协调、对立竞争的战场。他将据称不可测量的和不可理解的实在主义者和相对主义者的知识取向一分为二，并捍卫了安德森的实证主义诠释。因此，爱泼斯坦的文本很好地把握了20世纪70年代非正统派学说的知识联系。

1.3 多元化的出现

20世纪80年代末，比较教育文本中的知识表达开始从非正统学说转变(Altbach 1991)。虽然有些研究者仍然声称正统学说的纯洁性，并仍然存在于它们唯我独尊的范式乌托邦里，而且许多人继续不成功地用一般世界观取代了另一种世界观的派别活动，但是，范式的崩溃和社会科学中的宏大理论意味着，现在没有任何特定的知识共同体能声称对真理的垄断。恰恰相反，越来越多的研究者把所有的基础知识都视为不完全的和有问题的。

例如，胡森(1988)承认，对于过去的非正统学说，不是任何单一的范式都能够回答所有问题，并且按照推测，所有的范式都致力于颂扬冲突的和不相称的世界观。保尔斯顿(1990，1993)把该领域从范式论争到一个富于争论的共同体的进展视为知识的运用变得更加具有折中性，以及根据新的观点和知识产品进行的重新定位，比如诠释、模仿、移植、探究和概念变换。在这里，数据并没有代表体现在一般概念或基本原理中的客观实在，而是代表一种“可能”的实在，这是一种逐渐破碎、相互交织且具偶然性的实在，这种实在只能被部分地注意、阅读和诠释。

随着后结构(Cherryholmes 1988)和后现代(Von Recum 1990，Lather 1991，Rust 1991)文本的出现，比较教育话语也开始了知识构架上的另一次基础性转变，从冲突的社会科学模式、行为科学模式和马克思主义科学模式到语言、文化和诠释的人文主义科学模式。

2. 20世纪90年代的知识共同体

表2提出了20世纪90年代的一个知识观的分类或共时性描绘，确定了四个主要的基本范式，即功能主义者、激进功能主义者、人文主义者和激进人文主义者。21个分支理论都运用了一个或一个以上的范式。它们都运用了若干解释性文本加以确定和联系。文本中的范式和理论一起交互作用，构成了动态的知识共同体。虽然这个表把握了该领域里知识观的某些范围和多样性，但是它只能解释在这个知识共同体中发生的集中和折中的借鉴，不仅在比较教育，也在几乎所有学术工作领

表 2　比较与国际教育文本中一个知识观的探索性分类

核心范式/世界观	分支理论	解释性文本
功能主义者 “必定是”(Must be)	现代化/人力资本	博利和迈尔(Boli and Meyer 1985),库姆斯(Cooms 1985),舒尔茨(Schultz 1989)
	新功能主义者	亚当斯(1988),普兰克(Plank 1990),罗蒂尼利(Ron-dinelli 1990)
	理性选择/宏观—微观	柯尔曼(Coleman 1987),坦纳(Turner 1987)
	冲突理论	阿切尔(Archer 1984),布尔迪厄和帕瑟罗恩(1977),保尔斯顿(1980),韦勒(Weiler 1989)
	依附论	阿尔特巴赫(1989),阿诺夫(Arnove 1980)
激进功能主义者 “将会是”(Will be)	历史唯物主义者	阿尔都塞(1990),鲍尔斯和金蒂斯(1976),施拉格(Schrag 1990)
	新马克思主义者/后马克思主义者	卡诺伊(1984),卡诺伊和萨莫夫(Carnoy and Samoff 1990)
	文化合理化	哈贝马斯(Habermas 1987),韦勒(1989),韦尔什(Welsh 1991)
激进人文主义者 “能够是”(Can be)	批判理论/批判论人种志	埃瓦罗斯(Avalos 1986),福利(Foley 1991),韦斯(Weis 1990)
	女性主义者	拉塞(Lather 1991),斯特龙奎斯特(Stromquist 1989,1990)
	后结构主义者/后现代化论者	彻里霍尔姆斯(Cherryholmes 1988),拉斯特(Rust 1991),冯雷坎(1990)
	实用主义互动论者	霍尔姆斯(Holmes 1988),胡森(1988),保尔斯顿和里彭伯格(Paulston and Rippberger 1991)
人文主义者 “正在是”(Be－ing)	人种志/人种学	吉布森和奥布(Gibson and Ogbu 1991),G. 斯宾德勒和L. 斯宾德勒(Spindler G and Spindler L 1987)
	现象描述研究/民族方法学	克利格内特(1981),海曼(1979),保尔斯顿(1993)

域。通过宏观或元理论层次和微观或实践层次的知识关系的描绘,图1和图2暗示了这种知识相互作用和增长的迹象。

2.1　功能主义者的新功能主义理论

功能主义理论中已没有许多重要的新理论分支在成长,同时,传统的结构—功能主义的核心范式继续遭到来自各个方面的攻击。例如,人文主义者的文本已批评其“反个体主义”和“下行合并”,据称,整合的文化系统被认为是创造了一种吞噬社会和个性系统的共识。激进功能主义者的文本已攻击其“保守主义”、“理想主义”,自愿接受结构性不平等和人类困苦悲惨的命运,并视之为社会效率、进步稳定或趋向平衡的代价。新功能主义者的文本已经通过综合核心范式假设和与之相对立的范式和其他理论传统,力图说明并超越这些问题。

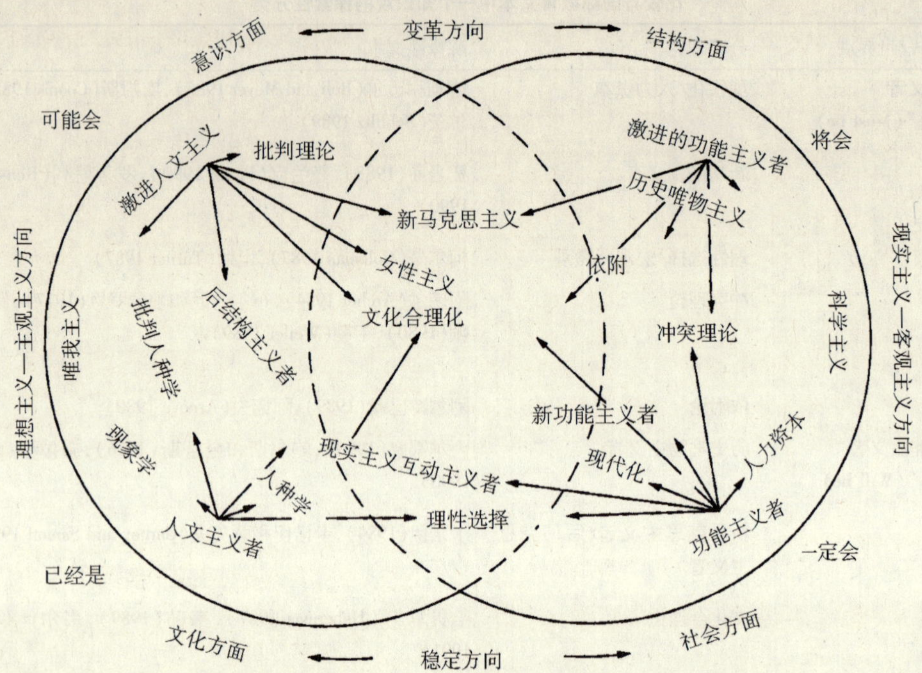

图 1　被视为思想领域的比较与国际教育中的范式和理论之宏观描绘

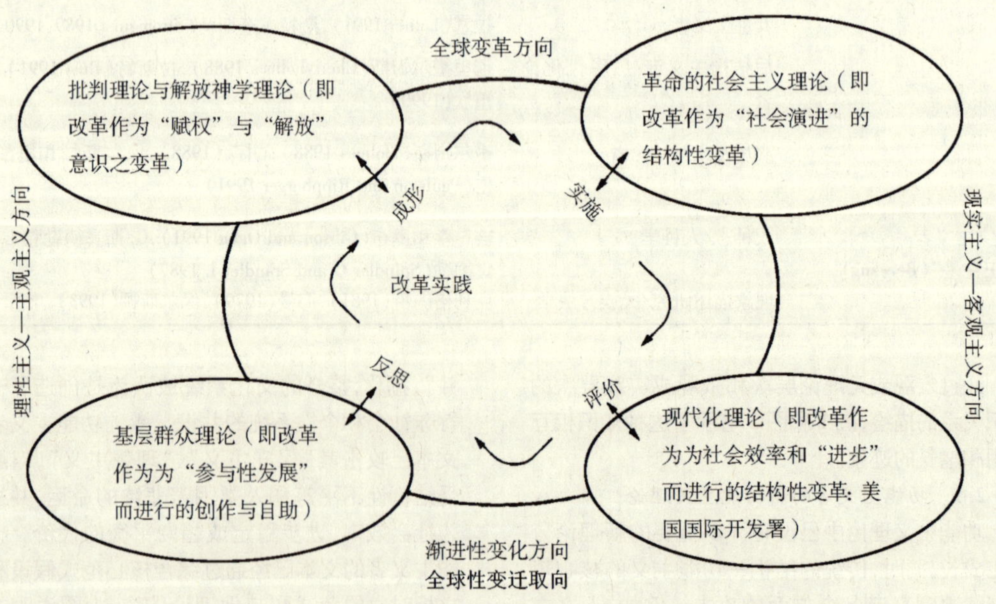

图 2　尼加拉瓜高等教育改革实践中的教育和社会变迁理论的微观描绘

例如,现代化理论具有若干分支。进化功能主义分支(Boli et al. 1985)主要运用了爱弥尔·涂尔干和塔尔科特·帕森斯的著作来解释日益复杂和差异分化的社会的功能性要求是如何创造了一个大众学校教育的功能性需要的。干预主义者试图通过以理想化的西方模式为基础的规划和革新来使教育制度现代化,而应用科学已经导致了危机(Coombs 1985),世界银行和其他国际机构却仍力图运用人力资本和相关的经济观点来提高效能和生产率(即使几十年来因实践中的经常失败而已经被贬低)(Schultz 1989)。

新功能主义者仍然保留帕森斯的一般社会系统观,同时其文本也向解释学方法和诠释论视角开放(Adams 1988),接受教育改革方案中冲突的社会因素和文化因素(Rondineli et al. 1990),认可结构性不平等和利益群体冲突在解释失败的教育改革中仍具中心地位(Plank 1990)。

理性选择理论也追求把行为理论从宏观制度层面转移到行为者、人类能动性实现的可能和更具非本质性的理解上。该理论的一个分支已经运用了经验博弈论以解释行为者在社会变迁的情境中如何解释和如何行为(Turner 1987)。当新功能主义者和新马克思主义者已经尝试实行一个理性选择微观理论的经验基础,以支持多种多样的宏观理论建构时,理性选择理论已经得到了迅速发展。尤其是柯尔曼(1987),他已经促进了更广泛的行为理论的发展。该理论综合了行为者的利益和制度的利益以澄清自愿行为的意义。分析马克思主义者也逐渐自由地借鉴了理性选择理论和博弈论,甚至借鉴了一般均衡理论和新古典主义经济学,用以详细阐述被他们的激进文本视为宏观社会的和历史的唯物主义过程的经验性微观基础。

冲突理论也利用了功能主义者的理论和宏观历史社会学理论来解释存在于特权、支配和复制的背景中的教育。以韦伯、齐美尔、达伦多夫和科塞的范式文本为基础,冲突理论已经把重点放在社会制度和教育制度内部冲突的后果上。例如,阿切尔(1984)提出了一个形态遗传学的解释,其中,互为因果的过程被视为抵消了制度压力,并且促进了结构性区分和逐渐增加的信息流。强调冲突论的文本已自愿地并入了马克思主义思想之中(如文化复制)(Bourdieu and Passeron 1977),然而它已经拒绝了历史主义,只看到不断的冲突直至未来(Paulston 1980,Weiler 1989)。冲突论是一种研究"变迁性分层和组织结构是如何以日常生活的相互交往和交互主体性为基础"的理论观点。由于其学术折中主义的偏袒,经验研究方法的倾向性,以及宏观—微观的交互作用,冲突论已经逐渐变得具有吸引力了。

2.2 激进功能主义者的新马克思主义理论

20世纪70年代与阿尔都塞、鲍尔斯和金蒂斯相关的传统的马克思主义决定论,现在大多已销声匿迹了,但新马克思主义与后马克思主义理论仍在继续,虽然这些理论受到了来自苏联、东欧以及第三世界巨变的冲击。虽然鲍尔斯与金蒂斯在一定程度上预言了这种巨变,但现在他们二人的观点远远超过了他们早期僵化的阶级再生产理论,并且倡议将新的后马克思主义理论与以阶级斗争为特征的传统马克思主义结合起来。卡诺伊和萨莫夫(1990)也受到了关注,因为他们摆脱了自己较早时期的更具有目的论、形而上学和超功能主义等特性的马克思主义分析。他们试图打破正统的马克思主义社会阶级理论,提出一个具有较少决定性色彩的新马克思主义的过渡状态理论。在解释第三世界国家过渡到社会主义的尝试中,该理论现在给予了国家在生产力和阶级冲突中的作用以特别的地位。然而,该理论认识不到,更不用说解释,从社会主义到市场经济的相反的转变,例如在尼加拉瓜、东欧以及别的地方。这一现象说明新马克思主义理论在这一方面依然是持历史主义与理想主义观点的。

2.3 激进人文主义者的批判理论

文化理性化理论(Weiler 1987,Welsh 1991)已利用了许多早期被认为在意识形态上是不可测量的观点。社会学者尤根·哈贝马斯,一个该群体中杰出的理论家,重构了马克思宏大的解放理论观。最重要的是,他抛弃了乌托邦式的和结构主义者的基础和上层建筑的观点,追求一个新的规范性基础,以在批判理论、米德的交往民主的交互主体性理论、韦伯的科层制和进步的文化理性化理论和帕森斯的行为理论中重建马克思主义。

作为从激进人文主义中发展出来的主要分支，批判理论在20世纪50年代末的范式论争中发挥了重要作用。它与文化理性化理论紧密相连，但更直接地攻击了西方理性文化和社会的压迫性特征。赫伯特·马尔库塞和保罗·弗莱雷也许最直接地影响了比较教育研究者在以下几个方面对该观点的运用：支持解放的现代性（Arnove 1980），扭曲的知识关系的研究（Altbach 1989），以及压迫性性别关系的研究（Kelly and Nihlen 1982，Stromquist 1989，Lather 1991）。这种理论架构观一个重要的、正在发展的分支利用了霍克海默的否定辩证法，这可以在几处人种志批判研究中找到（Foley 1991，Weis 1990）。这些研究从行动者的角度对文化和经济的主导地位及其再生产进行了充分的描述。

在比较教育文本中，后结构主义理论（Cherryholmes 1985）和后现代理论（Von Recum 1990，Lather 1991，Rust 1991）的例子是最难以归类和描述的。他们的思想主要植根于人文主义的传统中，他们反对实证主义有关科学、历史的真理观。他们将世界描绘为一个多样叙事的拼凑物。在他们看来，相对主义的时代已经到来。他们对所有的声称没有矛盾、统一或明确的观点进行攻击。

在极端相对主义者看来，社会和价值观解体，主体被去中心和缩减，科学从过去试图发现真理转变为偏好不按逻辑分析地创建新观点。在重新界定教育目标时，后现代观点避免了规范性决定的强加，相反却寻求更好地理解教育中出现的有争议性的领域，寻求地方性知识和"非中心化的小单位"（Von Recum 1990，Rust 1991）。

看起来似乎后现代理论由于其具有煽动性的新观念，具有占据马克思结构主义崩溃后出现的大量空间的潜在能力。这种马克思结构主义具有全球化的主体哲学和社会进化的目的论视野。恰恰相反，后现代理论，由于它拒绝把现代性作为一种走向基于基础知识的控制的历史运动，因而用逻辑障碍和反逻辑替代理性和逻辑。它的激进观点把权力与知识联合起来，把解放道德言论视为仅仅是另一种权力采取的其他形式。

在理解早期向资本主义、都市化和民主的转变中的教育关系上，比较教育文本已做出了许多有价值的贡献。在试图从理论上说明当前同样未知的教育和文化模式转变上，后结构与后现代理论提供了困难然而富有挑战性的新思想。

2.4 人文主义者的诠释论理论

比较教育文本中的实用主义互动观也抛弃了总体化理论，并接受了绝大多数方法，力图解释社会行为者是如何在社会结构内部形成意识的。它关注理解人类经验中更重大的问题；它追求通过实践和共同体中的知识测试来决定哪一个更具有实用性（即操作性和启发性）价值（Holmes 1988，Husén 1988）。运用杜威和米德的理论，以及后来哈贝马斯和罗蒂的新实用主义文本，实用主义交互作用论提供了一个实用主义边缘的中心位置（见图1），在此，所有的世界观和观点也许在教育变迁实践的背景中相互作用（Paulston 1990）。

同样处于人文主义范式中心位置的是人类学观念，该观点支持地方性知识和对独特范式建构的诠释，以及进步变迁的现代化方案。在比较教育中，这个观点已被用于描述贫穷拉美儿童的课堂经验的参与性理解（Avalos 1986），以及移民和"非自愿少数群体"儿童的学习毅力和学习成绩的模式（Gibson and Ogbu 1991）。虽然人种志的观点提供了族群和他人是如何看待和解释教育实践的丰富描述，但是人种志的数据很少有（如果有的话）比较的价值，它没有强迫接受一种对立的人种学的或意识形态的虚饰。

相应的，海曼（1979）用本土方法论的方法和观点替代实证主义的提议，克利格内特（1981）倡导一个独特的比较教育现象学方法，都没有得到太多的支持。但是，随着该领域进入一个折中学派的批判后实证主义阶段，在科学功能主义者和解放宏大元叙事的可信度下降后留下的空虚里，关注意识、创造性和情感的人文主义范式与其他学派联合起来。

由于越来越多样的知识共同体在比较与国际教育文本的动态学术领域内交互作用，概念描绘的努力，如现象学，也已显示了希望。现象学是关于具有质的差异的方式的方法，通过它，人们体验或思考各种现象和人类与其世界的关系（Paulston and Tidwell 1992, Paulston 1993)。

现象描述研究涉及具有质的不同的方式，人们在此体验或思考各种现象，体验或思考人类与其所置身的世界的关系。在比较教育里，现象描述研究已在追求(如在本词条中)描绘研究者是如何看待、理解和思考知识建构的，诸如不同时间、不同的知识文化和亚文化中的“范式和理论”。通过文本分析，现象描述研究也不寻求事物的本来面目，而是描绘事物曾经是如何作为思考世界的诸多方式被呈现的。描述的范畴(见图1和图2，表1和表2)被视为探索的形式和这种研究活动的主要结果。对其他观点的比较有助于区别每个范畴的特征及基本结构，这样就更利于人们对事物进行描述与分类。

3. 图谱(Mapping)知识观

比较与国际教育文本中的早期图谱知识的例子有：安德森的研究(1961)，隐含的结构主义处处可见；保尔斯顿的研究(1977)，极化的均衡和冲突范式在争夺空间；爱泼斯坦的研究(1983)，三个截然不同的、不大可能协调的范式——新实证主义、新马克思主义和新相对主义——竞争空间；亚当斯(1988)对伯勒尔(Burrell)和摩根的多维类型学的介绍；以及这里提出的交互类型学和图谱。

3.1 宏观描绘

图谱是一种独特的现象视觉表达模式，即用空间来表达空间。对于文本分析和话语分析来说，它们提供了一个知识的可能性制度。在图1中，作为一种宏观学术领域，比较教育领域里的范式和理论以探索性方式提出。它们来自文本内分析和跨文本分析。关于社会和教育变迁(垂直维度)的文本处理和现实的描绘(水平维度)是用于该领域内的文本分类和定位的坐标。图1的若干优点也许被强调。例如，它促进了更广泛运动里的特殊知识观点的理解，它也暗示了一个动态的和类似根状的领域，即比较教育也许被视作知识共同体多种多样的交织的探索和比较，而不是在早期基础性文本中提出来的更具结构性和线性的图像。现代社会理论在该领域内的强化牢固地建立在其观点和工具的多样性上。与此同时，在编目分类和再次登记话语共同体和关系中，图1、图2与表1、表2整理和规定了这个领域，发现了等级体系，并表达了一种控制行为。尽管具有诠释性和探索性的意图，但它们只是一种研究者的观点。其他解读也许将导致不同的解释。

3.2 微观描绘

图2表示的是，一个范式世界观和理论视角的微观描述的表达交织在特殊的教育改革实践之中。与图1相比，这种视觉表达寻求在特殊时间和地点描绘教育实践。实践被视为一种解释学循环，其中教育改革实践中的主要利益共享者带来了他们的指导性世界观和理念，创造一种目标导向的互动过程(Paulston and Rippenberger 1991)。用帕森斯的术语来说，就是它暗示了一种对社会行为背景中的能量、行为和成绩的检验，而不是如图1所示的，是一种在解释性文本中确定的知识源泉的并置。

4. 结论

本词条运用文本分析法，考察了在比较教育发展中出现的范式和理论的知识观，作为历史，作为一个同时性、分类学的结构，作为宏观层次和微观层次的概念描绘。三个主要的知识表达被确定为正统派学说、非正统派学说和兼收并蓄的异质论。也指出和讨论了各个知识共同体的整合趋势：比较教育研究者及其文本正在变得更具反思性和兼容性，因此新理论能够从现有理论经常矛盾的结合中出现。

R. G. 保尔斯顿(R. G. Paulston) 著

郑富兴 译

附录

Adams D 1988 Extending the educational planning discourse: Conceptual and paradigmatic explorations. *Comp. Educ. Rev.* 32(4): 400—415

Adams D, Farrell J P 1969 Societal differentiation and educational differentiation. *Comp. Educ.* 5(3): 249—262

Altbach P 1989 Twisted roots: The western impact on Asian higher education. *Higher Educ.* 18(1): 9—29

Altbach P 1991 Trends in comparative education.

Comp. Educ. Rev. 35(3): 491—507

Althusser L 1990 Theory, theoretical practice and theoretical formation. In Althusser L (ed.) 1990 *Philosophy and the Spontaneous Philosophy of the Scientists and other Essays.* Verso, London

Anderson C A 1961 The methodology of comparative education. *Int. Rev. Educ.* 7:1—23

Anderson C A 1977 Comparative education over a quarter of a century: Maturity and challenges. *Comp. Educ. Rev.* 21(2/3): 405—416

Archer M 1984 *Social Origins of Educational Systems.* Sage, London

Arnove R 1980 Comparative education and world system analysis. *Comp. Educ. Rev.* 24(1): 48—62

Avalos B 1986 *Ensenando a los Hijos de los Pobres: Un Estudio Ethnografico en America Latina.* International Educational Research Center, Ottawa

Bereday G Z F 1964 *Comparative Method in Education.* Holt, Rinehart and Winston, New York

Berger P, Luckmann T 1967 *The Social Construction of Reality.* Penguin, Harmondsworth

Boli J R, Ramirez F O, Meyer J 1985 Explaining the origins and expansion of mass education. *Comp. Educ. Rev.* 29(2):145—170

Bourdieu P, Passeron J C 1977 *Reproduction, Education, Society, and Culture.* Sage; Beverly Hills, California

Bowles S, Gintis H 1976 *Schooling in Capitalist Society (Educational Reform and the Contradictions of Economic Life.* Routledge and Kegan Paul, London

Carnoy M 1984 Marxism and education. In: Ollman B, Vernoff E (eds.) 1984 *The Left Academy: Marxist Scholarship on American Campuses*, 1984, Vol. 2. Praeger, New York

Carnoy M, Samoff J 1990 *Education and Social Transition in the Third World.* Princeton University Press, Princeton, New Jersey

Cherryholmes C 1988 *Power and Criticism: Post-structural Investigations in Education.* Teachers College Press, New York

Clignet R 1981 The double natural history of educational interactions: Implications for educational reforms. *Comp. Educ. Rev.* 25(3): 330—352

Coleman J 1987 Micro-foundations and macrosocial behavior. In: Alexander J, Giesen B, Munch R, Smelser N J (eds.) 1987 *The Micro-Macro Link.* University of California Press, Berkeley, California

Coombs P H 1985 *The World Crisis in Education: The view from the 80s.* Oxford University Press, New York

Cowen R 1990 The national and international impact of comparative education infrastructures. In: Halls W D (ed.) 1990 *Comparative Education: Contemporary Issues and Trends.* UNESCO, Paris

Epstein E H 1983 Currents left and right: Ideology in comparative education. *Comp. Educ. Rev.* 27(1): 3—29

Foley D E 1991 Rethinking school ethnographies of colonial settings: A performance perspective of reproduction and resistance. *Comp. Educ. Rev.* 35(3): 532—551

Gibson M A, Ogbu J U 1991 *Minority Status and Schooling: A Comparative Study of Emigrant and Involuntary Minorities.* Garland, London

Heyman R 1979 Comparative education from an ethnomethodological perspective. *Comp. Educ.* 15(3): 241—249

Holmes B 1988 Causality, determinism and comparative education as a science. In: Schriewer J, Holmes B (eds.) 1988 *Theories and Methods in Comparative Education.* Peter Lang, Bern

Husén T (ed.) 1967 *International Study of Achievement in Mathematics: A Comparison of Twelve Countries.* Almqvist and Wiksell, Stockholm

Husén T 1988 Research paradigms in education. *Interchange* 19:2—13

Karabel J, Halsey A H (eds.) 1977 *Power and Ideology in Education.* Oxford University Press, New York

Kelly G P, Nihlen A S 1982 Schooling and the reproduction of patriarchy. In: Apple M (ed.) 1982 *Cultural and Economic Reproduction in Education.* Routledge and Kegan Paul, London

Lather P 1991 *Getting Smart: Feminist Research and Pedagogy within the Post-Modern.* Routledge, New York

Masemann V 1990 Ways of knowing: Implications for comparative education. *Comp. Educ. Rev.* 34(4): 465—473

Noah H J, Eckstein M A 1969 *Toward a Science of Comparative Education.* Macmillan, New York

Paulston R 1977 Social and educational change: Conceptual frameworks. *Comp. Educ. Rev.* 21(2/3): 370—395

Paulston R 1980 Education as anti-structure: Nonformal education in social and ethnic movements. *Comp. Educ.* 16(1):55—66

Paulston R 1990 From paradigm wars to disputatious community. *Comp. Educ. Rev.* 34(3):395—400

Paulston R 1993 Ways of seeing education and social change in Latin America: A phenomenographic perspective. *Latin Amer. Res. Rev.* 28(1):177—202

Paulston R, Rippberger S 1991 Ideological Pluralism in Nicaraguan University reform. In: Ginsburg M (ed.) 1991 *Understanding Educational Reform in Global Context.* Garland, London

Paulston R, Tidwell M 1992 Latin American education-Comparative. In: Alkin M (ed.) 1992 *Encyclopedia of Educational Research.* Macmillan, New York

Plank D 1990 The politics of basic education reform in Brazil. *Comp. Educ. Rev.* 34(4):538—560

Rondinelli D A, Middleton J, Verspoor A M 1990 *Planning Education Reforms in Developing Countries: The Contingency Approach.* Duke University Press, Durham, North Carolina

Rust V 1991 Postmodernism and its comparative education implications. *Comp. Educ. Rev.* 35:610—626

Schrag F 1986 Education and historical materialism. *Interchange* 17(3):42—52

Schultz T W 1989 Investing in people: Schooling in low income countries. *Econ. Educ. Rev.* 8(3): 219—240

Spindler G, Spindler L 1987 *Interpretive Ethnography of Education: At Home and Abroad.* Erlbaum, Hillsdale, New Jersey

Stromquist N P 1989 Determinants of educational achievement of women in the Third World: A review of the evidence and a theoretical critique. *Rev. Educ. Res.* 59(2):143—183

Turner D A 1987 Problem solving in comparative education. *Compare* 17(1):39—45

Von Recum H 1990 Erziehung in der Post-moderne. *Die Politische Meinung* 237:76—93

Weiler H 1989 Why reforms fail: The politics of education in France and the Federal Republic of Germany. *J. Curric. Stud.* 21(4):291—305

Weis L 1990 *Working Class without Work: High School Students in a De-industrializing Economy.* Routledge, New York

Welsh A R 1991 knowledge and legitimation. *Comp. Educ. Rev.* 35(3):508—531

国际教育(International Education)

国际教育作为一个学术性的追求是关于教育的国际问题和跨文化问题的跨学科研究。因此,在某种程度上它与比较教育是重叠的,但在国际取向上它又超出了比较教育的范围。然而国际教育并没有被局限在纯粹的学术追求上,因为它包括在关于教育知识和看法上所有为鼓励国际取向的努力。

国际教育既指一定教育追求的目标和内容,又指关于这些活动的制度化。前者主要涉及教育在培养某些能力方面的作用,如对外语的掌握、关于其他文化的知识或某些有益于国际理解的看法。后者指一定的机构、计划和正规教育制度内部或外部的课程。长期以来,学校是民族形成的主要工具,因此,其学生从未超出国界。从跨学科特点来考虑,国际教育有与其他相关领域重合的倾向,因此,它与和平教育和多元文化教育相吻合。国际教育包括提高对其他文化、习俗和传统的国际理解和尊重,其目标是如国际法和协定中所概括的那样促进人权和基本自由。自从 20 世纪 70 年代中期以来,使教育适应发展和国际经济新秩序成为主要的目标,而不仅仅是为了联合国及其专门机构。

国际教育和学校一样已经发展成为正规教育的一个重要方面,在它作为国际教育和国际理解的主要促进者角色中,联合国教科文组织根据1989年联合国教科文组织全体大会的要求建立了一个联合大学网络系统。1991年,联合国教科文组织在突尼斯组织了一个关于将国际教育融合到高等教育中的专家会议,会上介绍了来自世界不同地区大学的六个实验计划。

国际教育可以从以下几个角度进行研究:历史的发展;目的和目标;实施和制度安排;方式。

国际教育的目的是增强学生关于全球问题的意识,并促进关于这些全球问题的反思和研究,因此,它试图促进国际理解、合作、人权和平等。

制度安排是为执行该领域的教育项目而设的国内和国际机构或单位。

方式的范围和课程内容、教材、出版物、研究项目和实施国际教育过程中所使用的媒介相关。

1. 发展

19世纪,为了向国外学习,试图通过收集关于其他国家教育的信息而建立起了后来众所周知的比较教育,欧洲殖民统治者也有学习所统治的殖民地的历史和文化的实际兴趣。第二次世界大战以后,随着国际贸易和国际旅游的不断增加以及殖民地的独立,人们开始了将教育作为一种国际理解和设计课程与计划的工具,这种课程可以使年轻人在国外学习和工作。

联合国教科文组织1945年的章程正式将教育看作是加强不同文化、种族之间的相互理解,并通过教育领域的国际合作促进和平的工具。几乎同时,许多国家的教师协会也建立了后来著名的世界教学专业联邦组织。在各地区,则制定了大量关于防止教育合作风险的双边和多边协定。在欧洲,欧洲理事会提出了一个详尽的教育计划。在曾经成立了文化委员会的北欧国家则开始了为了使教育结构和课程协调的教育合作。主要为促进高度工业化国家的经济增长的经济合作与发展组织(OECD)很快开始了促进教育改革与革新和促进教育机会更加平等的工作。

20世纪40年代以来,教育尤其是正规教育中存在如下推动教育国际化的主要因素。

1.1 学生和教师交流

大学学生和教师的交流不断加强,发展中国家,尤其是非洲和亚洲国家的绝大部分专业人才是在欧洲和北美的大学中接受训练的。到1970年为止,北美大学的学生中大概有25万名是国外学生。到1990年为止,据估计,欧洲和北美总共大约有150万名外国留学生。

1.2 国际劳动市场的冲击

国际劳动市场的出现对教育计划和课程产生了巨大的影响。看看从地中海地区到北欧和西欧的"外部工人"的大量流入(Rist 1978)或从墨西哥和其他拉丁美洲国家到美国的"移民工人"就足以说明问题。市场的整合要求年轻人接受先进的培训,并具备多个国家就业的能力,如欧共体国家。学位对等问题和建立大学学分间对等的标准的可能性都增加了。国际学士学位提出了一个为进入许多国家的大学做准备的国际中学学习项目,该项目以最终颁发一个被世界多数大学承认的入学资格证书为最高目标。

1.3 援助专家

对欠发达国家的双边和多边协助产生了一种新的职业:援助专家。援助专家应该了解其所要服务的第三世界国家的社会、文化和经济事务。国际机构,尤其是联合国的国际机构,需要更多的为国际事务服务的人员,大量的技术援助与教育尤其是正规教育相关。这种援助必须充足,并且和接受援助的国家相联系。这就对原来殖民地国家建立的正规教育模式的适应性和充足性提出了疑问。在本国进行援助工作的人员或进行教育规划工作的人员必须接受与自己的工作相关的训练。联合国教科文组织通过国际教育规划协会,另外还有一些大学,如斯坦福大学、苏塞克斯(Sussex)大学,都为教育规划者组织了高水平的培训课程。在国外工作的教育者作为一般人需要通过获得适当的关于该国历史和文化的知识来扩大自己的视野。

1.4 科学研究

科学研究的性质也要国际化。越来越多的国

际会议、专题研讨会和代表大会使各国学者形成了一个关系网。世界各国科学著作的膨胀也使研究者们形成了一个共同体。这些研究者要求多方的帮助,并要求在不同条件下和对结果进行广泛交流的研究工作中发挥作用。长期以来,国际化在自然科学领域被认为是不证自明的,其主要目的是打破文化和国界的限制,获得一般化的知识。人文社会科学经常被限制在一国范围内。1945 年以来,该领域的研究者开始在具有比较性质的多国计划方案中合作,从而获得了将各国教育制度放在不同视角下的知识。

1.5 大众媒体的影响

大众媒体,尤其是电视,引发了人们观察自己家乡外面的世界的方式的革命,他们的眼界已经大大超出了地区或国家的范围。电视将世界事件和其他人的生活、行为带到卧室的事实使人们拥有了包括所有人类在内的全球责任意识。

2. 目标

20 世纪 70 年代的口头禅之一是"全球依赖"。这清晰地说明了一个明显的事实,人类现在正生活在一个不能分割的时代。现代贸易、技术、通讯方式和核武器使人类面临共同的命运。有限的资源,对现有资源的开发和对濒临枯竭资源的破坏,以及由于人口爆炸造成的资源利用对生态系统带来的严重后果等都是常见的、共同关注的问题。

1985 年,在东京的联合国大学校长提出了"全球教育"一词。在这个词语中"全球"有双层含义,既指全世界,也指研究问题时所使用的具有跨学科特点的学习策略。

此外,对教育国际化的要求越来越高。教育国际化主要有两个目标,一个是较理想的、较难理解的;另一个是比较可行的、更实际的。首先,通过正规教育制度中的某些项目以及一些基本事实,年轻人对全球独立有了越来越深刻的认识。这可以被看作是国际思维的敏感训练,其目的是培养促进国际团结、消除种族歧视和理解他国文化的态度。另一个主要目标是传授能够使年轻人在处理国际事务中所需的技能、技巧,如第二语言的掌握、对异域文化的了解和熟悉以及其他国家的历史和地理。

当政府采取行动扩大正规教育的国际范围时,更加实用的教育常常成为政府考虑的首选内容,因为实用主义教育在具体活动和资金方面都很容易操作。例如,通过使年轻人至少精通一门世界语言,并熟悉在贸易伙伴关系中发挥重要作用的国家的情况,一种明显的优势就表现出来了。实用主义方法很容易参与政策措施的制定和行动的实施。对一门外语的精通程度可以进行客观的评价,如国际教育成就评价协会(IEA)在 10 个国家进行的英语和法语作为第二语言的教学评价(Lewis and Massad 1975,Carroll 1975)。但对全球相互依赖意识和由此产生的道德问题进行评价则是相当困难的。

瑞典高等教育国际化委员会提供了一个将教育国际化的目标范例。在它的主要报告(大学和学院全国委员会)中,该委员会指出国际化应该成为正规教育制度中各级各类普通教育的一部分,而不应该仅仅限制在高等教育部分。因此,该委员会对从幼儿园到大学各级各类教育所能够提供的内容进行了探讨。总体目标如下:

(a)意识到全球相互依赖性和国际理解的重要性。

(b)在为发展中国家提供资金和其他援助的努力中促进国际团结。

(c)接受西方的多元价值取向,对各种模糊观点持宽容态度。

具体和实际目标为:

(a)在国际劳动市场上的就业能力,其中包括国际间组织和政府间组织。

(b)对未来的取向。

(c)为在国际背景下发挥作用所需的具体技能和知识,如语言技能、关于其他国家文化的知识等。

教育国际化问题在欠发达国家中呈现出不同的面貌,大部分欠发达国家在不久的过去一直都是殖民地,很久以前,大部分发达国家在这里获得了国家的地位。许多发展中国家进行拥有共同语言和悠久历史的国家重建的起步较晚。大部分撒哈拉局部地区的非洲国家由于历史原因处于欧洲主要势力的殖民统治之下。这些国家在国家重建中遇到的困难是明显的例子。近年来,在安哥拉和莫桑比克,原来殖民地的语言从刚刚入学的前几年开始就成为学校教育的教学语言,从而造成了保持本民族文化特性的困难。因此,这些国家在很多重要方面面临太多国际化的自相矛盾问题。由于这些国家有很多部落语言,这些语言常常造成严重的交流困难,而原来殖民地的语言作为一种规定被有教养阶层掌握,因而成为一种很方便的混合语言。以其他标准而不是过去殖民地的标准建立全国的同一性努力常常会产生棘手的后果。对过去殖民地语言的掌握被认为是地位和权力的象征,这意味着掌握殖民地语言的有教养的阶层很容易从广大人民群众中疏离出来。由于掌握了一种世界语言,并常常能够接受大学的专业教育,受过教育的少数精英们能够参与国际劳动力市场的竞争,并且对在国外任职带来的物质财富和其他利益很敏感。印度和巴基斯坦的医生在英国的事实说明了第三世界国家专业精英的国际化如何导致了人才的外流。许多第三世界国家接受高等教育的人们在享受高级教育给他们带来利益的同时,平等地看待自己与富裕国家的人民,即随着专业人员的国际共同体的形成,几百年前曾经在巴黎、萨勒诺、牛津或布拉格学习,并用拉丁语进行交流的北欧学生同样也形成了一种共同体。

3. 实施

大部分学校科目都有一个国际的视野,这在外语学习中表现得更加明显。但是,仅仅掌握抽象的交流工具而不了解背后的历史和文化是不够的。因此,语言教学中被用来作为教学工具的东西将在其他科目中获得,如历史、地理和公民。

由于基础研究的目标是得出普遍原则和科学法则,大学研究在定义上是国际的(Husén 1991)。首先,研究方法是国际的。在物理学中,尽管有适应不同研究方法的不同学派,但却没有法国、德国或美国的方法。所解决的问题也是国际的或在性质上是跨文化的,例如,比较教育或比较法学中所进行的研究。研究组织可以通过建立国际机构间的合作或学者交流实现国际化。最后,研究成果的传播也可以国际化。例如,瑞典的大学中的博士论文必须有一个用一种国际语言书写的摘要,并为翻译全部论文提供资金。

3.1 课程和课本的国际化

第一次世界大战以后,开始开发能够深刻了解其他国家和文化并促进国际理解的课程,并且采取系统的步骤来消除课本中的国家主义和沙文主义偏见以及对战争的崇拜。这些方面的努力由私人机构和政府间组织发起。在欧洲,在北欧委员会和欧洲理事会的支持下,建立了进行相互评论的学科教科书专门工作小组。在有些情况下,国际委员会负责准备全部新课本的任务。联合国教科文组织根据其章程必须在教科书和课程修订中发挥重要作用,并通过组织研讨会和正规教育能够开展的其他会议来促进和平和国际理解。

在大学中,尤其在美国,早在20世纪50年代就建立了所谓的区域研究。这是一种跨学科研究,这种研究主要是基于一种实用主义的目的,即在一定的国家或地区培训专家。

外语在国际教育中发挥着越来越显著的作用。但是,在大部分人口说世界语言的国家或地区和只有很少一部分人口说世界语言的国家或地区之间,外语的地位和重要性是不同的。在许多欧洲国家,例如瑞典或荷兰,用两种或三种语言(英语、德语和法语)进行阅读是进入大学的一项要求。在这些国家,英语是必修科目,甚至在小学也是如此,因此,英语成为许多年轻人的第二语言。中学外语培训的重要性是基于使学生进入大学后能够阅读其他语言的文本,由于具体要求的限制,这些文本在自己的母语中难以找到。

瑞典国际化委员会对技术或专业术语——在各种学科中使用的以主要语言表示的术语或表达法,表现出特殊的兴趣,如物理学、社会学、计算机科学和经济学领域。委员会建议,语言学习可以和专门学科的学习结合起来,并将这种学习称为“综合技能语言培训”;同时,委员会还介绍了一些与学科学习共同进行的专业术语学习的学习项目。

对于来自较小国家或地区的年轻人来说,掌握其母语的人口相对较少,因此,掌握一门主要的外语对于参与国际劳动力市场的就业竞争来说至关重要。

在美国,中学很早就提供外语课程,这种科目在很多情况下是作为两年的课程进行的。美国的外语最先主要是法语和德语,因为法语和德语可以使人们了解欧洲的文学和学术著作,同时大学对博士生也有外语要求。然而,自从20世纪50年代以来,由于大量拉丁美洲人民流入美国,西班牙语逐渐在中学外语教学中占主要地位。因此,用西班牙语交流获得了特殊的实际意义。

3.2 教师和学生的国际交流

正如上面提到的,大学教师和学生的国际流动逐渐增强,1990年的一项粗略估计表明,欧洲和北美著名大学中10%的学生来自国外,而且许多来自第三世界国家。关于教师和学生流动的统计有时不太精确,但由此可以估计,到1990年为止,美国大概有30万名外国留学生。德国、英国和法国留学生的总数加起来和美国相同。

研究生到国外留学有很长的历史。19世纪末,早在博士培养计划在美国建立之前,美国的学生就去德国接受博士培训(Veysey 1970)。自从20世纪40年代以来,越来越多的欧洲学生到美国学习博士课程或到大学中相关的优秀领域学习其他研究生课程。传统上,科学研究被认为具有国际性,最终其结果的质量和效度由国际学术团体来评价。

欧洲大学生流动共同体行动计划(ERASMUS)计划在很大范围内进行学生交换活动。同时还设计了其他为研究和发展合作的活动,如技术教育和培训的社区行动计划(COMETT)。

学生的交换必须克服各种障碍。第一个障碍就是结构障碍,如课程要求、课程设计和学位要求。同时还有一定的规章和法律,如阻碍交换的工作许可证制度。另外还有交流障碍,如语言障碍、课本的有效性等。最后,还有经济障碍,如保证学生在国外交通和生活的津贴和奖学金的缺乏。

3.3 国际教育的制度化

随着区域研究和国际与比较教育研究中心的建立,国家水平的制度化国际教育首先在大学出现。早在第二次世界大战之前,为促进国际教师和学生的交流,纽约就建立了国际教育机构。20世纪50年代,学术性团体和慈善机构开始支持区域研究、科研、比较与国际教育研究生教学和教育研究与发展等项目建设。芝加哥大学建立了比较教育中心,斯坦福国际发展教育委员会和国际与发展教育计划(匹兹堡大学)也得以建立。在欧洲,苏塞克斯大学建立了发展研究协会,斯德哥尔摩大学建立了国际教育协会。各种基金会,如卡耐基基金会、福特基金会和洛克菲勒基金会,与第三世界主要地区的地方机构一起制定了全面的国际教育项目。国际与比较教育的学习与研究还得到了财政方面的支持。《1946年富布莱特法》在这方面发挥着根本性的重要作用,该法案通过拍卖第二次世界大战后的剩余物资为一系列国家提供财政支持,尤其在为美国学者到欧洲学习和欧洲学者到美国学习方面发挥着重要作用。1948年《史密斯—蒙达特法案》为使其他国家加入到交流项目中来提供了更多资源。

随着苏联人造地球卫星上天,1958年,美国出台了《国防教育法》,其总体目标是推动美国科学和技术的发展。随着《国防教育法》的出台,又建立了其他几个项目,如区域研究中心和大学中的外语教学项目。

在美国,大学的国际取向开始逐渐向中等教育和初等教育下移。1966年,约翰逊政府开始准备出台全面促进国际教育的法律,最终通过了国际教育法案,但是国会没有提供基金。

20世纪60年代,人们逐渐认识到在国际维度上开发中学课程的需要,从而使学生能够进入到世界各国大学学习。国际学士学位在日内瓦开创,一系列国际学校,如日内瓦和纽约的国际学校、威尔士的亚特兰大学院,也开始使用国际课程标准。

成立于1988年、作为合作研究机构之一的欧洲学术界出台了它的第一个主要计划,该机构成立了一个研究小组,任务主要是负责鉴定学校教育及其分支机构的主要教育问题(Husén et al. 1992)。

3.4 研究

教育在人文、社会和经济发展中的作用引发了大量研究的出现,这同样适用于国际与比较教育研究,尤其是国家教育制度的研究。例如,1960年左右,当许多非洲国家获得独立以后,大量为促进正规教育发展的财政和技术援助计划通过提供建立现代工业部门所需的主要资源,很自然地推动了经济的繁荣。双边和多边援助机构都开始致力于研究教育与经济发展的关系(Harbison and Myers 1964)。正规教育与工作生活的关系是另一个主要研究领域。许多研究,如研究生与就业,或IEA的教育绩效评估,都是在比较的基础上进行的。

为教育而进行的援助投入应该接受评估,许多由诸如世界银行或联合国教科文组织发起的援助计划是评估工作的重要内容。现代调查研究技术不仅在进行评估时使用,而且在为教育规划提供信息时也被使用。

4. 出版物

关于国际教育的重要信息资源由来自不同政府间机构的定期刊物组成,如联合国教科文组织、经济合作与发展组织的教育研究与改革中心(CERI)、欧洲理事会和国际劳动组织。联合国教科文组织通过国际教育局,欧洲理事会通过欧洲教育文献和信息系统(EUDISED)建立了以计算机为基础的信息系统。从20世纪50年代中期起,联合国教科文组织在汉堡的教育协会开始出版《国际教育评论》,其他杂志有巴黎国家教育学研究协会出版的《法国教育学评论》和英国出版的《教育研究》。各种地区性比较教育协会,如欧洲比较教育协会,也正在定期出版历届代表大会的汇编。值得一提的还有《世界教育年鉴》,它每一年都有一个专门主题。

T. 胡森(T. Husén) 著
郄海霞 译

附录

Carroll J B 1975 *The Teaching of French as a Foreign Language in Eight Countries.* Wiley, New York

Harbison F H, Myèrs C A 1964 *Education, Manpower, and Economic Growth: Strategies of Human Resource Development.* McGraw-Hill, New York

Husén T 1991 The idea of the university: Changing roles, current crisis, and future challenges. *Prospects* 78: 171—188

Husén T, Tuijnman A, Halls W D (eds.) 1992 *Schooling in Modern European Society: A Report of the Academia Europaea.* Pergamon Press, Oxford

Lewis E G, Massad C E 1975 *The Teaching of English as a Foreign Language in Ten Countries.* Wiley, New York

Rist R C 1978 *Guestworkers in Germany: The Prospects for Pluralism.* Praeger, London

Veysey L R 1970 *The Emergence of the American University.* University of Chicago Press, Chicago, Illinois

其他参考文献

Bereday G Z F (ed.) 1969 *Essays on World Education: The Crisis of Supply and Demand.* Oxford University Press, London

Bjerstedt AÂ 1960 *Glimpses from the World of the School Child: Self and Other Explored in Dyadic Communication.* Beacon House, New York

Butts R F 1963 *American Education in International Development.* Harper and Row, New York

Choppin B H, Postlethwaite T N (ed.) 1979 *Evolution in Education: International Progress.* Pergamon press, Oxford

Coelho G V et al. 1962 Impacts of studying abroad. Special issue of *J. Soc. Issues* 43(1): 1—89

Duijker H C J, Frijda N H 1960 *National Character and National Stereotypes: A Trend Report Prepared for the International Union of Scientific Psychology.* North-Hobland, Amsterdam

Faure E et al. 1972 *Learning to Be: The World of Education Today and Tomorrow.* UNESCO and Harrap, London

Fernig L 1980 *The Place of Information in Educational Development.* UNESCO International Bureau of Education (IBE) data, Paris

Frankel C 1965 *The Neglected Aspect of Foreign Affairs: American Educational and Cultural Policy Abroad.* Brookings, Washington, DC

Guetzkow H et al. 1963 *Simulation in International Relations: Developments for Research and Teaching.* Prentice-Hall, Englewood Cliffs, New Jersey

Husén T 1990 *Education and the Global Concern.* Pergamon Press, Oxford

Kelman H C (ed.) 1965 *International Behavior: A Social-Psychological Analysis.* Holt, Rinehart and Winston, New York

Klineberg O 1965 *The Human Dimension in International Relations.* Holt, Rinehart and Winston, New York

Myrdal G 1968 *Asian Drama: An Inquiry into the Poverty of Nations.* Allen Lane, Penguin Press, London-National Board of Universities and Colleges (NBUC) 1974*Utbildningens Internationalisering.* Slutbetänkande frân UKÄ:S internationaliseringsutredning: UKÄ Report No. 21, Stockholm

Ottoson D 1991 (ed.) *Higher Education in Sweden in a European Perspective.* Wennergren Center, Stockholm

Pearson L B 1969 *Partners in Development: Report of the Commission on International Development.* Pall Mall Press, London

Peterson A D C 1972 *The International Baccalaureate: An Experiment in International Education.* Harrap, London

Schultze W (ed.) 1969 *Schulen in Europa.* Beltz, Weinheim *Strength Through Wisdom: A Critique of US Capability* 1979. A Report to the President from the President's Commission on Foreign Language and International Studies, Washington, DC

Ward F C (ed.) 1974 *Education and Development Reconsidered: The Bellagio Conference Papers.* Praeger, New York

人口教育(Population Education)

人口教育的目标是使人们获得理解和评估有关人口状况、形成人口的动力、人口对现在和将来生活质量所产生的影响等方面所必需的知识、能力、态度以及价值观。此外,通过接受人口教育,人们根据自己的评价从而做出充分的和负责任的决定,进而积极参与旨在促进社会和经济进步的各种集体决策。人口教育必须创设最为客观的教与学的情景,教师协助学习者去探究一系列的事实和价值判断,允许学生就某一观点在可能的最大范围之内自己去评价,最终产生所期待的行为改变。

人口教育产生于人们对人口统计的回应。人口教育的出现源于人们对世界人口现象重要性的认识不断深化,例如过快和过慢的人口增长率、移民、城市化和环境恶化。过快的人口增长可能耗尽有限的资源,从而使就业、教育和医疗保健等基本需求的满足难以实现;在世界许多地区出现的人口老龄化对一个国家的经济和活力无疑是一个威胁;人口从农村向城市的迁移一方面可能损耗农村劳动力资源,另一方面则可能对城市的服务体系造成压力。

人口教育的历史可以追溯到20世纪40年代,当时一些国家出现了人口衰退,尤其是美国和瑞典。然而,在20世纪五六十年代的世界其他地区,人们所关注的则是过高的出生率和过快的人口增长,并随之制定了众多的计划生育政策。这些计划生育的政策和项目并没有取得人们所预期的效果,尤其是在发展中国家。在发展中国家,人们把更多的注意力放在了对传统观念根深蒂固的成年人观念的改变之上。在20世纪六七十年代,人口教育项目的开发则着眼于儿童和青少年,在这个阶段,"人口教育"这一术语是学校人口教育项目的同义词。在20世纪70年代,人口教育开始在广泛的正规和非正规的教育机构中进行,人口教育的内容超出生育和养育的范围,扩展到各种发展领域内相关的人口过程和人口特征等广阔的范畴。从20世纪80年代开始,人口教育开始关注艾滋病在全球的蔓延。

人们普遍同意人口教育并非要发展一门新的学科,但人口教育从广泛的学科和职业领域借鉴了各种事实依据、理论和概念,从而帮助个人和社会充分理解人口间的相互作用,以及影响个人与集体生活的人口因素。以上所有的知识基础被称作是人口学。人口教育涵盖了人口学的所有领域,包括知识、概念和理论的一整套知识系统,这一知识体系用来描述和阐明人口发展的动力系统以及人口与社会、经济、政治和生物环境之间的相互关系。人口教育涉及检验多种多样的人口学观点,当然,人口教育不仅仅是计划生育和人口统计学。更为重要的是,人口教育是以人为中心的。通过对他们自己人口问题的阐释,人们设立了人口教育这样一个交流的论坛。人口教育的任何课程都要求在具体情景之下进行定义。

基于人口教育自身所具有的本质,大量的其他的教育类型不可避免地与人口教育的相关内容紧密结合,人口教育与家庭生活教育、性教育、环境教育和发展教育之间的关系在一定程度上难以做到泾渭分明。家庭生活教育、性教育和人口教育都有共同关注的焦点,但家庭生活教育和性教育更集中讨论人与人之间的相互关系。一般而言,家庭生活教育和性教育并不深入探讨在宽广的社会背景下人口决策所产生的各种后果。

环境教育和发展教育以它们特有的方法利用人口学的知识内容,描述和分析人口发展过程是怎样展开从而进一步理解有关社会、经济发展、人类相互关系、生物圈的本质特征。当然,由于目标的差异,人口教育在其现在的发展阶段上表现出了其与环境教育和发展教育不一样的特性。

然而,人口教育并没有形成一个系统的知识体系,没有一本教科书可以被认为是人口教育学的。之所以产生这种现象,其原因在于人口现象涉及不同层次上方方面面的问题——政治关系、资源、环境、医疗、社会服务、教育、就业、人权等等,而且不同国家、地区和个人对人口问题都有其各自的观点。各种观点之间的分歧非常巨大而且持续不断,例如有人认为人口的增长是一场危机,同时有人却主张人口增长有利于社会问题的解决。

对于人口教育重要性的认识,人们的观点各异。一些人认为人口教育本身就是一个错误,富裕的工业化国家提出人口在一定程度上转移了发展中国家所面临的各种问题。按照这种观点,真正的问题不在于人口的增长,而是财富和资源分配的不公正、经济发展不协调、过度消费以及工业化国家奢侈的生活方式。正是这些问题对环境和资源保护产生最为直接的威胁,而非发展中国家过高的人口增长率。

毫无疑问,对人口问题所持有的不同观点对世界各地开展人口教育项目便有了各自的侧重点。在正规教育体系中,人口教育采取了各种各样的形式,在小学和中学阶段开展人口观念的普及,在大学或专门的培训学院则进行高层次的研究工作。在全世界范围内,大规模的人口教育项目正在开展。

在正规的教育体系之外,有大量的人口教育项目,随着人口学习活动的大规模开展,人们对人口教育问题重要性的认识达成了一致。在非正规教育部门中,有关人口教育的种种努力和尝试被称为人口信息、教育和交流项目(简称 IEC 项目)。精心选择信息内容,开通各种交流的渠道,并使用相关的教育技术来提高人口教育的学习效果。不同的团体选择和确定具体的信息以取得相应的效果。

在 1991 年,全世界一百多个国家分别在正规和非正规教育体系内开展了人口教育项目。

T. 胡森(T. Husén) 著

郄海霞 译

附录

Burleson N 1974 Population education: Problems and perspectives. *Bulletin of the Bureau of International Education* 193(4)

Johnston T 1990 *The Population IEC Operation in Eastern and Southern Africa.* UNFPACIDA, Nairobi

Udo R K, Viederman S 1979 Introduction. In: Udo R K (ed.) 1979 *Population Education Source Book for SubSaharan Africa.* Heinemann, Nairobi

UNESCO 1978 *Population Education: A Contemporary Concern.* Education Studies and Documents No. 28, UNESCO, Paris

UNESCO 1980 *Study of the Contribution of Population Education to Educational Renewal and Innovation in El Salvador, the Republic of Korea, Philippines and Tunisia.* UNESCO, Paris

UNESCO 1981 *Socio-cultural Case Studies for Population Education in Morocco, Peru, Rwanda and the United Republic of Tanzania.* UNESCO, Paris

UNESCO 1985 *Educafrica* No. 12 (special issue on Population Education)

UNFPA 1978 *Population Education.* Population Profiles No. 11, UNFPA, New York

成人教育、回归教育与终身教育：比较研究（Adult, Recurrent, and Lifelong Education: Comparative Studies）

由于长期以来成人教育都是作为一个边缘领域而存在的，因此比较教育研究对其所投入的关注历来甚少。所以，当教育机会成为具有全球性影响的焦点问题时，成人教育学者们也便乘势展开了针对成人教育这一比较教育主流研究领域的比较研究工作。本词条所要探讨的正是有关比较成人教育的发展、目的、方式、研究主题、问题与争论以及成人教育的附加研究领域——终身教育与回归教育的一系列问题。

1. 发展

在成人教育发展历史中的一个相对较早的阶段内，它便已成为了一个具有国际性的研究领域。19世纪，一些国家之间便展开了大量有关成人教育实践的相互借鉴活动。从1925年到第二次世界大战期间，世界成人教育协会陆续吸纳了许多国家成为该组织的会员国，而这些会员国各自的成人教育规模也是参差不齐。1945年以后，世界成人教育协会的工作任务逐渐被其他一些世界性和地区性的组织机构所取代。联合国的一些下属机构、世界银行、经济合作与发展组织以及其他一些世界性组织机构开始介入有关成人教育需求及其实现的国际研究活动，从而对成人教育在世界范围内的拓展做出了贡献。

此外，在地区性水平上，欧洲理事会、欧共体与美洲国家组织等也充当着与上述世界性组织机构相类似的角色。与此同时，大量的成人教育非政府组织机构也相继建立，诸如亚洲与南太平洋成人教育局（ASPBAE）、非洲成人教育协会（AAEA）、欧洲成人教育局（EBAE）以及1973年创建的一个世界性的成人教育协会——国际成人教育委员会（ICAE）等。所有这些有关成人教育的组织机构的建立均是由于人们对成人教育国际化发展的兴趣使然，同时也通过它们所举行的一系列会议与所出版的大量文献刺激了成人教育的国际化发展。

这些成人教育组织机构开展的工作有助于激发人们探索在不同国家内进行成人教育比较活动的更加有效的途径和方式的需求。世界上第一次有关成人教育国际比较的国际性会议是由大学成人教育国际代表大会（ICUAE）发起，于1966年在新汉普沙尔的伊哥扎特举行的。自此以后，其他一些与这一主题相关的国际会议也相继举行，其中便包括由国际成人教育协会与大学成人教育国际代表大会联合组建的成人教育比较学习与研究委员会（CSRCAE）主办，并于1991年举行的尼日利亚伊巴丹会议等。

针对成人教育国际比较研究兴趣增长的另一个表征是大量相关杂志的创办与刊行，这些杂志发挥着为该领域研究中所取得的研究成果进行报告与讨论交流的论坛的作用。其中包括在加拿大为国际成人教育委员会发行的《聚焦》杂志；在英国编辑，已有三十余年历史的、为大学成人教育国际代表大会发行的《国际大学成人教育》杂志；在德国发行的《成人教育与发展》杂志，该杂志是由德国成人教育协会用英文发行的，其关注的是第三世界国家的成人教育问题；还有《国际成人教育年鉴》杂志，该杂志就像英文《国际终身教育》杂志一样，并非是哪一家协会的产物，而是一家独立的刊物。

尽管成人教育学者已经在一定程度上汲取了来自比较教育领域中的某些工作经验与教训（Bennett et al. 1975），许多人还是对此类事情上成人教育对比较教育的过分盲从的行为持有高度的警觉。尽管比较教育已经开始对成人教育表示出了形式上的关注与尊重，但它还是将其绝大部分的注意力投向了学校教育与高等教育这两大领域。比较成人教育学者们认为，比较教育的理论与实践对成人教育的本质与状况考虑得甚少，因此不能毫无批判地设想可以将比较教育领域内的经验简单地应用于成人教育领域。

2. 目的

大多数比较成人教育学者均一致认为，比较成人教育的主要目标仍然是与比较教育一贯追求的目标相一致的，即研究别国的教育实践以促进对本国教育实践的更好理解（Bennett et al. 1975 P. 10）。

有些学者也认为在比较研究的帮助下将有可能达成一种系统的、全球化的成人教育理论。在一种更加具有直接实践性的水平上，一些学者则认为应当对成人教育状况进行一种更加全面的描绘，这样便有可能对其各个组成部分进行有意义的比较。

学者们在宏观与微观比较成人教育研究这两者之间的相对优先性问题上仍存在着分歧，当然，其中有些讨论是针对研究方法问题的。比较成人教育的研究方法在总体理论水平上要比比较教育稍低，因此，比较教育的研究方法论，除一些特例之外，均在比较成人教育研究中被得以普遍遵循与利用(Lichtner 1989)。

但是，从总体上看，比较成人教育密切关注的是来自该领域的实践性需求。各国成人教育学者们一直在积极地从事跨文化借鉴的工作。他们对别国同行所从事的工作之所以产生兴趣的根本原因在于期望借此来输入或输出成功的教育实践。事实上，自第二次世界大战以来，成人教育在全球范围内的拓展在很大程度上是以文化上的借鉴和强迫接受为表征的。这种行为在其早期阶段是以信念而非背景研究为基础的，因此并未取得最佳效果，而在其近期阶段则采用了更多具有批判性的比较方法，例如在中国便是如此(Duke 1987)。

比较成人教育学者们发现自己所从事的研究均不得不带有直接的相关性，倘若不是进行文化借鉴，那么便是与对政策与实践进行决策有关。正是由于这一点，才使得研究所需的经费尽管是有限的，却可以轻松地得到保障。例如，教育可以有助于增强国家进行国际经济竞争实力的观念正在日益得到社会的认可，由此也便促使世界各国均在试图有效设计本国教育发展蓝图以便促进国家经济发展。尤其是在欧洲，欧共体成员国之间日益密切的联系促使各国政府均组织本国有关力量对其竞争对手国的教育发展状况着力进行研究(例如，德国巴伐利亚国家高等教育研究与规划研究院所从事的研究工作等)。

3. 研究方式

成人教育在世界范围内的发展以及在具有同一性的国家水平上成人教育供应形式的发展均是新近才发生的事情。因此，很必然地便出现了成人教育基本的单一国家研究方式的持续流动。这些研究中，绝大多数是对诸如做了什么以及该活动是如何组织的等有关各国成人教育事实状况的描述，其中较为著名的是那些由政府机构主持的研究所获得的研究成果或由这些机构所发布的研究成果，例如那些来自斯堪的纳维亚国家的研究成果便是如此。自1977年至1984年，设在布拉格的欧洲休闲与教育中心借助联合国教科文组织的资金支持，委托有关人员对分布于东欧与西欧的14个单一国家的成人教育问题进行研究并最终将这些研究所得到的成果予以出版发行(ECLE 1977～1984)。其中的每一项研究均由一位来自这14个国家中某一国专家来完成，但是在其所运用的单一国家研究方式中要体现出比较的视角与观点，尤其是要体现出那些来自美国或欧洲的外国人所做出的与这些研究相关的有价值的研究成果的贡献所在(Kuzel 1974, Hunter and Keehn 1985)。

根据共同的框架所做出的单一国家研究成果以及这些研究成果的汇集为进行有关成人教育的国际性比较研究工作提供了原料和素材。这种并列安排的方式形成了跨政府组织所拟就的报告的共同形式，无论这些报告是针对国家制度的整体而做的还是针对这些国家制度中的部分内容而做的均是如此(UNESCO 1984)。

如果仅就确认不同国家成人教育之间的差异性与相似性而言，那么实际上此类研究成果还是很稀少的。而那些试图探明隐藏于上述差异性与相似性背后之原因的研究成果则更是少之又少。由欧共体组建的欧洲职业培训发展中心(CEDEFOP)已经推出了一些有价值的研究成果。这些研究成果的大部分内容显示，进行成人教育阐释性比较研究的尝试是掌握在个体学者手中的，而他们中的大多数人均表露出从事此项研究工作的坚定信心(Titmus 1981)。

成人教育领域中所风行的研究方式是总览法。尽管在这种研究方法的某些研究方案中也对单个国家所具有的个性特征加以说明，但这种方法并不是意在进行单一国家之间的比较，而是对一组国家成人教育的全部或部分状况所具有的共性特征进行通观概览。这些国家组合并不是随意选定的,而是考虑到对这些国家成人教育的发展产生着重要影响的其地缘上的接近性或是文化上的相似性等情况而定的。通常,这种选择所依据的一般基础是地域性特征(Gajardo 1983),但是也有一些研究是根据国家之间相似的经济发展水平来进行选择的(Vélis 1990)。此外,有些选择标准通常是需要与地域性等标准结合在一起使用的,诸如共同的宗教、政治制度或不同年龄组的成人群体等。这种国家组合可以囊括的潜在范围是相当广泛的。现在已经出现了由联合国教科文组织(Lowe 1982,Bhola 1988)或由个体发起并承担的(Hopkins 1985)全球范围内的成人教育总览法研究活动。

总览法这一成人教育研究方式日益受到学者们的倚重,显示出人们对成人教育所具有的一种意识,即成人教育与学校教育和高等教育相比而言,它比后两者所体现出的国家产品的特征要淡薄一些,成人教育在各种跨国力量的驱动之下,在更大程度上体现出的是一种国际产品的特征。而总览法的运用正是对这一意识的一种确认并预示着国际与跨国的影响将会变得愈来愈重要。

能否做到有效理解国际背景对成人教育施加影响的方式还需要进行深入的调查研究,但当前的比较研究已经为我们提供了一些对此具有贡献性的因素。迄今为止,国家在成人教育的发展中都扮演着配角的角色。成人教育的发展要将大部分功劳归之于诸多的私立性组织机构,诸如具有自身运作目标的众多宗教、社会或政治性协会以及工商业公司等。这些组织中的多数均是国际性的或拥有较强的国际联系,它们的视野通常也要比民族国家的视野更为广阔。成人教育由于其比其他正规教育具有更少的制度化特征,因此可以较为容易地逾越国家的界限。与正规学校教育不同的是,正规学校教育的主要目标是在某一特殊的国家内实现长期的社会化,而成人教育的目标,倘若从事实的角度而非原则的角度出发的话,主要是服务于当前或不远的将来的那些有限的、短期性的教育需求,而这些教育需求并不是一定要深深地扎根于它们所处的社会的文化土壤之中的。

4. 国际与比较研究的主题

除了持续地对单个国家的成人教育状况进行一般性的调查研究之外,绝大多数比较成人教育的研究工作所努力的目标均在于推动成人教育在全球范围内的不断拓展。这其中便包括其所倡导的致力于消除文盲的活动,该项活动得到了联合国教科文组织的众多机构、世界银行以及其他一些国家性与国际性组织机构所提供的大量资源与成人职业教育指导与服务方面的鼎力支持。扫盲的对象包括计划实施国本土的工人以及身在国外的熟练工人。这些计划几乎覆盖了所有的发展中国家并提供了具有可测量性的资源投入样例,从而在大量国家得以付诸实践,这也为比较成人教育研究创造了许多更加有利于其开展研究活动的案例。事实上,许多有关单个国家、国家组合以及全球范围成人教育比较研究的报告均是由与上述活动相关的一些研究结果演变而成的(UNESCO 1976)。

从20世纪70年代后期到整个80年代,工业化国家均普遍意识到成人文盲与未接受基础教育的成人问题并不仅仅是第三世界存在的问题。由于这一共同意识的萌生,使得大量的比较成人教育研究的经验在国际社会间得到了共享(Vélis 1990)。

消除文盲是与对成人职业教育的关注紧密相关的。在20世纪70年代,联合国教科文组织发布了一系列有关博茨瓦纳、埃及、阿根廷与韩国等发展中国家的报告,这些报告对大量地区性成人职业教育状况进行了回顾。欧洲职业培训发展中心在发起欧洲有关成人教育供应与需求的研究方面尤其表现活跃。在该中心所发行的出版物中包括与青年失业和职业培训、职业培训资助、职业教育教师培训(Théry 1984)以及移民工人等问题有关的一系列研究成果与报告。

那些在国际或跨国研究中得以推广的成人教育的主题,通常是那些成功地吸引住国际社会中政府或非政府组织注意力的具有直接政策相关性的主题。因此,研究经费也往往向拥有这些主题的研究项目倾斜。经济合作与发展组织发布了一系列有关成人学习机会与成人参与学习的报告。联合国教科文组织发行了有关终身教育与成人教育术语学的著作。欧洲成人教育局也对有关成人教育的法规(EBAE 1985)和术语的核对与检查问题进行了专门规定。

比较成人教育研究是根据国家与国际权威们的意志变化而变化的,并非体现着广大公众的意志。例如,伴随着将获得带薪教育休假资格作为一种普遍的成人权利的希望的失落,现在人们对在20世纪70年代曾经盛行了一时的带薪教育休假行为的兴趣已经有所消退。20世纪80年代,使更加广泛的成人接受高等教育尤其是接受非正规高等教育的机会问题成为许多国家在制定政策与开展实践的过程中所热切关注的一个意义重大的问题。一种观点认为,这一有关成人接受高等教育的机会的问题是当时国际社会所共同关注的一大主题,并导致了大量有关入学机会问题的比较研究活动的出现(Schütze et al. 1987)。此外,第三世界非正规教育与发展的需求问题也已成为人们对之进行反复调查研究的一个问题。

凭借成人教育自身广泛的呼吁,成人教育的部分主题已经赢来了自己的发展契机。例如,妇女教育已成为许多文章与著作所共同关注的一个焦点问题。而有关广播与远程教育的文献则也与对大众媒介在成人教育与开放学习制度中的应用情况的考察成果交相辉映。在成人教师教育领域日趋专业化发展的同时,别国成人教育教师培养的经验也越发受到各国的重视(Théry 1983)。

5. 终身与回归教育中的比较研究

比较成人教育研究,就像成人教育中的其他研究方式一样,尽管并未将其大多数研究主题均清晰地纳入到终身教育的框架之内,但也正在不断吸纳着一种终身教育观。在发展中国家,青年教育与继续教育之间的界限显得更加模糊一些,有关对扫盲运动、非正规教育与农村一体化发展所进行的研究均在一种所谓"从摇篮到坟墓"的框架指导之下进行着。在发达国家,倘若就实际而非理论而言,成人或继续教育依然作为一个独特的部门而受到人们的关注和研究。当前所出现的一种趋势就是,在许多出版物的标题中均标有终身教育或回归教育的字眼,而在其内容中却对这些概念关注甚少。

终身教育的演变历程可看作是比较成人教育流行式样变革的一种典型样例。多年以来,欧洲委员会都在指导着一项旨在探明各成员国终身教育实施程度的调查研究,随之进行的是有关实施终身教育的一些实验方案。联合国教科文组织设在汉堡的教育研究所也提出了实施终身教育的主张,但是它所进行的个案研究主要是学校定位式的,并且其对初等教育之后的教育所产生的影响也很有限。然而,自20世纪70年代以来,旗帜鲜明地进行终身教育比较或国际研究的研究活动的数量不断下降。终身教育也许还将得到不断的发展,但是关于这一教育问题的讨论却不能再与那些更具现实性的教育问题相提并论了。

回归教育指的是在人的一生当中,可因其在某段时期内从事工作或其他活动的缘故,对自己接受教育的时间段加以不断地变更的一种教育形式。由于回归教育在概念上比之终身教育更加令人易于理解,因此它也吸引了有关方面的研究兴趣。回归教育在一定程度上已经在成人教育领域内得以付诸实施,并与带薪教育休假的问题联系在了一起。但是,针对回归教育所进行的比较研究还是微乎其微,如果从根本上来看待成人或继续教育的更加一般性的含义,那么我们对有关回归教育的问题还是需要继续加以深入思考。

6. 世界范围内的比较成人教育

比较成人教育的研究工作肇始于北美和欧洲。在这些地区,尤其是在该地区的那些英语国家所进行的比较成人教育研究工作似乎仍然要比其他地区和国家的为多。造成这一现象的一个重要原因有可能是这些地区所使用的语言是全球通用的英语。在从事外国教育研究的过程中,对那些不懂研究对象国语言的学者而言是很难将研究工作进行下去的。由于英语是全球大多数国家的官方语言,因此那些仅懂英语这一门外语的学者比之那些仅懂另一门其他外语语言的学者更易于对多数国家的成人教育状况展开研究。此外,懂英语学者的优势还在于英国与美国这两个英语国家与其他国家相比,它们与其他地区社会生活相接触的时间要更长一些。

然而,本词条所引用的参考文献显示,许多国家不但将其比较成人教育的研究活动所关注的对象投向了欧洲国家,诸如德国、瑞典与意大利等,而且也投向了一部分发展中国家。这一某种通用语言在比较研究中所具有的类似驱动器式的价值又通过大量已出版的有关拉丁美洲地区成人或大众教育(西班牙语作为该地区的通用语言,巴西除外)的著作得到了更加深入的证明。太平洋周边地区国家对其共同利益的日益关注正在刺激着有关该地区成人教育比较与总体研究工作的不断开展。非洲国家的学者们也正在努力寻求存在于该地区当前的成人教育与早期殖民地时期的成人教育之间的联系,而正是在殖民地时期,成人教育才得以被介绍入非洲大陆的。

7. 比较成人教育面临的问题

成人教育领域内的比较研究的范围是相当广泛的,这不仅仅是因为该领域内的系统研究工作刚刚开始不久,而且还因为这一领域本身已经变得很庞大了。尽管目前比较成人教育研究所取得的进步应归功于这一领域内努力工作的学者们,但是该领域内的学者数量还是很少的,而且这一领域所得到的资源也是相当有限的。造成目前比较成人教育研究在数量与质量上都状况不良的原因还有比较成人教育学者与比较成人教育研究潜在的发起者均缺乏充足的接受学术研究培训的机会并对该领域研究的前景信心不足等等。

开展成人教育领域内的比较研究活动是相当困难的,其原因在于“成人教育”一词所具有的广泛而多样化的综合性特征以及不同国家所赋予其本国成人教育的变化多端的独特含义。可以说,比较成人教育领域是丰富多彩的,但却不精确,该领域中的术语及其内涵均需得到文化意义上的专门规定。凭借欧洲成人教育局(EBAE 1980)与联合国教科文组织(Titmus et al. 1979)所发行的有关成人教育国际术语汇编方面的一些著作,成人教育共同的国际理解活动已经取得了一些进步。上述著作也刺激了另一些衍生性著作的出现,但是这些著作均在有关术语的具体解释方面落后于实际应用中业已发生的一系列变革。

大多数国家的基础教育均有一个其国家制度也与之保持一致或对之加以追求的制度框架。而世界上大部分国家的成人教育制度均处于尚待建构的阶段,或许这一建构是异常复杂的,因此对其形式的确认需要有充分的信心。成人教育正在日趋制度化,但是仍然带有那些处于正规制度结构之外的应急性制度化的特征,这些应急性制度化结构的命运通常都很短暂,往往是与那些临时性需求共生共灭的,或者是以获得资金支持的时限为其存在的时间周期的。

由于缺乏组织性,成人教育显得支离破碎而又存活短暂,加之传统上人们对成人教育的轻视与慢待,便使得该领域的相关统计数据既不能被合理地加以汇编又不能被以有效的方式呈现出来。这种状况即使是在那些成人教育已经得以实现最高制度化的国家与地区也是真实存在的。例如,在西德,就没有任何关于高等教育机构与雇主所提供的成人教育的参加人数的国家记录。目前,已经出现了一些鼓励收集成人教育领域具有国际可比性的数据资料的尝试(UNESCO 1975),但是却并未取得非常显著的效果。

不仅比较成人教育学者,而且也包括成人教育学者在内通常都并不认可在 20 世纪 70 年代曾经统治了当时比较教育研究一般领域的量化研究方式的优先地位。然而,一种普遍认为定性研究将通过定量研究的方式得以强化的意识却在不断地增长。因此,恐怕一直到比较成人教育可以获得可靠的且具有可比性的数据资料为止,外界对比较成人教育所保持的开放姿态的可能性都将受到约束和限制。

C. 蒂特姆斯(C. Titmus) 著
杜 钢 译

附录

Bayerischers Staatsinstitut für Hochschulforschung und Hochschulplanung (ed.) 1989 *Wissenschaftliche Weiterbildung in sieben westlichen Industrieländern.* Bundesminister für Bildung und Wissenschaft, Bonn

Bennett C, Kidd J R, Kulich J (ed.) 1975 *Compara-*

tive Studies in Adult Education: An Anthology*. Syracuse University, Syracuse, New York

Bhola H S 1988 *World Trends and Issues in Adult Education*. Jessica Kingsley/UNESCO, London

Duke C 1987 (ed.) *Adult Education: International Perspectives from China*. Croom Helm, London

European Bureau of Adult Education (EBAE) 1980 *The Terminology of Adult Education/Continuing Education*. EBAE, Amersfoort

European Bureau of Adult Education 1985 *Survey of Adult Education Legislation*. EBAE, Amersfoort

European Centre for Leisure and Education (ECLE) 1977—1984 *Adult Education in Europe: Studies and Documents. Vol. 1: Czechoslovakia; Vol. 2: France; Vol. 3: Hungary; Vol. 4: Yugoslavia; Vol. 5: German Democratic Republic; Vol. 6: Poland; Vol. 7: Austria; Vol. 8: Federal Republic of Germany; Vol. 9: United Kingdom; Vols. 10—11: Italy; Vol. 12: Bulgaria; Vol. 16: Portugal; Vols. 19—20: USSR; Vols. 21—22: Ireland*. ECLE, Prague

Gajardo M 1983 *Educación de Adultos in América Latina: Problemas y Tendencias (apartes para un debate)*. UNESCO/OREALC, Santiago

Hopkins P G H 1985 *Workers' Education: An International Perspective*. Open University Press, Milton Keynes

Hunter C StJ, Keehn M M (ed.) 1985 *Adult Education in China*. Croom Helm, London

Kunzel K 1974 *Universitäsausdehnung in England*. Klett, Stuttgart

Lichtner M (ed.) 1989 *Comparative Research in Adult Education: Present Lines and Perspectives*. Centro Europeo dell'Educazione, Frascati

Lowe J 1982 *The Education of Adults: A Worldwide Perspective*, 2nd edn. UNESCO, Paris

Schütze H G (ed.) Slowey M, Wagner A, Paquet P 1987 *Adults in Higher Education: Policies and Practice in Great Britain and North America*. Almqvist and Wiksell (for CERI), Stockholm

Théry B 1983 *Professional Situation and Training of Trainers in the Member States of the European Communities. Synthesis Report*. CEDEFOP, Berlin

Titmus C 1981 *Strategies for Adult Education: Practices in Western Europe*. Open University Press, Milton Keynes

Titmus C, Buttedahl P, Ironside D, Lengrand P 1979 *Terminology of Adult Education*. UNESCO, Paris

UNESCO 1975 *International Standard Classification of Education (ISCED)*. UNESCO, Paris

UNESCO 1976 *The Experimental World Literacy Programmer: A Critical Assessment*. UNESCO, Paris

UNESCO 1984 *Literacy Situation in Asia and the Pacific. Country Studies: Bangladesh, India, Pakistan, Nepal, Sri Lanka*. UNESCO, Bangkok

Vélis J-P 1990 *Through a Glass Darkly: Functional Illiteracy in Industrialized Countries*. UNESCO, Paris

其他参考文献

Titmus C (ed.) 1989 *Lifelong Education for Adults: An International Handbook*. Pergamon Press, Oxford

有关针对学校教育态度的比较研究(Attitudes toward Schooling: Comparative Studies in)

在对教育结果所进行的调查研究的过程中,对学校教育的态度扮演着一个重要的角色。尽管学业成绩的结果占据着学校教育领域的中心位置,但是对学校教育的态度所具有的重要性也是不能被否认的,尤其是对各级水平上的学校教育以及那些强令进行的针对某些特殊主题所开展的有关研究而言更是如此。但是,目前对诸如态度是否以及在何种程度上会影响到学业成绩,抑或学业成绩是否会影响到态度,抑或双方之间的影响是相互的等情况还并不十分清楚。对上述关系的理解在阐释一系列追问"为什么"的问题的原因时是十分必要的,例如,为什么男生的物理成绩在总体水平上要高于女生?为什么男生在中学阶段的生物与数学成绩要高于女生?等等。更加饶有兴趣的问题所关注的是对学校教育的态度是否可以对"为什么某些国家学生的学业成绩要高于其他国家学生的学业成绩"这样的问题加以解释。另外还有一些问题所关注的则是有关来自某些社会群体与种族群体的学生学业成绩的问题。例如,为什么亚洲裔与犹太裔美国学生的学业成绩要高于白人美国学生的学业成绩,而白人美国学生的学业成绩又要比黑人美国学生的学业成绩为高等等。

某些组织机构,例如国际教育成就评价协会(IEA)很久以来便认识到了在比较与跨国教育研究中对态度、学业成绩与入学率等问题开展调查研究活动的必要性。然而,运用同一种态度量表开展与对学校教育的态度有关的跨国调查研究时会遇到许多问题。这其中有两大问题必须加以指出。第一个问题是,考虑到翻译以及发表肯定性、否定性和既有肯定性又有否定性意见时所存在的国家差异等问题,那么能否开发出一些在不同国家都可行之有效且具有可比性的测量态度的工具呢?第二个问题是,那些在跨国态度测量中所存在的差异能否被这些国家中的学生、学校或教育制度所具有的特质加以解释和说明呢?换言之,也即态度测量的跨国比较是否是有意义的呢?比较性量表是否是有效的与可靠的呢?以及在不同的国家,存在于态度与其他因素之间的稳定联系是否与教育相关呢?

本词条将对上述问题加以探讨并提供一些来自教育中的比较与国际研究的总结性研究结果。正像许多学者对运用于科学与数学等学科中的总体成绩测验分数的有效性表示反对一样,教育领域中的许多学者也对跨国态度测量研究的适当性问题提出了质疑。最终,对上述测量研究的支持并不是来自坚定不移的立场与无须辩驳的观点,而是来自所使用的测量工具的信度与效度水平以及在使用这些测量工具的过程中所建立的关系的强度与可验证性。如果这种关系确实建立了起来,那么凭借它所产生的解释性力量,便可发展起一种对跨国教育过程的理解,而恰恰是这种关系所引发的一系列解释和说明最终决定了跨国态度测量研究活动是否具有价值这样一桩事情(Kaplan 1964)。

1. 态度测量中的问题

教育结果的跨国研究受到诸多约束,而这些约束对上述研究中应用于态度测量计划中的方法造成了严重的限制。这些约束包括:(a)能够接受测验的学生的数量;(b)将诸多项目翻译成各种不同语言的需要;(c)用于获得学生反应的有限的时间;(d)运用视觉感官记分仪器对学生的反应进行打分的需要;(e)一些国家对向学生和教师询问与其个性相关问题时的行动迟缓;(f)具有重要性的态度的诸多组成部分。此外,尽管一些建构良好的学业成绩测验程序已经在学生学业成绩测量的强度与国际化方面取得了一定的成效,但是学者们在态度量表的建构方面迄今尚未达成完全一致的共识。

1.1 态度维度的说明

态度测量的一项主要任务就是从总体上对应当进行调查研究的针对学校教育的态度的双向维度加以限定。对态度的任何一种理论上的思考其范围都要广于对那些凭借典型的项目样例加以测量的态度维度所具有的项目所进行的思考的范围。借助于某种测量工具所含有的项目数量的增长,该测量工具的信度与效度水平也便可随之提高,但是就某一特定的态度维度而言,时间与学生的厌倦情绪都将会对付诸实际应用中的态度测量的项目的数量产生约束作用。

1.2 项目形式的选择

经验表明,态度量表中的每一个项目都应当包括一条以某一中心思想为基础的简单说明,学生所要回答的内容正是对这一中心思想所做出的反应。这些简单的说明具有以下几点长处:(a)将它们翻译成不同的语言时,可以保持更高的一致性;(b)学生在对其进行阅读时,会感到更容易一些;(c)由于它们不需要非常精确的分辨度,因此对其所进行的反应会更加迅捷与连贯。以上的(b)与(c)这两点长处均可以减少被测量对象用于反应的时间,从而使得既定时间内的态度测量能够容纳更多的简单说明。但是,这些简单的说明对年龄较大的学生而言,却会令其感到厌烦并显得有些流于肤浅,从而带来一系列不利影响,由此便限制了既定时间内可以用于态度测量中的简单声明的数量。由于态度从本质上来看通常是双向的,因此对某一声明的反应范围一般也是限于"同意"、"不同意"与"两者均可"这三种类型之内。此外,一种所谓"未置可否"型的反应类型对于那些对某一声明介于"同意"与"不同意"之间的学生来说是一种较为可取的选项,之所以设置这一选项是因为通常至少有5%的学生会由于此种情况而对某一项目不做任何选择。然而,必须认识到的一点便是"未置可否"这一选项所包含的是"中立"与"不确定"这两种反应状况,处于"未置可否"状态的学生并不愿意对自己的情感水平做出评判。

1.3 反应定式的问题

克龙巴赫(Cronbach 1946)分析了反应定式的性质并认为那些在态度量表建构过程中具有特殊利益的反应定式可包括:(a)冒险倾向;(b)判断范畴的界定;(c)由默认所导致的偏颇。由于这些反应定式会影响到量表的效度,因此它们便显得尤为重要。就冒险倾向而言,胆大的学生通常会避免做出中立性反应,而比之小心谨慎的学生则通常不会如此。在以"同意"和"不同意"作为端点级别的五级与七级量表中,对不同学生而言,这两个端点级别具有不同的含义。因此,有些学生只使用端点级别,而其他学生则使用量表中所罗列的全部级别。另外,这一现象也是由于学生个性的差异所造成的。许多研究者均对默认的倾向与给出"同意"这一反应的情况进行了调查研究。有辩论意见认为,由这一类型所导致的偏颇只有在学生处于疑而未决的状态时才会对其所做出的反应产生影响,但是它却可以影响到经验式的效度,使得"否定性"项目的效度增高,而使得"肯定性"项目的效度降低。

与反应定式相关联的问题不仅会在国家之内出现,例如存在于男孩和女孩之间的冒险性倾向,而且也会在国家之间出现,例如,某些国家中的学生可能会更具有默认性,而其他国家中的学生则更具有与生俱来的谨慎性。使用单一语言避免声明的含混不清以及使用仅包含三个级别的量表("同意"、"不同意"与"未置可否")应当可以降低带有特定反应定式进行反应时的倾向性程度。

1.4 态度国际化程度的问题

克罗塞霍尔等(Krathwohl et al. 1964)将情感抑或态度领域内的国际化水平划分为以下几种:(a)接受(参与);(b)反应;(c)评价;(d)组织;(e)根据某一价值观或价值体系所划分的特质。为了避免由来自不同的态度国际化水平中的差异而导致的反应强度上的差异,通常要尽可能地确保量表中所使用的范畴应当是易于区分或是较为狭窄的。此外,在解释性模型的发展过程中,还应当对态度的国际化水平加以考虑,例如对满意度与评价加以区分等。

2. 在国际教育成就评价协会的首次数学研究中所使用的态度量表

2.1 量表的发展

在1964年所进行的一项数学成绩研究中,一种旨在开发将瑟斯通(Thurstone 1928)与利克特(Likert 1932)这两种类型量表的特征结合在一起的量表的尝试得以实施。在该项研究中,首先对某种量表加以限定并准备好一些可用于展示这一已限定过的量表的态度水平的声明。在该量表的项目中,按层级标志出一系列需要在测量中做出的判断行为。选择某一具有代表性的学生群体作为先导研究的对象,从而借此断定它们的反应形式究竟是否来自量表中需要做出的判断行为。在必要时,量表中的声明将会被拒用或是需要加以修改。最终,应当努力确保所选用的声明在逻辑上可以组成一个单维的量表。但是,对量表的评价却不能归属于声明之中,而这一点在瑟斯通的量表方法中却是可以的。

学生对声明所做出的反应可划分为"同意"、"不同意"与"未置可否"三种类型。每一项声明的区分度应当达到令人满意的水平。为了避免由来自不同的态度国际化水平中的差异而导致的反应强度上的差异,通常应当尽可能地确保量表中所使用的范畴应当是易于区分或是较为狭窄的。

盖特曼技术是用于检测在国际成人教育协会所进行的首次数学研究中所使用的量表是否达到

了单维量表的要求的(Edwards 1957)。该研究中所建构和使用的量表如下所示,括号内的数字是这些量表在七个国家中的13岁年龄组被测对象水平上所具有的可复制性的平均系数:(a)对数学作为一种过程的态度(0.85);(b)对学习数学过程中所遇到的困难的态度(0.89);(c)对数学在社会中的地位的态度(0.85);(d)对学校与学校学习的态度(0.90);(e)对人类及其生存环境的态度(0.83)。从总体上看,尽管用于测评"对人类及其生存环境的态度"的量表在除日本之外的其他国家中充其量只能算是一种"准量表",但这些态度量表在多数上述国家中的可复制性系数还是达到了0.85这一满意度水平(Wolf 1967)。

2.2 量表的使用

这些量表在多数上述国家的使用结果均显示,处于13岁年龄组水平上与中学后期的男孩比女孩在数学方面的兴趣要浓厚一些。但是,在这些国家中,接受量表测量的男孩与女孩在对学习数学过程中所遇到的困难的态度方面却并不存在显著的差异。

深入研究的结果发现,就总体而言,处于中学后期水平上的学生倾向于将数学看作是一种固定化的过程,而处于13岁年龄组水平上的学生在这一点上则比前者更具开放性。此外,处于中学后期水平上的学生与处于13岁年龄组水平上的学生相比,前者比后者更认为数学是带有强制学习性与困难性的。处于中学阶段较高年级水平上的学生比之那些比他们年级水平低的学生对数学在当代社会中的积极作用的认可程度也要低一些。然而,在不同国家针对数学的不同表现方面的平均态度水平之间却存在着较大的差异。与此相类似,倘若以研究中所体现出的学生之间的差异而论,不同国家的学生在针对学校与学校学习的态度方面也存在着较为显著的差异,这些态度在日本要比之在美国与其他英语国家显得更具有肯定性。迄今尚未出现对不同国家的态度水平之间的差异进行解释和分析的研究成果,因此,对存在于跨国比较中的态度量表的强度所进行的评价也便未得以实施(Husén 1967)。

3. 国际教育成就评价协会的六项主题研究

3.1 量表的发展

1970年到1971年,国际教育成就评价协会实施了包括科学、文学、阅读理解、公民教育以及法语与英语外语教育在内的六项主题研究,为此而准备的态度量表也是规模庞大。在以上研究中,针对公民教育所开展的工作是最为繁多的,这些工作将在下文中单独加以说明。波斯特尔塞威特与肖邦(Postlethwaite and Choppin 1975)曾经发布了有关态度与兴趣量表发展状况的研究报告。针对上述主题研究所建构的量表主要遍布于以下一些领域:(a)普通学校教育(喜欢/不喜欢学校,入学动机);(b)科学(科学中的兴趣与活动,学习科学过程中的愉悦感,世界范围内的科学);(c)文学(文化变迁,文学兴趣);(d)法语(对法语的兴趣,法语的用途,校园之外的法语活动);(e)英语(对英语的兴趣,英语的用途,校园之外的英语活动)。

上述量表主要是用于测量学生态度之间的差异,而且绝大多数均是利克特型量表。时间的短缺阻碍了量表按照计划所设定的那样获得完全的发展,而对实验数据所进行的原始分析则可划分为以下两种不同类型:(a)用于考察态度范围的维度性的因素分析;(b)用于获得对量表内在一致性所进行的评价的项目分析。许多国家均报道了在态度量表翻译过程中所遇到的困难,但是仅有为数不多的国家对这些量表进行了本土化试验,因此,在这些量表能够在主要的试验计划中得以付诸试验之前,它们在跨国实施过程中所具有的生命力是难以得到充分的调查验证的。

3.2 量表的使用

上述态度量表在最初的分析报告中,其作用是有限的(Comber and Keeves 1973, Purves 1973, Thorndike 1973, Carroll 1975, Lewis and Massad 1975)。造成这一结果的部分原因是态度与学业成绩之间关系的模糊性,正是这一模糊性促使了一系列包括兴趣与态度在内的所谓同源变量的出现。然而,这些与学生动机密切相关的变量却起着英语与法语测验成绩预测器的作用(Walker 1976 P.237)。

用于测评学生对学校与学校学习态度的量表

与早期在数学研究中所使用的量表具有相似性。在该量表的使用过程中，日本学生的态度又一次表现出极强的肯定性，但是对此感到最不满意的态度却是来自德国、荷兰与瑞典等欧洲国家的学生，而不是来自6年之前的数学研究中所报道的那些英语国家的学生，并且来自发展中国家的学生都对学校与学校学习表现出了极强的肯定性态度（Walker 1976 P.85）。

在科学研究中（Comber and Keeves 1973），在14岁年龄组水平上学生的科学兴趣、态度相关的变量与该研究中所有国家学生（ =0.29）的学业成绩之间均存在着稳定而积极的相关性，而在中学后的水平上，与该变量相同的复合变量也与研究中除伊朗以外的所有国家学生的学业成绩（ =0.42）之间存在着强烈而积极的相关性。在对其他因素进行考虑之后，却并未看到对变量效果进行单独思考的相关报告成果。但是，可以确信的是，对存在于科学与数学之中的兴趣的态度是与学生科学学习的学业成绩以及确保更加详尽的调查研究得以实施的方法和途径等密切相关的。

3.3　针对态度与兴趣的深入研究工作

运用从国际教育成就评价协会的六项主题研究中所得到的态度量表数据，许多二级研究分析活动也便得以频繁进行。费格林德与蒙克（Fägerlind and Munck 1981）曾经对七个国家中针对学校与教育的态度进行了研究报道。在“同类学校”量表中他们将学校活动与可产生吸引力的校外活动进行了比较，并对比较结果进行了分析和论争。考虑到他们所使用的量表以及其他一些调查研究中所使用的量表，他们指出，这一相关性将有助于理解国家之间的差异性。

利茨（Lietz 1991）在一次对1970～1971年所获得的有关14岁年龄组学生阅读理解的测量数据所进行的再分析的过程中，曾经建构了一种包括阅读中的兴趣在内的变量，这一变量由以下三个部分组成：（a）花费在为寻找乐趣而进行的阅读活动中的时间；（b）学生阅读对象中的报纸部分；（c）学生阅读对象中的杂志与书籍部分。在对所有其他的相关学生变量进行考虑之后，这一对阅读兴趣所进行的测量在包括全部15个国家在内的平均常规系数达到了约0.2。

4. 不同国家内的公民态度

公民态度作为国际教育成就评价协会于1970～1971年所实施的六项主题研究中的一个组成部分，也得到了非常详尽的研究（Oppenheim and Torney 1974，Torney et al. 1975）。该研究中的一个较为重要的问题就是好公民是否只具有一种素质或是具有各种不同的与独立的公民态度，例如：（a）对国家的忠诚；（b）对民主价值观的拥戴；（c）成为一名活跃公民的愿望。另外一个引人注目的问题就是研究中所使用的态度量表的项目是否会对测量的结果产生影响。上述两个问题通过因素分析法的使用得到了解决。在研究中加以考察的变量是由105个项目所组成的21个量表。因素分析活动致力于决定可以影响到变量与项目之间的相互关联性的独立因素的数目与性质。针对参与本项研究的10个国家中的每一国均分别进行了因素分析。

所分析的因素的数目在不同的国家中从四个到七个不等，而分析结果也显示出公民态度在各国中也是多维的。其中的两个因素为研究结果提供了相对较大的贡献，而另外两个附加因素则需要对之进行更加深入的思考。对这些因素可以做出如下几点描述和说明：

（a）民主价值：对民主价值的支持—容忍、反独裁主义与平等的权利；（b）对国家政府的支持：对政府的支持与考虑到政府对公民需求的呼应时不诉诸所谓犬儒主义；（c）功效：包括对政府及其对公民需求所做出的呼应的一种一般意义上的积极评价；（d）利益/参与：参与到各种具有公民相关性的活动中去。

其余的那些面向特殊国家或特殊年龄组水平学生的因素所具有的影响是有限的。处于这些维度中的国家是根据标准化的国家水平上的量表价值来加以划分的。据此，在14岁年龄组水平上，这些国家可以被清晰地划分为两种类群。第一类，即处于民主价值底限水平以上以及处于对国家政府的支持与利益/参与底限水平以下的那些国家（德国、芬兰、荷兰与新西兰）；第二类，即处于民主价值底限水平以下以及处于对国家政府的支持与利益/参与底限水平以上的那些国家(爱尔兰、意大利与美国)。然而,在中学教育后期这一水平上,只有美国的类型是与其在14岁年龄组水平上所具有的类型保持一致的。公民教育计划的某些特征是与上述结果具有一定关联的。但是,几乎没有任何数据资料可以对学校及其教师在价值观教育中采用了强行灌输的方式这一问题提供出具有支持性的解释和说明。上述国家的归属类型在以上两组年龄水平的学生之间所存在的差异可能是由研究对象选择过程中的偏见与留级率中的差异所造成的。

另外,研究还发现每一个因素均包含有一种各种类型的态度项目的混合性存在。这一发现具有重要的价值,因为它意味着上述因素并非仅仅是存在于态度评价过程中所使用的各种类型项目之中的一些人为制造的"产品"(Walker 1976 P.206)。

5. 第二次国际教育成就评价协会的科学研究

5.1 量表的发展

尽管斯德哥尔摩大学对国际教育成就评价协会于1970年到1971年间所从事的六项主题研究活动中所使用的态度量表的项目进行了再考察,并取得了颇有价值的考察成果,在此过程中,也开发了一些用于测量学生在教室与家庭中所具有的动机的新型量表项目。而到了1983年到1984年间,当国际教育成就评价协会的第二次科学研究活动得以实施时,针对该研究过程中所使用的态度量表的仍是一种持续达数年之久的带有鲜明犬儒主义与悲观主义色彩的观念。当需要最终的测量工具时,便可以获得上述新型的量表项目,这些新项目包括针对科学与学校教育的态度的诸多不同表现方面。在测验完成之后,一系列具有探索性的研究活动在世界上包括英国、中国香港、日本与美国等在内的诸多国家和地区也相继展开,这些研究活动仅使用国家级水平上的数据,但是它们所提供的均是非常相似和有趣的量表。作为这些研究活动的一个结果,系统化的后续工作也通过运用来自10个国家的数据资料而随之展开,这些后续工作所使用的是对研究内容加以限定过的量表与带有确证性的要素分析资料,以便于建构成效显著并在所有10个国家中都具有相同测量项目的操作性量表。

这些量表所具有的跨越10个国家的14岁年龄组水平上的平均信度是较高的,其内容包括:(a)科学的益处(0.59);(b)对科学的兴趣(0.69);(c)同类学校(0.71);(d)科学中无害的方面(0.62);(e)科学中的职业兴趣(0.51);(f)科学学习过程中的愉悦感(0.51);(g)家庭学习结果(0.72);(h)课堂学习结果(0.60)。在10岁年龄组水平上,与上述量表相似的量表也得以开发出来,而与14岁年龄组水平上所使用的量表具有较大一致性的量表则是在中等教育后期水平上得到开发的。科学价值被认为是包含在量表(a)、(d)和(e)之内的。量表(b)与(f)被认为是与学校中的科学相关的,而动机的不同表现方面则被认为是包含在量表(c)、(g)与(h)之内的。尽管这些量表所含有的实际项目比预期的要少,它们的信度也因此而比预期的要低一些,但事实证明这些量表在数据分析中所发挥的效用还是相当显著的(Keeves 1992)。

5.2 量表的使用

在三种年龄组水平上,绝大多数科学态度量表均与科学成绩测验分数之间取得了积极而又重要的相关性。但是诸如同类学校量表(四个个案)、家庭学习结果(三个个案)与课堂学习结果(一个个案)等量表却并未与科学成绩之间取得积极的相关性。

就针对所有年龄组水平的科学态度量表而言,除了那些用于测量针对科学中无害的方面的态度量表之外,其余的科学态度量表均显示出学生在针对科学态度中所具有的明显的性别差异,男生要比女生在对待科学的态度方面显得更为热衷。此外,男女生之间针对科学的态度的差异水平会随着他们年龄的增长而增长。

从总体上来看,针对科学的态度在每一个可以进行相互比较的国家里的各年龄组水平上的学生中均是十分令人满意和具有高度的一致性的。在日本的14岁年龄组水平上的学生中,其对科学的兴趣略微显得有些消极,日本学生自10岁开始对科学的兴趣水平便出现了显著的下降。那些极力强调技术发展的国家的学生，诸如匈牙利、意大利与泰国等国的学生均显示出对科学的十分热衷的态度。而那些已经取得了较高技术发展水平的国家的学生，诸如日本、荷兰与比前两者在技术水平上略逊一筹的瑞典等国的学生则对科学的态度显得略为冷淡一些。

一个令人关注的问题就是究竟是态度影响了学业成绩还是学业成绩影响了态度。针对该问题所进行的研究工作已经得以实施，该项研究工作所使用的方法可以对双向影响的效果进行评估。这一工作所获得的证据可支持以下三种发现性成果：(a)与科学的益处有关的态度对学业成绩的影响与学业成绩对该类态度的影响在强度上大体上是相等的(Morgenstern 1990)；(b)对学校科学的兴趣对学业成绩的影响在强度上要大于学业成绩对该类兴趣的影响；(c)学业成绩对与学习科学过程中的愉悦感有关的态度的影响在强度上要大于该类态度对学业成绩的影响。

致力于考察态度对学业成绩的影响的分析工作是在两种水平上加以实施的。第一种水平的分析工作致力于探寻可说明存在于学校之中或课堂之中的学生学业成绩之间的差异的原因。第二种水平的分析工作致力于探寻可说明存在于学校学业成绩之间或课堂学业成绩之间的差异的原因。以下是这两种水平上的分析研究工作所报道的几点发现性成果。第一点，在所有研究对象国的10岁年龄组与14岁年龄组这两组水平上的学生中，学校之中与科学相关的态度在说明存在于学生课堂科学学业成绩之间的差异的原因方面可产生直接的影响。第二点，在除泰国以外的所有研究对象国的14岁年龄组水平上的学生中，科学价值观可通过其他协调因素直接或间接地对存在于学生课堂科学学业成绩之间的差异的原因加以说明。在泰国，学生科学价值观的平均水平是相当高的。第三点，10岁年龄组水平上的学生中除英国学生外，14岁年龄组水平上的学生中除澳大利亚学生外，在其他研究对象国的这两组年龄组水平上的学生中，与学校里科学相关的平均态度水平或课堂上科学价值观的平均水平均可对存在于不同学生群体科学学业成绩的平均水平之间的差异的原因加以说明。

此外，态度与价值观均可对未来的科学研究活动参加者产生强烈的影响(Keeves 1992)。

6. 结论

包括在1970年到1971年间所进行的公民教育研究与1983年到1984年间所进行的第二次国际教育成就评价协会的科学研究中所实施的跨国态度考察工作在内的研究活动，意味着我们仍需凭借仔细与系统的调查研究工作从教育领域的国际与比较研究中获得大量有价值的东西。本词条着力介绍了两个主要问题：(a)态度量表在不同国家中所具有的意义与可比性；(b)对根据学校与学校制度所具有的国家特质而划分的态度平均水平上的差异的解释。但是，这两个问题仍未得到最终的解决。

就第一个问题而言，威尔逊(Wilson 1991)曾经用结构方程模型与项目反应理论技术对态度测量工具的建构效度的一致性进行了评估，该测量工具是用于测量不同教育背景中的学校生活的质量的。该项工作显示，不同水平的内容效度有可能是与水平相差较大的建构效度相关联的，因此，在非常精细的水平上对建构效度所进行的考察将会引发对建构差异所进行的观察水准的上升。

就第二个问题而言，在第二次国际教育成就评价协会的科学研究活动中，曾经对科学态度中的性别差异与态度对学业成绩的影响等问题进行了研究，尽管各国对这些研究所取得的成果均一致感到满意，但仍未有任何研究成果可以对存在于跨国态度水平中的差异这一问题提供充分的说明。威尔逊观察到，特殊的项目在不同的国家中可以具有差别甚大的评估结果，因此其对态度的平均水平所带来的影响也是各不相同的。由于各种项目在跨国翻译过程中具有不同程度的影响，因此任何一种试图解释存在于跨国平均量表分数中的差异的活动都有可能是带有偏见的。由此所带来的一种必然结果就是，尽管各种量表在不同国家中具有很好的工作成效，但是也不能简单地认为它们在不同国家之间也是具有可比性的。那些有可能影响到量表在跨国实施中所发挥的水平的因素已经在本词条中的先前部分进行了说明,这些因素如:(a)学校与校外环境中所包含的具有吸引力的相关事物;(b)后义务教育阶段中的留级率;(c)各国对技术发展的热衷程度等。倘若不能提供出对跨国态度水平的差异进行合理解释的材料,那么便没有任何理由可以假定此类比较信息一定是有效的。

C. 摩根斯顿(C. Morgenstern)
J. P. 基夫斯 (J. P. Keeves) 著
杜 钢 译

附录

Carroll J B 1975 *The Teaching of French as a Foreign Language in Eight Countries.* Almqvist and Wiksell, Stockholm

Comber L C, Keeves J P 1973 *Science Education in Nineteen Countries.* Wiley, New York

Cronbach L J 1946 Response sets and test validity. *Educ. Psychol. Meas.* 6:475—494

Edwards A L 1957 *Techniques of Attitude Scale Construction.* Appleton-Century-Crofts, New York

Fägerlind I, Munck I 1981 *Attitudes Towards School and Education in Seven Countries.* Institute of International Education, University of Stockholm, Stockholm

Husén T (ed.) 1967 *International Study of Achievement in Mathematics: A Comparison of Twelve Countries*, Vol. 2. Almqvist and Wiksell, Stockholm

Kaplan A 1964 *The Conduct of Inquiry: Methodology for Behavioral Science.* Chandler, San Francisco, California

Keeves J P (ed.) 1992 *The IEA Study of Science. Vol. 3: Changes in Science Education and Achievement, 1970 to 1984.* Pergamon Press, Oxford

Krathwohl D R, Bloom B S, Masia B B 1964 *Taxonomy of Educational Objectives; The Classification of Educational Goals, Handbook II: Affective Domain.* McKay, New York

Lewis E G, Massad C E 1975 *The Teaching of English as a Foreign Language in Ten Countries.* Almqvist and Wiksell, Stockholm

Lietz P 1991 Factors influencing reading achievement at the 14—year old level in 15 educational systems (Master's thesis, Flinders University of South Australia)

Likert R 1932 A technique for the measurement of attitudes. In: Woodworth R S (ed.) 1932 *Archives of Psychology*, No. 140

Morgenstern C 1990 Determinanten naturwissenschaftlicher Leistung in allgemeinbildenden Schulen im internationalen Vergleich. Unpublished dissertation, University of Hamburg

Oppenheim A N, Torney J 1974 *The Measurement of Children's Civic Attitudes in Different Nations.* Almqvist and Wiksell, Stockholm

Postlethwaite T N, Choppin B 1975 The development of the IEA questionnaires and attitudinal and descriptive scales. In: Peaker G F (ed.) 1975 *An Empirical Study of Education in Twenty-One Countries: A Technical Report.* Almqvist and Wiksell, Stockholm

Purves A C 1973 *Literature Education in Ten Countries: An Empirical Study.* Wiley, New York

Thorndike R L 1973 *Reading Comprehension Education in Fifteen Countries.* Almqvist and Wiksell, Stockholm

Thurstone L L 1928 Attitudes can be measured. *Am. J. Sociol.* 33:529—554

Torney J V, Oppenheim A N, Farnen R F 1975 *Civic Education in Ten Countries: An Empirical Study.* Wiley, New York

Walker D A 1976 *The IEA Six Subject Survey: An Empirical Study of Education in Twenty-One Countries.* Almqvist and Wiksell, Stockholm

Wilson M 1991 Comparing attitudes across different cultures. In: Wilson M (ed.) 1991 *Objective Measurement: Theory into Practice*, Vol. 2. Ablex, Norwood, New Jersey

Wolf R M 1967 Construction of descriptive and attitude scales. In: Husén T (ed.) 1967 *International Study of Achievement in Mathematics*, Vol. 1. Almqvist and Wiksell, Stockholm

基础教育:比较与国际研究(Basic Education:Comparative and International Studies)

基础教育一词的发展历史是曲折起伏的。在北半球,它是指义务教育的全部阶段或部分阶段,此种指称肇始于19世纪的欧洲与北美。基础教育一词曾经在殖民地管理者之中甚为流行,第二次世界大战之后,其含义经过修改,遂成为联合国教科文组织所奉行的一般性教育哲学理念。

1. 背景

1.1 定义

第二次世界大战后,基础教育的理论基础所诉诸的是一种应当提供给公众可贯穿其职业生涯的适当的普通教育的思想理念。历史上,杜威(Dewey 1915)曾经提出过与上述观念相类似的主张,但是在战后各国的具体教育实践中,却并未见到体现着这一观念的显而易见的教育模式。因此,联合国教科文组织为此实施了一系列先导计划以期验证这一教育模式的可行性究竟如何。作为一种临时性的实验,基础教育在诸多低收入国家中成为了一种减少文盲的有效手段。

然而,在殖民地人民摆脱殖民统治,获得独立以后,基础教育在他们眼中只是一种用来应付当地人的劣等教育,同时,在20世纪六七十年代,基础教育一词在人们心中的可信度也出现了下降。由联合国人权宣言第26条款可以发现,绝大多数新独立的国家均采纳了欧洲模式并宣布了普及初等教育的目标(参阅本词条1.2部分)。

20世纪70年代中期,国际劳工组织(ILO)发起了有关基本需求的运动,随后,基础教育一词又逐渐出现在国际社会的舆论舞台上。由于受到基本需求运动中所运用的最低需求方法的影响,当前的基础教育更加关注与获得最低限度的知识、技能与价值有关的一切事物。因此,当前的基础教育已经变成了一个颇为广泛的领域,其所指向的范围可涉及学前教育(或早期儿童教育)、初等教育、成人扫盲教育以及其他所有的基础性教育活动。然而,在实践中,多数学者所认可的基础教育所指的乃是初等教育活动。因此,早期儿童教育与学前教育活动是被视作初等教育之前阶段的教育制度的组成部分的,成人扫盲教育与其他所有的基础性教育活动则是被视作与初等教育平行的并可对其进行有效补充的部分,不过这些教育活动所针对的对象是那些由于某种原因而未完成初等教育学业的受教育者。

1.2 普及初等教育的20年改革历程

在20世纪60年代早期,联合国教科文组织相继在以下一些国家召开了一系列会议,它们包括:1960年的巴基斯坦卡拉奇会议、1961年的埃塞俄比亚的斯亚贝巴会议、1962年的智利圣地亚哥会议与1966年的利比亚的黎波里会议。在这些会议上,与会的各国代表均宣称要在尽可能的条件下力争获得普及初等教育(UPE)的目标。1960年的卡拉奇计划提出,截止到1980年,要实施至少是7年制的普及与免费初等教育。1961年阿拉伯国家会议所制定的亚得斯亚贝巴计划呼吁,到1980年为止,应当实施“普及的、强制的与免费的”初等教育(UNESCO 1961 P.20)。拉丁美洲国家会议要求各参加国“应当确保到20世纪末,所有的儿童均能接受不少于6年的初等教育”(UNESCO 1962 P.4)。上述国际会议的召开对基础教育20余年的发展产生了重大的影响,这些影响首先表现为强调教育事业的数量扩展上,尤其是初等教育事业的数量扩展(见表1),其次表现为对教育对经济发展所具有的重要意义这一信念的坚守上。表2中所罗列的是与20世纪60~70年代及80年代早期世界范围内分配给整个教育事业,特别是分配给初等教育事业的资源有关的一系列数字。这些资源所占国民生产总值(GNP)的比例从20世纪60年代至80年代在非洲、亚洲与拉丁美洲地区均有所下降,而在同期的阿拉伯国家这一比例却是有所上升的。

当前,亚洲与拉丁美洲的绝大多数国家均制定了毛入学率,它是指用实际注册入学的儿童总数除以达到官方规定的入学年龄的儿童总数所得的比率,这一比率可以等于100%,接近100%,有时还会大于100%。但是,并不是所有地区均是如此(见表3)。尽管学生入学人数已经取得了巨大的

表 1 发展中国家初等教育总入学人数(百万)

年份	非洲	亚洲	拉丁美洲与加勒比地区	阿拉伯国家	总计
1960	14.1	85.0[a]	26.0	7.1	133.0[a]
1970	20.3	239.5(105.8[b])	46.6	12.6	319.0
1980	45.7	323.7(146.3[b])	64.8	20.6	454.8
1985	51.5	336.6(133.7[b])	69.6	24.8	482.5

资料来源:UNESCO 1967,1977,1988

a 不包括中国 b 该数值仅指中国而言

表 2 公共教育经费支出及其占国民生产总值(GNP)的比例(美元,10亿,按当前货币价值水平)

年份	非洲		亚洲		拉丁美洲		阿拉伯国家	
	US $	% GNP	US $	% GNP	US $	% GNP	US $	% GNP
1960	0.4	2.6	3.9	2.2	1.5	2.1	0.8	4.6
1970	1.4	3.9	13.5	3.0	5.3	3.3	1.9	4.9
1980	10.7	5.2	92.5	4.6	31.4	3.9	18.1	4.5
1990	7.7	4.8	104.9	4.3	25.4	3.8	25.6	6.6

资料来源:UNESCO 1967,1977,1980,1988

增长,但是学龄人口的增长速度却又要快于入学人数的增长速度,因此,教育制度的发展给人的印象是似乎在走下坡路。在非洲,库姆斯(Coombs 1985)曾经做过计算发现,非洲地区的国家如果希望将本国的毛入学人数比率达到100%,那么从1980年到2000年,这一地区所要增长的总入学人数则应是1.16亿人,同一数字在1960年到1980年的非洲是5 500万人(这一成就是伴随着巨大的努力与代价取得的)。

消除上述差距是需要施以巨大的投入的,这一点长久以来便已得到了人们的认可。伊里奇(Illich 1971)与赖默(Reimer 1970)提出了一种与那些代价昂贵的正规学校教育实施方式根本不同的新方法,但是尼雷尔(Nyerere 1977)与其他许多学者却一致认为如欲获得拟定的发展目标则需将普及初等教育视为头等要务。从总体上来看,后一种观点占据了上风。然而,当前日益引起人们关注的乃是普及初等教育的可提供性的问题(Lee 1988)。在20世纪90年代,包括那些发达程度甚低的国家在内的许多国家均将其政府财政预算的20%以上投入到了教育领域,即便如此,也未能消除初等教育领域中所存在的学生在接受该级别学校教育上的差距。

教育数量供应不足的问题是颇为重要的,但这并非是唯一的问题。正如库姆斯所指出的那样:

1945年以来,世界范围内的科技、经济、政治、人口与社会结构革命促使所有国家的生存环境均发生了翻天覆地的变化。同时,教育制度也出现了前所未有的迅捷发展与变革。但是,教育制度的变革与其周围事物的变革相比,其步伐还是相对缓慢的。因此教育制度与其所处环境之间发展变化的这种不相一致性乃是引发世界范围内的教育危机的根本原因所在。(Coombs 1985 P.5)

1945年以后的20年里,由上述这种不相一致性所引发的某些问题已成为引人关注的主要问题。发展中国家所引入的国外课程的相关性问题，特别是在某种农业职业教育方式中所引用的所谓“职业学校的失误”的裁缝课程等均引起了有关方面相当热烈的争论(Foster 1965)。在一些国家，存在于大批仅接受过中等教育的年轻人与他们所能得到的有限的就业机会之间的不平衡性造成了对这些国家高等教育供应现状的不断增长的压力。大量证据显示，许多国家的教育制度内部存在着严重的不协调现象。当今世界各国对其所提供的教育服务的质量的关注程度亦在不断上升。因此，库姆斯在回顾发生于20世纪80年代中期的教育危机时指出，“危机不仅可以通过存在于教育制度与其周围迅速变迁的世界环境之间的不协调现象得以证实，而且现在所出现的另一个危机却是教育自身信心的危机”(Coombs 1985 P.9)。

1.3 基础教育的重要性

对一些国家而言，基础教育乃是国家发展的基石。例如，早在1963年，一项重要的跨国研究成果(Bowman and Anderson 1963)便显示，40%的识字率是实现国家起始阶段的发展与经济增长的一个必要条件。尽管诸如此类的研究成果对当今北半球发达国家在19世纪时的有关情况并未加以关注，但是考虑到20世纪下半叶生产技术所具有的特殊性质，该观点的合理性在现时代也是毋庸置疑的。然而，如同表4所显示的那样，识字率的增长还是较为缓慢的。

许多学者认为基础教育乃是降低婴儿死亡率

表3 具有不同水平总入学人数比率的国家数，1985年或最近一年的数据

数量	非洲	亚洲	拉丁美洲	阿拉伯国家	所有的发展中国家
100或更多	12	11	17	4	44
90~99	4	6	3	2	15
70~89	6	1	3	2	12
69以上	15	4	0	5	24
总计	37	22	23	13	95

资料来源：UNESCO 1988

表4 按性别划分的发展中国家初等教育的识字率

地区	男性与女性		男性		女性	
	1970	1985	1970	1985	1970	1985
发展中国家	45.3	60.7	57.8	71.1	32.6	49.9
撒哈拉以南非洲	22.6	40.8	32.5	52.6	13.2	29.5
阿拉伯国家	26.5	45.5	39.5	59.2	13.7	31.5
拉丁美洲与加勒比地区	73.8	82.3	77.5	84.3	70.1	80.3
东亚	53.2	71.5	67.3	82.0	38.7	60.7
南亚	31.3	42.4	44.8	55.6	16.9	27.9
最不发达国家	22.5	34.8	31.9	46.3	13.0	23.4
发达国家	93.8	95.4	95.0	96.6	92.7	94.3
世界总计	61.5	70.6	69.6	78.1	53.5	63.1

资料来源：UNESCO 1988

与提高家庭计划可接受性的一个必要前提。考德威尔(Caldwell 1982)等凭借来自20世纪70年代后半期在40个国家所实施的世界人口出生率调查研究数据,对教育在每年之中对降低婴儿死亡率与总体人口出生率所具有的重要性进行了强有力的报道和说明。例如,受过教育的父母会努力照顾和抚养好自己的孩子,由此便会降低婴儿与儿童的死亡率。同时,他们也具有发展自我的愿望,尤其是受过教育的妇女,她们希望走出家门以寻找到适合自己能力的工作岗位。此外,在那些教育显示出其功效的地方,父母们开始改变多生孩子以获得更多劳动力的传统做法,转而希望生育并培养出数量虽少但却能接受更好教育的孩子。其他一些学者认为正规初等教育的扩展将会对人们所具有的以下一些态度产生影响:例如,对从事现代农业生产实践的态度;对使用技术的态度;对实现社会现代化可能性的态度等。有研究结果显示,农民所接受的初等教育年限每增长一年,他们的生产能力也会随之增长(Jamison and Lau 1982)。

那些将普及初等教育视为一种基本的民主需求的学者们所持的则是另一种与上述观点完全不同的观点。他们认为,教育制度在社会之中所扮演的是一种具有广泛渗透力的重要角色。教育制度的类型不仅反映而且影响着其所生存于其中的社会文化,同时教育也发挥着强化民族文化认同感的作用。有许多学者还将教育视为一种"授权形式",因为它可以激发公众的公民权利意识与民主参与意识(Coombs 1985,Lind 1989)。

1960年之后,上述以及其他一些思想观念均得到了反复的阐述和声明,这最终促使了1990年3月泰国宗滴恩世界全民教育会议所倡导的"全民教育"目标的诞生。

2. 主题

基础教育的研究主题主要包括以下四种:

(a)基础教育领域中,男孩与女孩所具有的不同入学机会以及穷人接受该级别教育时所需交付的费用的问题。

(b)对等问题或文化与数量究竟所指何物的问题。

(c)包括留级问题在内的教育质量的问题。

(d)基础教育对社会发展与进步所具有的重要作用的问题。

2.1 入学机会的问题

我们当前所理解的大众教育现象,其发展历程是相对较短的。19世纪末,作为以家庭为基础的小农经济和手工业生产的瓦解与资本主义大工业生产和大规模组织化劳动力的兴起所驱动的广泛的工业化发展的一种必然结果,大众教育在欧洲与北美应运而生。与此同时,在那些当时被认作是世界上不发达的地区,其正规教育的诞生也是主要由当地的殖民者所促成的。尽管几乎在所有的国家里,初等教育已经成为了义务大众教育,但是在非洲的许多国家与亚洲和拉丁美洲的一些国家里,仍有相当一部分的学龄儿童根本得不到任何正规的学校教育,或是从初等学校中中途辍学。所以,由此而引发的一个问题便是——究竟是什么统治着入学机会?

据有关研究发现,学校中的入学、浪费与旷课等问题均与阶层背景、种族、收入与性别等因素存在着关联。而且,这些因素之间也存在着相关性。例如,在马来西亚、印度、墨西哥、加纳、巴基斯坦、肯尼亚与乌干达,有研究成果发现,社会阶层与收入差异等因素均对这些国家初等与中等学校的入学结果产生着影响。

反对女孩接受教育的偏见在人们的视野里堂而皇之地存在着。导致这一偏见的主要原因体现在如下几个方面:女童参加生产劳动与被家务所累,控制女孩与异性接触的用心以及约定俗成的支付给妇女劳动者的报酬应是甚为微薄或分文皆无的观念等。只有微乎其微的妇女可以得到有劳动报酬的工作职位,尤其是在一个父系社会中,通常是男方及其亲属而非女方及其家人可以从工作待遇中获益。

20世纪90年代,人们已经察觉到为获得教育对个体或家长所带来的利益他们所需付出的昂贵代价,而通常他们所得到的收益也是有所缺乏的,缘于此,上述种种有关差异性的问题在该时期均做出了一定的调整。当然,"价格"的定位还有赖于人们所接纳的观念。个体、群体、社区以及整个社会均面临着各种不同的价格定位问题。本词条所要重点论述的便是有关与家长的支付能力相关的直接成本以及他们所预计的机会成本的问题。

20 世纪 80 年代与 90 年代期间，许多国家不得不实施所谓的“调整政策”。造成这一现象的原因乃是国民家庭收入的下降。与此同时，许多国家开始实施教育收费或提高学费的政策。尽管这笔费用看起来并不是很多，但是它们在平均收入中所占的比重却是不可小觑的（见表 5 来自非洲的数据）。考虑到家庭收入与民主参与之间的关系，学费交纳制度所体现的乃是对穷人毫无遮掩的不平等对待。但是，如果学费交纳标准规定得过低或者实施免交学费制度，那么教育的供应则会变成一种平均主义的分配行为（例如定额分配制度）或者教育服务的质量会出现下滑。以上两种后果对穷人所造成的危害均要大于对富人所造成的危害（Thobani 1983 P. 402）。在非洲的马拉维，托巴尼（Thobani）认为该国政府通过制定合法的学费交纳制度的途径应该能够实现其初等教育的三大目标（即转向普及初等教育、将平均的班级规模减少至 50 人以及有关财政支出的问题）。借助于特殊的测评方式或有特定目标的学费结构的方式而制定的学费交纳制度方可为穷人所接受。

如果家长考虑到学费问题而不得不对究竟应将哪些孩子送去继续接受学校教育做出选择时，那么女孩就将会成为不幸者。由于在人们眼中女孩的发展前途要比男孩渺茫得多，而她们最终对其家庭所能做出的贡献也不如男孩多，因此，鉴于女孩留在家中会有助于其发挥出更大的作用，所以家庭在女孩接受学校教育方面所具有的机会成本便有可能会更高一些。

安德森与鲍曼（Anderson and Bowman 1965）从以下两个方面探讨了有关放弃机会的问题：

（a）放弃当前生产机会，包括非家庭雇佣、儿童对家庭产业的贡献以及其他家庭生产性服务。

（b）放弃学习，包括从参加家庭产业中所习得的生产技能以及传统的文化价值与行为。

因此，儿童有可能会在其家庭平安无事时入学接受学校教育，而一旦家中遭遇急事，诸如旱灾、农忙或是被迫迁徙时则不得不放弃学习机会。

有关贝宁、肯尼亚、尼日利亚与多哥等国基础教育入学率的一些详尽资料显示，在上述部分国家中入学率出现了下降，而在其他国家则出现了上升。在贝宁，入学率下降最严重的地区是该国三个最为富饶的农业区。在肯尼亚，入学率下降的地区主要集中在海滨沿岸，在那里有一片肯尼亚最为兴盛的可可贸易区。在尼日利亚，从 1981 ~ 1982 年度以来在一些地区出现了最为严重的入学率下降的现象，而这些地区不是位于沿海便是位于尼日尔一带。在多哥，其入学率下降最为严重的地区也是那些农业生产甚为发达的地区。由此可以看出，在那些学生有望获得更高潜在收入的地区，他们放弃学业的机会就会更高一些。此外，如果那些来自富足农业家庭的家长们使其子女在自家的农场里劳作那么他们便有可能获得更高的机会成本。

2.2 对等的问题

尽管基础教育的定义相对而言是较为清晰的，但由于不同国家中的初等教育在范围与质量上均是有所不同的，因此在基础教育的界定这一问题上还是存在着诸多异议。例如，有一种得到人们普遍认可的观点认为“普及初等教育的年限至少要达到 4 ~ 6 年方可被认作是维持任何类型经济发展的一个最低要求”（Fägerlind and Saha P. 91）。但是，显而易见，并不是所有的国家都已经在教育初级水平的具体范围上达成了共识（见表 6）。尽管有关初等教育质量水平差异的文献资料具有较大的模糊性，但是在对不同国家的学校进行参观时，这类资料的清晰程度也并不亚于其模糊性程度。在不同的国家，例如在瑞典和扎伊尔的接受过六年制初等教育的儿童之间便存在着不甚明朗的对等性，因此我们在对待此类问题时仍需格外小心。

此外，在那些义务教育的范围已经得以拓展和仍然将其仅限于初等教育领域的地区，当向公众提供教育的目的由将此视为一种人权转变为工业化社会的需求时，便出现了许多令人质疑的方面。

2.3 教育质量

在北半球，对学校教育质量的测量是一个相当宏阔的领域（Ross and Mählck 1990）。然而，由于初等教育水平上存在着儿童中心说与传统学说之间的理念辩争，有关学校教育质量测量方面的研究便主要集中于初等后教育阶段的学校教育领域中。在南半球，有关初等教育质量问题的辩争其激烈程度则要更甚于北半球。

2.3.1 世界不同区域中的学校对学生的保留力

在对不同发展中国家学校制度的质量水平的比较结果进行评估时，所依据的一个主要参数便是各个学校制度在其学生完成1年、4年、5年或6年学校教育后所保留下来的学生人数。从表7与表8中所显示的全球性数据结果可看出在非洲地区的许多国家里，学生入学第一年内的辍学现象是相当严重的，拉丁美洲与加勒比地区的同类辍学状况要比非洲稍轻一些。在掌握到与该问题相关的数据的半数以上的国家中，特别是在其中那些拥有最为发达的教育制度的国家中，就读到四年级的学生人数比例也未达到80%。

表5　1986年非洲三个法语国家与赞比亚初等教育经费的家庭成本状况

支出类型	贝宁(范围)	马里(范围)	多哥(范围)	赞比亚(范围)
注册费、家长协会费等	50~100	70	24~50	30~100
资料费	40~80	40~100	40~80	20~50
校服费	30~70	-	36~70	0~50
总计	120~250	110~170	100~200	50~200
按人口计算的与GNP相关的份额	7.6~16.0	12.2~18.8	7.2~14.4	5~20

资料来源：图雷(Touré 1987 贝宁)；马里(国家教育部 1990 马里)；道格纳(Dougna 1987 多哥)；卡鲁巴等(Kaluba et al. 1987 赞比亚)

表6　世界不同地区不同初等教育年限的国家数

年限(年)	非洲	亚洲	拉丁美洲与加勒比地区	阿拉伯国家	总计
3与4	2	2	-	-	4
5	2	10	1	2	15
6	25	9	15	10	59
7	8	-	3	-	11
8	3	-	4	2	11

表7　按性别划分的二年级水平上的继续接受初等教育的学生比例及该比例下的国家数

比例	非洲		亚洲		拉丁美洲与加勒比地区		阿拉伯国家		总计	
	男	女	男	女	男	女	男	女	男	女
90及90以上	15	12	4	4	3	4	6	6	28	26
90以下	18	16	1	1	7	5	1	1	27	23

表8　按性别划分的六年级水平上的继续接受初等教育的学生比例及该比例下的国家数

比例	非洲		亚洲		拉丁美洲与加勒比地区		阿拉伯国家		总计	
	男	女	男	女	男	女	男	女	男	女
80及80以上	12	11	4	4	3	4	6	4	25	23
80以下	16	17	1	1	7	7	1	3	25	28

2.3.2 结果测量

尽管20世纪90年代教育研究结果的可说明性成为学者们关注的重点,但是有关教育成绩的系统化数据的缺乏却成为设置在此类研究活动面前的一道很大的鸿沟。尽管在包括发展中国家在内的许多国家均对其入学考试的通过率或某一特定教育阶段的毕业率或从某一教育阶段升入另一教育阶段的升学率等进行了报道,但是这些比率均是上述特定系统的一个内在组成部分,它们并不能充当对教育质量进行测评的一种评判工具。因此,国际教育成就评价协会对此类研究的结果产生了兴趣。该协会在来自一些国家的课程专家的协助下设计出了适用于一系列学科领域的标准化测验,并把测验结果同"教学、经济与社会等因素联系在一起考虑,而这些因素恰恰可以对存在于学生、学校与教育制度之间的种种差异进行解释和说明"(Holmes 1980)。

大量上述测验在一些国家学校中的诸多合适的学生样本群体中得以实施。自1967年的第一次数学研究开始,迄今已进行了数轮此类测验。尽管有些学者批评上述测验是带有实证主义色彩和不确定性的(Holmes 1980 P.13),但测验的结果还是具有一定影响力的。在对这些测验结果所进行的国际比较中(Heyneman and White 1986),可以看出第三世界国家教育制度的状况是较为糟糕的。例如,世界银行便通过国际教育成就评价协会对处于撒哈拉以南非洲的尼日利亚与斯威士兰两国所实施的测验结果以及在马拉维与另一个非洲法语国家所进行的特定研究结果得出结论认为:"撒哈拉以南非洲的教育质量要低于世界标准水平。"(世界银行 1988 P.33)

与此同时,更加详尽的分析结果显示,学校、家庭背景与社会经济条件等因素对教育成绩的影响在第三世界国家里要比在北半球国家表现得更为突出。例如,卡夫雷(Kathuri 1986)通过对学生在肯尼亚教育证书考试成绩的影响因素所进行的一项研究得出结论认为,教学方法、高效的管理、教师信念(非必要资格)以及学生是否上过托儿所等因素均对考试成绩产生着影响。上述绝大多数因素并不需要不惜任何代价地对其进行改造,而是可以通过教育权力手段对其施加影响的。学生的社会经济背景这一因素对考试成绩的影响与北半球国家相比在程度上并不相同。

与贫困化的社会环境相关的教育质量所具有的显而易见的重要性可以被简单地视作是社会选择性入学的一种必然结果。那些接受学校教育的儿童,或更加可能地是这些儿童的父母也许才是最具驱动性的因素。在持有100%入学率的教育制度中,以上这一驱动因素的最佳替身自然是非家庭背景因素莫属,但是在入学率未达到100%的教育制度中,这种驱动因素的互换性程度就要有所下降了,其原因是该制度中最不具驱动性因素的缺乏。在这种情况下,家庭背景因素对学业成绩的影响程度就要有所下降了,而此时学校的特质则显得更加重要起来。

2.3.3 教育服务的质量

1988年,在世界银行对撒哈拉以南非洲国家的教育状况所做的一份调查报告中指出:大量的证据均是非直接性的,关键性投入非常之少(尤其是课本以及其他学习材料),而且这些投入的效用在与教师的时间以及其他物质设施的使用产生关联时则呈现出下降的趋势。对学生学业成绩这一教育产出的了解也是较少的(世界银行 1988 P.1)。福勒(Fuller 1986)的研究显示出从1970年到1980年间(Lockheed and Verspoor 1990)各国尤其是在那些低收入国家中对初等教育的资源投入是如何下降的。由于削减教师工资存在着一定的困难性,因此整体成本的下降通常首先会对那些非工资性项目产生影响。在20世纪90年代,撒哈拉以南非洲国家对课本及其他教辅材料的获得能力将会有所下降,因而其教育质量也会随之下降(世界银行 1988)。

尽管如此低水平上的经费投入显然是会对教育活动产生不利影响的,但是,现在还并不清楚这种削减究竟会对教师的行为及其课堂表现产生怎样的影响。当然,最终教师的工资也会有所削减的(Anderson and Rosengart 1987)。

如何最有效地提高初等教育的质量问题已经变得非常重要。究竟应当首先增长训练有素的教师的数量还是应当首先改善他们的培养质量?是否应当摒弃双向教学法或减少平均班级规模?是否应当增长课本与学校装备的数量并提高其质量水平?(Colclough 1982 P. 182)

考虑到对那些可对需求产生影响的因素所进行的评估,家长们所察觉到的明确的学校特征应是什么?儿童能否如愿以偿地入学或学校是否经常关门?有没有课本与练习册,也即学生的学习材料是否充足?进而言之,学生是否在学习如何进行阅读与写作?几乎没有任何系统化的证据可以证明家长是如何对基础性教学资源的短缺状况做出反应的。因此,入学率的低迷与下降可能与家长在该方面的需求不足有关。更加有可能的是,教育资源供应上的困难,诸如教育资源供给的停滞或下降加之教育需求的不足导致了学校资源与教师工资的削减,进而学校所提供的教育的质量水平也便随之下滑了。于是家长此时便认为为其子女提供教育或继续其学业也是无关紧要的了。

2.4 人力资本的回报

非洲国家独立后,现代学校体系的迅速扩展被视为是这些国家取得社会进步的最佳途径。由此所带来的未来收益不仅包括因受教育年限的延长而导致的个人收入的增多,而且还包括可获得更加优越的工作岗位以及提高劳动效率等。因此,有可能是认为初等教育是促进社会进步的一种有效途径的观念趋于弱化时才促使人们送子女接受学校教育的动机也随之趋于弱化。事实上,如果人们相信接受学校教育会有利于经济的发展,那么家长对传统部门中与工作相关的劳务市场以及学校教育的益处的评价则是相当关键的。

在许多国家,那些具有一定教育资历的人在现代部门所能获得的工作机会出现了下降或是在增长速度上要慢于入学人数的增长速度。由此便导致了家长对保证孩子接受或完成初等教育后所能得到的收益的期望值也出现了下降。于是接受学校教育的主要动机在力度上便显得很微弱,而入学率也便随之下降。

就整体而言,上述情况并不一定意味着教育需求的减少。在有些国家,其就业状况所面临的困难主要是人才流失,即那些接受过中等或高等教育的毕业生均到国外求职谋生去了。这也导致了学校教育围着毕业证打转现象的出现,因为当前人们对中等或高等学校教育的普遍需求所针对的目标并非是获得知识而是获得相应教育等级的毕业证书(Dore 1976 P. 80)。这种"文凭病"在雇主们对雇佣人员学历要求日益提高的状况下变得越发严重。但是这却能够刺激教育成本的增长,无论是在本国还是在外国,人力资本的回报在保持高教育需求方面均是有所贡献的。因此继续教育在大众中的受欢迎地位并不一定会丧失掉。

3. 趋势

就20世纪60年代公众的期待而言,80年代所出现的入学率停滞现象着实令人生忧(表1)。然而,与此相关的一系列数据中还是充满着易使轻信者上当受骗的各色陷阱。首先一个问题便是,由于超龄与低龄儿童的加入,许多国家的毛入学率均超过了100%。另一个问题是,由于地方政府所承受的各种政治压力,它们往往故意抬高上报的数值。即使对上述偏颇做出充分的考虑,还是难以有效解释入学率变化的原因所在。一国毛入学率的增长是以该国入学率的真实水平为基础的(见表9),在那些已经达到了入学普及化水平的国家里,低龄与超龄入学儿童的人数变得非常微少,这一部分入学儿童的人数比例通常为10% ~15%。

表9　按国家数划分的1980年毛入学率中的规模与相关变化之间的关系

毛入学率	少于0	0或正相关	所有国家
100及100以上	20	18	38
90~100	7	12	19
90以下	11	27	38
总计	38	57	95

而学龄儿童的入学人数比例则为 85% ～90%（Blaug 1968 P. 16）。事实上，非洲地区毛入学率的增幅是最大的，而该地区在 1980 年时其毛入学率则是最低的（约 59%），拉丁美洲地区毛入学率的增幅则是最小的，而该地区在 1980 年时的毛入学率却是最高的（约 82%）。一国之内毛入学率与其增幅之间的相关度是较大的，该负相关值为 -0.69。

基于这种负相关的关系，应当对那些入学率较低和出现下降的国家投以特殊的关注。在 20 世纪 90 年代早期，有 11 个属于上述类型的国家，其毛入学率低于 90% 且其毛入学率自 1980 年以来呈下降趋势。其中有 6 个国家来自非洲，它们是：中非、加纳、几内亚、几内亚比绍、马里与索马里；有 3 个国家来自亚洲，它们是：阿富汗、孟加拉国与尼泊尔；另有 1 个国家来自拉丁美洲——萨尔瓦多；此外还有 1 个来自阿拉伯地区的国家——也门。

4. 面对教育需求下降时的政策问题

在 20 世纪 60 ～70 年代，有一种观点认为接受了教育自然就会促使教育需求的增长，换言之，也即接受正规教育会带来一系列连锁反应。倘若一个父母均为文盲的非洲儿童在初等学校中学会了阅读和算术，那么他就会希望继续接受中等乃至高等教育，即使他只完成了初等教育便中止了学业，那么他也会期望自己的后代能够接受到比自己所接受到的教育更好的教育。因此，无论社会经济与教育资源的状况如何（Coombs 1985 P. 34）以及人们进行学习活动的真实需要到底是什么，这种社会教育需求关系均会在代际之间建构起来。但是现在这种现象已经消失了，当今的教育需求似乎已经丧失掉了一种对维系人力资源发展所必需的教育水平的客观评价标准。许多观察家均指明，当今存在着一种有碍儿童，特别是有碍农村儿童接受学校教育的阻力，这种阻力即使是在儿童有条件接受到学校教育的状况下也依然发挥着作用（Callewaert 1988）。为了制定出适当的相关教育政策，对该阻力应当有一个正确的理解。下列一些正在探讨之中的因素对于制定合理的相关教育政策而言具有潜在的参考价值：

（a）家庭需要支付的学校教育成本是与其支付能力相关的。

（b）学校教育所带来的预期收益是根据社会流动机会来加以测定的。

（c）现代学校对社区成员而言的适当性。

（d）家长观念中的教育服务的质量水平。

前两个因素所引发的是有关效率与公平的问题（参阅本词条 4.1），后两个因素所引发的则是学校究竟属于谁的问题（参阅本词条 4.2）。归根结底，这两个问题所引发的均是国际社会所认可的“全民教育”的程度与性质的问题（参阅本词条 4.3）。

4.1 效率与公平

在本部分将要对以下三个问题加以考察：

（a）入学机会的紧要程度究竟有多大，或教育普及是否可以凌驾于教育质量之上？

（b）基础教育课程应当是终极性的还是应当作为下一级教育的一个必要阶梯？

（c）家长与国家，究竟哪一方应当支付学费？

4.1.1 普及初等教育还是提高教育质量

自从 30 年前世界地区大会上各国教育部长们对普及初等教育目标的可行性进行了乐观的论断以来，有关以社区为基础的职业初等教育与更加侧重学术性的初等学校教育之间的争论已日趋平静，但是仍然有相当多的疑问悬而未决。事实上，尽管政府依然满口承诺力争实现 100% 的入学率目标，但是其政策与政治重心已经向日益恶化的教育质量问题转移。导致这一转向的部分原因是由于设想中的家长对低劣教育质量水平所做出的反应，但更主要的却是由辍学与复读等指标所映射出来的学校教育质量的真实下降。因此，如何确保教育质量与教育普及之间适当的平衡关系仍是一个颇为活跃的现实问题。

4.1.2 基础教育课程的内容

在工业化国家里存在着大量有关学校义务教育后期阶段的课程内容究竟应如何安排的争论，争论的要点是如何确保学术课程与职业课程之间的平衡。在基础教育的早期阶段也存在着一个与上述问题相平行的问题，即基础教育的早期阶段应当被视作是学生教育生涯的初始阶段还是应当被视作是一个独立完整的阶段。上述划分意见在许多国家里导致了针对教学语言问题的长期争论。有人认为,倘若基础教育的早期阶段被视作是中等教育的预备阶段,那么教学中所使用的地方语言则成为一种障碍。另有人则认为,倘若基础教育被视作是一个独立完整的阶段,那么教学中所使用的官方或国际语言则有可能导致初等学校的毕业者与其所属社区的疏离。

上述分歧同时也会引发与学校之中的手工劳动与职业训练的正确定位问题有关的争论,有观点认为,这些领域应是初等教育的必要组成部分。

4.1.3 谁应当支付学费

劳里(Lourie 1987)认为,公立部门应当作为教育服务的主要提供者,其原因在于:(a)社会与经济部门的教育需求要大于私立部门的教育需求;(b)教育的外部效果已经超越了个体及其家庭的范围;(c)贫穷不应当成为阻止人们接受教育的障碍(Lourie 1987 P.11)。

劳里还指出:"入学人数的增长是以减少教师的收入为代价的。尽管按人均GNP计算的教师年薪收入要比经济合作与发展组织中国家教师的年薪收入要高,但是这里的教师收入还是出现了令人吃惊的下降。"(Lourie 1987 P.8)与上述问题相关的争论仍在继续。在北半球,作为国家转轨(事实上,是对国家进行重建以强化其必要的社会控制功能)的一种必然结果,出现了一种地方管理学校的动向。而在与北半球国家相比要贫困一些的南半球国家里,其国家结构调整计划所带来的经济结果则意味着,尽管在口头上是地方控制和管理学校,但实际上这些学校还不得不依靠中央财政来存活,而有些国家在此方面的财政支出已经是捉襟见肘了(见表2)。事实上,尽管个人交纳学费制度的推行已经加剧了公众教育需求下降的趋势,但仍有人继续主张实施学校教育的私有化经营。

4.2 学校究竟属于谁

关于对"谁应当支付学费"问题的探讨所引发的则是学校控制权的问题。在绝大多数工业化国家里,学校最初均是由地方发起兴建或是由教会在地方的支持下捐助建立的。在某些国家,这便意味着一种相对较强的社区学校运动已然生存下来(例如瑞典与美国等)。但是,从总体上看,国家在控制与管理学校的活动中还是居于主导地位的。

然而,即使是一些发展中国家,也于近期输入了(在有些国家应当是被强加的)地方管理学校的模式,至少,除教师以外,为了学校的生存,社区也要参与到学校建设与维持的活动中来。目前已经出现了此类活动中较为著名的一些事例,诸如肯尼亚的哈姆比运动等。即使是在看起来得不到类似于上述支持活动的一些地方,村民们也是乐于为兴建学校提供帮助的。

但是需要牢记的一点便是,对于许多发展中国家,特别是处于非洲的发展中国家而言,广泛地接受学校教育是新近才出现的事物,同时也是西方式改革运动的结果。在绝大多数工业化国家里,初等教育历来便被视作是儿童社会化的一个主要工具,因此在这些国家里人们对正规学校教育所具有的核心与根本性价值是普遍认可的。但是许多发展中国家的情况却并非如此,事实上,在一些发展中地区,现代学校被认为是与当地的宗教与世俗传统价值相对抗的一种事物。

在某种意义上,有一个问题便是学校中应当教什么和怎么教。当然在这里对学校中的课程内容与教学法进行非常详尽的探讨是不太合适的。但是在基础教育领域中的课程设计方面确实存在着许多可以一目了然的不和谐元素。例如,在文化课的深入学习中仅仅关注外国文化或世界地理与历史,却对与本国相关的文化知识内容关注甚少。与此相类似,许多对上述状况感到不适应的教师则又偏执地将其所关注的重心转移向了农村地区。

此外,另一个更加广义的问题就是学校及其组织方式是否与地方的实际相适合。学校是否主要是从外部强加给社区的一种事物抑或家长能否在学校的运作及教学内容等方面产生一定的影响?倘若家长无法参与到学校事务中去,那么除非学校教育可以确保其子女将来获得更高的社会地位与经济回报,否则他们在保证孩子接受学校教育方面将很难付出特别的努力。

事实上,与其探寻发展中国家初等教育入学率出现停滞的原因所在,还不如反问一下处于工业化国家的家长们究竟愿不愿意鼓励其子女也进入到那些丝毫不能有助于孩子们未来的社会地位与经济地位提高的学校中去就读而更具启发意义。

4.3 基础教育的国际支持

在第三世界国家独立后的绝大多数时间内,国际援助机构在对其所实施的援助活动中均忽视了这些国家的初等教育。从北半球国家流向南半球国家的大量援助人员主要是进入了受援国的职业中等与高等教育领域之中。尽管有些欧洲国家已经开始关注受援国的成人教育问题,但是在受援国中所进行的教育改革仍是聚集于中等学校的多样化等领域。与此同时,国际援助机构对自己所阐发的有关“过低年限的初等教育其价值将是不充分”的宣言,也即“具有举足轻重地位的恰恰是学校之中正在进行的东西”的宣言也变得越发关注起来。于是在宗滴恩所举行的世界全民教育大会上,与会者便号召不仅应当在2000年之前实现全民教育的目标,而且应当确保“学校中受教育者的学习成果达到可接受的水平”。

倘若要实现全民教育的目标,那么仅就扩充初等教育规模所需要的资源而言其数量也将是异常庞大的,更不用提确保教育质量所需的资源数量了。显而易见,低收入国家在实现全民教育的目标上是难以提供出充足的资源的,而且如果它们期望在21世纪的前15年内便实现这一目标,那么必须给予其基础教育事业以长期的、巨大的资源支持。因此,教育领域的国际援助便日益引发起有关方面的兴趣。但是,正如来自国际全民教育咨询论坛(King and Carr-Hill 1991)与经济合作与发展组织的发展援助委员会的两份调查报告所显示的那样,援助机构在对其为受援方教育事业所提供的援助资金的具体流向上很难做出令人满意的调查报告。造成这一现象的原因主要包括以下几个方面:援助与支出之间的差异,受援方在分配援助经费上的诸多现实安排以及在澄清与援助计划相关的培训活动方面所面临的困难等。

伴随着上述一系列令人警惕的问题,20世纪80年代末期到90年代早期有关教育与基础教育援助活动的具体面貌又究竟是怎样的呢?首先,根据联合国1991年发展计划中的人力发展报告所提供的数据,1979年至1989年间教育领域内的援助经费在整个援助经费中所占的比重由16.5%下降到了10.7%。造成这一现象的部分原因是日本所提供的援助经费的数量在援助经费总量中所占份额的迅速上升,而日本传统上对教育领域所提供的援助经费很少,并且其在1991年成为最大的双边援助国。其次,相对而言,东欧国家原是教育领域内较大份额援助经费的提供者,至少在高等教育领域中是这样,但是在20世纪90年代早期,绝大多数东欧国家均撤出了援助者的行列。

这里所能得出的一个主要结论便是,在不同国家之间,其在分配给基础教育领域的受援经费份额上存在着较大的差异,如果它们期望实现全民教育的目标,那么就必须在受援经费的具体分配上实现真正的“平等分配”。

R. 卡尔-伊尔(R. Carr-Hill) 著

杜 钢 译

附录

Anderson C A, Bowman M J (eds.) 1965 *Education and Economic Development.* Aldine, Chicago, Illinois

Anderson G, Rosengart G 1987 *Education in Tanzania: Government Expenditure 1983—1987.* SIDA, Stockholm

Blaug M 1968 Cost-benefit analysis of educational expenditures in developing countries. In: Blaug M (ed.) 1968 *The Economics of Education. Vol. 1: Selected Readings.* Penguin, Harmondsworth

Bowman M J, Anderson C A 1963 Concerning the role of education in development. In: Gerty C (ed.) 1963 *Old Societies, New State.* Free Press, New York

Caldwell J 1982 *The Theory of Fertility Decline.* Academic Press, London

Callewaert G 1988 La chute des effectifs a l'école primaire en Guinea-Bissau. Presentation to seminar organized by SIDA and the IEE, Stockholm, February 1988

Carr-Hill R A, King K 1992 *Aid to Basic Education: Flows, Policies and Modalities.* OECD, Paris

Colclough C 1982 The impact of primary schooling on economic development: A review of the evidence. *World Dev.* 10(3): 167—185

Coombs P H 1985 *The World Crisis in Education: A*

View from the Eighties. Oxford University Press, New York

Dewey J 1915 *The School and Society*, 2nd edn. University of Chicago Press, Chicago, Illinois

Dore R J 1976 *The Diploma Disease: Education, Qualifications and Development.* Allen and Unwin, London

Dougna K D 1987 *Crise économique et crise de l'éducation en Afrique* (IIEP/ KD/87—06). IIEP, Paris

Fägerlind I, Saha L J I989 *Education and National Development: A Comparative Perspective*, 2nd edn. Pergamon Press, Oxford

Foster P J 1965 The vocational school fallacy in development planning. In: Anderson C A, Bowman M J (eds.) 1965

Fuller B 1986 Is primary school quality eroding in the Third World? *Comp. Educ. Rev.* 30(4): 491—507

Heyneman S P, White D (eds.) 1986 *The Quality of Education and Economic Development.* World Bank, Washington, DC

Holmes B 1980 *Comparative Education: Some Consideration of Method.* Allen and Unwin, London

Illich I 1971 *Deschooling Society.* Harper and Row, New York

Jamison D T, Lau L J 1982 *Farmer Education and Farm Efficiency.* Johns Hopkins University Press, Baltimore, Maryland

Kaluba H, Karlsson M, Nystrom K 1987 Educational support to Zambia: Keeping up coverage and standards. In: Johnston A et al. 1987 *Educational and Economic Crises: The Cases of Mozambique and Zambia.* SIDA (Educational Division Documents No. 38), Stockholm

Kathuri N J 1986 *Factors that Influence the Performance of Pupils in CPE.* Bureau of Education Research, Kengalta University, Nairobi

King K, Carr-Hill R 1991 *Changing Patterns of Development Assistance to Basic Education.* UNESCO, Paris

Lee K H 1988 Universal primary education: An African dilemma. *World Dev.* 16:1481—1491

Lind A 1989 Literacy—a tool for the empowerment of women? *Nordic Association for the Study of Education in Developing Countries*, Stockholm, June 8—10, 1989

Lockheed M, Verspoor A 1990 *Improving Primary Education in Developing Countries: A Review of Policy Options.* World Bank, Washington, DC

Lourie S 1987 Are consequences of adjustment policies on education measurable? Lecture to the National Institute of Educational Planning and Administration, New Delhi, India, 2nd September 1987. International Institute for Educational Planning (IIEP/Dir/87.205), Paris

Mali, Ministère de l'Education Nationale 1990 Le financement de l'éducation. IIEP, Paris (mimeo)

Nyerere J 1977 *The Arusha Declaration: Ten Years After.* Government Printing Office, Dar es Salaam

Reimer E 1970 *School is Dead: An Essay on Alternatives in Education.* Penguin, Harmondsworth

Ross K, Mählck L 1990 *Planning the Quality of Education.* IIEP, Paris

Thobani M 1983 *Charging User Fees for Social Services: The Case of Education in Malawi.* World Bank, Washington, DC

Touré A 1987 Le problematique de financement de l'enseignement de base en République Populaire de Benin. Unpublished paper, I IEP, Paris

UNESCO 1960 *Conference of Ministers of Education in Asia.* UNESCO, Paris

UNESCO 1961 *Conference of African States on the Development of Education in Africa.* Final Report, Addis Ababa. UNESCO, Paris

UNESCO 1962 *Conference on Education and Economic and Social Development.* UNESCO, Paris

UNESCO 1966 *Conference of Ministers of Education and Ministers responsible for Economic Planning in the Arab States.* UNESCO, Paris

UNESCO 1967 *Statistical Yearbook.* UNESCO, Paris

UNESCO 1977 *Statistical Yearbook.* UNESCO, Paris

UNESCO 1980 *Statistical Yearbook*. UNESCO, Paris
UNESCO 1988 *Statistical Yearbook*. UNESCO, Paris
World Bank 1988 *Education in Sub-Saharan Africa: Policies for Adjustment, Revitalisation and Expansion*. World Bank, Washington, DC

教育与发展(Education and Development)

20 世纪 50 年代以来,教育与发展之间的关系成为诸多讨论与辩争所关注的焦点。自那时起,人们对教育所持有的信念由最初的将其视作国家发展的必备条件,也即五六十年代期间的全面乐观逐渐转变为有限度的期望直至 90 年代的悲观失望(Fägerlind and Saha 1989)。曾经认为是教育与发展之间颇为简单的因果关系如今也变得高度复杂起来,该关系之中缠绕着许多偶然性因素,从而使得对教育与发展之间关系的理解面临着更加扑朔迷离的境地。

本词条将对教育与发展这两个概念做一个界定并对正处于变化之中的针对这两个概念的诸多观念的本质加以探讨。然后还将考察一下国家发展的诸多维度以及教育是如何与这些维度进行联系的。最后,所要阐述的是与如何理解教育与发展之间关系相关的一些主要问题。

1. 教育作为变革与发展的动力

在有关教育是否与如何为社会发展做出贡献的论争中,易于忽略的一点便是教育与发展这两个概念的含义究竟如何。就发展而言,人们对其的理解通常是指经济发展。例如,普萨卡罗普洛斯与伍德霍尔(Psacharopoulos and Woodhall 1985)以及托达罗(Todaro 1989)等经济学家将发展界定为国家生产力的提高。尽管他们也承认除经济因素以外的政治与社会等因素的重要性,但却认为其他因素的重要性主要还是体现在对经济发展所产生的促进或阻碍作用上的。

托达罗(1989)指出,发展,尤其是在 20 世纪 50~60 年代期间,其传统含义是指一国的经济实力,也即该国的经济状况或多或少地保持一段长时间的静止后进而驱动并维持其国民生产总值达到年均 5%~7% 或更快的增长速度(P. 86)。但是其他一些学者则认为发展是一个多元的概念,它可包括社会结构与机构的变革,社会态度、价值观与行为的变革以及指向社会与政治平等与消除贫穷的变革等。

1.1 发展的定义

有关社会是如何变革与发展的观念对当今的争论而言并不显得陌生或新奇。从古代社会、启蒙运动一直到现代社会前夕,均涌现出了许多关于社会是如何变革与发展的思想理论。至少,发展的概念包含着一种对具有潜在出现可能的事物的意识。

以下,将对发展这一概念从三个维度加以界定:(a)经济;(b)社会/文化;(c)政治。这里,经济发展指的是一国生产效率的增长。社会/文化发展包括社会态度、价值观与行为的变革。政治发展所指的则是权力的平等分配与消除统治集团对被统治集团的压迫。因此政治发展可包括政治参与、享有从政的机会以及国家统一、团结与认同的发展等(Fägerlind and Saha 1989)。

1.2 教育的定义

在更加广义的关于发展的定义中,首先需要强调的一点便是正规教育与非正规教育之间的区别。上述每一种教育形式均与发展的过程存在着不同的关联,而每一种教育形式也均需要以由教育与发展的目标和策略所制定出的政策作为其产生和存在的根本依据。其次还需要辨别清楚基础性文化教育、初等教育、中等教育与高等教育之间的区别。这几种不同的教育水平与社会发展之间所存在的关联的强度应当得到详尽的说明。最后,在制定教育政策以促进国家发展方面,存在着一种经久不衰的争论,即究竟是普通教育计划还是职业教育计划更有利于国家的发展。考虑到发展的结果,以下所要探讨的将主要是有关发展与初等和中等教育之间关联的问题,但鉴于对发展背景的认识,也并不排除对其他教育形式所进行的讨论。关于这些教育形式与发展之间的关联将在本词条稍后的部分加以讨论。

2. 教育与经济发展

2.1 新古典派的观点

对教育与发展的最为普通的理解是根据经济发展而定的。自从18世纪亚当·斯密(Adam Smith)、约翰·斯图尔特·穆勒(John Stuart Mill)以及其他一些经济学者在经济学理论的发展上取得重大进步以来,经济增长模式便取得了主导地位。经济发展理论认为,劳动力虽不是经济进步的主要因素但却是一个组成因素,例如劳动者的素质或其所掌握的技能等均可促进经济进步等。

人力资本理论认为,教育与经济发展之间的关联主要是体现在劳动者健康、技能或动机的改善会有助于提高其劳动效率这一层面上。由于教育为劳动者素质的提高做出了贡献,因此它也被转而视作为国家的经济发展做出了贡献。

经济学家们为了论证上述观念引用了相当多的支持性素材。例如,有学者曾对31项农村地区的研究成果进行了回顾后发现,接受过4年教育的农民其生产率可增长8.7%(Lockheed et al. 1980)。尽管在单一国家中很难实施针对教育对工人劳动效率的影响的研究,但是海戴德等(Haddad et al. 1990)所报道的研究结果还是指明了工人所具有的较高层次的教育经历将更有助于其流向那些带有更高技术要求并能带来更多劳动报酬的工作岗位。普萨卡罗普洛斯(1985)所提供的有可能是一种关于教育投入可促进经济发展问题的最具综合性的研究成果。如果假设经济发展可以根据投入回报率来加以限定的话,那么普萨卡罗普洛斯自20世纪70年代早期以来便已开始的相关研究则值得引起我们的关注。自1973年所开展的32国研究开始,一直到80年代中期,普萨卡罗普洛斯已经可以做到对60个国家中教育投入的回报率做出阐释和说明。他的研究结果显示,在发展中国家中,初等教育投入的回报率是27%,中等教育投入的回报率是16%,高等教育投入的回报率是13%。

但是,在评价教育对经济发展所做出的贡献时,有必要对个体回报率与社会回报率之间所存在的差异加以考虑。教育为个体所带来的回报性收益要大于其为国家所带来的回报性收益。关于这一点,普萨卡罗普洛斯的研究发现显得尤为有趣,即个体的教育投入回报率在总体上要大于其对社会的回报率,而这种差异在高等教育水平上要比在初等教育水平上显得更加明显。因此,对教育投入的社会回报率加以关注是适当的,但是也应谨记教育投入的个人回报率也是不容忽视的,因为后者的存在在一定程度上是以牺牲前者为代价的。

普萨卡罗普洛斯认为,其对教育投入回报率所进行的分析的具体含义可包括以下几点:(a)由于教育投入的回报率要高于在计划评估中所使用的社会贴现率,因此资金投入正在流向教育领域;(b)初等学校教育应当成为教育投入的重中之重;(c)高等教育投入显得过多;(d)接受教育的妇女人数的增长使得女性群体的教育投入回报率达到了可与男性群体的教育投入回报率进行相互比较的水平;(e)普通教育领域的投入与职业教育领域的投入并驾齐驱。

2.2 其他观点

有一些经济学家认为,教育与发展之间的关系并不是像新古典派经济学家所描述的那样直截了当。20世纪60年代末期,库姆斯(Coombs 1968)指出教育事业的扩展并不一定会促进经济的发展,反倒是不合理的教育结构与维系教育发展的巨大成本却有可能引发经济危机。十余年之后,库姆斯(1985)的这一论点在以前的基础上变得更加复杂。

20世纪70年代末期,威勒(Weiler 1978)对古典与新古典派经济学家所主张的经济发展模式中的理论要点问题进行了拷问。他对教育的增长能自动导致经济的增长这一观点提出了质疑。他认为,平等问题、教育与工作之间关系的问题以及教育改革问题乃是与教育政策制定相关的最为重要的三个问题,而认为教育投入一定可以促进经济增长则是一种误导。

上述批判意见一直延续到20世纪80年代末90年代初。布劳格(Blaug 1985)认为,教育经济学的“黄金时代”在20世纪70年代早期便宣告结束了,从那时起人们已经意识到除市场因素以外的其他因素也在影响着社会的变革。布劳格认为,经济学家们在寻找导致教育扩展并未带来预期的经济增长的原因时，应当关注一下“网眼假设”、“不完整的雇佣合同”以及劳动力市场分割等问题。他认为，教育与发展之间的本质关联除经济因素之外，还应当包括制度与社会等因素。

克里斯（Klees 1989）与伊斯顿（Easton 1990）均认为在界定教育与经济发展之间的关系时，从人力资本的视角出发，至少可有两种选择。第一种选择是制度主义者的方法，该方法所关注的是塑造教育供给与需求的社会行为方式（而不是相反）及其用途。在这一方法中，劳动力市场分割与国内劳动力市场成为解释教育投入未能带来预期经济增长原因的重要变量（Easton and Klees 1990）。第二种选择是激进的经济观，抑或新马克思主义的政治经济学，其所关注的是由教育所导致的社会不平等的再生产方式的问题及由此对经济发展所带来的消极影响。鲍尔斯与金蒂斯（Bowles and Gintis 1976）以及卡诺伊与莱温（Carnoy and Levin 1985）等学者均认为，教育投入可以而且确实对经济发展产生着负面影响。正是由于经济学家们对上述因素的疏于考虑才导致了付诸实施的教育政策所引发的问题要远比已解决掉的为多。换言之，也即教育扩展并不一定会带来经济的增长。

2.3 关于教育与经济发展问题的结论

教育扩展必然会导致经济增长的信念受到了质疑。尽管自20世纪60年代以来，教育投入作为一种人力资本的观念在教育政策与计划的制定中占据了主导地位，一种认为教育也会对经济发展带来负面影响的观念正在日益兴起。我们所强调的乃是思考问题的角度以及由此所引发的政策与计划的结果，而非教育是否会对经济产生影响。显而易见，这些问题是与诸如什么样的教育、什么样的经济增长以及经济增长到底是为了谁等疑问相互关联的。尽管有关教育与经济之间关系的研究与论争已经为数不少了，但是对该问题的理解却还是不甚充分的，同时，盲目地认为在学术界与政策制定者之间已经达成了针对该问题的一致性意见也是不甚明智的。

3. 教育与社会发展

人们往往热衷于发展的经济维度而忽略了教育对于一个国家发展所做出的贡献。发展的社会维度在诸多方面均具有与发展的经济维度同等的重要性。发展的社会维度所包括的因素有生活质量，现代式的态度、价值观与信念以及基本人类需求的满意程度等。当上述发展的社会维度难以得到体现时，那么一国经济发展的效果便有可能被削弱抑或受到阻碍。因此，有必要对教育可能或不可能对上述因素施加影响的方式进行充分的考虑，以便于在教育与发展之间的全面关系方面获得一种更加广阔的观察视角。

3.1 教育与现代化

尽管在现代化这一概念的含义与用途上还存在着诸多不同意见，但这主要是由一种认为该概念是不精确的、多维的以及西方定位式的观念所造成的，而针对现代化问题所进行的研究也是数量可观的。此外，在教育与发展领域内所制定的许多政策与计划，至少是在隐含的层面上，也均吸纳了现代化这一视角在内。

许多有关现代化问题的研究均是以英格尔斯（Inkeles）对该问题所做的研究成果为基础的。英格尔斯首先尝试了对“现代人”这一概念的探究活动（Inkeles and Smith 1974）。根据英格尔斯与史密斯的研究成果，学者们认为一个现代人所应具备的特质主要包括以下几个方面：（a）对新事物的开放态度；（b）为社会变革做好准备；（c）坚持个人观点同时具备对多元化态度与观念的包容精神；（d）从实践中提炼理论；（e）关注当前与未来胜于关注过去；（f）具备一种注重个人功效的意识；（g）从长远计划出发；（h）对社会制度与个体有信任感；（i）重视技能；（j）高度重视教育；（k）尊重他人；（l）对工业生产的理论基础能够理解。

英格尔斯等学者认为，倘若没有现代化的公民，那么达致现代化发展的途径也便无从寻觅了。此外，现代化理论学者们还认为，除了参加到主要以教育领域的学校和工业领域的工厂为代表的现代化机构设施之中去，所谓的“现代人”是难以被塑造出来的。

目前已有充分的证据可以证明以下观点的正确性，即学校乃是实现现代化的一种重要而有效的机构场所。具有较高教育资历（或达到较高教育水平)的人也将拥有更高水平的教育与职业期待,这一点是与那些传统的习俗和观点不相一致的。现代人更善于接受新生事物,愿意变革并尽力减少来自家庭的束缚。

勒纳(Lerner 1964)所进行的一项包括教育在内的有关现代化的早期研究成果显示,中东地区那些至少接受过中等教育的成人们均具有较高水平的心理适应能力,也即他们很善于随着环境的变化而对自身状况进行适当的调整。学者们在墨西哥与巴西所进行的有关教育与现代化之间关系的研究也取得了与上述发现相类似的研究成果。阿尔蒙德与韦伯(Almond and Verba 1965)发现,如果将政治兴趣与意识视作现代化的一个参数,那么在美国、英国、德国、意大利与墨西哥等国所进行的相关研究均显示出接受了较高水平教育的公众其政治兴趣的水平也相对较高。英格尔斯与史密斯(Inkeles and Smith 1974)通过其在阿根廷、智利、东巴基斯坦(孟加拉国)、印度、以色列与尼日利亚等国所进行的成人研究发现,教育成绩与个体的现代性特征之间存在着很强的相关度。其相关程度较之现代性与大众传媒的透明度以及职业经验之间的相关程度都要高。换言之,教育在三个现代性动因中是最强的一个。之后的一些研究使得这些早期的研究成果又得到了加强。

最后,在一项关于教育与大众传媒,特别是西方电影对于现代性所产生的影响的比较研究中,德拉克鲁瓦与拉金(Delacroix and Ragin 1978)认为,学校乃是一种以民主为基础的现代化机构,而大众传媒则可能是也可能不是此类机构。在一项针对49个欠发达国家所进行的研究中,他们得出结论认为,学校具有促使国家实现现代化的潜能,同时又不会导致国家的西方化,有些国家将教育视作现代化的发展动因,并实施了由国家发起的强有力的相关计划(流动政体),其效果要比那些实施同类计划力度较小的国家显著得多。

3.2 教育与现代化:一种批判

与教育相关的一种针对现代化问题所进行的重要批判便是有关学校教育是否一定可以促进现代化的实现这一问题的批判。阿默尔与扬特兹(Armer and Youtz 1971)首先提出在某些特定的条件下,学校教育有可能会为国家发展带来使之传统化而非现代化的影响,而且恰恰是学校课程而非学校组织促成了上述结果的发生。学者们对伊斯兰学校所进行的研究为上述观点提供了支持性证据。瓦格纳与拉夫蒂(Wagner and Lofti 1980)发现,伊斯兰学校中实际上是禁止现代价值观知识的传播的。在那些强烈抵抗外侮的国家里,诸如摩洛哥、尼日利亚与印度尼西亚等,学校成功地发挥了维系这些国家传统机制的作用(Wagner 1985)。

针对已有的现代化理论所进行的深入批判,其矛头指向的乃是这些理论大多是建立在西方学校所推崇的态度与价值观基础之上的事实。因此,事实上,有关教育成绩与现代化的研究通常是针对学校学习问题的。另外,由于学校是一种选择性机构,因此,现代价值观的获得是多因素作用的结果而非仅限于学校一种因素。人们预先选择去获得现代价值观是与其预先选择去获得更多的学校教育相等同的。

最后,有关学校教育与现代性的研究主题是定位于现代化一定可以促进发展这一理论假设的基础之上的。然而,现代化也是可以有害于发展的。诸如,发展中国家的人才流失、现代化过程中所出现的社会关系的混乱、传统社会功能机构的破坏以及脱离于人民大众的现代化精英阶层的诞生等等,而这只不过是现代化对社会发展所造成的负面影响中的很小的一部分。当教育对现代化产生负面影响时,那么它便也对一国的社会发展产生了负面影响。

3.3 教育、生活质量与基本的人类需求

社会发展的另一个表征是生活质量的提高与人类基本需求的满足。当主要的物质资料,诸如衣、食、住资料等,在进行社会分配时表现出不足时,那么就将有相当一部分人群难以对社会发展做出贡献。尽管教育可能不会对资源的再分配产生直接的影响,但是它却可以对这一过程产生阻碍作用。例如,在一项针对墨西哥32个州所进行的研究结果中显示,文化水平是与消除婴儿死亡率、营养、洁净水以及健康关怀等基本需求的供应程度相关联的。此外,有观点认为在上述基本需求得到满足之前,墨西哥的人均收入都将是落后于其他欠发

达国家的(Wood 1988)。

教育与生活质量和人类基本需求的满足程度之间的关系以及指向后两者的现代化进程所关注的均是那些不断变化着的人们。但是,它们在包括社会心理变革在内的一系列现代化问题上却是存在着差异的。生活质量与人类基本需求的满足程度所关注的是人类物质与社会条件的变革。教育对物质与社会条件变革的影响要小于它对态度与价值观的影响。目前还不甚清楚教育水平,特别是在高水平的教育仅仅有选择地惠顾社会中的少数精英群体的状况下,究竟应当出现何等的提高时方可必然导致物质与社会条件的平等分配。考虑到这一点,应当提及的便是生活质量以及人类基本需求的满足程度的提高同时也依赖于一国政治发展的水平。

4. 教育与政治发展

政治发展状况是根据政治统一(也即高度的团结与极少的混乱)与政治参与(也即高水平的流动性,例如选举与其他形式的决策制定等)来加以限定的。上述过程包括政治社会化、政治领导的准备、政治团结以及民族政治意识的发展等。以政治参与与政治权力分割为表现形式的政治发展可以为教育与经济以及社会发展之间关联的发生提供充分的说明原因。

4.1 教育、政治社会化与公民的权利与义务

教育在政治态度、价值观与行为的培养方面所具有的重要作用已经得到了广泛的研究(Renshon 1977)。但是,其他一些政治社会化的重要动因,诸如媒体与家庭等也是应当予以关注的。上述政治社会化的三个动因之间究竟存在着何种的相互影响,目前还不十分清楚。此外,另一个不甚清楚的问题,便是人们对有关政治与公民的权利和义务知识的学习程度在发达国家与欠发达国家抑或在不同的文化背景中将会是有所差异的问题。

尽管人们普遍认为政治社会化的功能在于维持社会制度的现状,但对政治社会功能的表述更加精确的应是其既致力于维持社会制度的现状又可促进社会制度的变革(Nathan and Remy 1977)。汤尼-珀塔与施威尔(Torney-Purta and Schwille 1986)认为,迄今为止没有任何一个工业化国家在传输和谐统一的公民价值观方面取得了完全的成功。造成这一结果的部分原因是由于许多理想中的价值观在现实中却是彼此不相容的,诸如民主价值观(包容与平等)与对国家政府的支持(爱国主义与对政府的信任),这一对价值观之间便属于这种情况。此外,在有些工业化国家里(美国与英国),其所强调的是个人成功;而在其他一些国家里(日本、希腊与德国),则认为安全问题是非常重要的。里奇拉夫(Ichilov 1991)曾报道,在以色列,学校对有关政治与民主知识的影响并不是统一的。那些参与课堂讨论、参加普通教学计划而非职业教学计划、来自东方民族群体以及弱势群体的学生们在其获得上述知识的过程中更易于受到学校的影响。

最后,教育对政治社会化的影响所要阐释的则是社会是如何得以实现其自身的维系与变革的问题。由于不同国家的政治学习具有不同的结构特征,因此一些不发达国家的学校对学生所实施的社会化其目标指向的乃是政治变革而非政治稳定,即使是在学校中充斥着官方课程或国家意识形态的情况下也是如此。这一点在肯尼亚与坦桑尼亚的学校中均得以体现出来。那里的学生认为,有关发展与现代化的问题要比有关保持风俗与传统的问题更加重要。在与此相类似的一项针对哥伦比亚与美国所进行的比较研究的结果发现,美国学生要比哥伦比亚学生更加支持其本国政府的政治举措(Nathan and Remy 1977)。正如哈伯(Harber 1984)在尼日利亚豪萨所进行的一项研究中发现的那样,学校中所教授的政治价值观有可能会与国家的政治领导之间存在着公开的冲突。

因此,教育在青年人的政治社会化过程中扮演着一个重要的角色。但是,这一政治社会化的结果却是既有可能支持传统又有可能支持变革与发展的。

4.2 教育与政治领导

政治社会化所关注的一个方面便是政治领导人的准备与选举。有时,政治领导人是保守的,这可以表现为他们对现有经济、社会与政治制度的维护;而有时,政治领导人则又会成为社会变革的主要动力。

教育制度乃是维护政治领导的一种标准手段，不过同时也存在着其他一些与之功用相同的手段，诸如军队、宗教与传统等等。在许多国家里，某些学校是被视作培养社会精英的场所的，例如在英国与美国便是如此。

在许多欠发达国家中，政治领导人的补充与培养显得要更加成问题一些。拉图基夫（Latukefu 1988）指出，在巴布亚新几内亚传统意义上的精英阶层诞生于正规教育制度建立之前，其政治领导人的选举所依据的基础乃是候选人对有关神、神话与民间传说知识的掌握程度。而现代意义上的精英阶层则是教育制度一手缔造出来的结果，这一阶层的生活方式与其所在国的绝大多数国民的生活方式之间存在着非常显著的差异。但是精英学校却凭借着传递现代知识的方式来确保着未来精英阶层的社会地位（Smith and Bray 1988）。

然而，如果精英阶层与社会大众之间的差距显得过大，那么政治不稳定性的几率也便随之增大。因此，教育在政治领导人的准备过程中所发挥的作用一方面体现在对社会精英人士的补充与选择上，另一方面又体现在确保这些精英人士能够与社会大众打成一片并有助于决定这些精英人士究竟是属于保守类型还是改革类型上。目前，人们对教育与政治领导发展之间的这种关系还所知甚少。

4.3 教育与国家建设

教育对政治发展所做贡献的第三个方面是关注国家建设问题。而国家建设在某一层面上所指向的则是国家认同与国家意识的发展问题。这一过程与中心力量构成的合法性以及一个国家文化的缔造之间有着密切的联系。这便要求建立一种关于政治制度的统一的国民认识。教育除了具有促进政治社会化的功能之外，它还能通过借助国家的象征物，诸如国旗、国歌、宪法、君主或其他高级政治领导人（有实权的或形式上的）的方式来提升公民的权利、义务及忠诚等品质。民族国家的形成要求打破国民所具有的区域式的忠诚和认同，而代之以全国家式的忠诚和认同。

考虑到欠发达国家中所出现的较低的政治统一水平、国民的高度的区域式或部落式的忠诚以及剑拔弩张的紧张与冲突局面，其政治发展应当受到与经济和社会发展同等的重视。在这些国家里，教育的不断发展通常可以借助于赋予公民应得的权利和义务的方式来促使其参加到国家事务之中去。因此，大众教育制度的诞生及其推行曾被誉为是对“国家的历史、文献、文化以及技术文明的神秘性”的一场洗礼（Meyer and Rubinson 1975 P. 146）。通过促使个体融入到民族国家之中去的方式，教育对国家及其制度进行了巩固和加强。

但是，尽管教育可以作为国家建设的一种动力，它同时也可以造成国家的分裂和冲突。一些学者将教育视作是一种商品，并认为其在社会中的分配经常是不公平的，因此成为导致社会商品不公平分配以及社会分裂而非促进社会团结与国家统一的源泉。有关上述教育所具有的对国家发展所造成的分化性影响的文献资料在针对尼日利亚与肯尼亚等发展中国家的相关情况所进行的研究中均可以找得到。

同样，如果教育可以作为一种促进政治统一与国家建设的动力，那么，那些得到最完备教育服务的社会成员也应当是对国家最为忠诚和最具有国家统一与团结意识的国民。然而许多国家所爆发的无孔不入的学生运动以及诸多学生运动所具有的对抗社会的性质均意味着教育对促进政治团结所具有的正面影响并不像人们所认可的那样无懈可击。但是，作为受过教育的精英群体，学生在反对政府时所体现出的是一种民族主义情感。尤其是在那些实施极权主义政治统治或国家大权被国外势力所操纵的国家里，诸如以前的那些殖民地国家的情况更是如此。因此，即使是学生运动，无论其是左翼式的还是右翼式的，都可以被视作是促进政治发展的一种动力（Altbach 1991）。

如同教育与政治发展关系的其他表现方面一样，教育可以充当促进发展的必要条件却非充分条件。在有关教育与政治发展之间关系的问题上，尚未加以考虑的一个因素便是政治制度在现实中对教育制度实施控制并对其性质进行建构的程度。

4.4 作为一种政治产品的教育

政治制度可以对课程、评估方式、纪律以及青年人入学或离校的程度等加以改造。在所有的国家中，有关教育问题的决策其制定基础均是由人们对学校的各种期待构成的。是职业教育计划还是普通教育计划能够得到重视通常所依据的均是政府为满足经济发展的需求而颁布的各种政令中所预期或要求的诸多技能。

一国发展状态对其教育制度的改造而言乃是一个起决定作用的因素。教育事业所能得到的财政经费的数量、传统价值观的强度、经济发展对农业或工业的依赖程度等均是人们对学校所抱以期待的重要组成部分。对教育制度的改造起决定作用的另一个因素便是国家经济制度是资本主义经济制度还是社会主义经济制度。正如资本主义经济制度对其教育制度所提出的需求一样,社会主义经济制度也对其教育制度提出了许多独特的需求。社会主义教育比之资本主义教育而言具有更加明显的集体主义、职业化与意识形态化的特征。

尽管教育可以对一国的发展做出如上所述的种种贡献,但是它也要受到其他制度体系的约束。教育与政治制度、经济制度与社会制度等的相互关系问题仍是日后有待继续对之加以深入研究的一个重要领域。

5. 教育与发展中的问题

在21世纪,将有大量的问题很可能会在有关教育与发展的政策和策略的制定中居于支配地位。

5.1 扫盲

扫盲的程度总是与发展的水平相联系的。鲍曼与安德森(Bowman and Anderson 1973)认为,40%的扫盲率是经济增长的必要而非充分条件。另外,高水平的工业化程度所要求的扫盲率是70%~80%。尽管扫盲率在许多欠发达国家仍处于较低的水平上,但是有关扫盲的运动和计划于20世纪70~80年代在许多新兴独立国家,诸如莫桑比克和安哥拉等,以及一些后革命国家,如古巴与尼加拉瓜等,均获得了优先发展的地位。由于读写等学习过程通常也包括对有关新政府的社会与经济目标的学习,因此上述运动也便服务于发展与意识形态这一双重目标。与扫盲计划相关的问题首先是指那些致力于面向全体社会成员的扫盲目标的实现以及促使扫盲的程度达到社会成员所获得的知识不再被重新遗忘这一水平上的问题。另一个相关问题便是维持扫盲的环境的问题,这一环境可包括社会成员能够享用的报纸以及其他一些阅读资源等。最后一个相关问题是指在扫盲计划所面向的对象群体中,妇女与农民往往是被安排在最末的位置上,如此所造成的一个结果便是在许多欠发达国家中妇女与农民的文化程度均是最低的,而他们的处境也是最不利的。

5.2 性别歧视

在所有的发展中国家,女性扫盲与接受教育的水平均要低于男性。此外,男性与女性之间的不平等状况正在加剧。根据斯特姆奎斯特(Stromquist 1990)的研究,在1969年至1985年期间全世界所增加的1.54亿新文盲中,有1.33亿也即新文盲总数中的86.4%是女性。妇女在官方支付报酬的劳动力总数中占了1/3,她们所生产的粮食几乎占了世界粮食总产量的一半,世界上几乎所有的家务劳动都是由妇女来承担的,她们所提供的健康服务要比世界上所有健康服务产业所提供的健康服务的总和还要多。但是,在许多国家,妇女还是不能拥有土地,她们的工作时间也经常是加倍的,而且在许多国家她们也难以享受到平等的政治参与权(Fägerlind and Saha 1989)。

普萨卡罗普洛斯(1985)认为,抛开不平等的教育参与与机会问题不谈,"扩大教育供给以满足妇女的教育需求不仅是一个公平问题,同时也是一个社会效率问题"(P.592)。但是在许多国家,依然存在着阻碍实现性别平等目标的诸多文化上与制度上的障碍,这些障碍反对妇女参与发展的过程以及从发展的结果中受益。斯特姆奎斯特(1990)对造成上述不平等现象的原因进行了如下几点说明:(a)宗族式的理念,其主张妇女的地位应是对男人地位的一种辅助;(b)男人对妇女在性上的控制,诸如与贞节有关的规范、妇女有限的活动范围、流产以及在男女乱交方面的避孕措施等。这种控制可以包括身体上的暴力以及强制女性在青春期到来之前要与男性相互隔离,这种隔离可以是象征意义上的隔离也可以是身体上的隔离。

在所有的国家中,妇女应当拥有平等的教育机会是一项重要的但又经常被忽略的发展目标。尽管此方面的重大成果仍在持续不断地涌现出来，但是这一不平等问题有时还是显得很微妙。性别平等既是一种发展资源，同时又体现着公正原则，因此教育中的性别平等问题已经成为那些宣称要对改善发展进程有所贡献的诸多教育问题中的一个主要问题。

5.3 职业与普通教育

有关为发展服务的职业的或普通的中等教育课程的争论在很大程度上是与为谋得学校适应经济发展的需要而付出的努力相联系的。而这一争论的源头则存在于福斯特（Foster 1966）所提出的所谓只要人们出于谋职的考虑而对普通课程的偏好难以消退时，那么职业学校教育便永远不会对发展的目标做出贡献的观点之中。因此，许多国家所面临的一个持久性的共同难题便是如何建立一门既可提供给劳动者其所必需的技能，又可与普遍的社会需求取得一致的课程。

职业与普通课程在相容共存中所面临的主要困难便是它们分别与两个工作部门相关联。因此，它们均试图维系社会中的不平等并使其制度化。尽管人们普遍认为任何水平的技能在农业与工业经济中均是必需的，但是只要现代工业部门报酬不均衡的现象依然存在，那么职业教育的建立与改进就仍将面临着困境。

贝纳瓦特（Benavot 1983）发现，在1950年到1975年间，伴随着平均主义思潮的日益兴起，全球范围内的职业教育均呈现出下降的发展趋势。普萨卡罗普洛斯（1985）则发现，职业教育的回报率（12%）要比普通教育的回报率（16%）低。世界银行在一个对21项研究成果所进行的调查报告中归纳到，职业教育不仅成本要比普通教育更为昂贵，而且其在教授人们所预期的技能方面也并不是成本效率最为合理的一种方式（Haddad et al. 1990）。在提高成本效率方面，学院或公司的短期培训计划也许才是一种更为理想的选择。

对许多发展中国家的经济发展而言，如果不失冲突的话，职业教育仍是其解决劳动者必备技能的一种颇具吸引力的选择。此外，职业教育对那些未能接受普通教育的学生而言也显得较为适合。但是，考虑到社会的不平等以及对日新月异的社会变革的适应能力，目前还不十分清楚究竟是哪一种类型的教育会更有助于经济、社会与政治的发展。

5.4 公平与效率

所有的国家均面临的一个共同的问题便是对有关公平与效率问题所做出的决策的问题。究竟是应当强调保证尽可能多的学生均可接受到他们所能接受到最长时限的学校教育，还是应当将主要精力移向那些已证明可以接受更高水平学校教育的学生群体？这两个过程是相互关联的。在全球范围内的接受初等与中等教育的学生总数中，约有15%的学生是复读生，而全球教育预算的20%则需要花费在复读生与未来的辍学者身上（Haddad et al. 1990）。

学校教育的效率可以凭借增加投入的方式来得到提高。有研究成果显示，诸如教师素质、教材、家庭作业以及在校时间等因素均能对学生学业成绩的提高有所帮助（Saha 1983，Fuller 1987）。但是，目前尚不十分清楚究竟上述投入中的哪一项其成本效率是最高的，而且由于教学过程本身就是很复杂的，因此任何一项单独的投入都不可能会对学生学业成绩的提高产生很大的影响。然而，各欠发达国家之间在学校业绩上所存在的差异足以证明，要想大幅度地提高学生的学业成绩，改进上述任何一项投入的质量水平都将是必要的（Haddad et al. 1990）。

6. 结论

教育对经济、社会与政治发展产生影响的事实已足以消除人们在20世纪70年代末期在此件事情上所持有的怀疑态度。但是，由于它们三者间的关系是异常复杂的，因此目前还很难对是否任何一项教育投入都可取得预期的结果这件事情下定论。教育投入过多或对不良教育形式进行了资金投入等等诸如此类的事情的发生都是有可能的。由于知识与技术的迅猛发展，事实上任何一个国家都不可能会在不培养出合格的受教育者的前提下便可以去贯彻实施其所制定的发展政策。只有在教育可以满足某一国家所提出的特定的发展需求并在这一特定的发展环境中得到有效的应用时，它才能够成为促进发展的一个主要动因。

L. J. 萨哈（L. J. Saha）
I. 费格林德（I. Fägerlind） 著
杜 钢 译

附录

Almond G A, Verba S 1965 *The Civic Culture: Political Attitudes and Democracy in Five Nations: An Analytic Study.* Little, Brown & Co., Boston. Massachusetts

Altbach P G 1991 Student political activism. In: Altbach P G (ed.) 1991 *International Higher Education: An Encyclopedia*, Vol. 1. Garland, New York

Armer M, Youtz R 1971 Formal education and individual modernity in an African society. *Am. J. Sociol.* 76 (4): 604—626

Benavot A 1983 The rise and decline of vocational education. *Sociol. Educ.* 56 (2): 63—76

Blaug M 1985 Where are we now in the economics of education? *Econ. Educ. Rev.* 4 (1): 17—28

Bowles S, Gintis H 1976 *Schooling in Capitalist America: Educational Reform and the Contradictions of Economic Life.* Basic Books, New York

Bowman M J, Anderson C A 1973 Human capital and economic modernization in historical perspective. In: Lane F C (ed.) 1973 *Fourth International Conference of Economic History.* Mouton de Gruyter, Paris

Carnoy M, Levin H 1985 *Schooling and Work in the Democratic State.* Stanford University Press, Stanford, California

Coombs P H 1968 *The World Educational Crisis: A Systems Analysis.* Oxford University Press, New York

Coombs P H 1985 *The World Crisis in Education: The View From the Eighties.* Oxford University Press, New York

Delacroix J, Ragin C 1978 Modernizing institutions, mobilization, and Third World development: A cross-national study. *Am. J. Sociol.* 84 (1): 123—150

Easton P, Klees S 1990 Education and the economy: Considering alternative perspectives. *Prospects* 20 (4): 413—428

Fägerlind I, Saha L J 1989 *Education and National Development: A Comparative Perspective*, 2nd edn. Pergamon Press, Oxford

Foster P 1966 The vocational school fallacy in development planning. In: Anderson C A, Bowman M J (eds.) 1965 *Education and Economic Development.* Frank Cass, London

Fuller B 1987 What school factors raise achievement in the Third World? *Rev. Educ. Res.* 57:255—292

Haddad W D, Carnoy M, Rinaldi R, Regel O 1990 *Education and Development: Evidence For New Priorities.* World Bank Discussion Paper No. 95, World Bank, Washington, DC

Harber C R 1984 Development and political attitudes: The role of schooling in northern Nigeria. *Comp. Educ.* 20 (3): 387—403

Ichilov O 1991 Political socialization and schooling effects among Israeli adolescents. *Comp. Educ. Rev.* 35(3): 430—446

Inkeles A, Smith D H 1974 *Becoming Modern: Individual Change in Six Developing Countries.* Heinemann Educational, London

Klees S J 1989 The economics of education: A more than slightly jaundiced view of where we are now. In: Caillods F (ed.) 1989 *The Prospects For Educational Planning.* UNESCO, Paris

Latukefu S 1988 The modern elite in Papua New Guinea. In: Bray M, Smith P (eds.) 1988 *Education and Social Stratification in Papua New Guinea.* Longman Cheshire, Melbourne

Lerner D 1964 *The Passing of Traditional Society: Modernizing the Middle East.* Free Press, New York

Lockheed M E, Jamison D T, Lau L J 1980 Farmer education and farm efficiency: A survey. In: King T 1980 *Education and Income.* World Bank Staff Working Paper No. 402, World Bank, Washington, DC

Meyer J, Rubinson R 1975 Education and political development. In: Kerlinger F (ed.) 1975 *Review of*

Research in Education. Peacock, Itasca, Illinois

Nathan J A, Remy R C 1977 Comparative political socialization: A theoretical perspective. In: Renshon S A 1977 *Handbook of Political Socialization: Theory and Research.* Free Press, New York

Psacharopoulos G 1985 Returns to education: A further international update and implications. *J. Hum. Resources* 20:583—604

Psacharopoulos G, Woodhall M 1985 *Education for Development: An Analysis of Investment Choices.* Oxford University Press, New York

Renshon S A (ed.) 1977 *Handbook of Political Socialization.* Free Press, New York

Saha L J 1983 Social structure and teacher effects on academic achievement: A comparative analysis. *Comp. Educ. Rev.* 27(1): 69—88

Smith P, Bray M 1988 Educating an elite: Papua New Guinea enrolment in international schools. In: Bray M, Smith P (eds.) 1988 *Education and Social Stratification in Papua New Guinea.* Longman Cheshire, Melbourne

Stromquist N P 1990 Women and illiteracy: The interplay of gender subordination and poverty. *Comp. Educ. Rev.* 34(1):95—111

Todaro M P 1989 *Economic Development in the Third World*, 4th edn. Longman, London

Torney-Purta J, Schwille J 1986 Civic values learned in school: Policy and practice in industrialized nations. *Comp. Educ. Rev.* 30(1): 30—49

Wagner D A 1985 Islamic education: Traditional pedagogy and contemporary aspects. In: Husén T, Postlethwaite T N (eds.) 1985 *International Encyclopedia of Education*, 1st edn. Pergamon Press, Oxford

Wagner D A, Lofti A 1980 Traditional Islamic education in Morocco: Socio-historical and psychological perspectives. *Comp. Educ. Rev.* 24(2 Pt.1): 238—251

Weiler H N 1978 Education and development from the age of innocence to the age of scepticism. *Comp. Educ.* 14(3): 179—198

Wood R H 1988 Literacy and basic needs satisfaction in Mexico. *World Dev.* 16(3): 405—417

和平教育(Education for Peace)

倘若不热衷于谋求一个更加公正与和平的社会环境,那么令人满意的教育状况也便是无从寻觅的。教育不但培养个体能够用一种批判的眼光来审视社会现实,并且还承担着造就出能够改进社会现实状况的未来一代的职责。根据以上理念而组织的教育活动必须将"和平"作为社会与个体发展的一项目标。因此,这样的教育也便是所谓的和平教育,它是以传播和促进和平作为自己的一个本有理念的。就此而论,"和平"理应成为各种教育形式的一个必要维度。

1. 前提

然而,在20世纪90年代,从一种更加狭小的角度去谈论和平教育问题则似乎成为了一件最有意义的事情。冷战虽然结束了,但战争与暴力对人类所造成的威胁却仍是异常的巨大。和平成为了人类能够得以继续生存的首要前提。当今,个体、后代、国家乃至人类的生存都须依靠于和平局面的开创与维系。因此,教育也必须对那些可以导致战争、暴力与物质需求的问题有所发觉,并努力寻找有望减轻甚至彻底解决这些问题的途径。和平教育所体现的正是教育对消除上述问题所能做出的贡献所在。当然,应当明确的是上述问题中的大多数均属于由宏观结构体系所导致的制度层面上的问题,教育所能解决的也只能是其中的某些问题。和平教育的一个前提便是,倘若要控制住当今人类所面对的一系列主要问题,那么就必须使得与解决这些问题有关的终身的学习过程在受教育者的童年时期便开展起来。

2. 和平教育的背景与国际特征

20世纪90年代,在美国、日本、西欧、中欧、东欧以及许多第三世界国家里,和平教育均成为其课程的一个组成部分。当然,世界不同地区的国家在和平教育的教学方式上又是风格迥异的。在绝大多数第三世界国家里，和平教育是其谋求经济、社会、国家乃至地区发展的一种尝试。在东欧的前社会主义国家里，所有的教育在理论上都是和平教育，因为和平被视作是社会主义国家历史发展的一项目标，但事实上，实际的教育效果与理论上的设想有些出入。到1992年，和平已经不再是这些国家教育中的一个核心的概念了。然而，在社会结构的变迁中，一系列教育任务也随之涌现出来，而在社会结构变迁中所出现的暴力问题也随即转变为和平教育领域内的问题。在美国和西欧，和平教育所要教导人们的是对其所在社会及该社会在国际事务中的作用加以观察。因此，自从20世纪80年代早期以来，国际环保运动与和平运动之间便建立起了一种关联。尽管称谓不同，和平教育还是与其他一些相类似的运动存在着共同的奋斗目标并与诸多社会变革所强调的重点之间拥有许多相通之处。这些其他的教育运动包括国际理解教育、国际教育、生存教育、全球教育以及世界公民教育等。

3. 和平研究与和平教育

通常认为和平教育是政治社会化的一个组成部分，但是早期的和平教育却是有着一个完全不同的基础的。在20世纪60年代，和平教育的目标是促进世界人民的相互理解并培养他们的和平思维。早期和平教育的理论基础认为，人类在本性上是爱好和平的，对人类这一爱好和平的本性造成威胁的则是其侵略性，而和平主要是一种道德行为。考虑到人类的侵略性欲望，早期的和平教育致力于发展受教育者的责任感，教授给他们非暴力行为，强调人类对和平的向往及个体所能实施的有助于和平的行为，凡此种种均将促使现实政治生活中和平局面的到来。有观点认为，战争是起源于人们的思想之中的，而在具有战争思想的人群中往往会引发战争。有鉴于此，为了能够创造出代表更高公正水平的社会状况，那么就必须使得人们的思想意识转向有利于和平的方向。如果通向和平的路径是借助于人们的思想意识来架构的话，那么和平教育在逻辑意义上就获得了突出的重要性。

但是，在20世纪70年代早期，有关和平研究的成果显示，仅凭人类思想意识的转变是难以促使和平局面的到来的。从那一时期开始的和平运动便已证明了上述观点的正确性。植根于社会结构之中的争战与暴力是难以凭人们期望和平到来的意愿这一股力量所能消弭的。与植根于社会结构中的暴力相对抗的协调一致的政治行动以及国际合作在赢得和平局面上也是必不可少的。诸如“组织化争战”(Senghaas 1972)与“结构性暴力”(Galtung 1969)等词汇所意味的是和平乃是一个影响着社会结构变革的问题。尽管教育在解决上述问题中的作用是很重要的，但也是有限的。

在20世纪90年代，和平教育所倚重的核心概念包括“组织化争战”、“结构性暴力”与“社会公正”等。这些概念使得和平的社会特征变得更加清晰，并对那些对和平教育问题所进行的万能的、幼稚的与简单的解释意见进行了有效的批驳。根据加尔唐(Galtung)的观点，和平不应当仅仅被理解为是一种不存在战争与直接暴力的状态(也即消极意义上的和平概念)。和平教育还应当致力于建立一种确保个体与社会遭受到最少的结构性暴力并因此而享受到高度社会公正的人类生存环境(也即积极意义上的和平概念)。作为这一积极意义上的和平概念的一个必然结果，教育所关注的不仅是国家之间以及国际社会中所存在的战争或直接的暴力问题，而且还应关注可引发暴力问题的社会内部条件，包括家庭与正规学校教育中所存在的暴力性因素等等。

4. 目标、内容与形式

和平教育并非是一个可以清晰地对之加以描述与限定的领域。但是，我们还是可以对20世纪90年代早期有关和平教育的一些主题做出如下的限定：

(a)问题来源于战后东西方的冲突以及人类至今仍面对的核威胁；(b)南北冲突以及在某种程度上由国际劳动力分工所导致的南半球日益加深的贫困状况；(c)由环境污染与破坏所引发的一系列问题；(d)自然资源与粮食的匮乏；(e)人口膨胀；(f)改进人权与社会公正状况时所遭遇的障碍。

除非教育可以对上述问题进行清晰的阐发，否则它就将会在培养青年人为未来做好准备方面有失其职责。

如果和平教育所能做到的仅仅是传递有关上述主题的一些信息,那么它便难以满足人们对其所怀有的期待。尽管有关这些主题的信息也是非常重要的,但是在对待这些主题时,和平教育除了传递相关信息外,还应做更多的事情。它应当能够针对这些主题进行一些有根有据的辩论,这样便可以提升人们对其的关注程度并促使个体摒弃其所持有的偏见与敌意。因此,在面对上述主题时,有必要去探寻一下诸如敌意与偏见是如何产生出来的,而它们在维持暴力组织结构方面所具有的作用又是怎样的等一些问题的深层原因所在。所以,和平教育也应当探讨有关态度的问题,并提供出可对其进行考察的合理途径。和平教育应当鼓励人们对自己的生活方式进行审查并提供给他们可对自己在面对和平问题时的自我表现进行审视的机会。由此,和平教育就可促使人们建立起一种经过修正的自我概念,而这一自我概念则可帮助他们对自己所处的社会与世界产生一种更加深刻的理解。

和平教育应当致力于谋求一种以和平定位的学习过程,这一学习过程可以激发出人们采取行动的意愿,由于冷漠与无助等情感会阻止人们对该学习过程产生同情感与参与意识,因此在这一学习过程中,应当努力克服上述不良情感的发生。一种有助于消除上述不良情感的学习策略会将个体所缺失的某种经验视作是由全球问题所衍生的一个必然的副产品。有观点认为,个体的生活是由某种宏观结构上的冲突形式所决定的,甚至是受其威胁的。此种观点可以激发出人们对和平事业进行支持的动机。因此教育除了传递有关和平的知识信息以外,还可做更多的事情,诸如它可以促使人们的态度发生改变并引发出一系列政治变革等。

但是,和平教育也有一个与自身相关联的结构性问题。作为一种教育形式,和平教育可以促使其所指向的个体与群体的思想和态度发生变化,但这并不意味着这些变化也一定会导致暴力性社会结构的减少。因此,对接受和平教育的人们而言,耐力与恒心便成为一种颇为重要的辅助手段。所以在推行和平教育时,辅之以具有现实性的相关政策与行动方案也是非常必要的。

和平教育需要某些特定的交流模式。在可能的情况下,它应当提供非暴力式的学习过程,因此和平教育首先需要建立的便是那些包括参与性学习与自我发现性学习在内的学习方式。在上述学习过程中,自发与负责等义务的主要部分是由和平教育所指向的对象所承担的。应当激励他们努力设想出有可能出现的各种各样的冲突,凭借于此,他们便可以学会利用自己的想像能力推测出一系列和平的结果。在这一过程中,学生对有关各种冲突情况起源的历史意识的发展及其所具有的基本的应变能力充当着一种核心地位的角色,因为它们可以帮助学生设计出各种变革方案,尽管这些方案主要是空想式的,但也是来源于学生的日常生活经验的。此外,它们也确保了学生在考虑有关和平的一系列问题时可同时萌发出一种面向未来的意识。

5. 作为一种社会学习过程的和平教育

和平教育应当被视作是一种社会学习过程,而在该过程中各种各样的问题与冲突都将会被发掘出来。同时该过程也包含着个体技能的发展过程,没有个体技能的发展,定位于和平的行动也就难以奏效。这些个体技能主要包括以下一些方面:(a)认识自我。在察觉与应对自己及他人感受和态度方面所具有的敏感性。(b)认识自身及社会的依赖性。在察觉社会依赖性方面所具有的敏感性,对自身生活状况的意识,对个体所处其中的社会关系形式的分析。(c)角色距离。同以前所充当的社会角色保持适当距离的能力以及在扮演与先前不同的另一社会角色时,对自己的角色距离进行表露或质疑的能力,倘若条件合适的话,也包括对这一社会角色所提出的标准性需求进行修正的能力。(d)移情。深入体会敌对方的感觉并对其表示理解的能力。(e)对模糊性的包容。察觉并容忍他人所表现出的模棱两可与矛盾冲突的意见的能力,即使是在自身的大多数需求似乎难以得到满足的情况下也是如此。(f)交流的素质。将个体的需求与兴趣通过适当的途径加以表达的能力,即既不完全生活在别人的期待之中,也不完全忽视别人的期待,而是通过一种交流的过程在自己的观点与其他各种观点之间建立起一种平衡关系。

个体所应具备的上述能力可以通过在学校中所进行的社会性学习来获得,而这些能力又是倾向于和平的自发性社会行为的产生前提与构成要素。尤其是后四种能力所阐释的那些相对一般性的素质,其针对于和平教育的全部含义只有在与以上所探讨过的诸多问题的相互作用中方可得到清晰的表露。只有当和平教育被作为一种社会学习过程来加以理解并付诸实践时,那种致力于克服政治上的无力与漠然现象的情感和引发倾向于和平的行动的社会素质才能真正得到发展。

6. 目标群体

和平教育可以在许多社会场所中发生。它可以发生在家庭当中,即家长可以通过其在日常生活中对推动和平事业所投以的关注来为自己的孩子们塑造出一种和平教育的学习模式。和平教育也可以作为学校成人教育中心与大学中讨论的主题之一。一般而言,这些讨论主题主要是通过以下两种途径来付诸实施的。第一种途径是,和平教育可借助于一系列主题中与维系、促进和平有关的维度来得以实施。在这种实施方式中,和平教育成为了一种教学原则。第二种途径是,针对与和平相关问题的教学单元能够得以发展、验证与教授。这些教学单元自有其应有的位置,例如,它们可以安排在公民、文学与宗教课之中。

此外,和平教育还可以通过诸如电视、报纸、杂志与电影等大众媒介来加以实施。而这种实施的可能性在很大程度上要依某种特定的媒介手段的性质而定。最终,和平教育也能够在教会、政党、工会与下层群体中得到实施。在这些领域中参与和平教育的通常是那些意识到帮助改善和平状况乃是对后代应尽的一种义务的一些成年人。从总体上而言,致力于谋求和平的努力能否获得成功主要依赖于教育与相关学术研究以及实践政策之间的相互作用的结果如何。

7. 结论

在和平教育领域中存在着一系列难以调和的两极关系。它们包括:(a)宏观层面与微观层面之间的关系。在和平教育领域中,宏观与微观这两重层面乃是最基本的两个构成要素。致力于和平的工作不能仅限于微观层面上,同时还应考虑到宏观层面上暴力组织结构的复杂性,此外,和平事业在微观层面上所取得的微小进步也是不容忽视的。而和平教育所要做的工作就是协调这两重层面之间的关系。(b)反应与行动之间的关系。和平教育的目标之一便是提供有关那些影响到人类生活的重大学科的知识和信息。这样做的一个目的是增长知识,因而也便加强了判断的力度。与此同时,和平教育的设计也应当致力于改变人们的态度并促使他们建构起乐于采取和平行动的意愿。此外,和平教育还应致力于其自身行为的改善。当然,以上两个目的之间也会发生冲突。(c)分析与变革之间的关系。和平教育是一种借助批判性思维对暴力性组织结构进行透视的努力方式。但是和平教育所不能忽视的一个问题便是一种较少暴力现象的世界究竟应当是什么样的?和平教育必须为一个更加和平的世界设计出理想中的式样并对相应的现实状况加以评价。(d)情感与理性之间的关系。和平教育的目标在于引发公众的关注与参与,即使是在有失偏颇的情况下也是如此。失去了这一点,准备相关政治行动的愿望也便无从寻觅了。但是,和平教育是受理性标准制约的,这便要求个体应当对自己的身份有一个正确的评价并消除由此所引发的一系列不确定性。(e)形式与内容之间的关系。与和平相关的学习过程能否在结构性暴力存在的条件下生发出来?在使用高度前结构化学习方式的全封闭场所中学习有关和平的内容是否比在其他场所学习该内容更加适合?抑或是这种结构已经腐化了所学的内容,并使其也转变成为通向暴力的一种渠道?如果是这样的话,我们便不得不对学校中与和平相关的教学过程的价值有所质疑,并考虑在校外场所进行和平教育的必要性。抑或是由于青年人是由诸如学校这些场所中的学习过程所制约的,而这些场所确实为和平教育的教学过程提供了可资验证的机会?上述问题的答案迄今仍未取得定论。

和平教育可以被视作是一个教育工作领域,在这一教育工作领域中存在于教育、和平研究与冲突研究、和平运动以及和平政策之间的相互关系是十分重要的,但是这一教育工作领域却并未处于整个教育领域的中心位置,因此也便丧失了其所具有的独特的个性。

C. 武尔夫(C. Wulf) 著
杜 钢 译

附录

Galtung J 1969 Violence, peace and peace research. *Journal of Peace Research* 6:167—191

Senghaas D 1972 *Abschreckung und Frieden. Studien zur Kritik organisierter Friedenslosigkeit.* Suhrkamp, Frankfurt

其他参考文献

Barash D P 1991 *Introduction to Peace Studies.* Wadsworth, Belmont, California

Bjerstedt A 1991 Peace education: A selective bibliography. Peace Education Reports 3, School of Education, Malmö

Bose A 1991 *Peace and Conflict Resolution in the World Community.* Advent, New York

Buddrus V, Schaitmann G W (eds.) 1991 *Friedenspädagogik im Paradigmenwechsel.* Deutscher Studienbuch Verlag, Weinheim

Curie A 1973 *Education for Liberaliens.* Tavistock Publications, London

Haavelsrod M (ed.) 1976 *Education for peace: Reflections and Action.* IPC Science and Technology Press, Guildford

Heck G, Schurig M (eds.) 1991 *Friedenspädagogik.* Wissenschaftliche Buchgesellschaft, Darmstadt

Jares X R 1991 *Education para la paz: Su teoria y su practica.* Editorial Popular, Madrid

Jontiez P L Harris D (eds.) 1991 *International Schools and International Education. The World Yearbook of Education.* Nichols, Brunswick, New Jersey

Smoker P, Davies R, Munske B (eds.) 1990 *A Reader in Peace Studies.* Pergamon Press, Oxford

The Union of International Associations (eds.) 1991 *Encyclopedia of World Problems and Human Potential*, 3rd edn. K G Saur, New Providence, New Jersey

Wulf C (ed.) 1973 *Kritische Friedenserziehung.* Suhrkamp, Frankfurt

Wulf C (ed.) 1974 *Handbook on Peace Education.* International Peace Association, Frankfurt

教育成绩:比较研究(Educational Achievement:Comparative Studies)

本词条所要描述的是自20世纪60年代以来有关国际教育成绩问题的一系列主要研究成果。它们包括:来自国际教育成就评价协会(IEA)的研究成果,来自国际教育发展评估组织(IAEP)的研究成果以及来自密歇根研究组织的研究成果。本词条还将对在教育成绩比较研究中所遇到的某些问题进行考察。这些问题包括目标群体的限定,是国家还是教育制度应当成为研究关注的焦点以及有关国际研究中的翻译的问题等。

绝大多数"最早的有关外国教育实践的描述通常均是由好奇者与对此感兴趣的旅行者所记载下来的零散的观察记录"(Eckstein 1988 P.7)。伴随着19世纪期间各国学校教育制度的发展,学者们开始对其他国家学校教育的状况进行研究,以便于借此向别国介绍本国学校教育的状况,同时吸收有利于改进本国学校教育状况的外国经验。值得一提的是,他们考察了学校教育的结构、教师、教学法以及课程等方面的情况(Brickman 1988, Postlethwaite 1988)。

在20世纪50年代,诸如联合国教科文组织(UNESCO),特别是联合国教科文组织下属的国际教育局(IBE)与经济合作与发展组织(OECD)等国际机构均加强了对与不同形式的教育组织、课程与教学法等相关的数据资料的交流与搜集工作。人们对正规教育在促进或阻碍社会与经济发展过程中所起到的作用的意识正在不断增长。与此相伴的是各国普遍认识到几乎没有哪些国家可以凭借其本国所拥有的资源或人力来满足日益增长的教育需求。而经济学家们在寻找可说明具有教育

“生产性”的参数方面则可谓是白费了一番力气。他们原本试图将从各级水平学校中毕业的处于某一年龄组的学生比例视作可说明教育具有生产性的一个参数,但是却发现这些学生在学校中所学到的东西在不同的国家中存在着相当大的差异。

安德森(Anderson 1961)指出,应当使用在教育心理学研究中得以开发的定量评估等客观的方法对教育结果加以测量。

1. 第一次成绩研究

皮德杰恩(Pidgeon 1958)曾经对英格兰与威尔士、昆士兰、澳大利亚以及加利福尼亚等地的11岁年龄组水平上的学生在阅读、算术与非语言能力方面所取得的成绩进行了抽样研究。研究的结果颇为有趣,并显示出其在比较教育研究中所具有的价值。皮德杰恩认为,以上三种教育制度体系中所存在的差异有可能是由其在教授不同学科时所运用的不同方法造成的。

1958年,一些研究者(包括安德森与皮德杰恩在内)共同商议开始对一项已测量过的教育结果进行研究的可能性。他们最终决定在1959年到1961年间实施一项具有可行性的比较研究。在他们所拟就的研究报告中(Foshay et al. 1962 P. 7)第一句话是这样表述的:“如果习俗与法律对一国教育领域中所容许存在的东西加以了限定,那么超越了国家界限的教育制度所建议的则是在教育领域中具有存在可能的那些东西。”他们所进行的这一探索性研究的目标如下:

(a)在得到一些针对简短问题测验所做出的反应之后,进一步探索一下能否凭借对这些来自不同语言与文化背景之中的反应形式所做的考察,推理出智力功能的某些表征。

(b)致力于发现在大规模的国际调查中使用某种方法论与管理方法时其可能性有多大以及会面临怎样的困难。

在以上这一于20世纪60年代早期所进行的研究中,所选的样本群体是来自比利时、英格兰、芬兰、法国、西德、以色列、波兰、苏格兰、瑞典、瑞士、美国与南斯拉夫的13岁年龄组水平上的学生,所进行的测验内容包括阅读理解、数学、科学、地理与非语言能力等。研究结果发现:(a)某种依赖于在教育与测量之中所应用的技术与哲学设想上所存在的相似性的大规模方案是可以付诸实施的;(b)即使是在难以避免的约束条件下所获得的数据资料均是可以对之加以充分分析的。此外,该研究还显示出将一种具有较大程度的经验性的要素援引入比较教育领域之中也是有可能的,而这一要求迄今为止在比较教育领域中仍处于边缘位置(Foshay et al. 1962 P. 19)。

尽管福赛(Foshay)对该研究已经做出了一个全面的阐释说明和结论,但是他并未对所谓“反应背后的智力功能”问题做出评述,而他对诸如词条的翻译、国家之间的差异与所占国家内部的差异的比重、测量图表以及测验工具的效度等问题所做的评述即使是在20世纪90年代早期也还是如同其在20世纪60年代早期一样显得很是中肯贴切。

作为本项研究的一个结果,研究者们还决定借助更加精确的可能性样本、测验、调查表与数据分析等来进行一项更加合适的研究。这便导致了当今由国际教育成就评价协会所实施的一系列主要研究活动的产生。

2. 国际教育成就评价协会的研究

国际教育成就评价协会所进行的研究活动可按时间顺序划分为以下四个阶段。

2.1　阶段1:第一次数学研究

国际教育成就评价协会第一次研究所选择的主题是数学。该项研究于1962年到1965年间在12个国家得以付诸实施,两卷研究报告也于1967年正式出版发行。在报告的前言中,胡森(Husén)强调鉴于这是许多与教育成绩相关的变量第一次被以一种标准化的方式加以量化,因此该研究应当有助于教育计划与政策制定者们“更加客观地审视本国的教育制度”。此外,对这些数据所进行的分析就对诸如学校组织、教师培训、课程的组织、学校支出、技术水平以及国家城市化水平等因素所具有的相对重要性而进行的确认与评估活动而言也是有所帮助的。以上这些信息资料乃是学校制度的规划与组织者们制定合理的相关政策时所必需的一个基本前提。

参与此项数学研究的国家以及为该研究中有关国际合作与数据分析部分提供资助的机构(政府机构与非政府机构)均认为,这一研究的结果将是颇有价值的。但是,由于教育制度的计划者们并不情愿只凭借所得到的数学研究这一种结果便进行相关的决策活动,同时还因为探寻一下影响到数学中所存在的差异的那些变量是否也会在其他学科领域中发挥相同的作用也是很重要的,所以研究者们决定针对其他一些学科领域展开第二阶段的研究活动。

2.2 阶段2:六项主题研究

1967年到1971年间,针对科学、阅读理解、文学、作为外语的英语、作为外语的法语与公民教育这六个学科领域而设计的测验与调查表得以开发出来,有关的数据也被搜集起来。建立在上述研究基础上的一系列国际性研究报告也于1973年到1976年间陆续得到了出版发行(Comber and Keeves 1973, Thorndike 1973, Purves 1973, Lewis and Massad 1975, Carrol 1975, Torney et al. 1976, Passow et al. 1976, Peaker 1975, Walker 1976)。同时也涌现出了许多国家性的相关研究报告与学术文章(Degenhart 1990)。

最初,研究者们打算同时进行以上六项研究,并选择同一学生群体参加测验(不包括针对英法两门外语所进行的研究),但由于学校在研究中所承担的测验量过大而只得作罢。这样整个研究便分作了两个部分来进行:1970年进行有关科学、阅读理解与文学的研究,而有关作为外语的英语与法语以及公民教育的研究则安排在1971年进行。

在每一领域的研究中,其设计方案均是一种交叉调查的组成方式。在绝大多数研究中,其目标群体均选定为10岁、14岁及高中阶段高年级的学生。在每一项研究中所做的分析,其目的均在于确认出投入与过程变量以及结果变量之间的关系。一国之内的学生之间的上述关系要计算出来,而不同国家学生之间在上述关系中所存在的相似与不同之处则要对之分别加以考察。其中的一项研究(Passow et al. 1976)所要考察的便是不同教育制度之间在与教育成绩方面所存在的差异有关的国家变量上的关系。

这些研究在范围上是相当广阔的,而在研究中所使用的一般方法则是一种经验式的量化研究的方法。数学模型在研究过程中被用来描述和解释所获得的证据,尤其是具有相关性的证据。然后再对这些证据做出解释和说明,而这则是一个更加艰难的过程。事实上,来自上述六项主题研究的发现性成果是多种多样的,而其中的要旨通过为数不多的几项发现性成果便可表述出来。卡罗尔(Carroll 1975)曾阐明道:在接受调查的所有国家中,其在外语学习,诸如法语学习过程中的受控因素或变量均是相同的,即使是在这些因素经过特殊的混合之后出现在某一特定的国家、学校或班级中时也是如此……研究结论所关注的重点是教学、教师素质以及学生的倾向、兴趣与动机等问题……这些研究结论的普遍性成立几乎又是很难与当前研究结论的普遍性成立相提并论的(P. 14)。一种对上述研究结果的恰当解释便是,它们组成了用于决策与外语学习相关的教育政策与教学程序的牢固基础(P. 279)。

卡罗尔还指出,如果要娴熟地掌握法语,那么则需要在学校中接受连续六年的法语教育。而学生在哪一年龄阶段上开始学习法语则并无大碍。但是经过非常优秀的教师的精心调教之后,学生则可以在最快只需4年的时间之内便可达到熟练掌握法语的程度。

在科学研究中,对课程的需求(也即究竟需要学习哪些内容)乃是造成国家之间在该方面差异的一个决定性因素。教学时间与家庭作业则是说明不同国家学生与学校之间差异的重要因素。

在公民教育中,研究的重点是有关态度结果的问题。通常,对民主价值观支持度较高的国家对国家政府与公民利益以及民主参与的支持度则较低,反之亦然。有观点认为,学校在有关学生对政治制度的了解方面可以提供给他们许多其所缺乏的知识与信息。特别是在社会中所存在的冲突及其产生原因方面所要强调的问题则更多。

在国际教育成就评价协会所进行的文学研究中,有研究结果发现,不同国家在文学课本的评估方面所使用的方法也是各不相同的。这些方法已经被大学和中小学校所采纳和应用。这使得那些从事课程开发工作的人们均面临着究竟应为学生选择何种方法为佳的问题。尽管学生已经学会了如何仔细阅读课文,但他们还是在诸如课文欣赏或激发文学的想像力等方面难以获得成功。在中学的低年级水平上,教师在教学中仅仅是为了让学生理解课文的字面意思而不是注重其推理能力的培养。国际教育成就评价协会所进行的写作研究(Purves et al. 1992)也取得了与此极为相似的研究成果。在一些人们所赞成的写作模式中,学生试着去获得那些特殊的写作目标。而在中等教育的低级水平上,教师在教学过程中更多强调的是诸如笔迹与字面整洁度等表面细节而对写作风格与类型等内在的东西则关注得较少。以上这两项研究成果对那些负责决定在各级教育中用母语进行何种教学的人们而言具有很深远的意义。

2.3 阶段3:两项重复研究与四项新研究

20 世纪 80 年代国际教育成就评价协会所进行的第一项重复研究是第二次国际数学研究(SIMS),研究成果形成了三种主要的出版物,分别由特拉威尔斯与韦斯特伯里(Travers and Westbury 1989)、加登与鲁宾泰尔(Garden and Robitaille 1989)以及伯斯特恩(Burstein 1993)等完成。其中的第三卷研究报告所报道的是对 8 个国家所进行的纵向研究的成果。该研究在学年伊始对所选定的学生进行监控并一直延续到该学年末。研究的主要发现成果是"教学内容应当怎样得以传授的问题要比教学内容是如何得以传授的问题显得更加突出"(第 13 章)。作者强调应当让更高比例的某一年龄组水平上的学生去学习更多的数学知识,而且他们也应当得到更多的"学习的机会"。与参与者比例和课程所具有的全面的结构性影响相比,不同的教学法的影响显然是被忽略了。

国际教育成就评价协会所进行的第二项重复研究是科学研究。研究成果形成了三项主要的国际性出版物,它们分别是由罗斯尔与基夫斯(Rosier and Keeves 1991)、波斯尔斯韦特与威利(Postlethwaite and Wiley 1992)以及基夫斯(1992)完成的。国际教育成就评价协会所进行的第一次科学研究(FISS)与其所进行的第二次科学研究(SISS)在教育成绩上所存在的变化在研究报告的第三卷中进行了报道。科学教学的建构方式是该项研究所特别加以考察的一个方面。整体研究结果显示,在初级中等学校教育过程中的每一个学期同时而不是分别教授所有四个科学领域(即地球科学、生物学、化学与物理学)的知识,学生在由来自以上四个科学领域的测试项目所组成的测试中取得了比之以往更高的测试分数。在除澳大利亚与美国之外的所有研究对象国中,其大众科学教育的成绩均得到了提高,而且从总体上来看,男孩与女孩在学业成绩上的差距也在缩小。跨国比较也对诸如学习时间与机会等因素的重要性加以了确认。此外,在义务教育阶段以及强制实行科学教育的阶段,在读率以及科学学习的参与情况与科学学习学业成绩的平均水平之间则存在着反相关的关系。

国际教育成就评价协会所进行的第一项新研究称作"课堂环境研究"(Anderson et al. 1989),它是一项针对不同的年级与学科领域所进行的为时 3~8 个月的纵向研究。该项研究的主要发现成果显示,世界各国在课堂管理方式上都是非常相似的,而那些可影响到学习结果的主要因素包括教师对班级和学生的管理,教师在这方面需要达到的标准是较高的,诸如他们应当具有对课堂纪律的迅捷反应、帮助学生组织其学习活动、对学生的成功与失败提供快速反馈意见以及采取适当行动帮助学生克服其所遇到的问题等等。

国际教育成就评价协会所进行的第二项新研究所关注的是教育领域中计算机的应用状况。其中已出版发行的一项研究成果(Pelgrum and Plomp 1991)报道了该项研究第一阶段的情况。这些情况包括使用计算机的学校比例、计算机的类型以及计算机使用的频率与目的等。在 20 世纪 90 年代早期,该研究第二阶段的研究工作开始考察有关计算机应用对学习过程的影响的问题。

国际教育成就评价协会所进行的第三项新研究所关注的是作文写作的问题。该研究形成了两种主要的出版物。第一种出版物(Gorman et al. 1988)所描述的是有关写作任务的发展以及作文评分方案使用的问题。第二种出版物(Purves et al. 1992)则展示了主要的研究成果。

国际教育成就评价协会所进行的第四项新研

究所关注的是 30 个国家中有关阅读能力的问题，该研究已经进展到总结研究成果的阶段，并准备将研究成果以一系列丛书与一种大型专著的形式出版发行出来（Elley 1993）。

2.4 阶段 4：第三代研究

数学与科学均已被列入国际教育成就评价协会所要进行的第三次主要研究的范围之内。国际教育成就评价协会所进行的第一次数学研究及相关数据资料的收集工作是在 1964 年展开的，第二次是在 1980 年，第三次则计划于 1994 年开始进行。国际教育成就评价协会所进行的第一次科学研究是在 1970 年展开的，第二次是在 1984 年，第三次则计划于 1994～1995 年开始进行。另有计划已经定于 1998 年再重复进行一次有关这两个领域的研究活动。

3. 国际教育发展评估组织的研究（IAEP）

设在普林斯顿与新泽西的教育测试服务机构（ETS）出版发行了其对加拿大（七种不同的制度）、爱尔兰、韩国、西班牙、英国与美国的 13 岁年龄组水平上的学生的数学与科学成绩所进行的第一次国际评估的结果（Lapointe 1989）。学业成绩测试的项目是由来自国家教育发展评估项目组的项目所组成的，各国均认为考虑到学生在该年龄阶段所应掌握的知识内容，这些测试项目对其 13 岁年龄组水平上的学生而言是颇为合适的。

国际教育发展评估组织于 1991 年所进行的第二项研究对来自 20 个国家的 9 岁与 13 岁年龄组水平上的学生的可能性样本进行了数学与科学测试。13 岁年龄组水平上的学生同时还进行了一项简短的地理测试。科学与地理测试的项目是以多项选择的形式出现的，约有 1/4 的数学测试项目要求学生思考并写出他们自己所认可的答案。这些测试项目是在几乎所有参与测试活动国家的共同合作下提供、编排与策划出来的。学生、教师与校长们还得到了一些简短的调查表。上述研究的结果于 1992 年得以出版发行（Lapointe, Mead and Askew, Lapointe, Askew and Mead）。

上述研究的优势体现在对项目反应理论（IRT）的应用、对国家平均分数样本的适当的标准性误差的快速计算以及研究进展的速度等方面。

4. 密歇根研究组织的研究

密歇根大学的史蒂文森（Stevenson）及其同伴联合来自日本以及中国大陆和台湾的研究者们共同进行了一些研究活动，这些研究活动旨在对存在于由上述国家（地区）中所挑选出的若干地区具有可比性的学生群体（1 年级与 5 年级）的数学与阅读成绩中的差异进行考察。通过运用观察、访谈与调查等研究方法，他们试图获得有关家长对学校工作所提供的帮助、家长对其子女的学业成绩所怀有的期待、学校与班级的组织建构、教师的工作任务及其所认可的重点教学内容、课本（期望获得的内容与标准、课程的稳定性与不稳定性以及课程所包含的范围等等）、用于教学与学习的时间、课堂行为、学生用于家庭作业的时间以及对所测试的主题所抱有的态度等问题的信息。

在大约 50 篇的相关文章中，其所关注的焦点均是对美国与其他三个国家与地区的教育实践、教育理论与教育成绩所进行的比较，并由此得出有关结论以便于用之改善美国学校的教学与学习状况。

为了展示出上述研究的风格，以下将罗列出来自一套相关丛书（Stevenson et al. 1990）中的针对数学学习所做的一些建议：

（a）重新组织上课日：由于学生从事其他无关活动、注意力不集中、由一项任务转向另一项任务时的效率低下以及在指导不足之下的独立学习等方面的原因，美国学校中用于数学学习的许多时间均被浪费掉了。

（b）使数学教学与学习活跃起来：学生在数学学习过程中应当处于一种对知识进行探求的状态之中，这可使得数学成为一门令人积极研习的学科。为了便于教师更好地备课，他们应当从冗务中摆脱出来，这样才能促使他们达到备课所提出的诸如对知识的发现与对理解的建构等方面的一系列要求。

（c）促使家长提供有见识的协助：美国的家长应当在其子女的学习上承担起更大的责任。相比之下，中国与日本的家长均为其子女的学校教育提供了诸如空间、资金与时间等方面的诸多协助。

(d)改变无益的假设:中国台湾与日本的教育哲学思想认为,几乎所有的儿童都具有理解初等教育课程的能力。而美国人则更加倾向于把遗传能力视作导致学生取得较高或较低学业成绩的原因所在。

密歇根研究组织所进行的研究所依据的判断样本均来自各国中预计具有可比性的那些城镇。这些研究对其所感兴趣的现象的数量进行了精细的分析。研究中所使用的数据收集方法乃是多种数据收集方法的综合体。

5. 国际研究设计与操作中的问题

对读者而言,将本部分与本百科全书中的另一词条结合在一起加以阅读应当是一件令人欣喜的事情。

那么在跨国教育成绩比较研究中,我们所加以比较的究竟是哪些东西呢?教育成绩的测量是在一个或多个学科领域中面向所选择好的以年龄或年级划分的学生群体而进行的。我们需要对上述来自各国的测量对象群体之间的教育成绩进行比较研究。在某些情况下,对教育成绩所进行的测量活动还要中断下来,以便于对存在于男孩与女孩以及农村学生与城市学生教育成绩之间的差异加以阐释说明。但是,由于媒体及政客们对国家教育成绩平均分数的关注,由此便导致了诸如"日本学生的数学成绩要比美国学生的数学成绩为高"等论点的出现。

上述研究在为学校获得投入及促进学校的发展方面提供了一系列参数。通过使用相关分析的方法,各国中以上每一种参数与教育成绩之间的关系(包括相关影响)均可被分别加以评估。应当指出的是,从总体上来看,以上分析活动是在不同的水平之间加以实施的。因此,在研究报告中便出现了诸如"投入X与20个国家中的15个国家的教育成绩之间具有一种重要的关联"或"变量的影响或参数Y在决定结果Z方面发挥着至关重要的作用"等纷繁复杂的研究结果。

而在绝大多数情况下,上述研究还是难以付诸实施的。我们在研究中所能考虑到的要点主要有以下四个方面:

5.1 谁是加以比较的主体,为什么

是否应当对以年龄或年级加以划分的学生群体进行比较?显而易见,不同国家中那些需要对之加以测试的目标群体之间应当是具有可比性的。但是,可比性究竟是意味着同一性还是相似性,倘若是意味着相似性的话,那么这种相似性的程度又应当是怎样的?国际教育成就评价协会与国际教育发展评估组织均对其在10岁年龄组水平上与13岁年龄组水平上的学生群体的研究中所取得的研究结果进行了报道。造成这一现象的首要原因是,作为研究的目标群体的学生其年龄均在10岁或10岁以上,那么针对他们所提出的一个颇令研究者感兴趣的问题便是,目前,这些学生究竟从其国家的正规教育制度体系为其所提供的教育中学到了哪些东西。然而,在不同的教育制度体系中,其初等学校所允许的入学年龄也是有所差异的。各国初等学校的入学年龄从荷兰所规定的4岁直到斯堪的纳维亚国家所规定的7岁不等。这也就是说,当学生9岁时他们在荷兰可以上到6年级而在芬兰则只上到了3年级。此外,有些国家的教育制度体系所实施的是复读制,而其他国家的教育制度体系则致力于提高学生的入学年龄。从国际教育成就评价协会所进行的文学阅读研究的结果中可以发现,上述教育制度的实施使得冰岛9岁年龄组水平上的学生中有99%的人数在该研究的测试进行时仍在小学1年级就读,而此时在美国同一年龄组的学生中则有42%的人数就读于小学4年级,另有43%的人数就读于小学3年级。如果将处于复读制中的13岁或14岁年龄组水平上的学生作为测试样本的话,那么其中任何一个年龄组上的学生在其分布上都将可能跨越4~5个年级。这便意味着研究中所选取的某一特定年龄组水平上的学生群体应当是来自1~2个乃至更多的年级的。这些学生也可以来自不同的学校系统。倘若将特殊教育加入其中的话,那么问题就会变得更加复杂起来。在不同国家所指定的实施特殊教育的学校或计划中,某一年龄组水平上的学生的比例从1%到9%不等。那些处于特殊教育计划范围之内的学生是否也应当被吸纳入测试中来?接受特殊教育的学生在主流教育环境中的状况又是如何

的呢?

因此,目标群体的限定是一件殊为不易的事情。就将所有9岁年龄阶段的学生放在某一教育制度体系中加以测试而言,他们之间是不会出现100%的可比性的,即使是把这一群体中在各国均具有相同比重的接受特殊教育的学生人数除去,结果仍是如此。因此,研究者们均力求在目标群体的择取上使之达到最大的相似性。这便使得他们采用了对可确保在测试当日所有9岁学生都可在场的年级中的学生进行测试的形式,同时也对与其相邻的年级中的9岁学生进行了测试。那么从理论上讲,参加测试的学生的平均年龄应是9.5岁,而标准偏差则应是3~4个月。

出于现实的考虑,研究者们在研究过程中不得不做出某些让步。对某一"目标群体"所做出的一种典型限定可以是如下这样的:(a)该群体中的所有学生都应当处于可以在测试时找到绝大多数9岁学生的年级中;(b)测试时所择取的学生其年龄应当在9岁到9岁零11个月之间。(a)是指以年级加以划分的群体,但其是根据学生年龄而加以限定的;(b)是指以年龄加以划分的群体。这一点还要根据在测试过程中择取9岁学生时所同时包括的其他年级的数量来确认其所达到的符合标准要求的程度。

对中等学校教育最后一年中的目标群体的限定是另一个难题。首先,在一种学校制度体系中,其所包含的年级数量在范围上可从11个到14个不等。其次,所择取的年级群体的学生其平均年龄的范围大约应是17~20岁。再次,某一年龄群体的学生中接受最后一年学校教育的人数比重应当占到该群体总人数的15%~95%。第四,在有些教育制度体系中对某一年龄群体中的一部分学生所实施的是全日制义务职业教育,而其他一些教育制度体系中所实施的则是业余职业教育。第五,所研究的主题的数量应当在3~10个之间。

一般的折中性方案通常具有以下两点含义:(a)大学(或同等教育机构)应当从实施普通学校教育的学校(或并行的教育机构)里接受最后一年学校教育的所有学生中选拔新生源;(b)那些在实施普通学校教育的学校(或并行的教育机构)中接受最后一年学校教育的学生是在为其未来的前途接受专业化的培训(即其所学习的学科内容)。(在这种情况下,专业化是根据每周所上各门课程的小时数来加以限定的。)

5.2 应当研究国家还是应当研究教育制度

教育成绩比较研究的最佳目标是由哪些内容构成的:是一个国家(就如联合国在任何一个历史时期中所限定的那样)还是一国或几国中的教育制度?例如,加拿大是一个国家,但它又是由10个省与2个联邦地区所组成的。各省负责制定其自己的教育制度。这一点在拥有6个州与2个地区的澳大利亚以及拥有16个州的德国而言也是如此,在那里教育事业是由地方负责管理的。比利时拥有2种相互分离的教育制度,而英国则拥有3种。美国则拥有50种相互分离的教育制度。瑞士的26个州也均各自负责本州的教育事业。另一方面,许多国家只实行一种单一的教育制度,例如在法国、斯堪的纳维亚国家以及日本便是如此。

研究者们在国际研究的起始阶段便发现有些参数或变量(例如入学年龄、课程、学校组织结构等)在同一国家或同一教育制度内部是一致的,而在不同的国家或不同的教育制度之间则是有所差异的。密歇根研究组织的研究与国际教育评估协会的第一次研究所关注的均是有关这些差异的方面。其他研究所从事的乃是对一国之内多元变量的分析研究。这些分析研究的目标是考察一国之内有关教育成绩的同一变量的影响。因此,就任何一个有关教育成绩的变量的影响而言,其维度均是在跨越所有国家的情景中而得以考察的。从这一点可以看出这些变量的影响究竟是遍及所有国家、某些国家还是只有某一国家的。

在20世纪80年代,研究者们均热衷于设想有关某些变量对其他变量以及对教育成绩产生直接与间接影响的途径模式并去验证它们。倘若这些模式包括学生水平、教师水平与学校水平的变量,那么便需要一种针对多元水平模式的验证方法。这便使得需要一直到研究者们可以找到一种合适的模式并且其被证明是具有可解释性的为止,否则即使是在一个国家内设计与重新设计有关的模式都不仅会变得异常困难而且还会变得极费时间。因此,即使研究活动仅仅涉及20个国家,这也是一项颇具综合性与甚耗时间的研究任务。

5.3 研究中翻译过来的问题具有多大的可比性

典型的测试项目与背景调查表的问题是由某一国际委员会用一种语言,通常是英语建立起来的。在有些情况下,测试项目或者甚至是阅读文献起初均是用提交者的母语来提交的,之后再被翻译成英语。如果研究中所提交的第一套文件所使用的文字是英文,那么便要求所有的国家均需将这些文件翻译成自己的本国文,如果其本国文正好是英文的话,那么则只需对文件内容进行一些必要的习惯用语上的调整便可以了。这也就是说,如果所提交的原始文献是用西班牙文写成的,那么讲西班牙语的国家则可以直接使用最初的母本。

标准的翻译程序首先要求两位翻译者各自独立地翻译有关的段落与问题。翻译的结果再由国家委员会进行评阅,两种译文中存在差异的地方由该委员会负责解决。其次,要求另一位翻译者再将这些译文译成英文。然后,国际委员会再对该译文进行检查并注出意思上的变化或注出这些词条在难度上的一些相似的变化。由于所有的文件都要进行试验,因此其所包含的任何主要的错误都应当可以从单变量统计或项目分析中被指认出来。

但是,桑代克(Thorndike 1962 P. 39)指出,诸如"用于测试阅读的项目对那些母语与项目中所使用的语言相同的学生而言要比那些母语与项目中所使用的语言不同的学生感到更容易一些"的假设已经得到了某些证据的支持。与此同时,他还指出,目前所发现的诸如此类的差异是很微小的,而"在相当多的测试活动中,任务的困难程度看起来均要超过了语言对学生所造成的困难的程度"。简而言之,如果在翻译方面可以做到更加谨慎小心一点的话,那么问题也便会变得微小得多。

5.4 研究设计

绝大多数国际研究均使用了一种交叉调查式的研究设计方案。很少一部分国际研究在三个月到一学年的时间跨度内对某些班级运用一种所谓"测试前至测试后"的设计方案进行了纵向研究。有研究者认为,只有借助这种对学生与班级进行一段时间的跟踪性测试的纵向研究设计方案,才有可能较为可靠地指认出那些创造了更好的教育成绩的特定的班级与教学实践活动。另一方面,纵向研究设计方案要求在研究活动实施期间所搜集到的数据应当是多元的,而在某些国家里,由于其所制定的数据保护法,便使得这样的研究变得极其困难起来。

迄今为止,只有基夫斯(1992)尝试进行了一次对教育制度的纵向研究。该研究所得出的报告不仅分析了1970~1984年间10个国家中的特定目标群体的科学成绩的增长与下降的状况,而且也对那些影响到科学成绩的相同因素的相对强度进行了分析。毫无疑问,这种研究方法为研究者们带来了大量的信息资料以及更多的研究意愿,因而也使之变得更加流行起来。

6. 结论

目前,人们在教育成绩国际研究方面的兴趣正在与日俱增。在20世纪90年代初期,加入到该研究行列中的国家与教育制度的数目也是非常众多的。国际教育成就评价协会自己就拥有大约五十个成员组织,它们通常是由那些代表着国家教育制度体系或一国之内的次级教育制度体系的国家级或地区级教育研究中心组成的。这些研究活动所得到的资金数额也日趋增多。这些研究均属于量化经验性研究的范畴,但是它们也包含有关于教育制度体系在内的教育背景的质化数据资料。联合国教科文组织和经济合作与发展组织已经通过运用其参数研究的方式进入了国际教育成绩研究这一领域(UNESCO 1991,OECD 1992)。

显而易见,以上所列举的三个主要研究组织(国际教育成就评价协会、国际教育发展评估组织与密歇根研究组织)所进行的国际教育成绩研究各有其独特的长处与短处。国际教育成就评价协会拥有一个庞大的、固定的国际性网状系统可以用于实施上述研究活动。从总体上看,国际教育成就评价协会的测试建构方法、可能性样本与多元变量分析均具有较高的质量水平。国际教育发展评估组织则在研究分析的迅捷与高质量方面享有盛誉。密歇根研究组织所关注的是经过充分设想的小数目的变量,而它对研究结果所做的报告水平也是第一流的。因此,以上三家组织均可以从彼此之间多多吸收对方的长处。

T. N. 波斯尔斯韦特(T. N. Postlethwaite) 著
杜 钢 译

附录

Anderson C A 1961 Methodology of comparative education. *Int. Rev. Educ.* 7(1):1—23

Anderson L W, Ryan DW, Shapiro R J (eds.) 1989 *The IEA Classroom Environment Study. International Studies in Educational Achievement*, (Vol. 2). Pergamon Press, Oxford

Brickman W W 1988 History of comparative education. In: Postlethwaite T N (ed.) 1988 *The Encyclopedia of Comparative Education and National Systems of Education.* Pergamon Press, Oxford

Burstein L(ed.)1993 *The IEA Study of Mathematics*, Vol. 3. Pergamon Press,Oxford

Carroll J B 1975 *The Teaching of French as a Foreign Language in Eight Countries. International Studies in Evaluation*,Vol. 5. Wiley, New York

Comber L C, Keeves J P 1973 *Science Education in Nineteen Countries: An Empirical Study. International Studies in Evaluation*, Vol. 1. Wiley, New York

Degenhart R E 1990 *Thirty Years of International Research: An Annotated Bibliography of IEA Publications* (1960—1990). IEA, The Hague

Eckstein M A 1988 Concepts and theories in comparative education. In: Postlethwaite T N (ed.) 1988 *The Encyclopedia of Comparative Education and National Systems of Education.* Pergamon Press, Oxford

Elley W B 1993 *Reading Literacy in 30 Countries.* Pergamon Press, Oxford

Foshay A W et al. (ed.) 1962 *Educational Achievement of Thirteen-Year-Olds in Twelve Countries.* UNESCO Institute for Education, Hamburg

Garden R A, Robitaille D F 1989 *The IEA Study of Mathematics II: Contexts and Outcomes of School Mathematics.* Pergamon Press, Oxford

Gorman T P, Purves A C, Degenhart R E (eds.) 1988 *The IEA Study of Written Composition I: The International Writing Tasks and Scoring Scales.* Pergamon Press, Oxford

Husén T (ed.) 1967 *International Study of Achievement in Mathematics: A Comparison of Twelve Countries*, Vols. 1—2. Almqvist and Wiksell, Stockholm

Keeves J P 1992 *The IEA Study of Science: Changes in Science Education and Achievement: 1970 to 1984.* Pergamon Press, Oxford

Lapointe A E, Askew J M, Mead N A 1992 *Learning Mathematics.* Educational Testing Service, Princeton, New Jersey

Lapointe A E, Mead N A, Askew J M 1992 *Learning Science.* Center for the Assessment of Educational Progress, Educational Testing Service, Princeton, New Jersey

Lapointe A E, Mead N A, Phillips G W 1989 *A World of Differences: An International Assessment of Mathematics and Science.* Educational Testing Service, Princeton, New Jersey

Lewis E G, Massad C E 1975 *The Teaching of English as a Foreign Language in Ten Countries. International Studies in Eoaluation*, Vol. 4. Almqvist and Wiksell, Stockholm

OECD 1992 *Education at a Glance: OECD Indicators.* OECD, Paris

Passow A H, Noah H J, Eckstein M A, Mallea J R 1976 *The National Case Study: An Empirical Comparative Study of Twenty-One Educational Systems. International Studies in Evaluation*, Vol. 7. Almqvist and Wiksell, Stockholm

Peaker G F 1975 *An Empirical Study of Education in Twenty-One Countries: A Technical Report. International Studies in Evaluation*, Vol. 8. Almqvist and Wiksell, Stockholm

Pelgrum W J, Plomp T 1991 *The Use of Computers in Education Worldwide: Results from the IEA 'Computers in Education' Survey in Nineteen Educational Systems.* Pergamon Press, Oxford

Pidgeon D A 1958 A comparative study of basic attainments. *Educ. Res.* 1(1): 50—68

Postlethwaite T N (ed.) 1988 *The Encyclopedia of Comparative Education and National Systems of Education.* Pergamon Press, Oxford

Postlethwaite T N, Wiley D E 1992 *The IEA Study of Science II: Science Achievement in Twenty-Three Countries.* Pergamon Press, Oxford

Purves A C 1973 *Literature Education in Ten Countries: An Empirical Study. International Studies in Evaluation*, Vol. 2. Almqvist and Wiksell, Stockholm

Purves A C, Lehmann R, Degenhart R E (eds.) 1992 *The IEA Study of Written Composition II: Education and Performance in Fourteen Countries.* Pergamon Press, Oxford

Rosier M J, Keeves J P 1991 *The IEA Study of Science I: Science Education and Curricula in Twenty-Three Countries.* Pergamon Press, Oxford

Stevenson H W, Lummis M, Lee S-Y, Stigler L W 1990 *Making the Grade in Mathematics: Elementary School Mathematics in the United States, Taiwan, and Japan.* National Council of Teachers of Mathematics, Reston, Virginia

Thorndike R L 1962 International comparison of the achievement of thirteen-year-olds. In: Foshay A W (ed.) 1962 *Educational Achievement of Thirteen-Year-Olds in Twelve Countries.* UNESCO Institute for Education, Hamburg

Thorndike R L 1973 *Reading Comprehension Education in Fifteen Countries: An Empirical Study. International Studies in Evaluation*, Vol. 3. Almqvist and Wiksell, Stockholm

Torney J V, Oppenheim A N, Farnen R F 1976 *Civic Education in Ten Countries: An Empirical Study. International Studies in Evaluation*, Vol. 6. Almqvist and Wiksell, Stockholm

Travers K J, Westbury I 1989 *The IEA Study of Mathematics I: International Analysis of Mathematics Curricula.* Pergamon Press, Oxford

Walker D A 1976 *The IEA Six Subject Survey: An Empirical Study of Education in Twenty-One Countries. International Studies in Evaluation*, Vol. 9. Almqvist and Wiksell, Stockholm

UNESCO 1991 World Education Report 1991. UNESCO, Paris

国际成人教育(International Adult Education)

成人教育包括有关成人的各种形式的教育。在有些国家是用“继续教育”一词来指代成人教育的,而其他国家则在与之相似的广泛意义上使用了“非正规教育”一词来指代成人教育。尽管上述词汇均有其特定的含义,但是在国际研究领域中,这些词汇在使用时是可以相互转换的。

国际成人教育所指的是那些包括成人教育的国际交流或比较等活动在内的成人教育的相关内容。这包括成人教育的国际比较研究与援助计划以及其他许多与之相关的活动形式。国际成人教育通常均致力于宣扬与改进成人教育的实践状况,并促使各国政府不断增长对成人教育计划的兴趣与提高对成人教育计划的支持力度。许多国际成人教育活动均具有社会运动的特征,并引发了一系列社会乃至政治变革。在那些可以感受到较为强烈的政治约束的国家里,其国际成人教育活动与成人教育活动之间有可能会出现紧张状态。

成人教育的实践活动在特定的社会、政治与经济背景中是具有相当大的特殊性的,但是国际成人教育却力求探寻与扩大各国成人教育之间的共性。这可以提升地方性观点和行动与国际性观点和行动之间的紧张状态的程度。一方面,成人教育可以被视作是国家教育制度的一种次级制度。另一方面,作为一种国际社会运动,成人教育所反映的乃是在更加广泛的国际领域内的变革以及对那些强调成人教育应是一种社会运动的价值理念的国际共享。

1. 新的国际背景

国际成人教育具有两种特定形式。其一是比

较研究，这种比较研究是在极具相似性或极具差异性的国家与教育制度之间进行的。这些研究可以是纯学术性的，但是它们通常也会有一种应用的或政策导向的目的。其二是将成人教育视作有利于促进发展的一种国际援助形式意义上的国际交流。就此而言，南北关系问题在其中占有主导性地位，这种关系主要表现为资源以及有关成人教育的理念与模式由北半球国家向南半球国家的迁移。

国际成人教育在第二次世界大战之后的多数时间内是处在一种东西对峙与南北援助和发展关系的时代背景之中。成人教育通过促进国际政治与经济制度之间实现更好地相互理解与交流的方式而对上述国际状况进行了反映。国际交流的改进，诸如“地球村”的出现等，也推动了成人教育的发展，此时国际成人教育的发展特征主要体现为有关成人教育的国际交流活动与国际比较文献在频率、范围与多样性上的较大提高与扩展。

20 世纪 80 年代末期，由于国际社会特别是发生在东欧与苏联的政治变革使得国际成人教育所处的时代背景也随之发生了变化。冷战的结束使得东方与西方通过建立与南半球的援助关系的方式而展开的国际政治地位竞争的时代背景发生了变化。此时，西方工业化国家的注意力已经在政治上转移向了欧盟，而在经济上则转移向了对东欧国家的投入方面。南北援助关系也受到了上述变化的威胁，而国际成人教育得以更好发展的政治与经济基础也同时受到了破坏。不过，国际成人教育仍在继续反映着国际秩序的变化，由此所导致的结果便是其对在西欧以及整个欧洲内部所进行的有关交流活动以及南北关系弱化问题所投以的较大关注。

新的国际秩序的另一个表现便是欧洲部分地区建立在种族基础上的民族主义的复兴以及有可能出现的倾向于发扬一种以限制南半球国家移民涌入与对本国少数族群的不公正对待为表现形式的所谓“保卫欧洲”与“保卫北美”精神的发展趋势。作为一种以关注自由与人的价值以及平等问题为表现特征的社会运动，国际成人教育也不可避免地受到了上述诸多变化所带来的影响，而其所探讨的问题以及所拟定的行动方案也会随之发生相应的变化。

2. 为了发展的成人教育与作为一种社会运动的成人教育

联合国教科文组织（UNESCO）曾经定期召集举行了一系列主要的有关成人教育的国际会议（例如，1949 年的爱尔斯诺会议、1960 年的蒙特利尔会议、1972 年的东京会议与 1985 年的巴黎会议）。其中 1985 年的成人教育国际会议的 841 名与会者来自 122 个成员国，而早期此类国际会议的参与者则分别来自 25 个、70 个与 82 个成员国。这些会议均强调应当把成人教育视作经济、文化与社会发展中的一个因素。与此相类似，1979 年在新德里召开的英联邦“为发展之非正规教育会议”所关注的则是社会上最为贫困的群体的综合生活标准的问题。

在 1972 年联合国教科文组织所举行的成人教育东京会议之后而创建的国际成人教育委员会也在其于 1976 年的达累斯萨拉姆召开的第一次世界成人教育会议上同样强调成人教育在发展中的作用及其致力于促进发展的行动目标。在达累斯萨拉姆会议的开幕式上，坦桑尼亚总统朱利叶斯・尼雷尔（Julius Nyerere）指出：成人教育并不是单指仅用于解决涉及诸如“农业”、“健康”、“文化”或“机械技能”等诸多领域中的某一领域的问题，所有这些领域均是与社会个体的整个生活状态、他的存在方式及其要发生的变化相联系的。这便意味着成人教育将会促使人类与社会发生变革。这同时也意味着成人教育应当有助于变革的发生并协助人类去控制那些其自身所发动的以及从外部强加的变革。（Hall and Kidd 1978 P. 12）

有关国际成人教育的许多对话均是以发展及与发展相应的行动为其主题的。这反映了成人教育在起源上所具有的“社会运动”性。该源头可以追溯到工业化时期的英国社会，那时人们在关注为满足经济需求而进行的技术教育与再培训问题的同时，也关注着有关社会平等与发展的问题。如同成人教育领域内的许多研究成果所展示的那样，成人教育在该领域内的诸多文献中是作为一种致力于减少社会不平等与原本便存在的教育不利状况的手段的研究主题反复出现的。“激进成人教育”经常与“功能成人教育”之间发生摩擦,后者被视作是一种有利于促进诸如农业、工业、健康与人口控制等领域发展的手段。作为一种社会运动,国际成人教育则致力于将其对平等问题的关注和促进经济发展的努力结合起来,尤其是对那些处于不利与边缘处境的社会群体而言更是如此。

尽管许多国际教育活动均带有激进派式的或改革派式的社会目的,但是在各国成人教育学者所撰写的多数成人教育计划中却都缺乏一种比较明确和清晰的理论目的。这些计划或是关注职业与技术教育领域中的技能与知识问题,或是关注休闲教育问题与个人致富问题等。因此,国际成人教育有可能会为那些在国家与地方水平上成人教育领域内工作的人们以及那些在不同国家中负责制定成人教育政策与为成人教育提供资源支持的人们带来一种挑战。那些在各国普通成人教育领域中工作以及从事与各国职业培训计划有关的工作的人们可以感受到来自一系列国际成人教育会议中所经常探讨和大力传播的诸多令人高度关注同时又相互独立的成人教育目的的挑战或冲击。这种紧张状态会出现周期性的极端化表现,其具体表现形式是介于国际主义与国家主义抑或地方主义之间的某种选择。

3. 国际组织的角色身份与活动

许多国际成人教育活动是在各国单个学者与实践者之间所进行的交流行为的基础之上得以付诸实施的。其他一些国际成人教育活动则是通过国家成人教育协会或政府中的成人教育部门等组织机构在国家与国家的基础上得以展开的。国际组织扮演着一种独特而又显眼的角色,这一角色身份可以划分为以下两个较为广阔的范畴领域:国际政府组织(IGOS)与国际非政府组织(INGOS)。这些组织所扮演的角色会时不时地发生相当大的变化,这一点在其与国际背景变化之间的关系上体现得尤为明显。国际政府组织与国际非政府组织之间的关系以及它们之间在角色身份上的互补性也是非常重要的。

3.1 国际政府组织

第二次世界大战以来,在改进成人教育活动与交流状况方面作用最为突出的国际政府组织应当是联合国教科文组织(UNESCO)。联合国教科文组织在20世纪80年代期间遭遇到了一系列政治问题,特别是英国与美国均从该组织中撤离了出来,这对该组织的财政与行动计划造成了严重的影响。尽管联合国教科文组织在扫盲、成人教育以及农村发展等领域的活动受到了财政紧缩的约束以及分配到上述领域中的资金减少的影响,但教育仍然是联合国教科文组织诸多活动内容中的一个主要的组成部分。联合国教科文组织筹办了成人教育记录与新闻杂志,并致力于推动成人教育的全面发展,特别是在南半球国家的发展背景之中更是如此。除设在巴黎的联合国教科文组织总部之外,其工作活动主要是通过设在各地的地区性机构组织来实施的,特别是其设在曼谷的亚洲与太平洋地区办事处。许多年来,有关成人教育或非正规教育的内容一直是该办事处所实施的行动计划中的一个非常显眼的组成部分。

除了联合国教科文组织所举行的一系列主要的定期性国际成人教育会议之外,其在1976年于内罗毕举行了一次一般性会议,在该会议上制定出了一个被学者们普遍认可的成人教育的定义,这使得成人教育活动所包含的范围变得更加宽广起来(UNESCO 1976)。那些来自联合国教科文组织所举行的第四次成人教育国际会议(1985于巴黎召开)中的论文在国际成人教育领域里是被作为基点性的文献与记录材料而加以应用的(UNESCO 1985)。

作为联合国处理教育事务的领导机构,联合国教科文组织成为了1990年期间联合国国际扫盲年行动的主要参与者。国际扫盲年的主题是“全民基础教育”,针对该主题的世界大会也于1990年3月在泰国举行(Mayor 1990, UNESCO 1990, Bhola 1990)。联合国儿童基金会(UNICEF)与国际重建与发展银行(IBRO)(也即世界银行)在国际扫盲年中的表现也是相当活跃的。

除了其所具有的领导功能和所从事的区域性活动之外,联合国教科文组织还对那些可以在其他一些国际教育活动中推动成人教育发展的专门性机构给予了支持。这些机构包括设在巴黎的国际教育计划协会与设在日内瓦的作为文献中心的国际教育局。联合国教科文组织设在汉堡的教育学会(UIE)主要关注的是终身教育问题。从20世纪70年代末期到80年代末期该学会的工作重点是扫盲教育,但其工作范围已经扩展到了成人教育与工业化国家发展的其他领域。

由于成人教育对于其他许多社会领域的发展均可提供支持性服务,因此原来那些并不十分关注成人教育问题的国际政府组织也开始参与到国际成人教育活动中来。例如,有关成人教育(或培训)的问题会时不时地在下列组织的活动内容中得以发现,它们包括:国际劳工组织(ILO)、粮食与农业组织(FAO)、世界卫生组织(WHO)以及联合国环境计划组织等。联合国儿童基金会(UNICEF)对于成人教育问题的更多关注乃是出自于一种社区教育与非正规教育的视角。在联合国国际政府组织这个大家庭之外,世界银行正在不断成为成人教育活动中的一个颇为重要的参与者。此外,地区性的国际政府组织也在国际成人教育领域中占有一席之地,特别是包括那些处于世界领先地位的来自欧洲、北美与太平洋地区的工业化国家在内的经济合作与发展组织(OECD)更是对处于一种更加广泛意义上的经济与社会背景中的成人教育活动投以了尤为浓厚的兴趣。经济合作与发展组织对回归教育这一概念的改进与应用给予了特别的关注,有时该组织还为因接受回归教育而需要获得教育休假机会的成人提供其休假期间的薪水支持。1992年之后的欧洲重组引发了有关经济合作组织与欧共体中的成员国资格与身份的一系列问题,这使得那些处于欧洲内部与外部的工业化国家中的国际成人教育活动在其活动方式上也将有所改进和提高。

3.2 国际非政府组织

在成人教育领域中最具影响力和综合性的国际非政府组织是由罗比·基德(Roby Kidd)博士于1972年的联合国教科文组织成人教育东京会议后创建的国际成人教育委员会(ICAE)。该委员会的成员国囊括了世界上的大多数国家,在该委员会的建设过程中,其与世界上一些主要的非政府组织均建立了强有力的工作关系,而在创建时间上这些非政府组织的绝大多数均要比国际成人教育委员会为时更早。它们包括非洲扫盲与成人教育协会(AALAE)、亚洲—南太平洋成人教育局(ASPBAE)、拉丁美洲继续与成人教育组织(CEEAL)以及欧洲成人教育局(EBAE)等。国际成人教育委员会举办了一系列有关成人教育的国际会议,这些国际会议后来改称为世界成人教育大会,它们包括1976年的达累斯萨拉姆会议、1982年的巴黎会议、1985年的布宜诺斯艾利斯会议以及1990年的泰国会议。该委员会还创办了一份名为《聚焦》的期刊以及一些时事通讯类的刊物,同时还组织一批成人教育领域内的主要学者,针对有关成人教育的一些重要问题开展了一系列的交流活动,其目的在于促进作为一种国际运动的成人教育获得不断的发展和进步。

其他一些更加专业化的国际非政府组织包括历史较长但并不十分活跃的国际大学成人教育协会,该协会创办了《国际大学成人教育》杂志。其主要关注的是高等教育领域中的成人教育问题。另外一个国际非政府组织是国际社区教育协会,其所关注的是学龄阶段的社会成员以及成人的教育问题。英联邦国家也建立了大量的专业性协会。例如,联邦成人教育与培训协会(CAETA),该协会于1987年在印度正式创立,其对成员国资格有严格的限制并将其活动范围也限定在成员国之内。自创立以来,这一协会已经相继在非洲、亚洲以及加勒比地区举行了一系列会议与专题研讨会。与联合国教科文组织和国际成人教育委员会相似,该协会也尤其将改善和提高成人教育的实践水平视作一种促进经济与社会发展的有效途径。其他一些于20世纪80年代创建的协会与交流机构均更加关注有关成人教育的一些学术交流活动或该领域中的一些专业性的问题,诸如成人教育发展的历史过程等等。此外,其他一些国际非政府组织诸如国际成人教育社会行动联盟则致力于改善成人教育领域中具有社会运动倾向性的工作的水平,而国际成人教育政策研究与发展研究会所关注的则是成人教育概念体系的巩固与加强的问题。这里值得一提的是，成人教育还时常被作为一种致力于推动那些倡导诸如消费者教育、环境保护与和平等“单一问题”的国际非政府组织活动发展的运动工具来加以应用。

3.3 角色互补

国际政府组织与国际非政府组织均有其各自的优势与短处。尽管它们之间的合作是很常见的，例如在 1982 年和 1985 年的巴黎国际会议上与 1990 年的国际扫盲年期间这两类组织均进行了合作，不过它们在角色身份上通常是具有互补性的。上述两种组织中的多数成员均共同承担着推动以促进发展为目的的成人教育事业不断迈向前进的责任，并提供给了那些置身于具有关键地位的专业化队伍之中的且通常是在一种封闭式的非正式合作关系中工作的人们一种观念与目的上的和谐气氛。第三种经常涉入到非正式合作之中的国际组织是援助组织，这种援助组织，无论是政府性的还是非政府性的均对成人教育领域进行着资源投入。例如加拿大国际发展组织（CIDA）、美国国际发展组织（USAID）以及开罗格（Kellogg）基金会等，多年以来，上述组织均向国际成人教育委员会（ICAE）提供了大量的资金。欧洲地区的一个主要组织便是德意志大众高等教育协会（DVV）。该组织的国际合作部专门负责将德国政府所提供的大量资金应用于有关南半球国家的非政府组织项目的工作。德意志大众高等教育协会除了与诸多非政府组织之间保持着一种密切的合作伙伴关系之外，还与诸如联合国教科文组织等保持着良好的工作关系。此外，德意志大众高等教育协会还创办了一份名为《成人教育与发展》的期刊并将之广泛地向外传播。

国际政府组织的优势就在于其背后有政府权力的支持，这可以直接或间接地促使国家与国际援助经费流向有助于改善南半球国家成人教育计划的方向。该组织举行的会议上所产生的决议对其各成员国而言均带有一定的权威性。而非政府组织则缺乏这种来自官方的权威性，尽管它们的“声音”也是具有相当的力度的。在一些国家，政府对国家、地区与国际非政府组织的工作均给予了强有力的支持。而在其他一些地方，这种支持则可能来自在层级上比政府要低一些的某一组织或完全由那些在个体或私立部门工作的成人教育者来提供。考虑到对新的形势和需求所应做出的灵敏反应，对来自政府的有限的影响加以调衡乃是非政府组织的利益所在。因此，国际成人教育活动还是可以凭借存在于国际政府组织与国际非政府组织之间的既有差别性又有互补性且通常是表现为相互关联性的作用方式得到改善和提高的。

4. 主要的活动与趋势

4.1 信息的交流

成人教育领域内的大量国际活动均局限在有关成人教育的信息与经验交流方面。这些活动是通过由国家、地区与国际性组织所筹办的一系列定期会议的方式来得以实施的。但是，由于交通费用以及时间不足等方面的问题，许多交流活动则是通过出版物或其他一些书面文献的方式来进行的。绝大多数国际政府组织与国际非政府组织本身均有其用于交流与传播信息的媒介渠道，这些媒介渠道中的某些部分其应用范围是相当宽广的。其他一些组织，特别是大学，从其所具有的国际视野出发为国际范围内的读者群体提供了一批有关成人教育的学术专著，从而推动了国际成人教育学术研究的发展。成人教育领域内的主导刊物与其他一些信息服务资源均具有较强的实践性与应用性倾向。这一倾向不仅反映了成人教育实践者在其自身定位上的实用性取向，而且也反映了作为一种社会运动的国际成人教育活动所独具的价值观倾向。

4.2 研究

比较国际研究通常也对有关成人教育服务的行为与改进状况有所反映：那些借助终身教育方式去谋求个体或社会目标的人们可以通过对其他国家终身教育状况的理解来构建自己的终身教育计划，并将之付诸实践，从而最终从中获益……那些跨越了国界的比较成人教育研究可以促使成人教育者们借助成人教育这一工具使得人们对其生活质量的控制行为变得更加便利起来（Charters et al. 1981）。

有些国际研究所选取的是单个的主题并对不

同国家与地区的实践或个案研究进行比较(Duke 1985,1990)。其他一些研究所关注的则可能是对两个或更多国家之间在政策与实践方面的比较(Schutze et al. 1987)。国际成人教育活动的某些方面正在转向更加强调有关发展与南半球国家的问题的方向,而其他一些关注学术研究胜过关注实践应用的国际成人教育活动则更加热衷于北半球国家的成人教育或与之相关的问题(Abrahamsson et al. 1988)。然而,有关国际成人教育的研究主题在范围上是很宽泛的,其可以从有关成人教育的政策、模式以及制度研究的问题一直到有关成人教育专业实践中的非常专业化的问题等。

由国际成人教育社会所推动的国际成人教育研究具有一个独有的特征与优势,那便是我们所知道的"参与性研究"。国际成人教育委员会在改善这一研究方式方面发挥着重要的作用,该研究方式在其诸多表现方面均紧密地模仿着社区的发展。此外,有关国际研究与比较的一个问题便是成人教育实践得以生发的独特的地方背景所具有的重要性的问题。另一个问题则是成人教育者应当具有一种可促进成人教育实现地方性与多样性发展的愿望而不是盲目地搞一刀切(Titmus 1991)。

成人学习乃是当代一个颇为醒目的研究主题,尤其是有关自我指导学习的研究更是令诸多研究者们趋之若鹜。对个体所具有的自我指导学习能力的关注使得人们的注意力从教授学生去学习这一问题上转移开来,这也与国际成人教育在促使人们学习方面所具有的授权性与解放性价值取得了一致。

4.3 游说

无论会议发起者的真实意愿如何,许多国际成人教育会议背后所隐藏的一个目的便是对成人教育在社会发展过程中所能做出的贡献加以限定和阐释,并制定出有关的原则、纲领、政策声明以及行动宣言。这些阐述可以对诸多专业性的问题进行一般化的说明,并将成人教育者们局限于地方或国家状况的视角加以拓宽。上述诸多目标中的一个共同目标便是告知并敦促那些政府与国际组织应当努力去满足作为一种社会发展模式的成人教育向其所提出的提高自身地位与增加所得资源的要求。由联合国教科文组织、国际成人教育委员会与其他一些组织所发起的主要的成人教育会议以及其他一些附属的会议、文件与活动等也均带有明显的要求拓展成人教育发展规模的目的。尽管联合国教科文组织为成人教育发展所提的建议(1976)由于其所具有的宽泛性与一般性而经常遭致种种批评,但这些建议还是可以被成人教育组织用来作为劝解不同国家的教育领导们积极拓展其本国成人教育活动的发展范围并增加对成人教育事业的投入的一种有效的工具。那些定期举行的成人教育世界会议和集会与那些在地区性水平上所召开的类似会议一样,它们均为提高作为一种社会发展活动的成人教育的地位并为寻求到更多的来自政府与国际援助组织的支持提供了基本的参照标准和发出呼吁与呐喊的机会。

4.4 专业发展

会议、研究班与实验班等为成人教育领导者的专业发展提供了一种颇为重要的论坛。至少通过参加这些活动,成人教育者们可以维持并增长他们的信念,因为在他们所处的本国环境中常常是感到孤立无援和四面楚歌的。他们具有不断拓展对自己的专业加深理解的能力,并促使成人教育实践者们能够以一种更加宽广和更具有比较性的方式来看待自己的工作,因而能够确认出不同国家中成人教育服务所具有的发展机会。通过举办实验班以及实际经验与实验成果的交流,这些活动还可以引发教育改革实践的产生。有计划的专业发展可以容许成人教育者通过更加实际的方式对存在于他们自身的工作与正规的学校制度之间的联系或对存在于成人教育与诸如农业、林业或工业等其他发展部门之间的联系获得更加清晰的理解。

不同的国际组织会发起不同形式的专业发展活动,不仅仅是通过召开定期会议,而且更具特殊性的是通过举办实验班、开设培训课程、举行学术活动以及召开联谊会等多种形式来促进成人教育国际研究活动的发展。尽管实验班与会议等形式可以在世界各国与各个地区加以应用,但是更多的正规培训活动(例如,为获得毕业学位而进行的培训活动)则通常是在北半球国家举行的。这便引发了南北半球国家之间在有关模式与知识方面进行迁移时所必须遇到的一系列问题以及在此过程中文化霸权现象得以产生的可能性的问题。

4.5 援助

国家援助机构、国家成人教育协会以及国际政府组织与国际非政府组织等均通过各种不同的方式来提供援助，而这些援助通常又是由北半球国家流向南半球国家的。有些援助计划是专门指向成人教育组织的，但是成人教育援助又经常是以某一更加广泛的援助项目中的一个组成部分的方式出现的。数量甚微的援助经费（如果是由受援国的成人教育协会来加以支配的话）就可以在促进那些经费相当有限的赤贫国家在给予成人教育改革以一定的自由度以及引发成人教育改革措施方面产生重要的作用。在那些政府怀疑地方成人教育运动会导致激进主义势力抬头的国家里，上述援助还可以引发政治问题。另一方面，国际政府组织或政府对政府的援助计划均致力于加强受援国现存的权力机构与关系，这便遭受到了来自国际成人教育运动的批判意见。

5. 未来展望

5.1 成绩

自第二次世界大战以来，包括成人教育在内的国际主义运动得到了相当大的发展。国际成人教育运动的第一个里程碑是1949年于丹麦埃尔森诺举行的由联合国教科文组织召开的成人教育国际会议。国际成人教育运动得以继续向前发展的一种动力来源便是将其与其他一些社会运动，诸如妇女运动、和平运动以及环保运动等结合在一起的一系列价值观念。创建于1972年的国际成人教育委员会通过其在北半球国家，更多的是在南半球国家为那些被剥夺了权利的人们的利益而付出的努力，为上述理念的传播提供了一种颇为独特的工具。成人教育已经被列入了许多国家的政府以及教育部的议事日程之内，之所以会如此，部分原因是由于国际成人教育运动所取得的成功以及因人口与经济问题而使得世界各国均感受到的来自成人教育与再培训问题的重要性和紧迫性。

5.2 前景与矛盾

20世纪80年代末期，国际形势出现了重大的转变，全球核战争的威胁消失了，这一转变标志着以欧洲为中心但却影响着全球范围内的国际关系的长达75年的对抗、战争以及冷战局面的结束。这一变化又意味着国际成人教育也将在一个与以往大不相同，也许是更加宽松与温和的环境中加以运行了。军事开销的减少有可能促使教育经费的增长，成人教育经费自然也包括在内，而有关南北发展与援助的活动自然也会从中受益。然而，就对这些发展前景的综合考虑而言，发达国家有可能会忽略南半球国家的需求，而将它们的资源与经费集中到促使东欧经济转型与发展的领域中去。因此，新的世纪里，国际成人教育所面临的将是机遇与挑战并存的局面。

1990年的国际扫盲年所关注的乃是有关文盲绝对数量增长的问题，尽管许多国家制定了宏大的扫盲计划而其国内的文盲人数比例也出现了一定的下降，但是世界范围内的文盲数量还是在持续地增长。有些成人教育者认为，国际扫盲运动有可能会对有些地方的特殊状况不太适应并对这些地方所提出的独特要求不太敏感。在极端的案例中这一运动则有可能是弊大于利的。这些成人教育者还认为，成人教育与扫盲计划自身是难以解决那些由政治、经济以及其他一些社会原因、背景所共同引发的一系列社会问题的。

对国际成人教育活动而言，另一个矛盾的源头存在于什么应当称作是成人教育领域内的“空想式”倾向与什么应当称作是该领域内的“技术式”或“技术专家式”倾向之间。作为一种社会运动的成人教育所强调的乃是成人教育对社会发展与变革以及消除社会的不平等现象所能做出的贡献。因此它是带有政治与意识形态倾向的，同时它所做出的促进成人教育服务专业化的努力则将重点放在了与便利教学相关的技能上面，而且这种努力通常是不带政治色彩的。与上述矛盾相伴随的是成人教育所取得的成功，这使得它的重要性为社会所认可，并且越来越多的国家已经将有关成人教育的问题纳入到以学校为基础的主流教育服务范围之内来加以探讨和研究。这一矛盾与经济生存和竞争所感受到的普遍压力共同构成了20世纪90年代早期国际社会的特征，而这又可对国际成人教育运动所独具的那些特征造成威胁。另一方面,那些需要成人教育对之予以呼应的各种旧的与新的需求又为成人教育的发展提供了一系列丰富多彩的努力目标。这包括如何应对各种旧的与新的形式的文盲、社会与经济剥削以及种族主义和民族中心主义现象的蔓延与发展的问题。就此而言,还需补充的一些问题便是那些呼吁制造出一种有利于国际社会与教育领域均可对此做出反应的环境的问题。

C. 杜克(C. Duke) 著
杜 钢 译

附录

Abrahamsson K, Rubenson K, Slowey M 1988 *Adults in the Academy. International Trends in Adult and Higher Education.* Swedish National Board of Education, Stockholm

Bhola H S 1990 *Literacy For Survival and For More Than Mere Survival.* International Bureau of Education, Geneva

Charters A N et al. (eds.) 1981 *Comparing Adult Education Worldwide.* Jossey-Bass, San Francisco, California

Duke C (ed.) 1985 *Combating Poverty Through Adult Education: National Development Strategies.* Groom Helm, London

Duke C 1990 *Grassro s Approaches To Combatting Poverty Through Adult Education.* (DVV), Bonn

Hall B L, Kidd J R 1978 *Adult Learning: A Design For Action.* Pergamon Press, Oxford

Mayor F 1990 *International Literacy Year: Opportunity and Challenges.* UNESCO, Paris

Schutze H J (ed.) 1987 *Adults in Higher Education: Policies and Practice in Great Britain and North America.* Almqvist and Wiksell, Stockholm

Titmus C 1991 Adult education a concept and structure: An agenda for research. *Int. J. Unio. Adult Educ.* 30(3): 1—11

UNESCO 1985 *Fourth International Conference on Adult Education: Final Report.* UNESCO, Paris

UNESCO 1976 Recommendation on the Development of Adult Education. UNESCO, Paris

UNESCO 1990 *Literacy: 1990 International Literacy Year.* UNESCO, Paris

其他参考文献

Coombs P H 1985 *The World Crisis in Education: A View from the Eighties.* Oxford University Press, New York

Duke C (ed.) 1986 *Adult Education: International Perspectives from China.* Croom Helm, London

Lowe J 1982 *The Education of Adults: A World Perspective*, 2nd edn. UNESCO, Paris

Titmus C (ed.) 1989 *Lifelong Education for Adults: An International Handbook.* Pergamon Press, Oxford

基础教育的非正规与可选择的方法:比较研究(Nonformal and Alternative Approaches to Basic Education:Comparative Studies)

本词条回顾了从20世纪70年代到90年代期间非正规基础教育的一些较为重要的经验。其范围并不包括非正规成人教育在内,而仅仅包括针对初等教育水平上的儿童的非正规教育服务。在非正规教育范畴内,非正规基础教育乃是一个崭新的研究领域,它主要是在那些发展中国家涌现出来的,在那里正规教育供给的不足以及教育成本的迅速增长均在教育经费上对这些国家提出了颇为严峻的需求。

对非正规教育的本质含义加以界定并非是一件易事,在这一点上并不存在着某一种可以适合于与此相关的所有目的的标准定义。非正规教育这一概念的含义应是相当广泛的,尽管它有些显得不太清晰,但还是反映出了对个体或群体所表达的各种各样的需求与要求的一种回应。任何一种非正规教育活动只能根据其在自身所处的特定背景中所能具有的功能来加以界定。一般而言,"非正规教育"所指的乃是正规的学校教育活动之外的教育活动。然而这一定义也并非是令人完全满意的，原因是某些非正规教育活动也可以发生在正规学校教育的环境之中，而在正规的学校教育环境之外也可以发生正规的教育活动。

这些非正规的教育活动有时是由公立机构来实施的，但主要还是靠非政府组织（NGOs）与地方性社区和协会等来进行实施的，它们均具有可适应某些特定环境所要求的特征。不幸的是，非正规教育所具有的这种特定的适应性以及与其有关的一系列实验活动却并不为其所得以实施的国家的公共权力机构所熟悉。如果这一点难以为有关方面所意识到的话，那么非正规教育改革计划所具有的价值将被低估而且其还将被视为是一种二级水平上的教育形式。家长以及学生通常是将教育等同为“学校教育”的，而且可能更加关心可通过学校教育而取得的毕业文凭，即使是在他们不得不承认正规教育体系中确实存在着某些缺陷和失败的情况下仍是如此。

尽管非正规教育可以被视作是发展中国家用于普及初等教育的一种具有可选择性的或补充性的渠道，但是迄今为止，有关这方面的实验其规模还是很小的，而且对这种实验所进行的评估也是很有限的。有关非正规基础教育的学术与专业文献，主要关注的是成人教育，尤其是继续教育问题。

1. 重要的计划与研究

正规教育体系所带来的某些失误已经为人们所察觉，为了满足人们因此而产生的新的需求，许多国家已经意识到有必要对其所实施的教育策略进行变革，有关此方面的国际例子也是屡见不鲜的。设在汉堡的联合国教科文组织教育学会（UIE）举行了一系列会议对与非正规基础教育有关的计划与研究进行了回顾（UIE 1988，1990）。这包括主要由联合国教科文组织设在曼谷的亚洲与太平洋地区教育办事处（ROEAP）以及设在智利圣地亚哥的拉丁美洲与加勒比地区教育办事处（OREALC）所举办的一系列国际水平上的（Ranaweera 1989，Abreu de Armengol 1990）与地区水平上的比较研究活动。

以下将首先列举出一些简短的例子来说明我们究竟可以探索出哪些方法以用来促使儿童行使其接受正规学校教育或接受与正规学校教育平行的并可对现存教育体系的缺陷加以弥补的其他教育形式的权利。其后将要举出的第二类例子主要关注的乃是教育质量及其与地方社区所提需求之间关系的问题。

2. 用于增加接受教育机会的新结构

2.1 复合式学校教育

许多发达国家均采用了一种所谓“复合式”的教育制度，在这种教育制度体系中的两组学生（由一名或两名教师来执教）所使用的是同一套教育设施。而在有些个别的案例中，例如在佛得角、圣多美和普林西比甚至是三组以上的学生在共用同一套教育设施。这种教育制度带有自身的缺陷性，但是从在委内瑞拉、智利、圭亚那与塞内加尔等国所进行的研究中可以看出，这种教育制度却并未影响到教育成绩。另一方面，在尼日利亚与马来西亚所进行的研究则显示，实施复合式教育制度的学校的教育成绩要比实施标准教育制度的学校的教育成绩为低。无论在任何一个个案中，实施复合式教育制度的学校所花费的单元成本均要比实施标准教育制度的学校所花费的单元成本有所下降（Bray 1987，1989）。

2.2 社区控制与教学

在印度的玛哈阿什达省，社区为教育活动提供教室与设施并负责从当地人中挑选教师（教师在那里只是一种在业余时间从事的非专业化的工作角色，接受教育的学生年龄则在4岁或4岁以上）。在这种情况下，学生在学校上学的时间被减少至每天只有长达两小时的一节课，而教学重点则是放在了教授基本技能与基础性知识中的核心部分上。学生们需要使用自我学习材料，而自我指导性学习则在当地所提供的数额并不很高的教育援助经费的辅助下在学生的学习过程中扮演着一种颇为重要的角色。与上述教育制度类型颇为相似的另一种教育制度是印度尼西亚所使用的帕茅学校教育制度，在该教育制度体系中，某些农村成员充当起教师的角色，而教学活动是在他们所能够得到的教学场所中进行的，所使用的教学模式则是自我指导式教学模式。这一方法也在菲律宾的影响性计划（由家长、教师与社区共同参与教学管理）中得到了采用（Flores 1981）。

2.3　学校计划的调整

当学生被迫去参加工作或从事一些家务劳动时，学校的计划也应当能够随之进行相应的调整（Burra 1989）。这种教学模式受到了家长们的欢迎，因为他们对那种将学生这种额外劳动力从自己手中夺取出去或是将学生（主要是将女学生）完全从家务劳动中剥离开的教育制度并不十分感兴趣。上述教学模式在孟加拉国达卡的贫困儿童教育计划中得到了应用，其具体做法是将教学活动和那些与适合于儿童的正规职业相关的生产性劳动及其父母所从事的经济活动结合在一起。孟加拉国所实施的另一项计划指的是那些可应用于初等教育领域中的非正规的与可选择的方法（Haq 1989），该计划所指向的则是那些来自极端贫困家庭的失学儿童，这些儿童不得不从事一些工作以补贴家用，于是这一计划便提供给这些儿童既可入学接受教育又可同时从事一些可增加家庭收入的工作的双重机会。其他一些与此相似的计划包括：（a）巴基斯坦的那罗什尼学校（Bokhari and Tirmazi 1989），这类学校是为那些处在10～14岁年龄段上的未能入学接受学校教育的儿童们准备的；（b）由设在印度普尼的印度教育研究所为那些因打工而放弃接受正规学校教育机会的以及因辍学而成为文盲的儿童设计的行动研究计划，该计划是一种在业余时间进行的非正规初等教育计划（Naik 1989）；（c）斯里兰卡为5～15岁的因需要帮助父母从事家庭劳动与那些居住在远离城市的而没有学校可以就读的未入学儿童以及从初等学校中辍学的儿童所设计的具有可选择性的初等教育计划（Perera and Wijerathna 1989）；（d）哥伦比亚的波斯科尼亚—拉佛罗里达非正规教育计划（Hoyos et al. 1989），该计划是为那些生活在大城市里而又离开了家庭与学校并与父母失去了联系的街头流浪儿设计的；（e）肯尼亚内罗毕的为街头流浪儿设计的安都古基础教育计划；（f）越南的半工半读制度；（g）菲律宾的校内校外方法等。

2.4　提高现存传统教育制度的成本效率

为了发展和改进一些传统的教育制度，主要是为了促使其内容实现现代化并使其教学方法变得更加富有活力，有关方面相继指导进行了一系列的教育实验。在传统教育模式革新方面，伊斯兰学校为我们提供了一个很好的样本。伊斯兰学校在改革传统教育制度以满足当今社会需求，特别是在满足那些可选择性教育资源甚少的社区所提出的需求方面取得了较好的成效。以下是一些传统教育制度占有较为重要地位的国家：（a）毛里塔尼亚，该国所能使用的教育资源是相当有限的（教室是没有板凳或黑板的帐篷，墨水是当地自己生产的，而书写工具则是刨光的石板），其正在考虑或是向正规教育制度转变或是在直至学生从学校中顺利毕业为止这一时间段内仍继续保持其原来的伊斯兰教育制度；（b）马尔代夫，那里的伊斯兰学校位于珊瑚岛上，它们是由岛上的社区负责监管与维系的。其教育目标除了语言教学之外，还有就是传授给学生们在岛上生存所必需的基本知识；（c）巴基斯坦，除使用现有教育基础设施的那罗什尼学校之外，这些学校在夜晚也向儿童与成人开放，还有穆哈尔发教育制度，该教育制度所指向的是一些呈网状分布的社区学校，在这些学校里妇女们可学习《古兰经》与家务劳动的技能。

2.5　为散居人群提供更加便利的受教育机会

在那些人口居住比较分散的地区，儿童的入学率是比较低的。在这些地方最为常见也是最为固定的教育模式便是所谓的“单师学校”（也叫“复式班级”或“单师初等学校”）。这种学校是在那些入学人数不足以凑成一所完整的学校的地方特意兴建的。在这样的学校里，由不同年龄水平的学生所组成的各个年级被安排在同一间教室里共同上课。“双班”制是另一种较为常见的教育模式。在这种教育模式中，教师同时负责两个年级学生的教学任务，而这两个年级的学生或是同时在一间教室中上课或是分成上午或下午分别上课（Bray 1987，联合国教科文组织/亚洲与太平洋地区教育办事处 1989）。事实上，这些非正规的教育模式乃是在正规的教育制度体系中被加以运用的，有时其规模还是相当大的。

许多国家均针对流动人口中的儿童教育问题进行了大量的实验。它们包括:印度为其拉贾斯坦游牧民族所开设的帐篷学校;菲律宾在其教育地方分权化发展计划(PRODED)背景中所开设的流动帐篷学校;索马里对其游牧人口所实施的基础教育(与伊斯兰学校结合在一起进行);尼日尔为其游牧儿童所实施的泰马扎拉克计划;尼日利亚的由联合国教科文组织与乔斯大学指导的并由联合国开发计划署提供经费支持的游牧民族教育计划;欧洲吉卜赛儿童流动学校;西班牙的季节性工人教育计划;印度尼西亚的渔民儿童非正规教育中心;法国与荷兰的船员儿童教育等(UNESCO 1989)。

3. 效率的提高及其与教育的关系

在努力为那些从未接受过学校教育的儿童增加入学机会或极力促使那些过早离开学校的儿童继续复学的同时,许多计划也推出了一系列改革方案以期在学校与社区之间建立起一种更加有力的联系,从而达到强化教育的生产性工作倾向(或在某些情况下,确实可让学生在受教育的过程中同时从事一些生产性工作)并重现民族文化价值的目的。尽管这些改革措施具有相似的目标,但它们在各自所确定的学习内容及其自身所包含的范围方面还是各有其特殊性的。

3.1　变革或调整课程的实验

有关课程变革或调整的一般趋势是:丰富或调整现有课程的内容。其做法是增加那些与满足日常生活需要相关的职业培训的课程内容;使课程内容与农村生活的需求和特色联系起来;使教育带有生产劳动倾向,并使其与发展的需求联系起来。以下是一些有关课程变革与调整的具体例子:(a)布隆迪的雅嘎姆卡玛非正规教育中心(Ciza 1989),这些中心是由天主教会主持运作的,其服务对象是年龄在9~18岁之间的未上学的儿童与青少年。学生们可以自愿加入这些中心以学习宗教教义、文化技能以及那些可以挣得收入的职业的工作方法等内容。(b)马里的农村学校,根据1980年教育改革的目标,这些学校均致力于将学生培养成为熟悉现代农业、畜牧业与手工业技术的生产者并成为积极投身于社区生活的社会文化的领导者。这一学校制度的设计意图在于通过将学校融入社区的方式"将教育与其所在环境中的社会经济现实结合起来"。(c)苏丹的农村综合教育中心,这些中心为满足农村儿童所提出的基本需求而设计了长达6年的教育计划,通过利用社区现有的资源与设施,可以促使学生们获得一系列以体力劳动和农村生活为其关注焦点的技能与态度。中心所教授课程内容的基本源泉是当地所处的现实环境。(d)塞拉利昂的布那布计划(由联合国教科文组织与联合国开发计划署进行指导),在该计划的实施过程中,塞拉利昂的社区教育中心为处在初等教育水平上的儿童提供了一系列新课程并为社区成员提供有关成人教育、手工业、家庭经济、营养学以及农业等多元领域的教育培训。(e)坦桑尼亚的社区教育中心,这些中心所实施的计划旨在将学校与乡村结合起来并使学校教育能够对地方社区的发展需求有所回应。初等学校高年级的课程内容主要限定在以下四个领域中:初等水平的识字教育、初等水平的算术、公民与"自己动手"教育、文化活动以及社区教育。"自己动手"教育活动的类型又可分为以下两类:即与学校运行相关的教育活动以及与乡村合作相关的教育活动。(f)印度的甘地基础教育计划(即沃得哈计划)(Prakasha 1985),该计划来源于圣雄甘地的生活经历与哲学思想。该计划认为,所有的人,即使是那些遭受剥削最为严重的人也向往着能够学会将自己的劳动生活与文化知识及劳动技能的习得结合起来,从而在没有外部援助的情况下能够借此来满足社区对自己所提出的要求。甘地较为关心的是以下两个方面的问题:(a)使初等教育普及到每一个乡村;(b)防止在青年人中出现讥嘲体力劳动以及未做好充分的准备以致不能从事体力劳动的现象。在学校教育过程中开展体力劳动训练活动可以促使学校获得经济自主的地位,并因此而能够克服在普及初等教育道路上所遇到的一个主要的障碍,也即资金短缺的问题。这一项带有工作倾向的教育计划尤为致力于发展学生对体力劳动的积极态度并努力教授给他们必备的体力劳动技能,这样一旦他们离开学校便可以马上将这些劳动技能应用到工作实践中去。

3.2 “第二次机会”补救计划

建构一种特殊的教育结构，它可以提供给那些从学校中辍学的年轻人一个“第二次机会”，以便于其能够填补他们所接受过的初等教育中的缺陷，在某些情况下，还应当促使他们重新接受正规的学校教育。这样的计划包括：(a)布哈迈尔德哈初等教育试验计划，该计划是在印度的乌塔普莱第什省付诸实施的。该计划的一个主要特征便是计划中的教学内容与社区发展活动非常紧密地结合在一起，教学中的绝大多数知识、技能、态度与价值观均是在实际的工作经验背景中形成的，同时该教学活动还指导家长与其他社区成员如何帮助儿童将其在学校中所学到的东西以一种更加系统化的方式应用到实践中去。(b)泰国的第二次机会补救计划促使那些已经接受过4年初等教育的男孩与女孩去参加一种与接下来的3年中等教育水平相当的课程的学习，而他们只需花相当于在正常学校学习所需时间的一半以及少得多的钱便可以拿到一个正式的毕业证书了。

3.3 教学与教材的改革

非正规教育计划所面向的学习者由于其在各自的年龄与教育背景方面所存在的差异，他们彼此之间也是各不相同的。他们往往需要一种适当的动力机制、一种个性化的教学方式以及一种个体化的学习方法与学习材料。因此，许多计划均十分关注教学问题，有时其所使用的是成本较低的教材（在孟加拉国、印度、印度尼西亚、菲律宾与斯里兰卡便是如此），其目的正在于要充分考虑到学习者的个体差异并可使互动学习的方式能够得以应用。

4. 结论与深化研究

就定义而言，非正规教育并不是静止不动的，它是需要不断进行改革和调整的。本词条在以上所简单论述到的内容中已经说明了许多情况都是有助于非正规教育的方法能够得以实施的，其原因正在于非正规教育组织形式与教学方法的多样化与流动性。为了提高非正规教育方法的可信度及其对实现全民教育目标所能做出的贡献的程度，还需要对之进行一系列的深化研究与行动研究，这包括：(a)对给定的国家或地区内的已完成的与正在进行中的实践活动进行批判性的个案研究；(b)对努力将正规教育与非正规教育联系在一起的尝试进行回顾；(c)对大学在教育改革策略与方法开发过程中所扮演的角色以及那些合适的学习与自我学习的材料进行考察；(d)对业余教育的经验进行分析；(e)对与特定目标群体，诸如牧民、船员、吉卜赛人、季节性工人、渔民等，有关的经验进行比较研究；(f)对与特定的非正规学校教育，诸如伊斯兰学校教育与非基督教学校教育等，有关的经验进行比较分析；(g)对地方性非官方组织的作用进行回顾；(h)对与非正规教育制度有关的历史和社会文化屏障及因素等进行多元计划或多元国家的调查研究，并探求一下这些问题如何才能通过非正规教育的方法来加以克服；(i)对诸如开放式学习制度、使用志愿者作为业余教师以及使家长与社区成员参与到教育过程中来等改革措施的成本与效率进行研究，并对存在于非正规教育与正规学校教育之间的那些具有对等关系的方法进行考察；(j)对实施非正规教育计划与正规教育计划各自所需的成本与资源进行比较分析；(k)将语言作为一种与教学媒介相关的问题。

A. 海曼戴奇(A. Hamadache) 著
杜 钢 译

附录

Abreu de Armengol M 1990 *Alternative and Non-Formal Approaches to provide Primary Level Education for Outof-School Children: A Synthesis of Six Case Studies.* Unesco Institute for Education (UIE), Hamburg

Bokhari I, Tirmazi I 1989 Nai Roshni schools (Islamabad, Pakistan). UIE, Hamburg (mimeo)

Bray M 1987 *Are Small Schools the Answer? Cost-Effectiveness Strategies for Rural School Provision.* Commonwealth Secretariat, London

Bray M 1989 *Multiple-shift Schooling: Design and Operation for Cost-Effectiveness.* UNESCO/UNICEF Cooperative Program(Child, Family, Community Digest 27), UNESCO, Paris

Burra N 1989 *Child Labour and Education. Issues*

emerging from experiences of some developing countries in Asia. UNESCO/UNICEF Cooperative Program (Child, Family, Community Digest 28). UNESCO, Paris

Ciza J P 1989 Etude de cas d'approches non-formelles et alternatives pour assurer une éducation de niveau primaire aux enfants non-scolarisés. (Burundi). UIE, Hamburg (mimeo)

Flores P V 1981 *Educational Innovation in The Phillipines: A Case Study of Project IMPACT.* International Development Research Centre, Ottawa

Haq M N 1989 Non-formal and alternative approach to primary level education operated by Swanirvar Bangladesh. A case study (Dhaka, Bangladesh). UIE, Hamburg (mimeo)

Hoyos V, Rodriguez L, Abreu de Armengol M 1989 *Nonformal and alternative approaches to provide primary education for out-of-school children. The Boscona-La Florida programme. A case study from Colombia.* Ministry of National Education, Bogota/UIE, Hamburg

Naik C 1989 *Non-formal Education for Out-of-School Children. A Case Study.* Indian Institute of Education, Kothrnd, Pune/UIE, Hamburg: (mimeo)

Perera S M D, Wijerathna H S 1989 Case study on nonformal and alternative approaches to provide primary level education for out-of-school children: The literacy project (Colombo, Sri Lanka) UIE, Hamburg (mimeo)

Prakasha V 1985 *Gandhian Basic Education as a Programme of Interdisciplinarity Instruction at the Elementary Stage: Some Lessons of Experience.* UNESCO, Paris (Doc. ED-85/ws/28)

Ranaweera A M 1989 *Non-Conventional Approaches to Education at the Primary Level.* (UIE monograph series No. 14). UNESCO Institute for Education, Hamburg

UNESCO 1989 *Meeting of National Specialists on the Conditions Governing the Schooling of the Children of Mobile Populations. Conflans-Sainte-Honorine (France), 11—15 September 1989.* Working Document and Final Report. UNESCO, Paris

UNESCO Institute for Education/Shrestha R 1988 *An Exploratory Study of the Curricula and Instructional Methods for Non-formal and Alternative Approaches for Education at Primary Level in the Framework of Lifelong Education.* Report of the International Meeting, UIE, Hamburg, September, 26—30, 1988. UNESCO Institute for Education, Hamburg

UNESCO Institute for Education 1990 *Round Table on the Complementarity of Formal and Non-Formal Approaches at Primary Education Level. Hamburg, 1—4 October 1990.* Working Document and Final Report. UNESCO Institute for Education, Hamburg

UNESCO Regional Office for Education in Asia and The Pacific (ROEAP) 1989 *Multigrade Teaching in Single Teacher Primary Schools.* UNESCO/ROEAP, Bangkok

其他参考文献

Coombs P H, Frosser R C, Ahmed M 1973 *New Paths to Learning for Rural Children and Youth.* International Council for Educational Development, New York

Evans D R 1981 *The Planning of Non-Formal Education.* Fundamentals of Educational Planning No. 30. International Institute of Educational Planning (IIEP), Paris

UNESCO/International Bureau of Education (IBE) 1978 *Basic Services for Children: A Continuing Search for Learning priorities*, Pts. 1 and 2. Experiments and innovations in education, Vols. 36 and 37. International Bureau of Education, Geneva and UNESCO, Paris

教师政治工作(Political Work of Teachers)

教师工作与生活在不平等的权力关系中。资本主义、父权制、种族或民族群体分层、独裁主义、宗教或世俗国家以及帝国主义等不仅存在于地方、国家与全球社会之中，而且也存在于与教师息息相关的工作环境之中（教室与校园），当然这种现象在教育制度之中则更为常见。教师在其工作场所之内与工作场所之外所做的事情是与以下两种事物的分配情况存在着一定的辩证关联的：(a)物质与象征性资源的分配情况；(b)用于控制物质和象征性资源的生产、再生产、消费与积累方式的结构性与理论性权力的分配情况。

就此而言，教师能够也应当被视作是政治行动者（Carlson 1987）。政治的核心部分是由权力关系组建而成的。政治"所关注的是稀缺资源的分配程序……而纷争则存在于那些维持政治现状与挑战政治现状的不同群体之间"（Dove 1986 P. 30）。教师的政治行为发生在他们与学生在教室、走廊等场所中所进行的与教学、课程与评估等有关的教育工作中；发生在他们与家长、同事以及教育管理者之间所进行的交流与交往活动中；发生在他们的职业群体与教育权威部门及国家精英阶层所进行的事务来往中；发生在他们作为公民在地方、国家以及全球社会中所发挥的作用中。

有时人们认为，教师能够也应当不去染指政治生活（Zeigler 1967）。这种观点在一定程度上是以专业或技术活动与政治行为之间的区别为根据的。与该观点相关的一个思想基础就是存在于个体事务与政治事务或公共活动与私人活动之间的一种对比关系（Weiler 1987）。因此，教师工作被赋予了某种专业性或技术性的特征，这些特征也包括教师与其在教室或学校这种私人场所中所结成的各种人际关系在内。由此观点出发，作为一种专业化的教师无论是作为某些组织的成员涉入教育制度还是作为某些政党或社会运动组织的成员涉入社区事务等公共领域之中，都将是带有异类色彩或是不受人欢迎的。无论教师在参与政治活动方面是积极主动的还是消极被动的，是与其他政治力量或群体意见一致的还是存在着分歧的，是保守的还是热衷于变革的，是寻求个体、职业群体还是更大的集体组织的目标的，是为统治阶级还是为被统治阶级利益服务的，本词条所持的观点均是建构在将教师视作政治活动者这一理念基础之上的。本词条中所回顾的文献均对不同历史时期与不同的社会中人们所用以理解作为政治行动者的教师的各种方式进行了阐释和说明。以下将围绕着课堂、教育机构、教师组织与社区这四个领域中的教师政治活动展开讨论。

1. 课堂中的政治工作

吉拉罗格斯（Giroux 1988 P. 126）指出："不是将学校从政治与权力的动力机制所指向的目标机构群体中移送出去，相反，学校事实上却是各种政治活动所竞相争夺的一块宝地，因为在学校中可以演绎和展露着一场有关什么形式的权威、什么类型的知识、什么样的道德规范以及何种关于过去与未来的观点应当被加以合理化并将之传授给学生的斗争。"因此，教师所教的课程、所运用的教学方法以及所进行的评估活动都可被视作是政治行为的一些表现形式，其原因正在于这些方面对权力关系以及物质和象征性资源的分配而言是很重要的。尽管相似的问题也可以在与教学法以及评估活动相联系的方面生发出来，但由于篇幅的限制，这里也只能把有关课程选择的问题作为研究与回顾的焦点了（Dove 1986，Jansen 1990，Weiler 1988）。

课程内容所展示的是对一系列主题进行选择的结果以及对看待这些主题的方式所进行的选择的结果。权力关系扎根于课程之中，这主要体现在是谁对课程问题进行的决策以及课程内容中所包含的与未包含的主题和观点均是为哪些人的利益服务的等方面。虽然这里所强调的是有关课程内容的问题，但是还应当牢记的是课程的建构过程同时也是一场权力斗争的过程，而教师在其中则或多或少地扮演着一种颇为活跃的角色。尽管教师通常不能拥有完全的自主权去正式地对有关课程的问题进行决策，但是他们却可以选择是对别人已经决定好的课程内容采取顺从、抵抗还是另起炉灶的态度（Apple 1988，Ozga 1988，Ginsburg 1988）。

那些包含在课程内容之中或被其排除在外的知识可能会对现存的权力关系起到使之合法化或对之进行挑战的作用，因此课程并不是中立的。在北美洲所进行的大量研究表明，资本主义关系是如何通过褒扬其优点却忽略或美化其缺点，诸如个人失败等，抑或对那些人们为创建一种更加公正与人道的经济制度而付出的斗争加以限制和封锁的方式来得以维护的(Zeigler 1967)。与之相对比,在苏尔塔纳(Sultana 1991)的报告中便讲到了新西兰那些在社会运动中较为活跃的教师是如何开发他们自己的课程以便于借此来强调资本主义制度下工人及其他本国群体所遭受到的压迫以及在寻求变革这一资本主义制度的过程中工会活动与阶级和种族斗争所具有的作用等方面的内容。

许多国家所进行的有关研究成果均证明了一种不平等的性别关系是如何通过教师所讲授的课程中所包含或未包含的知识来加以合法化的。这一不平等的性别关系具体表现为男性所付出的劳动是有偿的,并且其在经济领域与政府部门中居于领导地位。而女性所付出的劳动则是无偿的,并且主要负责一些家务劳动。而其他一些教师则颇为关注性别关系中所存在的一系列问题,并开发或使用了一些反性别主义的课程,这些课程所关注的核心内容在于说明家长制关系是如何限制到女性(与男性)的生活的,并鼓励学生努力去思考和探求那些可取代现有学校与社会中所存在的性别角色模式的其他类型的性别角色模式(Lawn and Grace 1987,Weiler 1988)。

教师所开发或传授的课程知识或是对不平等的种族或民族群体间关系的一种支持,又或是对其的一种破坏。例如,在南非有些教师便在其所教授的课程内容中对有关种族主义的范式与理论进行了宣扬,而另外一些教师则"致力于对原有的课程内容进行重新的限定,其范围可从原有课程内容中所包含的种族主义、性别主义与等级主义偏见直到其所追求的有关社会关系、政治解放与社会平等等方面的不合理的目标等"(Jansen 1990 P. 67)。扎劳斯奇(Jarausch 1990)也曾对纳粹德国中不同的教师群体对有关种族主义的范式与理论所进行的维护或批判行为进行了相似的报道。

教师在与学生交流过程中所阐发的知识与观点,可以是对统治阶级及其行为产生支持作用的,也可以是对其产生批判作用的。在第一次世界大战期间的法国,那些加入了革命工团主义运动的教师对政府的权威发起了挑战,他们认为这场战争并不像官方所宣扬的那样对解决当时的国际争端而言具有积极的、富有想像力的作用,而是具有野蛮性、破坏性和无益性的(Feeley 1989)。而在第二次世界大战期间,也有大量的证据表明,德国的教师发动了"为祖国而进行的精神战争"(Jarausch 1990 P. 29),日本的教师则为其军事政权执行了"极端民族主义的教育灌输"(Blum 1969),而英国的教师则为了从物质上与精神上对中央政府的战争行为进行支持也执行了由中央政府所下达的关于课程改革的命令(Lawn and Grace 1987)。在说明教师通过对其所教课程做出自己的选择的方式而在维护殖民与新殖民统治方面所发挥的作用这一问题时,"文化帝国主义"这一概念就显得很有用处了。诸如此类的由教师所从事的政治活动在独立前后的非洲国家均有所发生(Bagunywa 1975)。此外,菲律宾的许多教师也曾经被美国殖民政府通过教师培训、课程指导与教师督导等方式牢牢地控制住了,并充当了美国殖民政府所需求的技术、文化知识与技能的传输"管道"的角色(Caniesco-Doronila 1987)。也有与上述情况相反的证据可以证明教师通过其所教授的课程而发起了对文化帝国主义的挑战。例如,越南的农村教师不仅对法国殖民者所强加给他们的一种用于满足殖民统治的需要并对越南文化进行恶意诋毁的课程体系拒绝接受,而且还开发了另外一套他们自己的课程体系,并用之对殖民主义进行了批判,同时对越南文化进行了赞扬,此外还借其强调了有关越南自治的问题(Kelly 1982)。

2. 组织政治学:工作场所的政治

人们通常把教师看作是工人,而把教育机构则视为是工厂(Connell 1985,Ozga 1988)。如同那些在其他组织中工作的人一样,学校中的教师、管理人员以及其他一些工作人员也纠缠在各种纷繁复杂的人际关系或微观水平上的政治活动之中,这也包括有策略地运用权力以便于寻求和维护可对物质性与象征性资源进行有效控制的手段的活动在内(Blase 1991)。与此同时,由于教育和教育工作者是一种更广泛的社会关系系统的一个组成部分,因此学校生活便构成了一种既微观又宏观的权力关系系统,同时学校生活本身也是由这种既微观又宏观的权力关系系统构成的。在英国,不同的教师群体,也即那些工作职业与学术性活动紧密相关的群体,他们的工作与那些牧师式的或咨询式的工作是截然相反的,为了争夺物质资源(工资水平与计划资金)与象征性资源(身份地位与认可程度)以及可决定自己学校发展方向的权力展开了激烈的竞争(Ozga 1988)。美国教师社团之间的关系也包括他们如何获得或保护其象征性资源的策略在内,诸如身份与地位以及从与学生的工作过程中所获得的成就感中生发出来的精神性奖励等等。友好的外部交往、避免纷争与冲突以及对教师个性化教学尊严的相互认可可以促使教师生存得更理想,并可获得一定水平上的满足感与控制力,否则的话教师将有可能陷身于其自身所属的更大规模的组织群体内对物质性与象征性资源所展开的公开而又无休止的争斗之中(Blase 1991)。但是,尽管教师之间避免纷争不失为是一条富有创造性的策略,不过这也同时会使得教师所处制度体系中在教育方面所存在的失误以及那些不平等因素得以强化的方面难以遇到应有的挑战(Lawn and Grace 1987)。

在澳大利亚、英国与美国所进行的研究均阐明了对教师所行使的管理权是如何被建构、接纳和拒绝的。关注到拉丁美洲的背景,奥利韦里奥斯(Oliveros 1975 P. 231)更清晰地阐明了上述权力斗争隐含着对物质性资源进行追求的意味,这些物质性资源包括雇佣、薪水与提拔等,因为教师要"仰仗于其监督者的意愿……才能保持(与发展)其专业地位,而教师监督者的意愿则是需要教师以对上司的忠诚与'少惹麻烦'等行为来作为回报的"。

教师与管理者之间的权力关系在一定程度上会影响到围绕着教育劳动过程所进行的斗争。在加拿大、英国与美国所进行的研究关注的乃是一些争夺激烈的发展过程,凭借这一过程有些教师变得"无产阶级化"了(也即他们的工作不具有技术性了,而且他们的权力也被剥夺了),而有些教师则变得"专业化"了(也即他们的工作重新获得了技术性,而且他们又再度拥有了权力)(Ozga 1988, Ginsburg 1988)。从这一角度来看,显然管理者与教师之间的关系反映了阶层关系并对后者产生着一定的影响。在学校的管理模式中,通常是由男性来管理女性的,于是管理者与教师之间的关系也便变成了一块家长制得以滋生的沃土以及一方由此而引发的一系列斗争得以上演的舞台(Apple 1988, Connell 1985)。

3. 教师组织与政治工作

世界各地的教师均组建了他们自己的协会与工会,这至少在一定程度上是他们作为一种与发生在教育领域中的政治活动有关的工作者群体对自己在此方面所具有的共同经验而做出的一种集体反应。在欧洲、北美与第三世界的许多国家里,教师均构成了那里组织化程度最高的一种工人组织团体(Dove 1986)。

教师的组织化活动是带有政治性的,其含义在于这种活动是包括其与国家和地方政府之间在物质性资源分配问题上所发生的关系在内的(这些物质性资源要分配给教师以及其他一些组织群体)。教师通过其组织所开展的工作来要求获得更高的工资、津贴或其他一些物质利益(Blum 1969, Feeley 1989, Lawn and Grace 1987, Oliveros 1975, Ozga 1988, Warren 1989)。但是,教师组织有时也不得不被迫接受甚至美化国家政府所做出的某些有关决策(Ginsburg 1991, Rosenthal 1969)。

有一部分教师的集体政治活动所关注的是赢得组织并开展与政府的谈判、商讨集体合同、举行罢工以及其他一些富有"战斗性"行为的权利(Feeley 1989, Kelly 1982)。历史上,许多国家都曾经多次宣布教师罢工为不合法。第二次世界大战之前,教师工会主义运动在日本遭到了政府的镇压,而该运动在美国则受到了政府的鼓励并与统治力量联合在一起。1945 年到 1948 年日本社会主义政党组阁期间,这一运动也与该政府取得了伙伴关系,但随着 1948 年日本保守党力量的重新上台,日本的教师工会主义运动也便随之被政府扼杀了(Blum 1969)。

教师组织在有关权力、控制与自治等问题上也与地方和国家领导者、教育管理者、家长、公众以及其他一些教师组织之间存在着纷争。这些纷争所关注的方面包括决定工作条件的能力、教师的责任、管理实践、教学与课程、考试制度、教师评估制度、教育政策与工资决策机制以及教育经费的一般水平等(Blum 1969,Ginsburg 1991,Lawn and Grace 1987,Oliveros 1975,Ozga 1988,Rosenthal 1969,Warren 1989)。

有组织的教师团体还在努力获取更加充裕的象征性资源,诸如与建立在大学基础上的教师预备活动相关的教师专业地位等方面和政府之间存在着政治性来往。这样的身份象征被视为是教师(以及其他受过教育的工人)专业化计划中的一种有价值的因素,在该计划中可以发现教师的权力、自治能力以及酬劳等均得到了提高。尽管国家的行为有时会具有加强教师专业化程度的功能,但是教师也会成为国家所实施的令某些群体专业化程度降低或使其无产阶级化的目标(Dove 1986,Ginsburg 1991,Jarausch 1990,Lawn and Grace 1987,Nwagwu 1977)。

在上述纷争中,教师与国家所共用的一个主要的思想武器便是"专业化",这种情况至少在英国及英国所属的前殖民地国家是如此的。尽管"专业化"一词的含义是多元的和存在着矛盾冲突的,但是在社会科学文献与日常生活中,经由精英教育这一教育成绩观念使之合法化后的劳动力等级划分的概念通常便成为了一个处于核心位置的要素。在该理论的吸收与再生过程中,教师便要对至少是资本主义生产关系所需求的劳动力等级划分理论加以合理化(Ginsburg 1988)。这种趋势通过利用某些专业化的概念将专业性组织的意图与工人阶级成员所认可的"工会主义"相区别的方式得到了强化(Ozga 1988)。这也成为可以用来解释为什么在一些国家里,包含在比之更加广阔的工人运动之中的教师问题会引发出如此大的争论,即使是在某些国家的工人运动中有组织的教师队伍已成为其中的主要领导力量时,情况还是如此的这一问题的部分原因所在(Blum 1969,Feeley 1989,Ginsburg 1991)。

种族关系也会影响到教师的言论与行为,同时教师的言论与行为也塑造着一定的种族关系。例如,德利翁与米留罗(De Lyon and Migniuolo 1989)从其所进行的研究中得出结论认为,在20世纪70年代与80年代期间的英格兰与威尔士,尽管国家教师工会为教师提供了一定的资源以鼓励其在课堂中发扬多元文化主义并抵制种族主义,但其各种各样的教师工会与协会为两地黑人教师利益所提供的服务还并不是很尽如人意。与此相似,整个20世纪40年代期间,美国的教师组织也处于种族分化的状态之中,许多组织化的白人教师团体对黑人教师组织争夺平等工资收入的斗争并未采取支持的态度(Warren 1989)。1968年纽约的教师组织所进行的反对黑人社区所提出的黑人地方学校自治的活动也说明了教师专业自主的意愿也是与种族群体间的权力分配相关联的。

教师组织活动的政治性也体现在其对现实中的性别关系所采取的维护或挑战式的态度与行为上。在德国,以男性为主的中学教师组织努力通过从以女性为主的小学教师组织中抽身出来和与之疏远的方式来获得和维护本组织成员的专业地位(Jarausch 1990)。在英国,教师组织倾向于用男性的方法去解决那些对男性教师而言更具重要性的问题,与此同时却忽略了那些诸如儿童护理与家务劳动等对女性教师而言更具重要性的问题(De Lyon and Migniuolo 1989)。从历史上看,英国、法国与美国的一些教师组织都曾经为谋求男性与女性教师平等的工资收入而进行了坚决的斗争,而同时也有其他一些教师组织对此类活动表示反对(Feeley 1989,De Lyon and Migniuolo 1989,Warren 1989)。此外,尽管在有些国家女性教师已经在某些教师组织中取得了领导地位,但是就是在同一国家的其他一些教师组织中,女性教师通常还是很难获得较高的领导职位的(De Lyon and Migniuolo 1989,Warren 1989,Weiler 1987,Zeigler 1967)。然而,上述状况必须是要得到某种程度的缓和的,因为男性教师与女性教师会在一些有组织的集体行动诸如罢工中各自扮演着不同的但又同时都具有积极性与必要性的角色(Lawn and Grace 1987,Weiler 1987)。

4. 社区中的政治工作

或是通过其自身与其所属的协会与工会,或是根据政治与经济领导组织所下达的命令,或是由于自己的价值观与信念,教师已经开始在社区生活中扮演着一种颇为活跃的政治角色。而同时我们所应当牢记的一点便是不参与也是可以构成一种政治行为的，这一点可以通过政府经常地对某些类型的以社区为基础的教师政治行为采取限制手段的事实得到很好的说明（Blum 1969, Dove 1986, Jarausch 1990, Zeigler 1967）。

在非洲、亚洲、欧洲与拉丁美洲的民族主义与独立运动以及反殖民主义或反帝国主义斗争中，教师均扮演着一种处于领导地位的颇为活跃的角色（Blum 1969, Dove 1986, Kelly 1982, Lauglo 1982）。教师同样也可以是社会革命的主要行动者，诸如20世纪早期发生在中国（White 1981）、法国（Feeley 1989）、墨西哥（Blum 1969）与俄国（Seregny 1989）的革命与近些年发生在科特迪瓦与匈牙利（Ginsburg 1991）的革命中教师均扮演了这样的角色。正如简森（Jansen 1990 P. 63）对他自己及其同伴们在南非革命中的经历所做的报告中所讲到的那样，“在学生、教师与警察发生对抗的时刻，我们便从专业化的教师立即转变为政治活动的积极分子，而有时还会成为武装斗争中并肩作战的同志”。

更为常见的是，教师还充当着社区领导者、风云人物以及社会变革发动者等角色（Dove 1986, Lauglo 1982）。有时教师会对统治集团的政治与文化霸权发起挑战，而有时教师又会成为国家与经济统治集团的代理人。与此相似，教师在中央政府与地方公众之间还充当调停人的角色，同时他们还努力从世俗政府与教会所发生的冲突中寻找到一块可以用于实施自治活动的空间（Blum 1969, Meyers 1976）。大卫（Dove 1986）曾得出结论认为，教师在发展中国家独立前夕与刚刚获得独立的时期要比在此后的历史时期里更频繁地充当着社区领导者的角色。而在劳格鲁（Lauglo 1982）的报告中则指出，从历史上看，欧洲与北美的农村教师在该角色的扮演上都存在着广泛的差异性和变化性。不过在以上这两组个案中，教师与社区其他成员相比较而言的受教育水平则均是一个核心变量，当教师在受教育程度上比其他社区成员的受教育程度更高时，那么教师在社区政治活动中的活跃程度也就较之那些其他的社区成员为高。

许多国家的政府首脑、立法者以及其他一些政府官员在其人生中的某一时期均有过当教师的经历（Berube 1988, Dove 1986, Jarausch 1990, Lawn and Grace 1987, Nwagwu 1977）。与其他一些职业群体相比，教师也担当过政党领袖与被压迫者领导人的角色（Ginsburg 1991）。而作为活跃的政党成员，教师个体与有组织的教师群体均在不同程度上将其时间投注到了政治游说与候选人选举的工作之中去了（Blum 1969, Warren 1989, Zeigler 1967）。

以社区为基础的教师政治工作所关注的问题是纷繁复杂的。美国与英国的教师均是以争取普选权、解放权、取消种族隔离制度与进行税制改革为目标的女性主义与公民权利运动的积极成员（Lawn and Grace 1987, Warren 1989）。与这些进步的社会运动行为相对照，德国的中学教师组织在1933年纳粹政权统治德国期间却并没有向这一反动政权发难并与之分道扬镳。扎劳斯奇（Jarausch 1990）也指出在该历史时期有一些德国教师站在公众的立场上对纳粹法西斯主义与种族主义进行了反抗，而另有一些德国教师则认为他们有义务对希特勒所提出的要求至少要做到最低限度的让步。

在上述历史时期的德国与英国，其教师均在以社区为基础的工作方面付出了自己的时间和精力并以此来支持各自国家的战事（Jarausch 1990, Ozga 1988）。历史上教师也曾参加过反对军国主义的和平运动，诸如第二次世界大战后日本教师所参加的和平运动（Blum 1969）与第一次世界大战时法国初等学校教师所参加的和平运动等（Feeley 1989）。

5. 结论

教师在课堂、教育组织、教师组织与社区中所从事的或不容许从事的活动都可被视作是带有政治性的。尽管以上已经对这些问题分别进行了探讨，但是我们不应当将这些教师所用于从事政治活动的场所看作是彼此分离或互不关联的。例如，教师所参加的以社区为基础的社会运动，通过他们所挑选和组织的课程知识既可以被强化也可以被削弱。教师在社区政治活动中所展露出的活跃或不活跃的行为表现便有可能会促使其学生也对诸如社会不平等、剥削、压迫以及被统治阶级在挑战这一权力关系中所应扮演的角色等问题产生关注或忽略的行为表现（Blum 1969, Connell 1985, Kelly

1982, Sultana 1991, Zeigler 1967)。

本词条在讨论到有关教师政治工作的问题时也承认教师群体并非是一个整齐划一的群体，因此也便努力去确认教师政治工作所具有的多元手段与目的。尽管许多国家的教师政治工作在形式上以及其他方面均存在着一些相似之处，但不同时期以及同一时期与同一地区的不同教师群体之间倘若从国际的、历史的与职业内部的角度来加以考察的话，也还是存在着一些较为重要的差异的。

本词条所重点强调的是国际比较，但历史比较同时也是具有启发性的。例如，前面已经说明了有组织的教师团体与国家之间的关系在不同历史时期的英国、科特迪瓦、德国、匈牙利、日本、墨西哥与美国均是有所不同的(Berube 1988, Blum 1969, Ginsburg 1991, Jarausch 1990, Lawn and Grace 1987)。

教师群体及教师组织在进行自身的类别划分时也会对有关其政治工作的问题做出一种一般性的声明。在许多国家，其教师组织是依据如下内容划分的：性别、种族/民族、社会阶层的差异(这种差异与其社会成员所受教育的教育制度相关)、所教授的主题、地理位置、宗教认同、政治思想或所归属的政党以及与其他工人组织的敌对与友好关系等(Blum 1969, Feeley 1989, Ginsburg 1991, Lawn and Grace 1987, Jarausch 1990, De Lyon and Migniuolo 1989, Nwagwu 1977, Ozga 1988, Warren 1989, Zeigler 1967)。

因此，不同的教师团体在不同的时期和地点所从事和继续从事的乃是一系列广泛而又活跃的抑或不活跃的政治工作。教师政治工作的变化也意味着这些由不同的教师团体所从事的政治工作的结果，有时可以对现存的从地方到全球范围内的物质资源、象征性资源以及权力的分配机制产生强化作用，而有时则可能会对其产生削弱作用。此外，由于权力关系中的对抗是由教师个体及集体的行为所构成的，因此我们所常见的一种情况便是某一教师的行为在一个特定的时间与地点既会服务于统治集团的利益又会同时服务于被统治集团的利益。因此，我们所要指出的问题并不是教师是否应当是政治行动者的问题，而是教师应当在其所从事的政治活动中抱有何种目的、采取何种方式以及为哪些人的利益服务的问题。

M. B. 金斯伯格(M. B. Ginsburg)
S. G. 凯迈特(S. G. Kamat) 著
杜 钢 译

附录

Apple M W 1988 *Teachers and Texts: A Political Economyof Class and Gender Relations in Education.* Routledge and Kegan Paul, New York

Bagunywa A 1975 The changing role of the teacher in African educational renewal. *Prospects* 5(2): 220—226

Berube M 1988 *Teacher Politics: The Influence of Unions.* Greenwood Press, New York

Blase J (ed.) 1991 *The Politics of Life in Schools: Power Conflict and Cooperation.* Sage, Newbury Park, California

Blum A (ed.) 1969 *Teacher Unions and Associations: A Comparative Study.* University of Illinois Press, Urbana, Illinois

Canieso-Doronila M L 1987 Teachers and national identify formation: A case study from the Philippines. *J. Educ. Equity and Leadership* 7(4): 278—300

Carlson D 1987 Teachers as political actors: From repro ductive theory to the crisis of schooling. *Harv. Educ. Rev.* 57(3): 283—307

Connell R 1985 *Teachers' Work.* Allen and Unwin, Sydney

De Lyon H, Migniuolo F W (eds.) 1989 *Women Teachers: Issues and Experiences.* Open University Press, Milton Keynes

Dove L 1986 *Teachers and Teacher Education in Developing Countries.* Croom Helm, London

Feeley F M 1989 *Rebels With Causes: A Study Of Revolutionary Syndicalist Culture Among The French Primary School Teachers Between 1880 and 1919.* Peter Lang, New York

Ginsburg M 1988 *Contradictions In Teacher Education and Society: A Critical Analysis.* Falmer Press, New York

Ginsburg M (ed.) 1991 *Understanding Educational Reform In Global Context: Economy Ideology and the State.* Garland, New York

Giroux H 1988 *Teachers as Intellectuals: Toward a Critical Pedagogy of Learning.* Bergin and Garvey, Granby, Massachusetts

Jansen J 1990 In search of liberation pedagogy in South Africa. *J. Educ.* 172(2): 62—71

Jarausch K 1990 *The Unfree Professions: German Lawyers, Teachers and Engineers 1900—1950.* Oxford University Press, New York

Kelly G 1982 Teachers and the transmission of state knowledge: A case study of colonial Vietnam. In: Altbach P, Arnove R, Kelly G (eds.) 1982 *Comparative Education.* Macmillan, New York

Lauglo J 1982 Rural primary teachers as potential community leaders? Contrasting historical cases in Western countries. *Comp. Educ.* 18(3): 233—255

Lawn M, Grace G (eds.) 1987 *Teachers: The Culture and Politics Of Work.* Falmer Press, Lewes

Meyers P 1976 Professionalization and societal change: Rural teachers in nineteenth century France. *J. Soc. Hist.* 9(4): 542—558

Nwagwu N 1977 Problems of professional identity among African school teachers. *J. Educ. Admin. and Hist.* 9(2): 49—54

Oliveros A 1975 Change and the Latin American teacher: Potentialities and limitations. *Prospects* 5 (2): 230—238

Ozga J (ed.) 1988 *Schoolwork: Approaches To The Labour Process Of Teaching.* Open University Press, Milton Keynes

Rosenthal A 1969 *Pedagogues and Power: Teacher Groups in School Politics.* Syracuse University Press, Syracuse, New York

Seregny S 1989 *Russian Teachers and The Peasant Revolution: The Politics Of Education In 1905.* Indiana University Press, Bloomington, Indiana

Sultana R 1991 Social movements and the transformation of teachers' work: Case studies from New Zealand. *Research Papers in Education* 6(2): 133—152

Warren D (ed.) 1989 *American Teachers: History of a Profession at Work.* Macmillan, New York

Weiler K 1988 *Women Teaching For Change: Gender Class and Power.* Bergin and Garvey, South Hadley, Massachusetts

White G 1981 *Party and Professionals: The Political Role of Teachers in Contemporary China.* M E Sharpe, New York

Zeigler H 1967 *The Political Life Of American Teachers.* Prentice-Hall, Englewood Cliffs, New Jersey

教学与教师教育:比较与国际研究 (Teaching and Teacher Education: Comparative and International Studies)

有关教学的比较与国际研究所考察的是来自各个国家的不同的教育制度体系中的教师在其行为表现上所具有的相似性与差异性的问题。它也同时考察不同教育制度体系或不同国家之间在对教学所产生的影响上是否也是不同的,以及教学行为与实践所产生的影响在不同教育制度体系中或不同国家中是否也是不同的问题。

唐金(Dunkin 1989)曾经对针对上述问题所进行的各种类型的研究进行了描述并对在他之前学者们所报告的相关研究成果进行了回顾。唐金所探讨的绝大多数研究活动均是在国际教育成就评价协会(IEA)的赞助和指导下进行的。从那时起,新一代的国际教育成就评估研究活动也得以完成,其中的两项研究的研究报告也得以出版发行,这两项新研究便是国际教育成就评价协会的数学研究(Robitaille and Garden 1989, Travers and Westburg 1989)与课堂环境研究(Anderson et al. 1989)。本词条所关注的正是有关这两项研究成果的问题。

1. 国际教育成就评价协会的第二次数学研究

尽管本项研究主要是关于数学课程问题的,但它也包含了一些有关教师与教学问题的研究变量在内。前文所指出的两份研究报告中所包括的内容是来自以下20种曾经参与了那些研究活动的学校教育制度体系之中的。这些学校教育制度体系包括:比利时(佛兰芒制度)、比利时(法国)、加拿大(英属哥伦比亚)、加拿大(安大略)、英格兰与威尔士、芬兰、法国、中国香港、匈牙利、以色列、日本、卢森堡、荷兰、新西兰、尼日利亚、苏格兰、斯威士兰、瑞典、泰国与美国的学校教育制度体系。而该研究所限定的学生目标群体也分为两类,即学生目标群体A与学生目标群体B。

学生目标群体A是由到学年中期为止在年龄上达到了13.0~13.11岁的样本群体学生所在年级的全体学生所组成的。学生目标群体B是由人们通常所认可的处于中等学校高年级阶段的所有学生以及将数学学习作为其整个学习计划中的一个主要组成部分(每周约有5小时时间用于数学学习)的学生所组成的(Travers and Westbury 1989 P.11)。

研究所需的数据是在1980年到1982年期间进行收集的,它们包括以下一些有关教师的变量:年龄、性别、经历、教学任务(每周多少小时)、受教育状况与任职资格(尤其是在数学、数学教学法与一般教学法方面所接受过的教育及所取得的任职资格)、专业学历、包括对教育资源的使用在内的教学实践、教学活动、时间分配、因材施教以及教师对包括在成绩测验之中的数学学习机会的洞察能力等。

以下是有关上述变量的一些研究性发现成果。学生目标群体A所拥有的男性教师人数比例从匈牙利学校教育制度体系中的20%到荷兰学校教育制度体系中的90%不等。在加拿大(安大略)、中国香港、新西兰与苏格兰的学校教育制度体系中,男性教师的人数比例较之女性教师的人数比例,前者要比后者大10%~50%,然而在加拿大(英属哥伦比亚)、日本、卢森堡、荷兰、尼日利亚与瑞典的学校教育制度体系中,男性教师的主导地位更是体现得尤为明显。在匈牙利、以色列与泰国的学校教育制度体系中有50%以上的教师是女性。学生目标群体B所拥有的男性教师人数比例从匈牙利学校教育制度体系中的40%到最高的96%不等。在15种参与了此项研究的学校教育制度体系中,针对学生目标群体B的男性教师人数比例呈现出持续增长的势头。鲁宾塔勒与加登(Robitaille and Garden 1989)对以上发现性成果做出了如下的评论:“有鉴于某些学校教育制度体系中所体现出来的如此显著的数学教师队伍构成上的性别差异,那么便有充足的理由对导致这种状况的来自社会压力方面的原因以及此种数学教育所带来的结果进行调查研究。”(P.42)

针对学生目标群体A的经验最少的教师来自斯威士兰与泰国的学校教育制度体系,他们平均有7年的教龄,而针对该群体学生的经验最丰富的教师则来自日本的学校教育制度体系,他们平均有17年的教龄。就针对学生目标群体B而言,经验最少的教师来自中国香港的学校教育制度体系,其平均教龄为9年,而经验最丰富的教师则来自瑞典的学校教育制度体系,其平均教龄为18年。对教师教学任务的测量是以其每周所工作的小时数来加以计算的。就学生目标群体A而言,教师的教学任务量从比利时(法国)学校教育制度体系中的每周平均13小时到荷兰学校教育制度体系中的每周平均22小时不等,而就学生目标群体B而言,教师的教学任务量则从日本、瑞典与泰国学校教育制度体系中的平均每周14小时到加拿大(英属哥伦比亚)与苏格兰学校教育制度体系中的平均每周21小时不等。

在参加研究的8种学校教育制度体系中,有10%以上的针对学生目标群体A的教师未接受过任何形式的数学方面的高等教育,而在参加研究的6种学校教育制度体系中,有25%或更多的教师未接受过任何形式的数学教学法方面的高等教育。另一项对针对学生目标群体B的数学教师职前培训活动的分析研究也得出了与上述情况相类似的结果。在法国、加拿大(安大略)、瑞典、中国香港与斯威士兰的学校教育制度体系中,均有相当比重(26%~47%)的针对学生目标群体A的教师接受过一般教学法方面的正规培训,而在瑞典、芬兰与中国香港的学校教育制度体系中却有超过40%的针对学生目标群体B的教师从未接受过相似的培训。在尼日利亚、苏格兰、日本、泰国与比利时(法国)的学校教育制度体系中针对学生目标群体A的数学教师有70%到96%是该领域的专家,而这一比例在加拿大(安大略)与瑞典的学校教育制度体系中却几乎是零。针对学生目标群体 B 的教师的专业化程度在日本、苏格兰与泰国的学校教育制度体系中几乎是 100% 的,而这一现象在瑞典、芬兰与中国香港的学校教育制度体系中却并不常见。

就有关教学实践活动方面的研究而言,有结果发现课本是教师们在教学实践活动中最常用的一种资源,所有参加研究的学校教育制度体系中的教师在对属于学生目标群体 A 的学生进行教学活动时至少是“经常性”地使用了这一资源。个性化的教学材料、视觉材料以及测验类的出版物几乎在参加研究的所有的学校教育制度体系中均使用得非常之少。针对学生目标群体 B 与学生目标群体 A 的资源使用方法均是相似的,在比利时(佛兰芒制度)的学校教育制度体系中教师需要在一周内花费平均 270 分钟的时间用于备课和为学生评分。这一时间数在苏格兰的学校教育制度体系中则下降为 60 分钟。当为学生评分的问题转换为用每名学生需要教师为此所花费的时间数来表述时,那么这一时间数花费最多的是出现在比利时的两种学校教育制度体系以及泰国与法国的学校教育制度体系之中,而花费最少的则是出现在新西兰、苏格兰、芬兰、日本与瑞典的学校教育制度体系之中。研究结果发现,教师为目标群体 B 的学生所花费的备课与评分时间均是较高的。

威尔瑞(Werry 1989)曾对有关教师课堂活动的研究性发现成果做出了如下的报告:在每一种学校教育制度体系中的学生目标群体 A 与 B 的两种水平上,教师的绝大多数教学时间均用在了对新内容的讲解上,这也就是说,这些时间是用在了讲演式教学或讲课上。对目标群体 B 的学生而言,情况更是如此。在绝大多数学校教育制度体系中,就目标群体 A 的学生而言,平均有 5% 到 10% 的时间是用在了课堂活动四个范畴中的课堂管理活动中了,而就目标群体 B 的学生而言,这一时间则要花费得略少一些。针对目标群体 A 的学生所花费的用于维持教学秩序的时间大约也是这么多,但是用于目标群体 B 的学生的这一时间却是微乎其微的……

我们可以得到一点结论便是,讲演式教学在比利时(佛兰芒制度)、中国香港与美国学校教育制度体系中的教学方式中占有主导地位,而这一教学方式在英格兰与威尔士、以色列、苏格兰以及瑞典的学校教育制度体系中却是很少见的(P. 56)。

最后两项教学活动的研究是有关教师授课时间的分配与因材施教问题的。在绝大多数学校教育制度体系中,教师们估算后认为在一周的教学时间内,学生目标群体 A 与 B 时间的 10% ~15% 均是用在了测验与考试上。报告中指出,这一时间比例最高的是法国、卢森堡、荷兰、尼日利亚、以色列与美国的学校教育制度体系,比例最低的是英格兰与威尔士、苏格兰以及瑞典的学校教育制度体系。小组学习在目标群体 A 与 B 的学生中运用得均不很频繁,其中对这一方法运用得最广泛的是英格兰与威尔士、以色列以及泰国学校教育制度体系中的属于目标群体 B 中的学生。学生目标群体 A 与 B 课堂时间的 70% 以上均是用到了听讲与小组讨论上。研究中有 75% 以上的教师宣称,在对目标群体 A 与 B 这两种水平上的学生所进行的课堂教学活动中,他们从未或很少对那些有特殊学习要求的学生采用因材施教的教学方法。就针对目标群体 A 的学生所进行的教学活动而言,对这一方法运用比例最高的是斯威士兰与尼日利亚的学校教育制度体系,运用最低的则是卢森堡、匈牙利与法国的学校教育制度体系。一般而言,因材施教法在对目标群体 B 的学生所进行的教学活动中运用得还要更少一些,其中运用得最多的是匈牙利、新西兰与泰国的学校教育制度体系,而运用最少的则是芬兰与苏格兰的学校教育制度体系。

来自匈牙利与斯威士兰学校教育制度体系中的教师在研究报告中讲到在其所进行的教学活动中,针对学生目标群体 A 的各个学科内容的平均覆盖率均超过了 80%。其他国家的教师在研究报告中则指出他们的这一平均覆盖率是在 61% ~80% 之间,其中卢森堡与瑞典学校教育制度体系的这一情况则要除外,那里的这一平均覆盖率是 41% ~60%。就目标群体 B 的学生而言,在不同学校教育制度体系的不同学科领域中,教师在成绩测验的词条所覆盖的范围上的变化程度是相当大的。所有学校教育制度体系中的教师均在报告中指出代数覆盖内容的 80% 是存在着较大的变化性的。

例如，就概率与统计而言，其在匈牙利的学校教育制度体系的代数内容中的覆盖率是在 40% 或以下，而在芬兰、日本与新西兰的学校教育制度体系的代数内容中，这一覆盖率则超过了 80%。令人遗憾的一点便是，直到本词条编写时为止，我们仍未能得到有关国际教育成就评价协会第二次数学研究中的教学过程的主要研究性发现成果。

2. 国际教育成就评价协会的课堂环境研究

本项研究的主要报告内容是由安德森（Anderson 1989）等人完成的，该报告所呈现的是对以下这些参与了本项研究的学校教育制度体系中的有关问题进行研究后所得到的结果，这些学校教育制度体系包括：澳大利亚、加拿大（安大略/英国制度）、加拿大（安大略/法国制度）、加拿大（魁北克）、匈牙利、以色列、韩国、荷兰、尼日利亚与泰国的学校教育制度体系。有必要指出的是，这是一项课堂观察性研究活动，它包括了图 1 中所示的预计存在着某些相互关系的 15 个组成部分，而图 1 则勾勒出了该项研究的“核心模型”。表 1 所列出的是数据收集与分析活动所指向的一些特定的变量。表 2 为我们提供了有关该研究实施过程的总的情况，其中所展示的内容包括研究中所选择的班级，这些班级在年级水平上是从 5 年级到 8 年级；在参与该研究的 7 种学校教育制度体系中，研究活动所选择的学科是数学，而在参与该研究的另三种学校教育制度体系中，研究活动所关注的学科则是物理、科学与历史这三门学科。研究所选择的有关学校、班级与学生方面的样本在范围上的变化程度也是相当大的。研究中所运用的绝大多数数据资料是在 1981 年到 1983 年期间收集到的。我们可以对该项研究所发现的有关教师的一些特征做出如下的总结：

在参与研究的国家里，教师群体在其性别构成上所存在的差异是较为突出的，此外教师群体在其年龄与教龄方面也存在着差异。但是，在绝大多数参与研究的国家里，教师群体在其年龄与教龄方面所存在的差异也是较为显著的。参与研究的大多数教师的学历水平均处在初等教育水平上。那些处在中等教育学历水平上的教师数量是较少的（即使是教授 7 年级与 8 年级学生的教师也是如此）。

各国教师在其所接受的学科训练上，他们每周用于学科教学的小时数以及他们所教授的增加的学科数等方面也存在着差异。就是在一国内部，教师们在接受学科训练方面也是存在着较大的差异的。所有参与研究的国家内的绝大多数教师每周的教学总时数为 11 小时到 30 小时不等。（Anderson et al. 1989 P. 70）

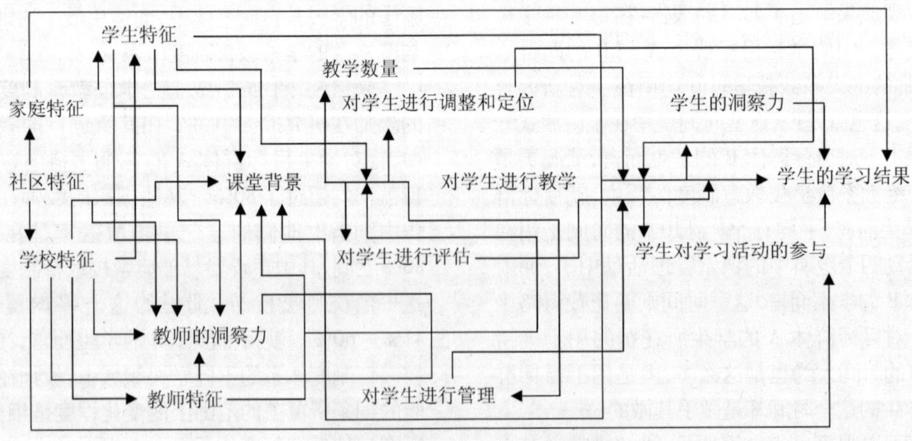

图 1　课堂环境研究的核心模型图

资料来源：Anderson et al. 1989 P. 23

表 1　　国际教育成就评价协会课堂环境研究的组成部分与变量

组成部分/变量	组成部分/变量	组成部分/变量
社区特征	相关班级学生的能力水平	额外帮助的类型
学校位置	需要补课的学生比重	对学生进行评估
学校特征	教学数量	对学生进行提问
学校类型	家庭作业的数量	对小组进行提问
年级水平	用于做家庭作业的时间量	询问要求回复的问题
学校规模	用于学习的机会	询问高度有序的问题
分配给学科教学的时间(每年)	分配的时间	询问意见性的问题
教师特征	教学时间	询问实际性的问题
性别	对学生进行调整与定位	提问的数量
年龄	特定的目标	等待学生的回复
教龄	内容回顾	学生的简短回复
学科教学时数(每周)	对学生进行教学	学生未做回答
附加的学科教学数量	教师间的相互交往	积极的认可
总的教学时数(每周)	教师指导	认为答案是错误的
家庭特征	指导个人听课	重复答案
父亲的受教育水平	指导团体工作	修改问题
母亲的受教育水平	讲课	给出答案
父亲的职业	课堂讨论	刺探
家庭中所使用的语言	口头练习训练	对学生的刺探
学生特征	阅读	对小组的刺探
性别	写作	为评分而进行的测验
年龄	实验	诊断性测验
理想	语言交往指导	对学生进行管理
对学校的态度	解释	管理与日常管理
对学科的态度	运用资源进行解释	程序性交往
课堂背景	说明	变化性交往
对小组教学法的使用	举例	纪律性交往
对小组教学法所进行的观察	暗示	无关教师
对典型的教学资源的使用	命令	学生的洞察力
学生在校外接触到课本的机会	学生的问题	任务的定位
授课重点	学生的贡献	课程结构
授课目标	社会交往	教师的反馈
班级规模	沉默(缺乏语言交流)	学生对学习活动的参与
每间教室中的成人数	经常性的额外帮助	参与学习活动的学生比重
学生的出勤状况	得到额外帮助的数量	学生的学习结果
教师的洞察力	额外帮助的时机	学生的学业成绩
教师自治	额外帮助的形式对学科的态度	

资料来源:改编自 Anderson et al. 1989 P. 40 ~ 43

表 2　　对课堂环境研究实施过程的回顾[a]

国家	年级水平	学科	学校数	班级数	学生数	研究的时间长度（月）	观察活动次数
澳大利亚	5	数学	39	75	1 963	3	8 ~ 10
加拿大	8	数学	18	27	751	7	8
安大略/英国 加拿大	8	数学	14	18	420	6	8
安大略/法国 加拿大	7 ~ 8	数学	9	30	749	6	10
魁北克 匈牙利	5	物理	40	40	1 180	–	5
以色列	6	历史	11	22	671	4	1 ~ 5
韩国	5	科学	15	45	2 400	2	8
荷兰	8	数学	17	50	1 125	7	8
尼日利亚	8	数学	35	35	1 416	–	4
泰国	5	数学	77	87	2 572	9	6

资料来源：Anderson et al. 1989 P. 48

a 表中所列出的班级数量是指那些至少在其中进行了一项观察活动的班级的数量。作为一种由各种编辑程序加以作用以及对那些正在消失中的数据规则加以应用的共同结果，包括在每一项分析中的班级数（以及由此所导致的学生数）都要比表中所显示的班级数要少一些。此外，有关匈牙利与尼日利亚学校教育制度体系的研究时间长度这一项的数据未能得到其国家研究中心的提供

有关课堂环境研究的主要发现性成果可以归纳为以下两点。第一点是“描述性的发现成果”，第二点是“联系与影响”。教师在从事诸如布置作业、组织课堂教学以及进行测验等课堂内的活动时所具有的对自主与自治问题的觉察度要比其在从事诸如决定课程与召开家长会等课堂外的活动时所具有的对自主与自治问题的觉察度更高一些。不同学校教育制度体系中的教师所具有的对自主与自治问题的觉察度也是有所不同的。教师们对课本的使用非常频繁，但却不经常使用视听教材与自动程序化的教材。在各种学校教育制度体系中，教师们很少使用小组教学法，他们中的绝大多数所使用的均是全班教学法。家庭作业的布置主要是用于探明学生学习中的不足，而正式的测验则是为了给学生评分。针对上述目的所使用的计划方案以及书面报告也是比较少的。

在不同的学校教育制度体系中，学生用于学习包含在期末考试中的学习内容的机会也是存在着很大的变化性的。而各种学校教育制度体系中的教师在课堂活动中的表现却是十分活跃的，他们将自己的绝大多数课堂时间均用在了与学生的相互交流之中。课堂中的师生交流活动通常总是以教师占主导地位的，学生们所实施的课堂交流行为主要是以一种简洁的方式对教师的提问予以回答。除匈牙利的学校教育制度体系之外，在对其他学校教育制度体系所进行的全部研究性观察活动中，有50%到80%的内容是被与讲课、听课与课堂管理有关的观察活动所占有的。

在研究报告中所讲到的有关“联系与影响”的问题中指出：研究过程中所观察到的存在于特殊的教学行为中的差异与学生最终所取得的学业成绩中的差异之间并不具有相关性。这些行为与学生在学习上所付出的努力之间的相关程度要比其与学生最终的学业成绩之间的相关程度为高。负责大班教学的教师在解释、建构与指导等教学活动中比其他教师所花费的时间要少一些，但在课堂管理方面则比其他教师所花费的时间要多一些。那些认为本班学生能力较低的教师会将更多的教学时间用于对学生进行提问和评估上。经验丰富的教师用于课堂管理时间会更少一些。学生用于努力

学习的时间量与其测验前后的成绩变化之间存在着正相关的关系。学生的学习状况会受到来自他们通过教学内容的覆盖面的形式以及家庭作业的形式所接受到的教学数量状况的直接影响。

由于在空间上所受到的限制,本词条未能呈现出对国家间进行比较后所能得到的研究结果。但也许更加重要的却是报告的作者从研究的发现性结果中所领会到的内在含义。这些内在含义可表述如下:(a)教师工作中所受到的种种约束同时也对他们的行为产生了种种限制,这使得我们在研究的过程中难以探查到教学过程中的变化是否对学生的学习活动产生了影响;(b)教师群体内部的差异要大于教师群体之间的差异,而这一结果在教师的行为表现中所体现出的一致性程度正趋于降低,这使得诸如本词条中所呈现的这种研究形式在进行有关确认教师行为表现的差异与学生学习活动之间的关联的研究时便显得越发困难起来;(c)对教师的行为表现进行更大规模的综合性的研究,这样便可以克服对之进行小规模研究时所带来的研究结果不可靠的问题,并可促使其与学生的学习活动之间所产生的较强关联得到确认;(d)由于学生变量,诸如他们的原始知识积累、他们对课堂活动与教师的洞察力以及他们的课堂行为表现等与结果变量之间的相关程度要大于教师或教师变量与结果变量之间的相关程度,因此在课堂研究的过程中应当要在对学生的关注程度上强于对教师的关注程度;(e)应当对有关教学的研究活动加以设计,从而使得对之进行研究的课堂在其所包含的学生方面应具有较为相似的原始知识积累与能力水平,变量的择取在理论上也应是行得通的,而且在测量方面要具有可靠性,此外,还应当使用经验式设计而非相关式设计,学习机会上的差异性也应当最小化,而观察工具则应当适合于研究的目的并与所需数据的性质相吻合;(f)用于不同学科的课堂时间的差异、教师为教授这些学科而进行的相关的专业准备活动中的差异以及他们在教授不同学科过程中所体现出来的行为表现上的差异均说明了学科结构对课堂教学活动产生着强有力的影响;(g)由于教师的课堂行为看起来仅仅对学生学习活动的差异产生着较小的影响,因此教师教育应当要加强对教师的抽象能力、理论能力以及教学行为能力等方面的培养。

3. 结论

安德森与波斯尔斯韦特(Anderson and Postlethwaite 1989)对他们所描述的所谓国际教育成就评价协会的三代研究均进行了回顾,并就此达成了他们所思考与提出的关于教师与教学的五点主要的一般性结论,它们是:

一般性结论一:教师所拥有的较多的工作经验与学科知识是与其在课堂管理方面所拥有的较多的技能以及学生所取得的较高的学业成绩之间存在着相互关联的。由此结论我们可以领会到其所隐藏的两点主要含义。第一点含义是,对不同经验水平上的教师而言,其在诸如课堂管理与教学策略方面所提出的在职培训的需求也是有所差异的,因此有必要为教师提供个性化的在职培训活动。第二点含义是,应当对教师的学科知识予以更大的关注。

一般性结论二:那些拥有更多的机会去学习包含在学业测验内容中的知识与技能的学生同样也更易于获得较高的学业成绩。由此结论我们同样可以领会到其所隐藏的两点主要含义。第一点含义是学生在学习机会方面所存在的差异有可能会在研究人员对这些差异进行研究时隐藏在教师在教学效果与教学实践方面所存在的差异之中。第二点含义是,学生用于学习的机会以及与之相关的问题确保了我们能够对有关教育目标、学业测验以及教学等方面的问题进行仔细的考虑,从而可以在这些方面实现适当的调整。

一般性结论三:用于教学与学习的时间越多,学生的学业成绩也就越好。对本结论的含义并不能简单地理解为增多教学时间就一定会促使学业成绩的提高。这一结论的真实含义是在于强调应对与学业成绩有关的教学进度与家庭作业问题进行仔细的研究。

一般性结论四:教师在课堂活动中所表现出来的行为上的差异与学生学业成绩上的差异之间并不存在相关性。当然,由此结论也可领会到其所隐藏的两点含义。第一点含义是,对存在于教师行为上的差异与学生行为上的差异之间的关系进行研究,这方面的价值要胜过对包括教师行为与学生学业成绩在内的一一对应的关系进行研究所具有的价值。第二点含义是,排外行为主义者的教学观是带有误导性与自相矛盾性的。

一般性结论五:学生对课堂活动中所弥散的具有较高的有效性的事物与信息的洞察能力要比那些训练有素的观察者(也许包括教师在内)更胜一筹。本结论的内在含义是教师需要持续不断地对学生进行指导,并对学生的进步给予及时地反馈信息,同时在学生需要做出调整时教师应当帮助他们完成这些调整,此外,"教师应当少一点自我中心主义的色彩,而且要对自己对学生所造成的影响(以及未能造成的影响)保持较高的敏感性"(Anderson and Postlethwaite 1989 P. 85)。

以上从国际教育成就评价协会的研究中所归纳出的一般性结论在一些观察者眼中似乎显得有些过于简单化了。安德森与波斯特尔塞威特(1989 P. 85)对这种批驳意见进行了如下的回应:

> 我们认为国际教育成就评价协会的研究性发现成果所具有的优点并不显示在其所持有的观点方面,而是显示在其所具有的来源于学校管理者与教师的日常活动经验中的研究基础方面……我们认为国际教育成就评价协会的研究所提供的知识和信息是真实可靠的。至于这些研究所提供的符合现实的知识和信息究竟会在多大程度上变得平庸无奇起来则又是那些具体实践者们所应承担的责任了。

M. J. 唐金(M. J. Dunkin) 著

杜 钢 译

附录

Anderson L W, Postlethwaite T N 1989 What IEA studies say about teachers and teaching. In: Purves A C (ed.) 1989 *International Comparisons and Educational Reform.* Association for Supervision and Curriculum Development, Washington, DC

Anderson L W, Ryan D W, Shapiro B J (eds.) 1989 *The IEA Classroom Environment Study.* Pergamon Press, Oxford

Dunkin M J 1989 Teaching: Comparative studies. In: Husén T, Postlethwaite T N (eds.) 1989 *The International Encyclopedia of Education*, Supplementary Vol. 1. Pergamon Press, Oxford

Robitaille D F, Garden R A (eds.) 1989 *The IEA Study of Mathematics II: Contexts and Outcomes of School Mathematics.* Pergamon Press, Oxford

Travers K J, Westbury I (eds.) 1989 *The IEA Study of Mathematics I: Analysis of Mathematics Curricula.* Pergamon Press, Oxford.

Werry B 1989 The teachers of mathematics. In: Robitaille D F, Garden R A 1989

其他参考文献

Anderson L W, Burns R 1990 *Research in Classrooms: The Study of Teachers, Teaching, and Instruction.* Pergamon Press, Oxford

Houston R (ed.) 1990 *Handbook of Research on Teacher Education.* Macmillan, New York

Wittrock M C (ed.) 1986 *Handbook of Research on Teaching*, 3rd edn. Macmillan, New York

技术与职业教育:比较与国际研究(Technical-Vocational Education: Comparative and International Studies)

1. 简介

在对国家教育制度体系所属的专业化的次级教育制度体系的比较考察研究中也包括对中等教育水平与中等后教育水平上的技术与职业教育(TVE)这一次级教育制度体系的比较考察研究在内。中等教育水平上的技术与职业教育一般是通过相互分割与独立的技术、职业或工业学校来加以实施的。而中等后教育水平上的技术与职业教育则是由可以给那些技术熟练工人、技术人员以及技术专家们颁发资格证书与毕业文凭的综合技术大学、技术学院与技术大学等来加以实施的。此外,有许多国家还通过一些非正规教育模式,诸如国家青年服务组织来实施技术与职业教育。与技术与职业教育有关的事务通常是由国家教育部或劳动部来负责管理的,但在有些国家里它们也可以由私立部门或非政府组织来负责管理,例如巴西的国家工业学习服务组织(SENAI)便是由工业联合会来负责管理的。

技术与职业教育制度体系所具有的典型特征便是其对教育与经济、雇佣以及工业领域之间关系的关注。令人遗憾的是,在我们所能够得到的多数研究成果中,均是对单一国家技术与职业教育状况所进行的研究,而对两国或多国技术与职业教育状况所进行的比较研究成果却是极为罕见的。贝雷迪(Bereday 1964 P. 22)将国家研究标志为"区域研究",但这也同时指出这些区域研究是具有可比性的,因为区域研究使得各国教育制度之间的比较变得更加便利起来。一项对与国家技术与职业教育状况有关的研究所得到的考察结果显示,这些研究成果的大多数均是用于改进这些国家技术与职业教育制度的评估性报告。

除了比较教育学者对国家技术与职业教育状况所进行的研究之外,双边与多边技术援助机构也通过其所提供的大量的以国家与跨国技术与职业教育状况为主题的书面研究报告大大丰富了比较技术与职业教育研究活动的内容。在国际水平上,有关技术与职业教育的信息是由联合国教科文组织(UNESCO)与国际劳工组织(ILO)负责提供的。此外,世界银行与地区发展银行在有关技术与职业教育的研究与投资的活动中,特别是在欠发达国家(LDCS)的技术与职业教育的研究与投资活动中的表现也是相当活跃的。

2. 比较技术与职业教育研究的演变与发展

比较技术与职业教育研究的历史发展过程是与比较教育的演变与发展过程结伴而行的。在那些早期跨国旅行者所撰写的游记中,便包含着他们对别国教育制度所进行的收集轶闻式的与非正式的研究成果,这些研究成果表明了那些早期的旅行者们意欲发现和借鉴别国技术与职业教育的优秀方法为本国所用的初衷。到19世纪时,技术与职业教育改革在世界各地的扩展可以通过该时期所举行的一系列相关的国际展览会上所展示的成果中看出来:例如在1884年美国费城的国际展览会上,由莫斯科帝国技术学院的校长维克多·戴勒·沃斯(Victor della Vos)所展示的课程发展的任务分析方法便是其中较为典型的一例。近期有关技术与职业教育的比较研究所反映的是对社会科学加以应用的一些成果(Foster 1987,Schiefelbein 1979)。

历史上,比较技术与职业教育研究所关注的对象主要是那些欧洲国家,诸如德国、英国与瑞典等国家。但是,在过去的30年里,该领域的研究兴趣开始转向一些新兴的工业化国家,诸如以色列、巴西、新加坡与哥伦比亚等国的技术与职业教育制度的改革情况。这些国家的技术与职业教育改革模式已经成为欠发达国家所推崇的新模式。

教育经济学家们进行了大量的定量研究以对技术与职业教育和普通中等教育(以及中等后教育)各自投入的回报率加以比较。其他有关比较技术与职业教育的研究主题还包括技术与职业教育改革的迁移、国际机构的影响与作用、技术的迁移或扩展、政策研究与制度改革等方面。

这种进展还可以通过绝大多数双边(国对国)与多边(国际组织)援助机构与发展银行所支持的针对教育部门与教育政策所实施的研究活动的增多这一现象表现出来。对单一国家教育部门所进行的研究,其目的在于描述出教育在该国所具有的地位并确认出教育未来发展的各种选择性方案。此类研究的目的并不在于进行比较,而是为读者对其所熟悉的教育制度进行比较时提供便利。在一种更加广阔的全球化的水平上,教育政策研究均应用了来自为确认出地区发展银行所属的发展中国家成员国(DMCS)未来发展的可行性选择而进行的比较研究的发现性成果。

在比较技术与职业教育研究中可以看得出来的两个发展趋势便是地区化与职业化趋势。威尔逊(Wilson 1991)指出,比较技术与职业教育研究的地区化发展趋势可以在东南亚地区发现,东南亚各国在文莱建立了东南亚教育组织职业与技术教育部长地区中心(SEAMEO)。该中心是继在拉丁美洲与非洲由国际劳工组织所建立的拉丁美洲职业与技术教育地区中心(CINTERFOR)与非洲职业与技术教育地区中心(CIADFOR)、在欧洲由经济合作与发展组织(OECD)与欧洲职业发展中心(CEDEFOP)以及欧共体所各自建立的技术与职业教育中心、在美国设在俄亥俄州立大学的国家职业教育研究中心之后所建立的另一个地区性职业与技术教育中心。这些组织陆续出版了大量的有关技术与职业教育的比较研究成果。

职业化作为一种比较技术与职业教育研究的发展趋势,如同劳格鲁与里尔利斯(Lauglo and Lillis 1988 P.8)所指出的那样:"这一趋势是跨越了穷国与富国以及不同的政治制度之间所存在的界限的。"他们还认为,"当前这股职业化的热潮的根源并不存在于空想主义思想的复兴之中而是扎根于现实化的思想理念之中"(P.8)。

3. 比较技术与职业教育研究的类别

在对一些已有文献进行的考察研究结果显示,有关技术与职业教育实用性方面的研究活动在数量上要远远胜过那些有关技术与职业教育理论性方面的研究活动,这恰恰也是由技术与职业教育所具有的职业专门性本质所导致的一个必然结果。这种情况也是对绝大多数有关技术与职业教育的研究均是由实践者(包括援助机构在内)而非由理论研究者来实施的现实状况的一种反映。当然,在许多一般性的比较研究中也包括了技术与职业教育研究的内容在内,但是这些内容并不在本词条所考察研究的范围之内。本词条并不是要列出所有目前我们可以获得的有关比较技术与职业教育的研究成果,而是根据我们所选择的研究范例各自所具有的属性对其加以分类并罗列如下。

3.1 具有较高技术与职业教育入学率的技术与职业教育制度体系

由于以色列的中等技术与职业教育的入学率一直保持在50%以上,因此它所参与的以研究为基础的技术与职业教育研究活动也许要比其他任何一个国家都要多。这些研究活动包括:卡汉恩与斯塔尔(Kahane and Starr 1976)对社会的迅速变革对技术教育所造成的影响的考察研究,鲍鲁斯(Borus 1977)对四种培训模式的成本效率所进行的比较研究,吉德曼(Ziderman)对技术与职业教育的成本效率所进行的研究,诺伊曼与吉德曼(Neumann and Ziderman 1989)对如何看待职业中等学校与普通中等学校相比较而言前者所具有的较高的成本效率问题所进行的研究,以及阿耶隆(Ayalon 1990)对"第二次机会"技术与职业教育计划所进行的考察研究等。

在苏联,技术与职业教育已经受到了相当的关注,并提出了与苏维埃综合技术模式的结构与运行有关的一些观点,但是涉及这些问题的主要的出版物还是属于描述性的而非与研究性相关的。赞杰达(Zajda 1979)所进行的有关劳工教育的研究以及戴尔(O'Dell 1988)所进行的有关职业化政策的研究均提出了一种更加具有现实性的方法。根据诺亚与米德尔顿(Noah and Middleton 1988)的研究结果,中国几乎已经实现了其高中学生总数中的50%均在接受职业化教育的目标。因此,未来的比较研究有可能会实现对那些中等教育入学人数中的大多数人所接受的均是技术与职业教育的国家进行考察研究的目标。

3.2 国家个案研究

20世纪70年代的国家技术与职业教育研究所关注的是欠发达国家的发展问题,这些研究包括:温伯格(Weinberg 1967)对阿根廷工业教育的研究,福勒(Fuller 1976)对印度工人培训的研究,金(King 1977)对肯尼亚非正规培训部门的研究,范·里斯伯格(Van Rensburg 1977)对博茨瓦纳队制的研究,玛利(Mmari 1977)对坦桑尼亚学校与工作相结合的研究以及古德弗雷(Godfrey 1979)对肯尼亚技术与职业教育需求的研究等等。这些研究在其研究方法上可从里斯伯格(Rensburg)的历史描述研究法一直到针对阿根廷、印度、坦桑尼亚与肯尼亚等研究对象国所实施的更加具有分析性的研究方法,这种更加强调分析性的研究方法对上述国家的正规与非正规的技术与职业教育的实施模式均进行了考察研究。

分析研究方法在更大程度上的应用是出现在由科尔瓦兰-瓦斯奎兹(Corvalan-Vasquez 1981)对智利以及里哈曼与威尔翰(Lehmann and Verhine

1982）对巴西的正规与非正规技术与职业教育模式这两者之间分别进行比较研究时所运用的研究方法上。其他一些比较研究方法包括查普曼与温德翰（Chapman and Windham 1985）对索马里普通以及技术与职业教育政策失利的研究与里哈曼与威尔翰（1988）对巴西技术与职业教育与工作机会的研究等。

在对国家个案研究所进行的较为显著的比较研究中，还包括迈格哈纳吉（Meghnagi 1989）对意大利地区技术与职业教育制度体系的比较研究以及里克勒奇（Leclercq 1989）对日本以学校为基础的技术与职业教育与以公司为基础的技术与职业教育的比较研究等。此种对单一国家内微观水平上的个案所进行的比较研究的缺乏表明该领域应当受到更大的方法论方面的重视。

劳格鲁与里尔利斯的研究中包括了以下一些个案研究：对特立尼达和多巴哥的技术与职业教育评估的研究、对美国技术与职业教育与一种根深蒂固的认为物质发达会对资源分配带来一定影响的信念之间关系的研究、对塞拉利昂课程多样化的考察研究、对英国技术与职业教育改革的研究、对瑞典学校教育与工作相结合的研究、对津巴布韦生产教育的研究、对肯尼亚工业教育与中等教育就业关系的研究以及对坦桑尼亚以工作为定向与以教育为定向的多样化课程的比较研究等。他们的研究活动是根据考察目标与用于说明原因的证明性材料、政策制定的背景以及发达国家与发展中国家政策实施与评估研究的主题线索来加以组织的。

在有关技术与职业教育的国家研究中恐怕要数福斯特（Foster）对加拿大中等教育所做的研究对技术与职业教育所产生的影响最为巨大了，这一研究成果反映在他的一篇名为《发展计划中的职业学校谬误》的文章中，而在1987年他的另一篇回顾性的文章中又对原文的观点做了一定程度上的更新。然而许多教育经济学家则只是看到了福斯特力主增加普通中等教育投入这一面，却忽视了他也同时呼吁增加职业中等教育投入的另一面。珀耶尔（Puryear 1979）所写的一篇有关哥伦比亚的名为《哥伦比亚的职业培训与收入》的优秀文章中曾经在支持增加对技术与职业教育的投入这一问题上提供了有力的证据，但可惜的是这篇文章并未得到应有的重视。

迈克玛洪（McMahon 1988）、普萨卡罗普洛斯与劳克斯利（Psacharopoulos and Loxley 1986）、普萨卡罗普洛斯（1987）以及其他一些经济学家均对许多欠发达国家进行了有关投资回报率问题的研究，以借此来促使它们制定有利于增加对普通中等教育与中等后教育而非技术与职业教育的投入的政策。这种做法遭到了克里斯（Klees 1986）与威尔逊（1990）的批判，他们认为该做法对欠发达国家的整个发展过程而言是一种误导并且是具有潜在的危害性的。尽管在哥伦比亚、以色列与印度尼西亚所进行的研究中显示出优质的技术与职业教育制度可以提高对该领域投入的回报速度，但对技术与职业教育领域的投入还是要比其他教育领域的投入昂贵得多，而且在学生有限的生命时间内这笔投入也还是难以取得较之最初的投入而言较为理想的回报的。

3.3 两国比较研究

与国家个案研究相比较而言，两国之间有关技术与职业教育发展及其他主题的比较研究在数目上则要少得多。两国之间的有关技术与职业教育的比较研究活动可包括以下这些：德赖兰得（Dryland 1965）对美国与苏联综合技术教育所进行的比较研究，蒂特姆斯（Titmus 1972）对法国与英国技术与职业教育所进行的比较研究，普赖斯（Price 1974）对俄国与中国劳动与教育问题所进行的比较研究，伊拉姆与巴利基（Iram and Balicki 1980）对以色列与瑞士技术与职业教育所进行的比较研究，普萨卡罗普洛斯与劳克斯利（1986）对哥伦比亚与坦桑尼亚的中等技术与职业教育以及中等普通教育的回报率所进行的比较研究，加拉特（Gallart 1988）对阿根廷的技术教育中等化与巴西中等教育职业化问题所进行的比较研究以及威尔逊（1991）对印度尼西亚与马来西亚的技术与职业教育改革所进行的比较研究等等。从方法论的角度来看，单一国家研究所比较的是技术与职业教育制度，而两国之间的比较研究则使现实性比较变得更加便利起来，它并不是在进行贝雷迪（1964）所谓的“在读者的意识”中所展开的那种具有较重理论研究色彩的比较(1964 P. 21 ~22)。

3.4 地区比较研究

地区比较研究趋势的出现可体现在以下的一些研究活动中:奥克斯陶比(Oxtoby 1977)对加勒比共和国地区的技术与职业教育所进行的比较研究,科尔瓦兰-瓦斯奎兹(1977)对19个拉丁美洲国家与2个加勒比国家对巴西的中等技术与职业教育模式所进行的模仿的比较研究,科尔瓦兰-瓦斯奎兹(1988)对拉丁美洲技术与职业教育发展趋势所进行的比较研究,蒂赖克(Tilak 1988a)对东南亚技术与职业教育所进行的比较研究,杜奇(Ducci 1988)对拉丁美洲技术与职业教育中的平等与生产性问题所进行的比较研究以及威尔逊(1990)对从巴西的中等技术与职业教育发展模式到哥伦比亚与哥斯达黎加的中等技术与职业教育发展模式的转变问题所进行的比较研究等。

3.5 跨国比较研究

有一些主题的跨国比较技术与职业教育研究反映出了这些研究对某些社会科学理论与研究方法的运用。那些采用了从经济学的视角所进行的跨国技术与职业教育研究活动包括:赞米尔曼(Zymelman 1976)所进行的有关技术与职业教育经济评估的研究,蒂赖克(Tilak 1988b)所进行的有关职业化的经济学意义的研究以及米德尔顿(1988)所进行的对有关变化中的世界银行投资形式所具有的意义的研究等。那些采用了从教育学的视角所进行的跨国比较技术与职业教育研究活动包括:劳格鲁(1983)所进行的对西方工业化国家中的普通教育课程与技术与职业教育课程的比较研究,鲍曼(Bowman 1988)所进行的对普通教育与技术与职业教育之间关系的研究,罗斯(Loose 1988)所进行的对7国技术与职业教育课程的比较研究,福利斯(Follis 1989)所进行的对技术与职业教育教师发展的国际考察研究以及扎拉迪(Jallade 1989)所进行的对20世纪80年代技术与职业教育发展趋势的考察研究等。那些采用了从社会学的视角所进行的跨国比较技术与职业教育研究活动包括:恰瓦塔与卡斯特鲁(Ciavatta and De Moura Castro 1983)所进行的有关技术与职业教育对拉丁美洲社会发展所做出的贡献的研究以及诺亚与埃克斯坦(Noah and Eckstein 1988)所进行的有关英国、法国与德国工商业发展与教育发展相结合的研究。那些采用了从政治学的视角所进行的跨国比较技术与职业教育研究活动包括:金(1988)所进行的有关非洲职业与技术培训所具有的政治意义的研究,尼维(Neave 1988)所进行的有关欧共体接近1992年之前的技术与职业教育培训政策的研究以及奥克森翰(Oxenham 1988)所进行的有关雇主需要教育做些什么的多元权限的考察研究等。最后,跨国比较技术与职业教育研究还包括凯伊华兹(Chesswas 1968)所进行的国家教育制度概况的研究,联合国教科文组织(1978)所进行的有关技术与职业教育发展趋势与问题的研究,斯基耶夫尔贝恩(Schiefelbein 1979)所进行的对10个拉丁美洲城市的教育与雇佣状况的考察研究,多雷(Dore 1976)等所进行的对25国技术与职业教育结果数据的分析性研究,里尔利斯与霍根(Lillis and Hogan 1983)所进行的对职业课程多样化的研究,卡伊罗德(Caillod 1978)所进行的技术与职业教育结构的比较研究,劳格鲁(1983)所进行的西方国家技术与职业教育课程与普通中等教育课程的比较研究以及世界银行(1989)所进行的与技术与职业教育的流动性、效率与质量等问题有关的政策的研究等。上述研究在范围上可以从联合国教科文组织的有关跨国技术与职业教育的数据的汇编性研究一直到对这些数据所进行的更加复杂的分析性研究,后者的目的正在于辨别出那些有关技术与职业教育发展趋势的假设并使这些假设得到合理的证明。

4. 技术与职业教育研究的方法论思考

究竟是哪些因素和特征使得技术与职业教育领域中的研究具有了可比性?怎样才能实现对技术与职业教育制度和结构的有效比较?应当怎样对有关技术与职业教育的比较进行建构?上述以及其他一些问题并未能够在与技术与职业教育比较研究有关的方法论的文献中得到很好的表述,特别是在有关技术与职业教育子系统的比较方面更是如此。

4.1　*制度描述*

任何一项有关技术与职业教育研究的一个共同而重要的出发点，正如1974年联合国教科文组织在其“修改有关技术与职业教育的建议”之文献中所指出的那样，均是旨在探寻技术与职业教育这一次级教育制度体系在整个国家教育制度体系中如何定位的问题。因此，我们可以对技术与职业教育做出如下的几点描述：(a)普通教育的一个必要组成部分；(b)一种为学生进入职业领域作准备的方式；(c)继续教育的一种表现形式。此外，由于技术与职业教育制度是负责职前教育培训与未来劳动大军的培训工作的，因此还应当对国家经济人口统计数字与劳动力市场背景状况进行必要的描述。在国家教育制度体系的各种子系统之间存在着充足的共同点与差异点可为我们对之所进行的相关比较研究提供诸多便利之处。例如，单一国家技术与职业教育也是具有可比性的(Borus 1977，Meghnagi 1989，Leclercq 1989)，当某一国家出现了不同的技术与职业教育实施模式时，便可以对这些模式进行这一类型的比较研究了。

4.2　*对研究主题的思考*

第二点有关方法论问题的思考指向的是一种对可以作为比较研究的主题的需求。有关研究主题的思考通常包括以下一些方面：政策的思考，技术与职业教育与普通教育之间的关系，成本的思考，模式或改革的迁移，课程开发与改革，经济与经济发展策略，将有关的改革方案应用于技术与职业教育实施过程之中，行政与教学管理问题，发现与追踪问题，与机会和结果有关的平等问题以及教育制度发展与变化的思考等等。

4.3　*技术与职业教育的数据要求*

凯伊华兹(1968)所进行的联合国教科文组织的“教育制度概况”的研究所取得的成果为技术与职业教育研究中所需的一种相关的分类计划的建构提供了方便，这一研究成果已为(通过各种形式)绝大多数发展银行与双边及多边援助机构所采纳。

除了对通常的制度描述性数据的要求之外，在技术与职业教育制度的研究中还应当关注以下一些方面的要求：(a)可负责的权力机构——国家培训委员会、教育部、劳动部、私立部门组织(例如工厂主协会等)；(b)有关供给与需求的决策——人力资源发展策略、人力调查数据、劳动大军研究；(c)接受技术与职业教育的机会——人口统计数字、社会经济状况、对技术与职业教育新入学人数比例进行考察；(d)入学人数——进修的学生或停学的学生、技术与职业教育入学人数占总入学人数的比重、允许入学的地理范围、学生接受技术与职业教育的入学年龄；(e)培训的实施——职前、在职、工作中、学徒身份、模数法、远程培训；(f)班级与工作小组的规模；(g)技术与职业教育究竟是终结性的还是通向中等后教育的一个必然阶段都是可以理解的；(h)课程的定位——指导实践的理论所占的比重、工业实践的组成部分、与工业领域的接触或对工业实践所进行的参观；(i)课程开发过程——常规的方法、任务/活动分析、将工业内容包含于课程开发过程之中、获得就业技能的方法模式；(j)技术的使用——设备与工业的兼容性、计算机辅助教学手段的使用、光盘的使用、模拟软件的使用、视听手段；(k)测验与资格认证——主管部门的职责、认可、学徒制度、教师资格；(l)从学校到工作的转变——工业实践安排、合作教育、工业搜寻策略、所受培训与职业定向之间的关系、接受中等后教育的机会；(m)经费——政府拨款、工业税收制度、成本补充机制；(n)成本构成——单元成本、设施、装备、培训花销、日常与预防维护；(o)教学人员——培训与资格、工业实践经验/资历、平均工资水平。

5. 未来有可能出现的方法论的发展趋势

除非那些为发展银行的政策研究所准备的尚未公开发表的背景性论文有可能会论及到与致力于探求各国在发展中所具有的相似性与差异性有关的大规模跨国统计研究的问题，在已经出现的比较技术与职业教育的比较研究成果中尚未有一项研究成果做了这一尝试。这便形成了一个殊为重要的方法论上的空白，因为技术与职业教育部门比之其他的教育子系统部门积累了更加丰富的量化数据。有鉴于人们当前因对科技对发展的作用的关注而对“技术教育”所产生的浓厚兴趣的现状，如同国际教育成就评价协会（IEA）所进行的数学研究一样，在研究中或多或少地与技术与职业教育发生联系应当是一种人们所情愿采取的研究策略。

这样的一种比较研究有可能会将其所关注的焦点聚集在技术与职业教育课程中不断更新的数学与科学内容与促进经济/社会发展原因之间的关系上。

有关对那些技术与职业教育入学率已超过了50%的国家所进行的比较研究已经在上文中做过了交代。此外，福斯特（1987）还提出应当对技术与职业教育进行经验性研究，以便于可对其内部与外部效率加以评估。最后，本词条虽然已经指明了在单一国家内开展微观水平上的个案之间的比较研究的必要性，但这里还需要补充进来的是自20世纪80年代中期以来有关比较技术与职业教育研究的日益增多的那些研究成果。

D. N. 威尔逊（D. N. Wilson） 著

杜 钢 译

附录

Ayalon H（1990）The social impact of nonregular education in Israel, *Comp. Educ. Rev.* 34（3）：302—313

Bereday G Z F 1964 *Comparative Method in Education.* Holt, Rinehart and Winston, New York

Borus M 1977 A cost-effectiveness comparison of vocational training for youth in developing countries：A case study of four training modes in Israel. *Comp. Educ. Rev.* 21（1）：1—13

Bowman M J 1988 Links between general and vocational education：Does the one enhance the other? *Int. Rev. Educ.* 34（2）：149—171

Caillods F 1978 *Analyse comparative des structures d'emploi：Rapport de synthèse interimaire.* International Institute of Educational Planning（IIEP）, Paris

Chapman D W, Windham D M 1985 Academic program“failures” and the vocational school fallacy：policy issues in secondary education in Somalia. *Int. J. Educ. Dev.* 5（4）：269—281

Chesswas J 1988 *Methodologies of Educational Planning for Developing Countries.* IIEP, Paris

Ciavatta F M A, Moura Castro C 1983 La Contribución de la educación técnica a la movilidad social：Un estudio comparativo en América Latina. *Revista Latinoamericana de estudios educativos* 1：9—42

Corvalan-Vasquez O 1977 *Vocational Training in Latin America：A Comparative Perspective*, University of British Colombia, Vancouver/International Council for Adult Education, Toronto

Corvalan-Vasquez O 1981 *Apprenticeship in Latin America：The INACAP Program in Chile：A Case Study.* Occasional Paper No. 6. Michigan State University East Lansing, Michigan

Corvalan-Vasquez O 1988 Trends in technical-vocational and secondary education in Latin America. *Int. J. Educ. Dev.* 8（2）：73—98

Dore R, Humphrey J, West P 1976 *The Basic Arithmetic of Youth Employment：Estimates of School Outputs and Modern Sector Vacancies for Twenty-five Countries.* ILO World Employment Programme, Geneva

Dryland A R 1965 Polytechnical education in the USA and the USSR *Comp. Educ. Rev.* 9（2）：132—138

Ducci M A 1988 Equity and productivity of vocational training：the latin american experience. *Int. J. Educ. Dev.* 8（3）：175—187

Follis B 1989 Staff development for technical and vocational education：An international perspective. *Compare* 19（2）：69—81

Foster P J 1965 The vocational school fallacy in development planning. In：Anderson C A, Bowman, M J（eds.）1965 *Education and Economic Development.* Aldine, Chicago, Illinois

Foster P J 1987 Technical vocational education in the LDCS. *Int. J. Educ. Dev.* 7（2）：137—139

Fuller W P 1976 More evidence supporting the demise of pre-employment vocational trade training：A case study of a factory in India. *Comp. Educ. Rev.* 20（I）：30—41

Gallart M A 1988 The secondarization of technical education in Argentina and the vocationalization of secondary education in Brazil. In：Lauglo J，Lillis K (eds.) 1988

Godfrey M 1979 Training in Kenya：Need versus effective demand. *Comp. Educ.* 15(2)：187—195

Iram Y，Balicki C 1980 Vocational education in Switzerland and Israel：A comparative analysis. *Canadian and Int. Educ.* 9(1)：95—105

Jallade J-P 1989 Recent trends in vocational education and training：An overview. *Euro. J. Educ.* 24(2)：103—125

Kahane R，Starr L 1976 The impact of rapid social change on technological education：An Israeli example. *Comp. Educ. Rev.* 20(2)：165—178

King K 1977 *The African Artisan：Education and the Informal Sector in Kenya.* Teachers' College Press，New York

King K 1988 The new politics of job training and work training in Africa. *Int. J. Educ. Dev.* 8(3)：153—161

Klees S J 1986 Planning and policy analysis in education：What can economics tell us? *Comp. Educ. Rev.* 30(4)：574—607

Lauglo J 1983 Concepts of "general education" and "vocational education" curricula for post compulsory schooling in Western industrialised countries：When shall the twain meet? *Comp. Educ.* 19(3)：285—304

Lauglo J，Lillis K (eds.) 1988 *Vocationalizing Education：An International Perspective.* Pergamon Press，Oxford

Leclercq J-M 1989 The Japanese Model：School-based education and firm-based vocational training. *Eur. J. Educ.* 24(2)：183—196

Lehman R H，Verhine R E 1982 Contribution of formal and non-formal education to obtaining skilled industrial employment in Northeastern Brazil. *Int. J. Educ. Dev.* 2(1)：29—42

Lehmann R H，Verhine R E 1988 Education and industrial job acquisition in Brazil：Towards an improved causal model. *Int. J. Educ. Dev.* 8(1)：9—24

Lillis K，Hogan D 1983 Dilemmas of diversification：Problems associated with vocational education in developing countries. *Comp. Educ.* 19(1)：89—107

Loose G 1988 *Vocational Education in Transition：A Seven Country Study of Curricula for Lifelong Vocational Learning.* UIE Case Studies 8. UNESCO Institute for Education，Hamburg

Lutz B 1981 Education and employment：Contrasting evidence from France and the Federal Republic of Germany. *Eur. J. Educ.* 16(1)：73—86

McMahon W J 1988 The economics of vocational and technical education：Do the benefits outweigh the costs? *Int. Rev. Educ.* 34(2)：73—94

Meghnagi S 1989 Technical and vocational education in Italy：The state and the regions. *Eur. J. Educ.* 24 (2)：159—165

Middleton J 1988 Changing patterns in World Bank investment in vocational education and training：Implications for secondary vocational schools. *Int. J. Educ. Dev.* 8(3)：213—225

Mmari G R V 1977 Attempts to link school with work：The Tanzanian experience. *Prospects* 7(3)：379—388

Neave G 1988 Policy and response：Changing perceptions and priorities in the vocational training policy of the EEC Commission. In：Lauglo J，Lillis K (eds.) 1988

Neumann S，Ziderman A 1989 Vocational secondary schools can be more cost-effective than academic Schools：The case of Israel. *Comp. Educ.* 25(2)：151—164

Noah H，Eckstein M 1988 Business and industry involvement with education in Britain，France and Germany. In：Lauglo J，Lillis K (eds.) 1988

Noah H，Middleton J 1988 *China's Vocational and Technical Training.* World Bank，Policy，Planning and Research Working Papers. World Bank，Washington，DC

O'Dell F 1988 Recent Soviet vocationalization policies. In：Lauglo J, Lillis K (eds.) 1988

Oxenham J 1988 What do employers want from education? In：Lauglo J, Lillis K (eds.) 1988

Oxtoby R 1977 Vocational education and development planning：Emerging issues in the Commonwealth Caribbean. *Comp. Educ.* 13(3)：223—242

Price R 1974 Labour and education in Russia and China. *Comp. Educ.* 10(1)：13—23

Psacharopoulos G 1987 To vocationalize or not to vocationalize：That is the curriculum question. *Int. Rev. Educ.* 33 (2)：187—211

Psacharopoulos G, Loxley W 1986 *Diversified Secondary Education and Development：Evidence from Colombia and Tanzania.* Johns Hopkins University Press, Baltimore, Maryland

Puryear J M 1979 Vocational training and earnings in Colombia：Does a SENA effect exist? Comp. *Educ. Rev.* 23(2)：283—292

Schiefelbein E 1979 Educación y empleo en diez ciudades de América Latina. *Revista del Centro de Estudios Educativos.* 8(3)：126—134

Tilak J B G 1988a Economics of vocationalization：A review of evidence. *Canadian and Int. Educ.* 17 (1)：45—62

Tilak J B G 1988b Vocational education in South Asia：problems and prospects. *Int. Rev. Educ.* 34(2)：244—257

Titmus C 1972 Vocational training in the United Kingdom and France：A comparative study. *Stud. Adult Educ.* 4(1)：21—33

UNESCO 1973 *Revision of the Recommendations Concerning Technical and Vocational Education.* UNESCO, Paris

UNESCO 1978 *Developments in Technical and Vocational Education：A Comparative Study.* UNESCO, Paris

van Rensburg P 1977 Combining education and production：Situating the problem. *Prospects* 7 (3)：352—354

Weinberg P D 1967 *La ensenanza tecnica industrial en la Argentina 1936—1965.* Instituto Di Tella, Buenos Aires

Wilson D N 1990 The deleterious impact of rate-of-return studies on LDC education policies：An Indonesian case. *Canadian and Int. Educ.* 19(1)：32—49

Wilson D N 1991 Transfer of the SENAI model of apprenticeship training from Brazil to Colombia and Costa Rica. In：De Moura Castro C, Oliveira J B, Wilson D N (eds.) 1991 *Cost Considerations in Technical, Distance and Computer-Delivered Education and Training.* ILO Turin Centre, Turin

Zajda J 1979 Education for labour in the USSR *Comp. Educ.* 15(3)：287—299

Ziderman A 1988 *Israel's Vocational Training.* World Bank Population and Human Resources Working Paper No. 25. World Bank, Washington, DC

Zymelman M 1976 *The Economic Evaluation of Vocational Training Programs.* Johns Hopkins University Press, Baltimore, Maryland

其他参考文献

Dale R (ed.) 1985 *Education, Training and Employment：Towards a New Vocationalism?* Pergamon Press, Oxford

Gorham A 1987 *Education Sector Policy Review：Comparative Data Paper.* Asian Development Bank, Manila

Grubb W N (1985) The convergence of educational systems and the role of vocationalism. *Comp. Educ. Rev.* 29(4)：526—548

King A 1969 Higher technical education and socio-econ- omic development. *Comp. Educ.* 5(3)：263—281

Smart K F 1975 Vocational education in the Federal Republic of Germany：Current trends and problems. *Comp. Educ.* 11(2)：153—163

UNESCO 1983 *Technical and Vocational Education in the World, 1970—1980：A Statistical Report.* UNESCO, Paris

World Bank 1989 *Vocational Education and Training*

in Developing Countries: *Policies for Flexibility*, *Efficiency and Quality*. World Bank, Washington, DC

Wright C A 1988 Curriculum diversification re-examined: A case study of Sierra Leone. In: Lauglo J, Lillis K (eds.) 1988

教育中的比较方法论(Comparative Methodology in Education)

本词条论述了在教育研究中进行比较时所采用的方法论。教育研究常用两种不同的研究策略:整体或系统的途径;比较或对照的途径。系统途径认为,部分的特性在很大程度上是由其所属的整体所决定的,因此,研究的重点在于整体内部相互依赖的基本组成部分及其相互关系。这种途径的研究包括模式的研究和过程的研究。使用的测试为:是否作为研究对象的一个组成部分的特征,或一种关系,或一种模式而存在。在比较途径中,一个组成部分的特征要在两个或两个以上的研究情境中进行比较才能获得。观察到一个差异,就要寻求差异的原因。反之,没有发现差异,那么,寻找相似的原因就十分有意义。当然,可能的研究策略为:开始运用一种系统性途径,建立整体内部各个组成部分的一种模式或一套相互关系,然后对在两个或两个以上的情境中观察到的模式或相互关系进行比较。这里所运用的测试为:两个或两个以上的组成部分的特征,或者两种及两种以上的关系或模式的特征是否相同或相异。

从逻辑角度看,确定一个部分、一种关系,或一种模式的特征,必须先于两个或两个以上的这种实体的比较。但是,测试存在与否的一种经验为:一种差异是否能够在特殊的研究情境中被观察到。因此,两种策略的差别(至少部分地)在于强调的重点不同:是提供一种关于整体的描述,以强调整体的特性,还是分解为部分,做出比较,并进一步在两个或两个以上的情境里检验各个部分的特征。

比较研究也许运用了一种科学的途径,或者是人文的途径。前者通常包括测量和统计分析,后者倾向于人种志的方法和描述。本词条对两种途径都进行了探讨。

1. 比较教育领域

20 世纪,跨国旅游逐渐增加,与陌生人交往更加容易,跨国贸易的障碍也逐渐消除。这些因素导致了教育者逐渐对教育在不同文化和社会里是如何被提供的问题产生了兴趣。因此,比较常常在不同国家之间进行。作为教育学术研究的一个领域,对教育的比较开始主要关注教育供给方面的跨国比较,而且最初只是一味地描述和收集信息,没有对国家之间的教育作明确比较,但是随着对比较研究的兴趣日益增加,以致该领域获得了"比较教育"的称号。比较教育领域已认可了一位创始人安东尼·朱利安,其具有重要影响的作品《比较教育的研究计划和初步意见》出版于 1817 年。该著作强调了客观观察、文献收集、缜密和系统地分析。该领域也可追溯至古代(Brickman 1960, 1966)。但是,至今仍存在关于比较教育的方法和特性的错误看法,这必须予以纠正。

1.1 *比较教育只有一种单一的科学方法之谬误*

霍尔姆斯(Holmes)在《教育中的问题:一个比较的途径》(1965)中提出关于科学方法的陈述。他利用杜威的问题解决思想,提出了比较教育的八个主要步骤。这既是教育改革或计划发展的工具,也是产生新知识的研究方法。这些步骤如下:(a)问题的选择;(b)可能解决方案的甄别;(c)问题的反思,以获得更清晰的阐述;(d)问题背景的分析;(e)政策选择假设的提出;(f)假设的检验;(g)结论的得出;(h)过程的再检验。关键的步骤是:步骤(a)不仅包括选择,也包括分析;步骤(b)包括政策建议的形成;步骤(d)包括相关因素的甄选;步骤(f)包括针对分析背景的可能解决方案的预测和检验。

尽管霍尔姆斯的思想具有一致性,但是教育研究者如果对研究一个或多个国家的教育供给问题感兴趣,或者从一个或多个领域提取研究视角(如心理学、社会学、人类学、地理学、经济学、史学、人口学、哲学和法学),这些研究者不能强求一律地被研究步骤的序列所束缚。此外,比较研究中的概念问题或方法论问题不是某个单一学科或研究途径所独有的。比较教育研究者自由地吸取那些研究方法,而这些研究方法对于他们来说最适于回答提出的研究问题。多元方法论在取得更大的理解上经常是有用的。被选择的方法也许包括来自一个或多个领域的视角和知识,以及在那些领域的传统方法。比较教育并没有任何单一的研究方法。

1.2　量的研究或质的研究非此即彼的选择谬误

比较教育者普遍具有的一个谬误是,研究中存在一种选择,或者是质的研究而非量的研究,或者是量的研究而非质的研究。当两者都被认为是明确的替代性选择的时候,两者都被误解了,因为量只是质的测度(Kaplan 1964)。此外,复杂的统计分析过程可用于严格检验质的数据,这里,信息是用两个或两个以上的范畴加以记录的,并没有任何测量的意图,正如严格的统计过程也可用于检验经过准确测量的量的数据一样。问题只是那些涉及所用测量过程的意义性和一致性的问题。这个测量过程意味着,质的信息,或者量的信息,或者两者都被最佳地运用于一个特殊的研究情境里。另外,改进测量的准确度包括提炼所测量的抽象概念。这通常包括排除考虑所研究的特殊方面。但是,逐渐进步的测量精度增加了建立关系假设的可能性。

1.3　政策取向研究和学科取向研究的区分之谬误

虽然霍尔姆斯(1965)认为,比较教育是规划教育发展的工具,但他也承认,这种研究导致了对教育制度的进一步理解。虽然政治家和媒体在国际教育成绩研究的"竞争"方面表现出了极大兴趣,但对于提出一套关于产生差异的原因的系统解释却不予关注。这是人为划分政策取向研究和学科取向研究,或应用研究和纯粹研究的后果之一。绝大多数研究人员都希望他们的研究成果具有实用性,但是任何以学科取向研究为代价的决策取向研究的需要都是对社会行为和思想力量的特性的严重误解。另外,这种二分法也假设了社会科学和行为科学的研究与物理科学研究都是通过技术和应用科学的方式来获得应用。但是,诸如世界银行、教育研究与革新中心(经济合作与发展组织的一个下属机构)和国际教育规划研究所都发挥了重要作用,它们提供了一个国际讨论的平台。在这里,比较教育研究的成果再次被转化为政策制定者理解的术语。因此,在比较研究中产生的有力思想可能转化为各国的政策和实践。

1.4　特别关注过程而不是结果之谬误

与政策制定者对教育结果和政策取向研究感兴趣相反,比较教育研究应该注重理解和详述教育服务供给中的过程。比较教育所提出的一些简单的教育供给输入—输出模式由于其不完善和不充分而必须被抛弃,同时对教育供给中所涉及的过程进行的有局限性的研究也必须如此。在追求对教育供给的一种深层次理解中,不能仅仅满足于探讨特殊情境中运作的过程,而不详细考虑这种制度的结果。因此,为取得对教育和教育变迁更深的理解,必须研发和检验教育供给和运作的模式,以统筹考虑制度的结果、作用的过程以及制度建立的背景等因素。在这种调查中运用的方法取决于研究问题的性质,取决于对所研究问题情境的理解程度。

2. 比较教育的研究类型

比较教育研究者从事的研究涉及一个或多个国家或地区,因此,这种研究可划分为三种类型,即:(a)描述性研究;(b)发展性研究;(c)分析性、关系和过程研究。属于第二个和第三个范畴的研究要求的理论视角将在后一部分讨论。在这一部分,主要讨论所运用的方法,给出这种研究的范例。

2.1　描述性研究

在比较教育领域,一个最初的和必要的任务就是,提供一种通常为一个(有时不止一个)国家在一定时期内特殊时刻的教育状况的详细描述,由此对其教育状况不断加深认识。本书提供这些研究典范,包括关于约 130 个国家的教育制度的文章,或特殊国家的义务教育的系列研究(于 1950 年由国际教育局和联合国教科文组织联合出版);由罗齐尔和基夫斯(Rosier and Keevs 1991)的第二届国际教育成就评价协会(IEA)科学研究报告提供的 20 个国家的学校学科教学和科学教学的检验,该

报告以每个参与国进行的案例研究为基础。这些研究或许包括了历史因素,或许没有包括。所包含的任何历史内容通常都是描述性的,而不是对特定国家的教育供给的解释。这些描述性研究提供了关于特定国家教育政策和实践的相对简明的叙述,帮助建构了对这个国家内部和运作的教育制度外部的教育政策和实践的理解。

在过去半个世纪里,1964 年在巴黎成立的联合国教科文组织和 1925 年在日内瓦成立的国际教育局,在该领域发挥了重要作用。他们不仅出版了索引资料,还坚持对各国的“教育状况”进行了国际性调查。在这些调查过程中,由各国教育部完成调查问卷,并把回执分层和出版。该项工作也遇到了许多问题,主要有:(a)缺乏该领域专家认同的许多重要的教育指标;(b)从如此多样的信息来源中获取资料的成本和实际难度;(c)所收集的数据虽然尽力追求统一性,但仍缺乏可比性;(d)由于缺乏充分的背景分析,因而数据的价值有限;(e)不能确定回收数据的一致性和意义性,因为各国教育部官员都倾向于从可能的最佳角度来描述本国的教育状况。

在 20 世纪后几十年里,去出生国之外的中小学和高等院校旅游、学习的机会大量增多。例如伊拉斯谟计划(ERASMUS),该计划旨在促进欧洲共同体内部的学生的流动性,也有欧洲共同体以外的国家参与。但是,仍然存在非常实际的问题:(a)具有有效运用第二外语学习的熟练性;(b)提供资格迁移性的充分信息;(c)从事课程的标准和特质的有意义的比较。但是,问题(a)和(c)正是伊拉斯谟计划面临的问题,因为存在着国家之间和国家内部的利益。这种学生交换计划的长期影响和对外语学习超越商业范围的逐渐强调很难预见,但也可能是实质性的和高度有益的。尽管如此,很少人怀疑比较教育领域里的描述性研究在发展对别国教育供给的理解上必定发挥越来越重要的作用。这远远超越了比较教育的传统目标。但是比较教育者在康德尔(Kandel 1933)、汉斯(Hans 1949)、贝雷迪(Bereday 1964)、金(King 1968)、诺亚和埃克斯坦(Noah and Eckstein 1969)的引导下逐渐认识到,描述性和历史性研究是不够的。

2.2 发展性研究

社会与行为科学对生活的影响,在世界不同地方并不纯粹是通过它对政策的暗示和研究者的实践获得的,而是通过它产生的观念和思想的力量获得的。没有任何生活领域可以说,这种教育比那种教育更重要。在这里,观念被交流、争论,并不断地被提炼和传播。过去 20 年里,世界范围里的生活方式的最显著变化可主要归于来自古希腊和罗马的那些观念,但有的也来自中东、印度、中国,来自其他学习中心。在教育领域里,自 19 世纪中期以后,教育自始至终发生的变迁已相当引人注目,特别是在义务教育、普及中等教育、大学教育,以及更近的终身教育和回归教育等领域。许多发展,如科学教育的课程和方法,仍在继续。

对特定国家的教育发展的叙述经常是描述性的,把变迁归于特定个人的影响,归于特殊政策和实践的借鉴。但是,这些变迁发生得非常迅捷和广泛,很难归于机遇。康德尔(1933)致力于把特定国家的教育发展归于民族品格。马林森(Mallinson 1957)进一步坚决主张,“共同的利益认同、共同的目的,几个世纪后导致一种固定的精神构成”,影响了一国的教育发展。虽然一个国家的精神构造或文化也许可以用来解释德国教育或日本教育的独特性,但是它不能解释 19 世纪中期以来教育增长的广泛的共同性。

汉斯(1949)通过分析影响教育发展的特殊因素,达到了更高的普遍性,这些因素包括:(a)自然因素(种族、语言、地理和经济);(b)宗教因素(天主教、清教徒、圣公会信徒);(c)世俗因素(人文性、社会性、民族性和民主理想)。虽然这些因素把超越国界的教育发展的解释迁移到更广泛的地区,但是他们更关注独特因素而非共同的和普遍的因素。

梅耶和汉南(Meyer and Hannan 1979)认为,起初在 19 世纪中期以来的西欧,普及基础教育的目标很少涉及国家教育政策,而且必须在跨国背景中看待问题。讨论的问题包括,这时期来自达尔文进化概念的强有力的观念,建立国家认同感和强化国家权力的驱动力,工业化国家对劳动力的读写算能力的要求。同样,马克思的思想影响了世界大部分地区的教育政策和实践,如 20 世纪早期的苏联和中国。

发展性研究也对各国教育发展的特殊问题进行了更详细的探索。例如,阿切尔(Archer 1979)认为,教育制度的特征,不管是高度集权化还是高度分权化,都与它的起源有关。这些具有约束性起源的制度强调统一化和制度化,而那些具有替代性起源的制度与其他社会制度具有差异,具有高度内在专门化的特征。这些特征反过来又影响了教育制度内部变迁的特性和速度。

已发生的跨国发展包括:(a)教育理念、社会理念和经济理念的相互影响;(b)围绕社会理念而建立的教育机会平等的计划;(c)根据心理学和社会学的性与性别差异的研究,构建两性平等的计划;(d)源于以科学与技术增长提升国家生活水准的需要的科学与数学发展计划。20世纪的教育史研究趋向于百科全书式,并不追求解释19世纪中期产生的理念是如何传播到全世界并影响了教育的增长和发展。

2.3 关系与过程的研究

这种研究追求增进理解变量是如何相互产生关系的,追求更好地解释学习、教学和教育变迁的动力,追求检验这种关系和过程是如何在各种制度和各个国家里产生变化的。其目标经常是规定功能关系和因果关系以及结果。这种研究经常集中于一套作用者(如教师、学生、家长)或者作用(如教学、学习、教辅),以解释学习和教育制度的行为。这类研究包括对输入输出的研究、生产功能的研究、学校效率的研究和过程—结果的研究。

关于教育关系和过程的比较教育研究的需要和潜能反映在IEA的成果里。在20世纪50年代末,一群教育研究者在汉堡的联合国教科文组织教育研究所召开会议。他们逐步认识到,在特定国家内部,在教育状况中存在共同的不充分的变化,使得通过现行的统计分析方法可以揭示出特殊因素对学习结果的影响。他们认为,如果研究能够跨国进行的话,各国都存在更重要的变化,能够有助于识别共同的重要因素。通过一个关于教育结果的影响因素的先行研究来测试跨国研究的可行性。整个工作的成功使得IEA正式组建。自那以后,IEA进行了一系列研究,主要为调查和横向考察,研究影响教育成绩、参与率、学校和学校教育的态度的因素。所收集的数据曾在各国加以验证,在各国学校之间和学生之间进行过检验。在这些国家里,曾试图用可能的关系来控制也许影响有待考虑的教育结果的其他因素。揭示出的这些特殊关系属于若干类型之一,即:(a)跨国的指标变量与标准变量之间的联系;(b)国家内部学生与学校之间的指标变量和标准变量之间的联系;(c)一个特定国家或一个很小的国家群体所特有的国家内部的指标变量与标准变量之间的联系、学生与学校之间的联系;(d)教育界流行的观点相信这种关系应该存在但实际上并不存在。IEA主持的大量国际研究已经建立了许多概括性命题以解释教育或多或少有效的过程。

这些普通关系(包括影响因素,如科学成绩与态度)的存在,提出了一种需要,即以一种系统的方式来检验,在不同国家的不同年龄或学科,以及不同学科领域的学校教育里,是不是运行着同样的或不同的过程。在对过程进行系统检验之前,必须在三个主要方面有所进展:(a)必须发展理论,并且运用模型假定特殊的学校学习过程。该领域非常有影响的一个模型是卡罗尔(Carroll)的学校学习模型(1963);(b)需要发展在各国收集具有充分可比性的数据的过程,其中,比较的模型测试是有价值的;(c)模型测试过程需要得到进一步发展,以提高对于效果的最佳评价和对错误的适宜评价。问题就出在这三个方面。

由于关于"何种假设或模型能够得到测试"的理论很少提供理论指导,或者关于"何种问题能够得到回答"的理论很少提供指导,因此,相关理论的缺乏已经导致了大量数据的收集和跨国实证研究,其中,一些数据和研究从未得到有效的检验。但是,有时数据收集很久以后才提出模型,并且,在附属分析的模型测试中获得这些数据是偶然的。有时,由于抽样的误差,或数据测量的标示错误,只能得到较弱的联系。这种缺陷通常极大地减弱了获得模型内可预期的关系的可能性,而不是促进了揭示这种关系的可能性。

不充分的理论限制了比较教育领域内所有类型的研究。自然主义的、人种志的和其他描述性的

技术已经产生了详细丰富的关于教学过程和教育组织背景的分析。然而,超越文化特殊含义的概括由于缺乏理论和各国充分的可比性测试而具有局限性。但是,改进关系与过程研究所要求的前提条件已有所进步。跨文化人类学研究的经验,逐渐复杂化的访谈、文献分析和观察的技巧,正在促进对学校教育和教育活动在其自然的和日常的环境中的描述表达得更加准确。同样重要的是近几十年来在分析方法上的技术进步,特别是在多变量和多层次分析领域的技术进步。在这种统计分析中运用的过程,基本上是在得到了大量数据的同时进行比较和模型测试的过程。

3. 跨国统计研究中数据收集的特性

比较教育研究的重点也许在于个人层次、机构(学校或班级)层次或制度层次。然而认识到"教育的影响是学生个人在特殊时间点上的生活经验"是必要的。因此,更详细地考虑跨国研究中所收集到的数据的特性是十分有意义的,它假设了基本的研究单位是学生在特殊时刻的需要。

学习的研究必然涉及学生在两个或两个以上情境中的行为变迁。在只考虑一个时间点的研究中,比如在横向研究中,必须假设所测量的学习发生于某学生一直到这个时间点的一段生活期间,而不是两个场合或时刻之间学习的变迁。

在关于学校教育影响的研究中,操作的控制条件是由于处理学校或学区层次的问题和教师或班级层次的其他问题而被提出来的,认识到这一点是必要的。因此,在政策制定和教育实践中存在一系列层次,这在抽样设计和检验控制条件的效果中必须加以考虑。这些层次为:(a)两个或两个以上的时刻或场合之间的一个学生层次;(b)学生与学生之间的教室层次;(c)学校与学校之间的学校层次;(d)地域或地域学校系统之间的国家层次;(e)国家与国家之间的样本国家层次。

这些不同的层次不仅影响了所收集的数据和所抽样的学生样本的性质,也必然影响了应该如何进行数据分析才能排除与学生之间、学校之间、学习制度之间、国家之间的差异相联系的影响。为简化起见,可以忽略一些特殊的层次,只要还用横向数据,第一个层次可以忽略不计;或者学生也许从学校里的各个班级中抽样,第二个层次也可以忽略;或者学校制度在一个国家内的影响没有什么意义,第四个层次和第五个层次可以合并。

如果选择随机样本是出于某一已知的选择可能性,那么学生之间、教师之间或学校之间进行比较所得出的统计显著性是唯一令人信服的,所得出的概括性结论就可以适用于其他学生、教师和学校。在随机抽样不可能的地方(如场合、制度和国家),学生之间、教师之间或学校之间关系的性质和大小也可以建立,并且具有统计显著性,但是其普遍性却很有限。从限定的目标群体中完全随机抽样的其他更大的益处是减小了选择过程中产生的未知偏见的影响。

在20世纪80年代和90年代的IEA研究中(Keeves 1992, Postlethwaite and Wiley 1992),出现了如下的状况,为便于测试管理,以避免阶层群体的分裂,将学校作为基本抽样单位进行分层性随机抽样。在抽样的第二阶段,从每一个学校内部特定的年级层次抽取一个完整的班级,测试该班级里所有学生。如果每所学校内部的抽样班级少于两个,那么在统计分析中要消除学校的影响(与教师或班级的影响相对)是不可能的。同样的困难出现在所选学校中各个班级里抽样学生的指定人数的情况中。因为,尽管分离班级和学校的影响是可能的,不过,除非被试是学生的大多数,否则,对在班级层次获得的有意义的结论而言,影响的评估不可能非常正确。在某种程度上,这种经验性调查研究的成功是有限的,不管是横向设计还是纵向设计,都揭示了与教师和班级的特征或学校特征有联系的强烈影响。这种成功源于有限抽样设计的实践问题。这种抽样设计导致了把学生的影响与学校和班级的影响相混淆的情况。另外,揭示学校和班级的影响的困难,部分原因是由于这样一个事实:在绝大多数教育制度里,较差的学校和较差的教师都不被允许运作,只存在有限的、仍待解释的变化。但是,在这种数据运用的分析方法中也有许多问题。

由于存在数据收集和控制影响者起作用的不同层次,其产生的主要问题就是数据分析必须以

“在不同的层次之间恰当地分割变化”的方式来进行。如果不行的话,效果的估计必将可能被数据的聚合和分散所扭曲和产生偏见。除非将误差合理分类,那么显著性测试也必定不可避免地运用了不正确的误差估计。因此,如果显著性是有意义的话,必须谨慎地分割误差的影响。统计显著性的测试远比通常认为的更复杂。有这样一种趋势:仅仅只考虑到大样本所获得的影响大小,而不是认识到运用了被认为是不正确的统计显著性测试。这种测试全都是建立在简单的随机抽样理论上,显然没有在使用复杂抽样设计的情况,以及在上述学生层次上控制起作用的场合下运用。

4. 跨国比较的量化

比较教育的典型研究是在国家制度之间进行比较。但是,这里始终存在一个严重的问题:根据对国家与国家之间差异的相当肤浅的观察就做出结论,这种结论与影响学习的因素毫无联系。例如,由于历史的主要原因,各国的入学年龄差别显著。但是,入学年龄对阅读成绩的影响已经证明,如果不是由其他影响阅读成绩的因素提供有效的控制,那么这是一个可以用适宜的方式解决的复杂问题(Thorndike 1973, Elley 1992)。因此,在规划数据收集和分析时,需要相当大的精力才能确保正确和有用的信息。跨国比较教育研究遇到的第二个主要困难就是有许多参与的变量相互作用,影响教育结果。因此,所收集的数据分析必须经过若干阶段才能确保获得有价值的发现,这包括多级的和多元的分析。

4.1 数据的“同时分析”

当前已经可以利用高级的统计技术,这种技术有助于在几个分析层面上梳理出变量之间的复杂关系。其中一个技术就是线性结构关系分析(Muthen 1991)。尽管线性结构分析通常不允许用于检验复杂的抽样设计在宏观层面和微观层面的随机效应,但它提供了一种结构方程模型比较的策略,可以同时比较多达10个不同的数据集合。这一观点把研究和分析的性质转换为不同国家的过程研究。

这种技术提供了一种策略。通过这种策略,在学校和学校制度内部,或两性之间运作的过程能够运用结构方程模式得到探讨。评价的模型参数能够在所有国家小组中被有效地加以比较。在由亚里－卢马(Yli-Luoma 1990)和图季曼与腾·布卢迈胡斯(Tuijnman and ten Brummelhuis 1991)提出的跨国研究报告中,在教育过程模型的同时测试中比较的国家多达6个。在这些研究里,各国都采用了同样的路径模型,但是在所估计的影响大小上却具有重大差异。根据一般知识和对这些国家内部的教育供给的理解,这两个研究采用的分析方法代表了比较教育在方法论上的一个相当大的进步。如果不能表明所调查的所有国家正在运作的是同样的过程,那么也许就证明严重地误导了各国的数据收集,并且也许仅仅是运用最小二乘法和虚变数估计国家影响的大小。因此,逐步强调过程和结构的联合研究而不是两者单独的研究是非常重要的。

5. 理论视角

比较教育研究中运用的定性和定量方法,其逐步增加的精致性足以说明指导将来跨国比较研究的理论存在不足。如果想要比较教育研究发挥其潜能,就需要在新的理论视角上下工夫。近来,该领域有所进展的三个方面可以说明这一点。

5.1 课程实施理论

1971年,IEA在瑞典举行了格兰纳研讨会,详细探讨了富于创意的著作《形成性和总结性评价手册》(Bloom 1971)产生的课程实施的理论观点。该观点已经部分地在第一次和第二次IEA教学研究结果的报告中作了考察(Keeves 1974, Garden and Robitaille 1988, Rosier and Keeves 1991, Keeves 1992, Postlethwaite and Wiley 1992)。

课程可以从三个层次来考虑:(a)预期的课程;(b)实施的课程;(c)获得的课程。它们分别由在制度的、教师的和学生的层次上运作的先决性和情境性因素施加影响。预期的课程通常由控制教育制度的政治团体或权威所规定。但是在某些制度上,规定教什么的责任属于各个学校的董事会,或者是学校里的教师个体。实施的课程是课程序列中的第二个层次。每一个教师的任务就是诠释预期的课程,把它翻译成一套与班级学生群体相适应的学习经验。获得的课程是第三阶段。它指每一个学生已从为他们设计和组织的经验中学习的程度。图1表明了预期课程在教育制度背景中被设置;实施的课程在学校或者教师的背景下产生;而获得性课程发生于各个学生自身。此外,明显的是实施的课程依赖预期的课程,获得的课程依赖课堂实施的课程。该模式的进一步概括也许包括所实施课程的划分:(a)课本和材料;(b)被管理的测试中包含的项目的机会。已有的一些著作证明了学生进入课本编写的重要性(Heydeman and Lovley 1983)。

罗齐尔和基夫斯(1991)给出了关于该理论和模式的更详细的讨论。预期的课程和实施的课程之间的联系、实施的课程和获得的课程之间的联系已经讨论过,而图1中显示的模式的其他联系尚待考察。

5.2 学校学习的因果关系模型

卡罗尔(Carroll)提出的学校学习的模型成为关于影响教育成绩的因素的理论探讨的源泉。IEA研究为这种理论及其派生的模式提供了从经验上测试的机会。卡罗尔(1975)在1981年的第二次IEA科学研究的规划中,提出了一个源自卡罗尔学校学习模式的因果关系模型。该模型随后在从10岁、14岁和中等学校毕业年级这三个层次的研究中收集到的数据分析中得到测试(Keeves 1992)。这个因果关系模型已在若干博士论文中得到详细的考察。在科学教育中运用的模型如图2所示。它明显依赖于卡罗尔的思想,但是必须考虑最佳可测变量,它是该模型中显示的潜在变量的表

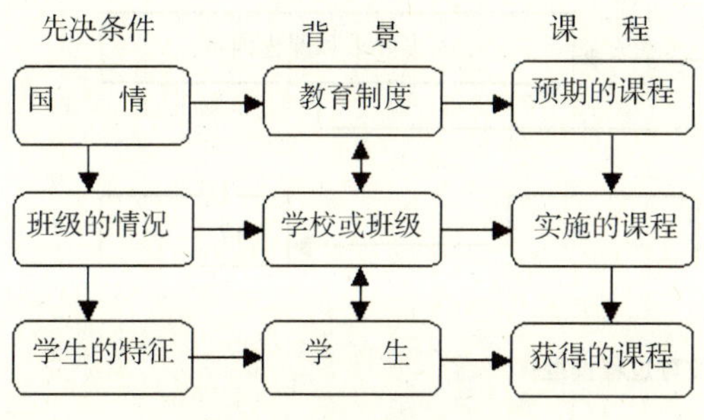

图1　科学课程的背景和组成

现。关于该模式发展的更详尽的讨论是由基夫斯(1992)做出的。

5.3 一个国民经济中的跨国教育成绩模型

在1967年IEA六大学科研究的规划时期,在美国莫洪克湖(Mohonk)召开了一次会议。会议旨在开发一个国民经济的跨国教育成绩模型,达尔霍夫(Dahlhf 1967)提交的一篇论文编制了一个在跨国研究中运用的"教育过程"的框架(见图3)。对教育政策制定有着特殊兴趣的是组织/机构变量。但是,不可否认的是,他们必定依赖环境与经济、人事要求、课程内容和目标。

IEA研究已经表明,发达国家与发展中国家的教育成绩层次具有显著差异。每一组国家之间有很少的变化(Inkeles 1977)。另外,利茨(Lietz 1991)也揭示了一个因果关系模型,该模型较好地解释了发达国家14岁年龄段的学生个体的因素对阅读成绩的影响。但该模型在两个发展中国家(印度和伊朗)却是不适当的。这里有若干假设的原因:(a)所使用的阅读测验在发展中国家可能是不恰当的,它导致了结果测量中低分和简化的变化。(b)选择的影响可能发挥了作用,只有来自社会地位较高的家庭的学生才有经济能力继续留在学校,直到中等教育层次。这就导致了关于解释性构造的很少变化。选择的偏见反过来又导致结果测量中更少的解释性方差。(c)家庭中有限资源的可能影响。在绝大多数发展中国家,学生家庭里的阅读资源减少,从而限制了变量的解释力量。(d)在许多(并非所有)发展中国家,较高比例的学生忙于学习和应试,用一种与其母语相当不同的语言。这也许已经解释了学生行为表现的较低的平均水准。

如上所述,教育成绩的跨国研究需要更加高度发达的理论和更加专业的测试模型,以解释发达国家之间成绩的一般统一性,以及发达国家与发展中国家的显著差异性。莫洪克湖会议提出了一个输入—输出—功用教育模型(Super 1967),它包括许多重要组成,即:(a)输入(人力、经费);(b)生产条件;(c)结构与运作(教育结构、仪器设备、媒介手段、课程与教学方法);(d)输出(知识、技巧、态度、参与、学习成绩);(e)功用(就业、社区参与、家

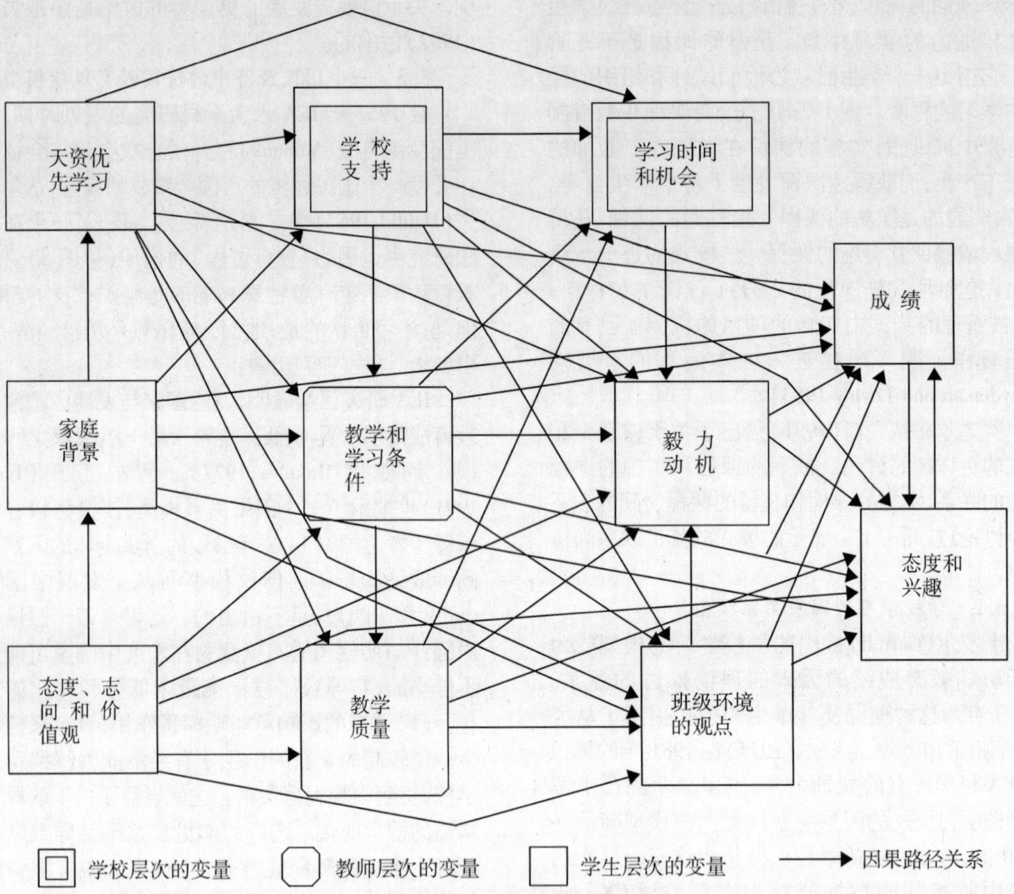

天资优先学习
学 校 支 持
学习时间和机会
成 绩
家庭背景
教学和学习条件
毅 力 动 机
态度和兴趣
态度、志向 和 价值观
教学质量
班级环境的观点
学校层次的变量
教师层次的变量
学生层次的变量
因果路径关系

图 2　学生行为表现的简化模式

环境 / 经济
人事要求和课程内容
目 标
框 架
过 程
成 就

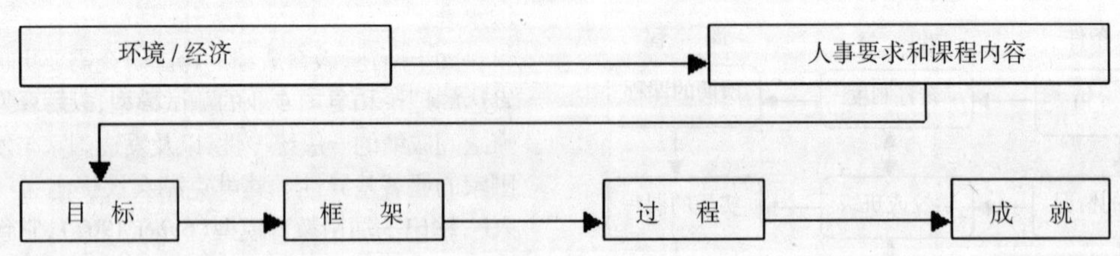

图 3　跨国背景中的教育过程模型

务)。虽然考虑了因果性影响、学生迁移和资金流动,但是在测试这种复杂模型的阶段仍然不是考虑得很充分。提出更特殊的假设和多级因果模式以经得起测试、否定或升华,这是尚待进一步完成的任务。

6. 未来的发展

教育研究中的比较方法论既反映了研究者学术训练的多样性,也反映了能被检验的、可供利用的理论和模型的范围有限。追随社会科学的发展趋势,现代比较教育研究显然处于一个方法论多元化的时期。不过,出现了一种多元主义:强调不同研究途径的互补性。

在比较教育领域,除了理论发展的基本需要外,其他进展也应追求。(a)需要运用多样的方法论途径的研究,尤其是教育背景的意义和教育供给细节的丰富性能够由仔细的现场观察和分析所提供。(b)需要某些高度发达的国家的研究者采用更严格的抽样过程,从而真正地实现随机抽样,即代表指定的目标群体,并且产生无偏见的数据。(c)需要所有国家认识到完整和高质量的、各国相互一致的数据的价值,从而减少数据收集中的抽样误差和制度偏见。这一要求也包括减少错误编码的数据的数量,主要是通过运用适宜的数据登录路径来排除。(d)需要编制分析多层次数据的计算机程序,这些数据包括了在特征上或者固定或者随机的潜在变量,并在学生、学校、国家或制度层次运作。(e)对诸如联合国教科文组织和经济合作与发展组织等组织而言,主要的需要就是继续努力,编制能用于比较教育研究的指标,帮助梳理跨国解释性关系。《教育掠影:经济合作与发展组织》的 2 卷中的指标(Bottani et al. 1992)是该领域内有价值研究的开始。可利用信息严重不足的领域包括 12 年学校教育和高等教育的简单参加率,特别是普通领域和专门领域里与性别相关的参加率。妇女的社会角色的指数和家庭学习环境的指标也需要进一步研究。当前的指标虽然对于某一特定规划目的有一定用处,但不能使人深入了解教学过程,或者解释为什么教育组织和教育制度按其自身的方式发展。只要当相对简单的但在概念上更有意义的社会变迁和教育变迁指数可以利用的时候,检验国家与国家之间和国家内部的变迁过程的影响才会成为可能。

J. P. 基夫斯(J. P. Keeves)
D. 亚当斯(D. Adams) 著
郑富兴 译

附录

Archer M 1979 *Social Origins of Educational Systems.* Sage, London

Bereday G Z F 1964 *Comparative Method in Education.* Holt, Rinehart, and Winston, New York

Bloom B S, Hastings J T, Madaus G F *Handbook of Formative and Summative Evaluation of Student Learning.* McGraw-Hill, New York

Bottani N, Duchene C, Tuijnman A 1992 *Education at a Glance: OECD Indicators. OECD*, Paris

Brickman W W 1960 A historical introduction to comparative education. *Comp. Educ. Rev.* 3(3): 6—13

Brickman W W 1966 Prehistory of comparative education to the end of the eighteenth century. *Comp. Educ. Rev.* 10(1):30—47

Carroll J B 1963 A model of school learning. *Teach. Coll. Rec.* 64(8): 723—733

Carroll J B 1975 *The Teaching of French as a Foreign Language in Eight Countries.* Wiley, New York

Dahlløf U 1967 Relevance and fitness analysis on comparative education, In: Super D E (ed.) 1967

Dewey J 1933 *How We Think.* Heath, New York

Elley W B 1992 *How in the World do Students Read?* IEA, Hamburg

Foshay A W et al. (ed.) 1962 *Educational Achievements of 13-year-olds in Twelve Countries.* UNESCO Institute of Education, Hamburg

Garden R A, Robitaille D F 1989 *The IEA Study of Mathematics 2: Context and Outcomes of School Mathematics.* Pergamon Press, Oxford

Hans N 1959 *Comparative Education: A Study of Educational Factors and Traditions.* Routledge and Kegan

Paul, London

Heyneman S, Loxley W 1983 The effect of primary-school quality on academic achievement across twenty-nine high and low income countries. *Am. J. Sociology* 88(6): 1162—1194

Holmes B 1965 *Problems in Education: A Comparative Approach.* Routledge and Kegan Paul, London

Inkeles T (ed.) 1977 The international evaluation of educational achievement: A review of *International Studies in Education* (9 vols.) by the International Association for the Evaluation of Educational Achievement. *Proceedings of the National Academy of Education* 4:139—200

Kandel I L 1933 *Comparative Education.* Houghton Mifflin, Boston, Massachusetts

Kaplan A 1964 *The Conduct of Inquiry: Methodology for Behavioral Science.* Chandler, San Francisco, California

Keeves J P 1974 The IEA Science Project: Science achievement in three countries—Australia, the Federal Republic of Germany, and the United States. In: *Implementation of Curricula in Science Education.* German Commission for UNESCO, Cologne

Keeves J P (ed.) 1992 *The IEA Study of Science III: Changes in Science Education and Achievement: 1970 to 1984.* Pergamon Press, Oxford

King E J 1968 *World Perspectives in Education.* Methuen, London

Lietz P 1991 Factors influencing reading achievement at the 14-year-old level in 15 educational systems (MEd dissertation, The Flinders University of South Australia)

Mallinson V 1957 *An Introduction to the Study of Comparative Education.* Heinemann, Melbourne

Meyer J W, Hannan M T 1979 *National Development and the World System: Educational, Economic, and Political Change.* University of Chicago Press, Chicago, Illinois

Muthén B O 1991 Analysis of longitudinal data using latent variable models with varying parameters. In: Collins L M, Horn J L *Best Methods for the Analysis of Change.* American Psychological Association, Washington, DC

Noah H J, Eckstein M A 1969 *Toward a Science of Comparative Education.* Macmillan, London

Postlethwaite T N, Wiley D E (eds.) 1992 *The IEA Study of Science II: Science Achievement in Twenty-Three Countries.* Pergamon Press, Oxford

Rosier M J, Keeves J P 1991 *The IEA Study of Science I: Science Education and Curricula in Twenty-Three Countries.* Pergamon Press, Oxford

Super D E (ed.) 1967 *Toward a Cross-national Model of Educational Achievement in a National Economy.* Teachers College Press, New York

Thorndike R L 1973 *Reading Comprehension Education in Fifteen Countries: An Empirical Study.* International Studies in Evaluation 3. Wiley, New York

Tuijnman A C, ten Brummelhuis A C A 1993 Predicting computer use in six systems: Structural models of implementing indicators. In: Pelgrum W J, Plomp T (eds.) 1993 *Computers in Education: Implementation of an Innovation in 20 Countries.* Pergamon Press, Oxford

Yli-Luoma P V J 1990 *Predictors of Moral Reasoning*, Almqvist and Wiksell, Stockholm

其他参考文献

Husén T, Tuijnman A, Halls W D 1992 *Schooling in Modern European Society.* Pergamon Press, Oxford

Purves A C (ed.) 1989 *International Comparisons and Educational Reform. Association for Supervision and Curriculum Development* (ASCD), Alexandra, Virginia

Thomas R M (ed.) 1990 *International Comparative Education: Practices, Issues, and Prospects.* Pergamon Press, Oxford

øyen E (ed.) 1990 *Comparative Methodology: Theory and Practice in International Social Research.* Sage, London

教育中的比较统计学(Comparative Statistics in Education)

自20世纪60年代以来,教育部门快速扩张,与经济和社会发展目标相关的教育计划被置于一个重要的地位,这些变化带来了这样一个后果,那便是国内和国际的教育统计得到了极大的关注。早在20世纪90年代初,随着特定国家对其他国家或某一地区内的教育开展大规模的研究,比较统计的重要性便得到了广泛的认同。通过吸收和运用,在基本概念和定义相同的国家之间才具备可比较性。由于存在不同的国家教育体系,确定国际的可比较性便是一个漫长而且艰难的过程。在该领域取得了一些显著的成果,但仍有许多工作有待完善。有关教育统计的初步讨论将根据国际教育可比较性的观点来进行,重点是数据来源、国际标准和比较数据的使用。

1. 国内和国际统计数据的来源

1.1 国内来源

主要的教育统计资源来自各种教育机构,公立的或私立的,从学前班到大学。在大部分国家,统计资料的收集和发布由教育部统计部门或中央统计局负责。其他政府和非政府机构通常参与统计资料的收集。资料收集最基本的方式是由学校来填写各种问卷。但是,某些统计数据——如有关教育支出的统计数据——由重要的行政部门来收集。更为详细的统计资料,包括某些个人数据,则依靠特殊的调查和抽样调查来获取。有关教育人口特性的统计数据——如识字率、教育程度等——是通过人口普查和调查得到的。

绝大部分的国家至少一年发布一次包含详细数据的教育统计资料。统计数据依据各国自己的情况定义、分类和制表。随着国际标准的发展,各国的统计系统也在不断调整,从而反映国际标准的要求。

1.2 国际和地区数据来源

在国际层次上,联合国教科文组织负责教育统计,联合国则负责人口统计,国际劳工组织负责劳动统计。

联合国教科文组织的统计部门的主要职责是收集和发布来自世界各国和地区的教育统计资料。数据主要包括各种机构、学生、教师等,其他主题的资料收集则采用年度调查问卷的形式,并由国家出版发行。除此之外,就是通过调查研究以满足各种具体的需求。

联合国教科文组织的统计数据库包括从1960年以来的大量数据。数据所涉及的内容包括:各级学校的入学率、性别、年龄以及高等教育研究领域;各级学校的教职员工及其性别构成;文盲;教育程度;外国学生和研究生。

联合国教科文组织出版发行的统计年鉴,是教育领域内进行国际统计比较的主要来源,此外,还有统计文摘。分析性报告主要有以下两个系列:统计报告与研究,时事调查与研究。这些报告涵盖了众多的主题:教育的定量发展、消除文盲项目、入学项目、教育资源浪费的形式和趋向(如复读、辍学等)、外国留学生、教育支出。除此之外,有关教育发展趋势的统计评论也出现在各国教育部部长参加的地区教育大会上。一系列的报告文件都包含在联合国教科文组织的统计年鉴中。

除了联合国教科文组织,其他国际和地区组织也出版发行有关教育的统计数据。例如,联合国的统计年鉴,联合国地区与社会委员会的主要统计出版物,经济合作与发展组织的世界报告(1967,1990),世界银行的世界报告。1981年,欧盟委员会统计办公室发表了1970~1975年教育统计。北欧委员会与北欧统计秘书处发表了北欧统计年鉴。

在一般情况下,各个组织要求它们的会员国直接向其报告数据。各个组织间通常建立合作关系以确保教育统计的可比较性和避免各国统计业务的相互重叠。然而,正如我们所预料的一样,由不同组织就同一国家所收集和公布的数据往往是不一致和不可比较的,其原因是各个组织在某些方面的差异所导致的,例如,定义、覆盖度、方法论,甚至是资料的来源与参考数据的使用。

2. 教育统计的国际标准

为了达到可比较性,统计必须建立在统一的概念、定义、分类和制表的基础之上。与其他领域相比，教育统计的国际比较显得非常困难，因为各个国家的教育系统和制度安排存在着巨大的差异。当对教育数据进行国际比较时，结构上的差异便成为至关重要的因素。如图1所示，表1和表2展示了199个国家在第一级教育的入学率，义务教育和第一、二级教育的年限方面的不同变量。很明显，各个国家教育系统在许多方面存在着差异，例如，中学教育类型的显著差别（性别、教师培训、职业教育与技术教育）；入学考试；复读的各种规定。表1显示了在小学教育的班级分组之后学生的流动方面的复杂性。当关于入学的定义没有确定，对不同的学生流动情况没有进行定量分析时，就会对教育系统的覆盖度评价过高，从而使得不同国家之间的比较显得很困难。表1也进一步表明了在进行国际教育的统计比较时必须考虑开发恰当的统计方法和分析技术。

有关教育统计标准的制订早在1926年便已经开始。尽管工作远远没有完成，但已经取得了一些显著的进步。在教育统计领域已经开发和采纳了两套国际性工具：1975年国际教育大会通过的教育国际标准分类（ISCED）和1958年联合国教科文组织大会通过的教育国际标准的修订建议。在1978年对修正案进行了修改，使其能与教育国际标准分类相一致。

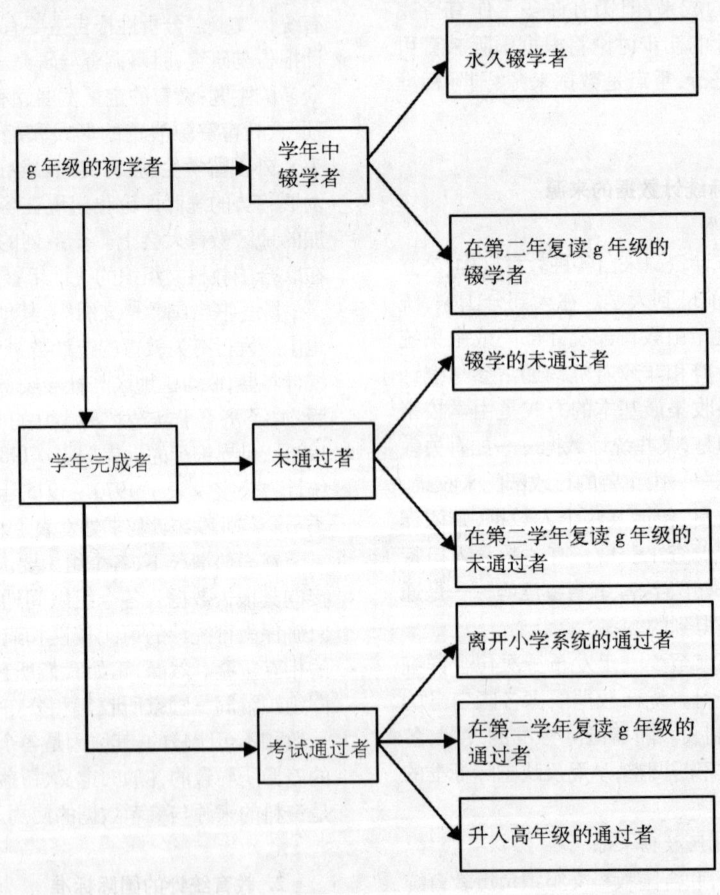

图1　小学教育中分组年级的学生流动

资料来源：UNESCO 1981

表1　199个国家第一级教育入学年龄的分布

年龄	国家数目
4	2
5	32
6	115
7	47
8	3

资料来源:UNESCO 1999

表2　　199个国家教育学习期限的分布

持续时间	国家数目		
	义务教育	第一级教育	第二级教育中的普通教育
0	26	—	—
1	—	—	—
2	—	—	2
3	—	1	2
4	1	8	25
5	9	35	33
6	40	101	66
7	9	25	64
8	31	26	5
9	28	3	2
10	38	—	—
11	9	—	—
12	7	—	—
无	7	—	—
详细说明	1	—	—

资料来源:UNESCO 1999

2.1　教育国际标准分类

教育国际标准分类作为一种分析工具,其目的在于收集、编辑和出版国际和国内的教育统计。希望其能够有利于教育统计的国际编辑出版和比较研究,并与人口和其他经济统计相结合,以取得更好的使用效果。

该标准分类,更确切地说是一部教育规划和项目的词典,其主要目的是为了收集当前教育现象的各种数据,例如,入学、教职员、财政资助以及通过人口普查所获得的有关受教育人口储备的统计数据。从这个意义上来说,该标准分类是一个具有多种功能的系统,可以通过对各种教育系统和过程所具有的特征进行分析,从而收集用于比较研究的数据。

作为一种教育分类,教育国际标准分类按照不同的教育内容在广泛的教育领域内做了很多分类项目。除此之外,每一个项目和领域都对应于各自的层次类型。教育国际标准分类在一个联合国教科文组织的文件中已全文出版发行。该文件包含了518个教育项目、21个研究领域和8个教育层次的定义和代码,从而可以对常规、特殊和成人教育进行分类统计。

一些国家已经出版了各种手册,准备把国内的教育分类与教育国际标准分类相结合。该标准分类已经推荐在与国际和地区的人口普查中使用。

2.2　教育国际标准分类的修订建议

该建议包括四个部分的概念、定义、分类和制表:(a)文盲统计;(b)受教育人口统计;(c)入学率、教师和教育机构的统计;(d)教育财政统计。

修订建议的全文见联合国教科文组织1978年的有关资料。关于修订建议的进一步细节问题见1961年联合国教科文组织的教育统计手册。

教育国际标准分类及其修订意见的采纳是工作的第一阶段,以期能够推动国际可比较性的进一步提高和完善。通过所有国家的实际应用,该项工作将继续进行。但是,这并非意味着该标准分类要取代各国的统计系统和分类标准,而是使各国的统计系统和分类标准与教育国际标准分类及其修订建议相适应,除了统计数据满足本国的要求之外,进而能够用于国际比较研究。

标准的制定是一个长期的、艰苦的过程。到目前为止,该项工作已经取得了一些显著的进步,但仍有大量的基本统计系列尚未包含大部分的国际调查,其原因在于缺乏可比较性,例如,教师的资格认证。

除了普通术语和分类的需要之外,数据的可比较性取决于在教育分析过程中标准方法和技术的使用。在这方面已经做了大量工作,联合国教科文组织设计了各种方法用于入学和识字项目、源于复读和辍学的教育浪费现象的分析以及教育支出的分析。

3. 比较数据的使用

教育统计主要应用于研究、政策制定、行政管理和计划。教育统计的这些功能主要出于国家利益的考虑。但是,某一国具体教育问题的研究往往要参考借鉴其他国家和地区的经验。比较数据和指标的广泛运用通常可以反映在联合国教科文组织的具有统计内容的文章中,这些文章由联合国教科文组织的统计部门准备,在联合国教科文组织休会期间联合国教科文组织与其他组织联系并召开国际和地区的教育大会,并在大会上宣读和发表这些文章。比较数据对于地区教育目标的认定方面具有重要的意义,例如,非洲、亚洲、拉丁美洲和阿拉伯国家所采用的普及初等教育。与此同时,比较数据对于过程的评估也非常关键。在比较教育指标和其他领域指标的实际应用中,为1990年在泰国举行的世界教育大会所准备的参考文件就是一个极富价值的例子。

为了进一步说明比较数据的实际应用,我们从联合国教科文组织的出版物中选取恰当的例子来加以讨论。这些例子主要是关注各地区之间的相互比较,但数据则是以国家为分析单位来呈现的。

3.1 世界成人文盲

图2展现了世界各地区15岁或15岁以上人口中识字率的状况,从中可以看出文盲率在不断地下降:从1970年的38.5%到1990年的26.5%再到2000年的21.8%。然而,成人文盲的绝对数量却在增加:从1970年的8.9亿到1990年的9.48亿。反差之所以如此强烈,其原因是在同一时期内世界15岁人口的大规模增长。到2000年,文盲的数量有稍稍下降的趋势。发展中国家拥有几乎所有文盲人口,其中10个国家的文盲占了世界文盲总数的75%。图3则进一步展示了世界文盲人口的分布状况,可以从此图看出,文盲率在地区和性别间的分布是不平衡的。消除文盲作为一个主要目标而被国际社会广为采纳。由联合国教科文组织所准备的标准化的评估与规划方案在评价为达到消除文盲的目的的实际过程中是一个非常有用

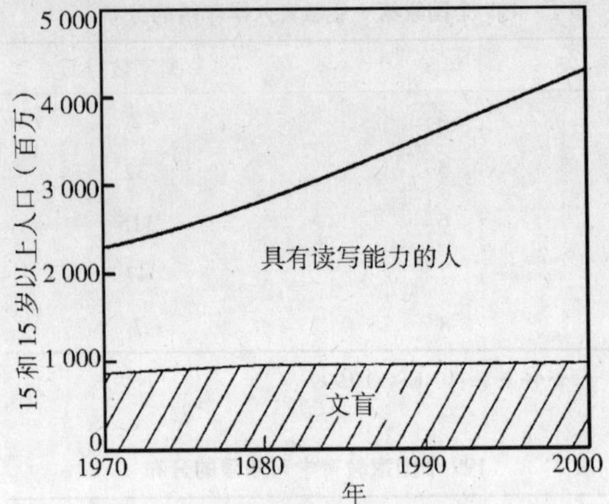

图2 世界15岁和15岁以上人口的文盲与具有读写能力的人的比率
资料来源:UNESCO 1990

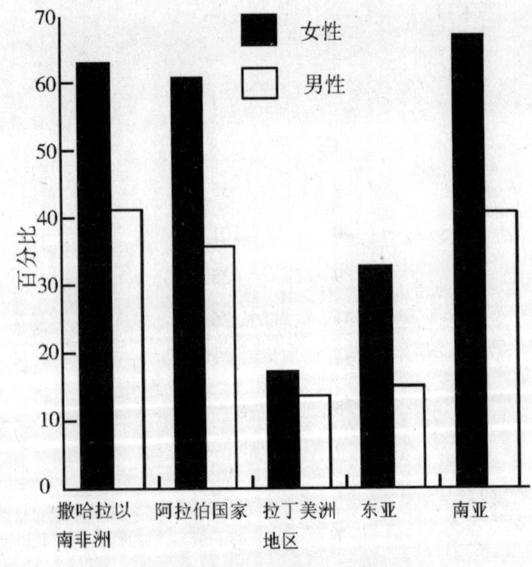

图3 世界各地区1990年女性与男性文盲的比率(15岁或15岁以上人口)
资料来源:联合国教科文组织统计部

的工具。预期的结果作为一个警示,提醒我们因为小学的数量正在急剧地减少,正规的小学教育将比较缺乏。

3.2 各级教育与性别间的入学分布

男孩与女孩的入学率分布之间的不平衡在绝大部分国家是常见的现象。图4就发展中国家和发达国家的入学总量的趋势进行了比较。在发展中国家,女性的入学率比男性要低得多,尤其在中学和高等教育阶段。尽管如此,入学率从1960年到1990年也有了显著的增长。在发达国家,男女间的入学率在教育的三个层级中的分布则比较协调。更为详细的性别间入学率的不平衡分布可以通过男性和女性的入学率看到,对此必须考虑学龄人口的年龄构成。

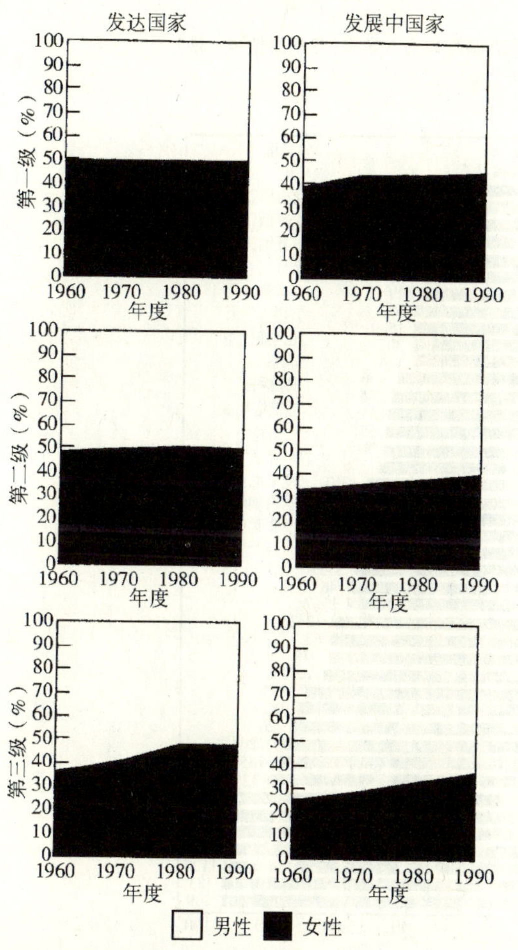

图4 各级教育中男性与女性的入学率

资料来源:联合国教科文组织统计部

3.3 入学率

入学率是衡量教育系统普及程度的一个基本指标。入学率表示某一层次教育的入学人数或某一年龄组人数和相关人口有关。因此,各种类型的入学率可以通过实际需要和获得的数据来计算:入学率、毛入学率或净入学率、特殊年龄段入学率、性别累计入学率、城市与农村入学率、地理区域入学率等。例如,小学的毛入学率表示在该阶段的所有入学人数(不考虑学生的年龄)和官方所规定的小学年龄组的人数有关系。在比较研究中,毛入学率是使用最为广泛的一个数据,但要对其进行详尽的阐释却有些困难,因为毛入学率可能包含适龄年龄组以上或以下的学生,从而导致毛入学率可能会超过100%。毛入学率通常作为衡量小学教育招收官方年龄组的学生数量的一种能力。图5展示了从1960年到1990年间发达国家和发展中国家的不断调整的毛入学率。“不断调整”这一术语应用于某一地区性的数据时,暗示了所使用的学龄人口数是各个国家学龄人口的累加(而不是某一固定的年龄组)。

3.4 教育的公共开支

任何试图在比较的基础上来评估教育开支都会遇到极大的困难,因为缺少充分的数据。例如,教育开支可能会限定在公共教育部门或者仅仅是教育部范围之内。除此之外,货币的兑换和价格的波动都会使得在某段时间内的比较显得非常困难。不同层次的支出统计数据反映了教育支出的不同部分和持续性,该教育支出在一个国家和同一国家的不同年份并没有表现出较大的变动。尽管有关教育支出的统计存在着许多缺点,但联合国教科文组织还是定期出版有关各地区教育支出的评估报告。图7展示了从1975年到1988年世界主要地区的公共教育支出与国民生产总值之间的相互关系。在发达国家,教育支出所占国民生产总值的比例是很高的(1988年是5.8%),发展中国家则比较低(1988年是4.1%)。但是,在这段时间内,发展

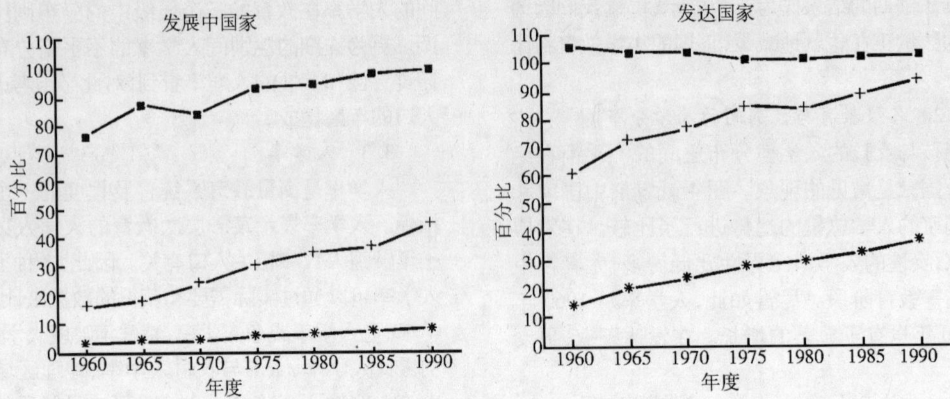

图5 1969～1990年各地区在各教育层次上不断调整的毛入学率(包括男性和女性)

资料来源:联合国教科文组织统计部

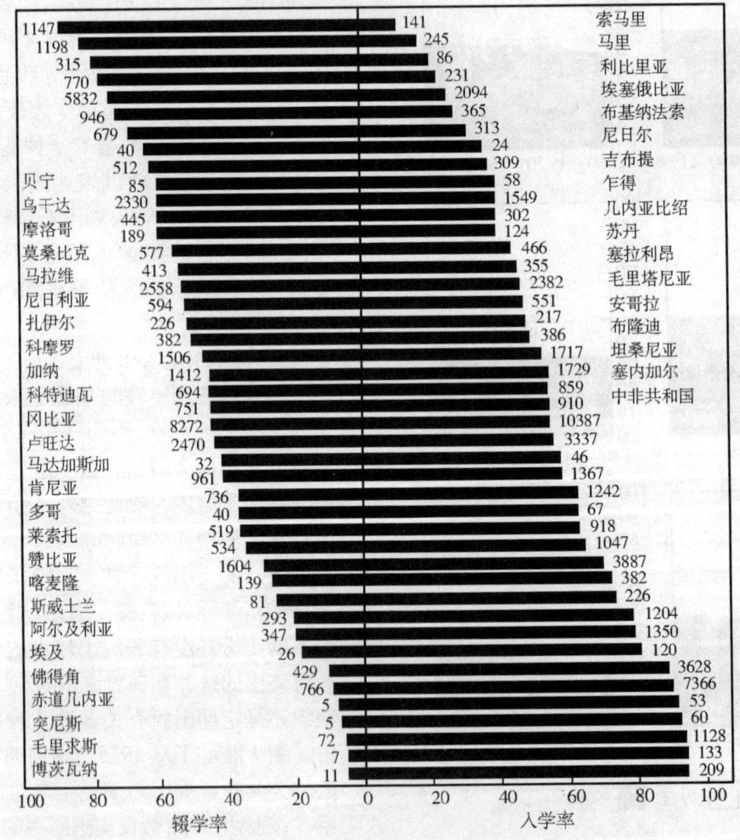

图6 1988年非洲地区小学入学与离校人数(单位:千人)

资料来源:UNESCO 1991

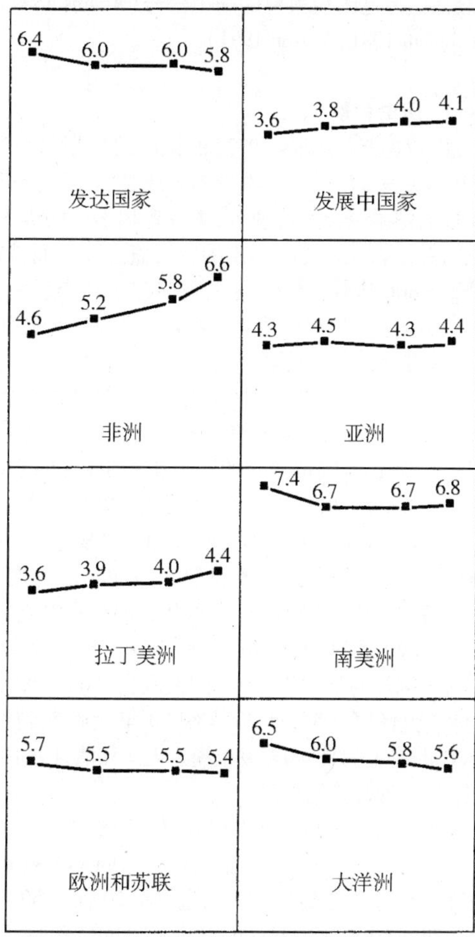

图 7 教育占 GNP 的比例

资料来源:UNESCO 1990

中国家公共教育开支所占国民生产总值的比例在不断上升,发达国家则呈现下降的趋势。

4. 结论

本词条简单描述了一些已经展开的工作,从而希望促进教育统计的国际比较的不断完善。正如前文所强调,因为各国的教育体系存在着结构或其他方面的重大差异,所以教育统计的比较就比其他领域内的比较要困难得多。在本词条中提及的统计文件的检验表明,在世界教育统计的有效性和可比较性方面取得了积极的成果,同时也存在着差距和困难,有很多工作还需要进一步深入。

J. 泼瑞斯－朱尼格(J. Porras-Zúñiga) 著

饶耀平 译

附录

Organisation for Economic Co-operation and Development 1967 *Methods and Statistical Needs for Educational Planning.* OECD, Paris

Organisation for Economic Co-operation and Development 1990 *L'enseignement dans les pays de l'OCDE 1987～1988:Recueil d'informations statistiques.* OECD, Paris

UNESCO 1961 *Manual of Educational Statistics.* UNESCO, ParisUNESCO 1976 *International Standard Classification of Education.* COM/ST/ISCED, UNESCO, Paris

UNESCO 1978 *Revised Recommendation Concerning the International Standardization of Education Statistics.* UNESCO, Paris

UNESCO 1981 *Analysing and Projecting School Enrollment in Developing Countries: A Manual of Methodology Prepared by Professor Tore Thonstad.* STS 24, UNESCO, Paris

UNESCO 1989 *Trends and Projections of Enrollment by Level of Education and by Age, 1960—2025.* CSR-E-60, UNESCO, Paris

UNESCO 1990a *Basic Education and Literacy—World Statistical Indicators.* ST-90/WS-1, UNESCO, Paris

UNESCO 1990b *Compendium of Statistics on Illiteracy.* STS 31, UNESCO, Paris

UNESCO 1991 *Development of Education in Africa: A Statistical Review.* ED-91/MINEDAF/REF. 1, UNESCO, Paris

WCEFA 1990 *Meeting Basic Learning Needs. A Vision for the 1990s.* Background document for the World Conference on Education for All, Jomtien, WCEFA Interagency Commission, New York

发展教育(Development Education)

四个盲人摸象的故事妇孺皆知。如果假定这些盲人都是教育者,大象是发展教育,那么有理由把发展教育比成里查森(Richardson 1982)所谓的“大象教育”。

虽然“盲目性”是教育者最不愿意将自己与之相联的一个词,但是以上所做的比喻并不算太牵强附会。总之,发展教育经常与多元文化教育、反种族主义教育、和平研究、环境教育、人权研究、全球教育、第三世界研究、发展研究以及世界公民教育等概念交叉使用。事实上,许多作者都认为发展教育与以上研究领域是同义的或者包含了这些领域的一部分,这表明了它是一个不断演进的、弥散的、不确定的研究领域。发展教育的不确定性是由于人们对它的不同认识所造成的。正如普拉德范(Pradervand 1982)所指出的,对于一位牧师来说,发展教育是帮助人们开启心智,形成团结和友爱的观念,而新闻记者则将发展教育理解为说服发达国家的人们自愿捐献金钱的手段。教师在认识这个题目时与牧师和新闻记者又不一样,他们也可能从他们自身的专业来界定它。例如,正如都塞特(英国)的报告所指出的那样,那些教地理的教师主要强调空间问题(如气候、土地利用和人口),那些从事宗教教育的教师强调道德责任(如公正、和平等),历史学家考察殖民主义的结果,社会学家看重的是个体和社会的相互依赖。事实上,界定问题是很复杂的。对于有些人来说,发展教育的主要争论在情感领域,而对另一些人来说,它的争论在认知领域。

认识发展教育的方式是多种多样的,要么是特指的,要么是包容一切的,因而它们使发展教育这个词失去任何意义。这意味着追求一种单一的定义都将在教育和发展术语方面证明是达不到目标的。

在发展教育要达到或被要求达到的目标上显然没有一种共识。因此,可以采取英国海外发展署的观点。它把发展教育描述为“能够在世界范围内增进在社会、经济与政治方面的相互理解的思想与行动,尤其与欠发达国家相关的思想与行动”。它也必须阐明,无论怎么对它界定,发展教育一般都会被认为是比较教育的一个部分(Adams 1977,Zachorriah 1981,Watson 1991)。

1. 历史背景

按亚当斯(Adams 1977)的说法,“发展教育”这个词在美国是在第二次世界大战之后不久流行起来的,结果引起了管理者、决策者和学者的极大关注,并使它成为捉摸不定的发展概念。然而,斯托姆(Storm 1981)认为,此主题存在了几个世纪。他引用的例子是法国哲学家狄德罗在18世纪70年代劝告欧洲人要向塔希提岛人学习如何过一种朴素的公社生活,因为在那里人们不知道饥饿为何物。斯托姆表示,发展教育与人类福祉的不同筹划相联系,因此他确定了它的四个历史阶段:(a)帝国时期,非城市和非工业社会体现出“野蛮”特征,这些特征建立在稳固的身体和道德差异基础之上;(b)家长式统治时期,两次世界大战期间,“野蛮”被“落后民族”和“简单社会”取代;(c)乐观主义时期,也是20世纪60年代后期和70年代早期,“落后”被“崛起的”或“发展的”国家取代;(d)个体和集体自我怀疑时期,从20世纪70年代中期到现在,显而易见的是,西方发展模式无法移植,援助失去了其乐善好施的名声。

普拉德范(1982)把发展教育的历史划分为三个截然不同的时期,他确定的这三个时期为:(a)施舍趋向的家长式统治时期,也就是20世纪50年代后期到60年代早期;(b)社会批判的觉醒时期,此阶段在第三世界贫穷的情感反应被欠发展的结构性机械主义的理解所取代;(c)体现“偏斜的”或“不平衡发展”的批评阶段,发达国家的发展教育学家被迫把他们的发展批评扩大到他们自己的国家和社会。

在斯托姆和普拉德范的定义中,每个时期都与发展的流行概念紧密联系在一起。这就补充了亚当斯的观点,即发展教育的卓有成效的讨论从未形成过,因为发展概念包含的假设根本就没有共识,至少没有被认可过。因此,他确定了三个重要阶段,第一个阶段是20世纪60年代教育在发展中的作用的浪漫主义观点。与斯托姆的“乐观主义”时期相似,这个阶段完全建立在教育创造经济增长、控制人口增长、促进穷人机会、保证社会公正等的假设基础之上。第二阶段是“愤世嫉俗的20世纪70年代”，此时期教育被认为是再生产了不平等、恶化了离校学生的失业问题以及推进了文化帝国主义。第三个阶段是追求20世纪80年代的新方向和新战略，发展被视为自我信赖、内生和“民族中心”的发展。

发达国家发展教育史的一个重要特性是在发展“第三世界”问题的理解上教会和非政府组织(NGOs)所起的关键作用。

2. 全面看待被选国家的发展教育观

这部分描述了五个国家在发展教育上的不同观点，目的是说明每个国家在理解此主题上的途径的多样性和原创性。

2.1 荷兰：呼唤草根教育

文献综述表明，发展教育得到广泛认识至少可以追溯到20世纪50年代。20世纪70年代因“荷兰发展合作信息全国委员会”(NCO)的成立进一步得到推动。这个委员会由来自大约50个组织的代表组成，范围包括工会、雇主团体、消费者组织和一个研究所。据统计，到20世纪80年代中期大约有500个地方团体或组织活跃于全荷兰的发展教育(Van Tongeren 1982)。所有这些组织中有两个是最活跃的，一个是研究团体，另一个是国际团结世界中心(WIS)。前一个团体的宗旨是从事荷兰在全世界的跨国公司的作用的研究项目。国际团结世界中心的特别关注点在于草根教育的大众参与过程。它利用所获得的资源把发展教育融合进学校项目，而学校自身也在此领域发起一些活动(Van Tongeren 1982)。

从荷兰的经验中可学习到的一个重要教训是，“第三世界”的发展问题与发达国家的日常生活的处境紧密相连。因此需要更好地理解全球关注的发展问题和需要一种发达国家对问题的新世界观。

2.2 挪威：传授团结的环境和内容

自从1962年官方援助机构(NORAD)成立以来发展教育在挪威由于受到了大众的支持而获得了巨大发展。这在一定程度上解释了为什么挪威是世界上少有的几个把它的国民生产总值的1%捐赠给官方发展援助的国家。它也解释了为什么发展教育在官方课程中似乎具有坚固的基础。例如，1～9年级的修订课程极力主张学校要促进国际理解，并强调人权、和平、防御和裁军的重要性(Nordkvelle 1991)。初中和高中学生所获得的发展中世界的知识因政府开展的一项运动而得到了加强，因为这次运动鼓励他们把从一天工作中挣得的钱捐赠给组织这次运动的非政府组织(例如拯救儿童和红十字会)。在丹麦这次运动变更为特别发展周，它是由一个把发展问题视为对基督信仰和行动的严峻挑战的教会网络组织的(Jeppesen 1982)。

挪威通常被看作是欧洲国家之一，在那里，基本价值观，诸如真理、公正、忠诚、容忍、平等、生态关注等，在社会中被强有力地坚守着。有了这些价值观以及一百多年的综合教育传统和对“合作学习”的重视，挪威学校是“欧洲最具公正趋向的学校体系”就不足为奇了(Techaug 1989，1991 P. 163)。

然而，在对挪威一些学校课本内容、教师培训和与发展教育有关的教学实践的实证性调查中获得的成果中似乎呈现出一种不同的画面。尽管有上述引用的核心价值观，但研究者得出的结论认为，有证据表明了种族中心主义和“非均等、疏远和非身份的措辞，目标是营造一种同情和唯利是图的精神意识”(Nordkvelle 1991 P. 169)。对这些矛盾信息的合理解释是发展教育在教师培训机构不如在中等学校受到足够重视。另一种解释正如希特(Heater 1980)和其他人所认为的，是学校教育的制度化环境可以限制态度的形成。

2.3 加拿大：激发一个自我包容社会的神话

在加拿大发展教育可以追溯到20世纪60年代早期。它似乎是被20世纪六七十年代在国外服务后归国的成千上万的年轻加拿大人的道德伤害所推动的。

根据乔丹(Jordan 1982 P. 492)的说法，“发展教育”这个词“覆盖了大范围的学习，包括基本的人类需要、文化多样性、全球问题以及加拿大和世界的相互依存”。它的两个重要目标是使加拿大人更理解发展问题，有助于穷国和富国之间的许多关系发生建设性变革的态度和行为的加速形成(Zachariah 1989)。

发展教育在加拿大得到了公众和官方的支持。支持在学校进行发展教育的机构包括学习者中心和非政府组织，如 UNICEF—加拿大以及加拿大红十字会，所有这些机构获得了加拿大政府官方发展局、加拿大国际发展协会(CIDA)的拨款。

发展教育在不同的组织机构中产生，从学校到教会、工会和学习者中心。它采取讨论班、课程、工作小组、放电影、展览和讨论小组的形式。在国家层面，更富有成效的项目包括加拿大国际发展协会交流、加拿大世界青年会和世界发展十日(Brewin 1982)。

在加拿大全境从事的发展教育的不同活动中间至少有四种重要趋势。这些趋势是：(a)非政府组织和学习者中心与教育部的合作，创作相关的材料；(b)把发展教育整合到所有水平的社会研究课程中；(c)整合进诸如家政和价值教育的学科领域；(d)努力把发展主题整合到教师教育机构——一种有远见的思想。

2.4　美国的全球教育和发展教育

在美国，有关全球教育、世界公民教育和21世纪教育的文献汗牛充栋，可以追溯到20世纪50年代后期。对这些文献的综述表明，全球教育是在卡特总统任期内获得了令人瞩目的发展，然后被里根政府大规模削减。尽管被削减了，但文献表明在20世纪80年代，地方、地区和州还有大量的积极活动。

尽管美国教育体系具有分权化特性，也有发展教育概念演变方面的大量文献，但很难对可以找到的教育情感领域的所有线索进行全面概括。在美国其范围限定在两条线索上，也就是在正规学校体系中实践的全球教育以及由美国牛津饥荒救济委员会(Oxfam America)管理的处于教育传统机构之外的组织。

全球教育可以描述为学校应当为21世纪高度依存的全球社会培养青年人的公民身份教育(Alger and Harf 1986)。它可以再划分为四个重要的学习领域：(a)人类价值观的学习；(b)全球体系的学习；(c)全球议题和问题的学习(如和平、安全和人权议题)；(d)全球历史的学习(Kniep 1989)。

从制度(行政)角度来看，从事这种研究意味着有责任把全球观构成为课程开发的一个组成部分。然而，在课堂实践的层次上，它意味着要尽力把教学与世界的其他方面联系起来，这样可以增强学习者的兴趣。反过来，这也产生了诸如爱荷华州的一些学校采取的活动，这些活动包括：(a)参与“模拟联合国项目”；(b)鼓励学生参与社区服务计划(如募款发起人)；(c)识别全球问题(如污染或战争)，讨论其当前和未来的影响(Dekock and Paul 1989)。

美国牛津饥荒救济委员会是一个非营利、非教派的国际机构，它与第三世界的组织一起工作，主要是为了改善穷人的生活处境。它在美国筹措资金，每年在大约25个国家资助200个以上的发展项目，同时还增强了社区意识。它在最广泛意义上使用有选择的教育方式(如图书、电视等)。它的“学生”来自所有的年龄层、不同种族、宗教和阶级(Short 1985)。

根据美国牛津饥荒救济委员会一名前任理事的说法，它在20世纪80年代中期的发展教育的理论和实践至少具有七个特征，它们是：(a)学习和教育受一个世界观支配；(b)把关于发展教育的学习视为跨国过程，它涉及全世界范围的人们；(c)牛津饥荒救济委员会开展的发展教育的学习和教学主要围绕一些地方小项目和全球政策问题，围绕经验性和理论性的问题；(d)筹集发展资金与发展过程的学习相结合；(e)在影响政府决策的动员意义上，牛津饥荒救济委员会很少采取直接的政治行动；(f)牛津饥荒救济委员会参与有目的的实验性和反思性的学习方式；(g)牛津饥荒救济委员会的员工在被雇用时主要看他们对发展问题的认可度和愿意学习的态度。

在美国，对发展教育可以从三个方面来考察。首先，对以上两种观点的回顾可以使人们认识到美国及其公民是全球化社会的一部分，他们需要知道如何参与到这个社会。其次，两者都试图通过理论的有效运用把学习与行动结合起来。第三，发展教育和全球教育是相互关联的。确实，按照肖特

(Short 1985)的意见,发展教育尽管起源于国际教育、发展经济学、地区研究和第三世界的解放研究的一些混合因素,但主要是美国新活动派的一种,是全球教育。

2.5　英国发展教育中心

20 世纪 70 年代后期和 80 年代早期,英国建立了许多发展教育中心(DECs),这些中心建立的动力来自提高英国公众在欠发达国家和发达国家之间日益扩大的鸿沟意识方面的需要。许多中心起初得到了政府的资助,当时是海外发展署,后来资助来源多样化了,包括地方教育当局(LEAs)、牛津饥荒救济委员会、基督教援助,某些情况下资金则来自 EEC。在 1979 年,五十多个地方发展教育中心形成了一个著名的"全国发展教育中心联合会"(NADEC)的松散网络,它们多数是由自愿者和受雇员工混合经营的。根据全国发展教育中心联合会(其在 1985 年就属于慈善团体),所有的发展教育大体上基于下列由其成员认可的目标:(a)能够使人们理解他们自己的生活与全世界人们的生活之间的联系;(b)增进在经济、社会和环境方面的理解,这些方面一直是改变着人们生活的力量;(c)形成技能、意向和价值观,能使人们在一起工作以带来变革,并且支配他们自己的生活;(d)造就一个权力和资源可以被所有人均等地分享的更加公正的世界(NADEC 1987)。

发展教育中心被视为英国发展教育的支柱,因为几乎所有的发展教育都履行以下功能:(a)它们运行着一个资源中心,为查询、贷款或销售提供发展教育材料;(b)使用交互式的教学方法鼓励参加者把全球问题与当地社区以及个人问题联系起来;(c)把从反种族主义、反性别歧视、环境和和平教育得来的观点体现在他们的工作当中;(d)致力于开展积极的民主的实践活动。

在对发展教育中心如何运行进行仔细考察后表明,每一个中心都有自己工作领域的限定范围,以对其地方环境做出反应,同时还表明多数工作是在正规部门完成的,这些部门为教师和学生提供思想、材料和在职培训。与中心一起工作的社区特别团体有青年团、工会、农场主组织以及妇女组织,他们组织上课、放电影、放录像、举办展览等等。他们也参与一些活动,以提高发展问题的意识,如让各组织整修欠发达国家社区使用的旧工具。

3. 发展教育的共同特征

一般而言,避开发展教育工作进行的制度和国家背景的影响,这五个国家的发展教育具有某些相似性。

发展教育是由正规教育部门和与发展相关的非政府组织提供的。后者似乎对发展教育及其筹办的争议起到更大的作用。在推进此主题上非政府组织所取得的成功是它们的多样性、想像力和创造性、较少的官僚束缚、真正的理想主义以及预见意识等的综合作用的结果(Pradervand 1982)。

在发展教育中可以从跨课程视角来考察社会的、文化的、经济的、环境的,甚至政治的问题。初等和中等层次涉及的主题在多数国家都可以从下面几方面来考察:移居海外、灾祸(既有人为的也有自然原因的)、贸易(例如香蕉耕种和出口)、相互依存、与其他人交流、反种族主义、人权、阶级不平等、债务危机、人口困境、殖民主义和媒体影响。

发展教育包含的内容风格多种多样,从学校课程到公共信息项目和跨国公司工作的研究、游说决策者等。

在发展教育中尽力使用想像的和活跃的学习方法(如角色游戏)要满足青年人和成年的需要。在初等和中等学校,其他的教学方法就是利用录像、电影和幻灯、访问演讲人、演戏剧、团体讨论,还使用案例研究方法。

发展教育涉及价值观、技能和态度。通常教师希望培养的态度是关注、应用、好奇心、公正和公平。一些要重点形成的重要技能是探究、交流和批判思维(1990)。普遍认可的是,除非教师在进行发展教育的教学时对重要的内容和方法相关的缺陷保持警惕,否则教师是无法帮助学生形成这些技能的。

4. 发展教育实践中的差异

五个国家研究中的发展教育方面的一个重要差异是它的投资。荷兰的发展教育是由国家直接干预的，加拿大是通过非政府组织进行间接干预，在保守主义政府管理下的英国几乎没有任何政府干预。

另一个差异是上面提到的五个国家非政府组织对发展教育工作的贡献程度。这种区别与每个非政府组织所秉持的意识形态有关系，因此它们做出的决策就千差万别，发展教育也就出现了多种不同的趋势，主要有：(a)改革性的，寻求对更大范围中的世界问题进行评估和了解；(b)人文主义的，旨在理解社会和文化的背景；(c)激进主义的，对不公正、不均等等问题进行批判研究；(d)整体主义的，旨在改革世界现实的概念(Kendrick 1986)。

第三个差异是非政府组织与正规教育部门之间的合作水平。在一些国家，如英国的威尔士，合作扩展到了联合进行教师培训，在其他国家主要是围绕学生涉及的经费筹措展开的。最后，在国际和国家层次上，非政府组织之间还有巨大的差异。由于这种差异(在规模、历史、组织和财政方面)的存在，很难对非政府组织在发展教育领域内的活动进行分类。

且不论前述的相似性和差异性，非政府组织作为欠发达国家的代言人起到了把发展教育从一个地区传播到另一个地区的有影响力的机构的作用。上面提到的五个国家尽管在某些情况下资金被削减但仍取得了巨大成功，这表明迫切需要从全球角度来理解发达国家和欠发达国家之间的不平等关系以及内部的悬殊。

5. 与发展教育教学相联系的关键问题领域

根据本词条中研究的五个国家的经验，与发展教育的教与学相联系的困难问题上至少有三种重要类型：影响学习的困难、教师遭遇到的困难和影响作为一个研究领域的发展教育的困难。

5.1 学习者经历的困难

这些困难大致上可以分成两大类，即情感和知识。与情感相联系的困难包括对遥远国家的发展问题的冷淡和不真实性、不相关性、无能、偏见、缺乏关注、缺少同情和关怀。知识方面可能遇到的问题是背景材料的不充分，快速变革的信息不足，很难处理详细的数据，简单化和概括化的倾向，寻求简单答案和解决方案，不太情愿认真对待发展教育，这是一个尚未研究的主题(Moxon 1985)。

5.2 教师遇到的困难

阻碍教师进行有效发展教育教学的困难至少有七个，它们是：(a)缺少培训，没有足够的知识和信息(如发展教育预想的教—学的跨领域课程的方法是一项技能，而许多教师并没有为此受到过培训)；(b)缺乏高质量和可靠的学校材料；(c)由于缺少学校的课程和学术的可信性，因此导致主题设计的优先性不足；(d)在促进这个主题上缺乏学院和制度支持；(e)担心被家长甚至某些政府官员贴上激进或左(右)翼的标签；(f)感觉到无能并被主题的复杂性弄得不知所措；(g)与交流相关的困难(如如何把主题传递给不同能力水平的学生)。

在学校环境中完成这些发展教育活动所遇到的困难显示了此主题方面的一些压力。

5.3 压力

与发展教育有关的一个关键问题是缺乏概念的透明性。事实表明，一些教育者认为它只与发展中国家存在独有的关系，而其他的教育者指出了它的普遍应用性。在这两者中间，有一些教育者对于东欧和中国这样的在发展教育方面尚未研究的“灰色地带”感到不自在。

另一个问题是教育学歧义危机。一些教育者高兴地看到发展教育渗透进了所有学校的科目中，而其他一些教育者坚持认为，它应当具有与发展教育相联系的专门方法论。

第三个压力是指内容和方法论之间的平衡。一些教育者认为，发展教育是一种方法，而不是内容。其他人，如普拉德范(1982)指出，它是一种可以进行教学的发展教育的方法，而不是内容。

其他的严重压力包括：对发展教育问题的宏观层面和微观层面关注之间的矛盾；科目的实践与它支持的理论之间的两分法；质与量的问题；依存与独立的问题；教师的教育意识形态的影响问题，因为它决定了此主题传授中的行为(Scruton et al. 1985)。

6. 加强发展教育

在任何一个国家发展教育的未来方向是一个

国家政策的问题。因此试图提供令人满意的此主题内容或教学法上变革的所有领域的全面清单是不明智的。相反,发展教育关注的问题和未来方向性的选择性清单倒是可行的:

(a)需要有一些人来制定教育政策和控制资源,这样发展教育不仅可以被认可为国家课程的一个组成部分,而且还可以承认为提高学生意识和同情的学科。这样一种认可对于制定发展教育固有的国家策略来说是需要的,因为它可以认识到不同观点之间的正常的压力。

(b)需要使发展教育成为职前和职后教师培养和培训的一个不可分割的组成部分。这在某种程度上为了解决在他们缺乏如何对此主题进行教学上的培训所带来的抱怨。它也能使教师对真实的学生的喜好产生敏感性,而且可以对那些视此主题为与他们自己关注的问题毫不相干的“潜在学习者”产生兴趣。

(c)需要探讨研究的范围,目的是为了增强和丰富发展教育的教学(如使用更多的跨学科)。有一个吸引许多教育者的领域是帮助儿童同时发展对民族价值观意识的了解和对文化相对性的更深刻的理解。

(d)有效的人类关系在发展教育中尤其重要。因此,教师需要发展倾听被监护人的观点的艺术,需要采纳参与性教学方法。

(e)在学校应当组织发展教育日,目的是为经验的交流和此主题的信息宣传提供一个机会。

(f)要使这个主题获得明显地发展,众多的非政府组织之间、非政府组织与学校和学院之间的支持和合作就显得至关重要。从机构的利益出发建立一个能有效发言的全国代表机关是在发展教育道路上的另一个举措。

(g)发达国家和欠发达国家的教师和学生之间需要更进一步地交换。除了可增强联系和消除欠发达国家对伙伴关系毫无作为的观念,这种交换还可使所有关注的人能创造性地、批判性地解决实际问题,探讨他们如何参与世界的变革。

(h)良好的实践应当在全国和国际上进行宣传,这样可以避免重复。

显然没有一种单一的行动课程能够解决本词条中讨论的所有或部分的问题。在所有层次上都需要有许多单独行动,从政府政策到一个学习处境中的关系,到地方、全国、国际层次上发展教育的支持者之间和支持者内部的强力合作。

7. 结论

21 世纪初将会有一种人们选择和获得全球水平上确保和平与发展的态度和价值观的持续需求。如果和平要取得成功,发达国家和欠发达国家的不同民族要在一个相互依存的世界里一起和谐地生活,那么需要在不久建立一个崭新的、更公平的世界秩序。尽管教育体系在产生无论是国家还是全球层次上的根本变革上有许多局限性,但发展教育在灌输世界和平与发展的态度和价值观方面可以发挥巨大的作用。如果发展教育得到了正常的对待和资源支持,如果把关注全球问题渗透到学校的整个生活中,那么它能够为年轻人提供有效发挥个体功能所需要的知识、理解力和技能,还有作为一个独特国家和一个相互依存世界的公民身份认同。此主题对 21 世纪公民教育的作用将依赖于它的教师质量以及使其他人参与集体活动的能力和创造一个更美好世界的行动。

发展教育关系到社会的变革——地方的、国家的、国际的。如果它要努力提供答案,在所有参与的人之间通过对话而优先采取一致行动是必不可少的。

T. 梅布瑞图(T. Mebrahtu) 著

朱旭东 译

附录

Adams D 1977 Development education. *Comp. Educ. Rev.* 21 (2/3): 296—310

Alger C, Harf J 1986 Global education: Why? for whom? about what? In: Freeman R (ed.) 1986 *Promising Practices in Global Education.* National Council on Foreign Language and International Studies, New York

Brewin J 1982 Development education in Canada. *Int. Rev. Educ.* 28:490—491

Crum M 1982 Global education in the United States:

A panoramic view. *Int. Rev. Educ.* 28:506—509

DeKock A, Paul C 1989 One district's commitment to global education. *Educ. Leadership* 47(1): 46—49

Heater D 1980 *World Studies: Education for International Understanding in Britain.* Harrap, London

Hopkin A 1990a Development education: A radical dimension of education? In: Abraham J, Lacey C, Williams R (eds.) 1990 *Deception, Demonstration and Debate.* Kogan Page, London

Jeppesen M 1982 Development education in Denmark: The churches' special development week. *Int. Rev. Educ.* 28: 494—496

Jordan R 1982 Development education in Canadian schools. *Int. Rev. Educ.* 28:492—494

Kendrick C F W 1986 Trends in development education: An initial survey of practice, theory and issues in Avon secondary schools. MPhil dissertation, University of Bristol

Kniep W 1989 Global education as school reform. *Educ. Leadership* 47(1): 43—45

Ministry of Overseas Development 1978 *Development education* (Report and recommendations by a working party of the Advisory Committee on Development Education). HMSO, London

Moxon D 1985 *Towards One World: World Development Education in Theory and Practice.* Christian Education Movement, London

National Association of Development Education Centres (NADEC) 1987 *What is Development Education?* NADEC, London

Nordkvelle Y 1991 Development education in Norway—context and content for the teaching of solidarity. *Int. J. Educ. Dev.* 11(2): 161—171

Pradervand P 1982 *Development Education—The 20th Century Survival and Fulfilment Skill. A Report on Trends in Development Education in Seven Western Nations.* Swiss Development Cooperation, Bern

Richardson R 1982 Introducing development education in schools. *Int. Rev. Educ.* 28:475—482

Scruton R, Ellis J, O'Keefe D 1985 *Education and Indoctrination*, Educational Research Centre, Harrow

Short J 1985 Learning and teaching development. *Harv. Educ. Rev.* 55(1): 34—44

Storm M 1983 A short history of development education. In: Bale J (ed.) 1983 *The Third World: Issues and Approaches.* The Geographical Association, Sheffield

Van Tongeren P 1982 Development education in the Netherlands. *Int. Rev. Educ.* 28:496—499

Watson K, King K 1991 From comparative to international studies in education: Towards the coordination of a British resource expertise. *Int. J. Educ. Dev.* 11 (3): 245—253

Zachariah M 1989 Linking multicultural and development education to promote respect for other persons and cultures: A Canadian perspective. Paper presented at the 7th World Congress of Comparative Education, Montreal

其他参考资料

Greig S, Pike G, Selby D (eds.) 1987 *Earth Rights: Education as if the Planet Really Mattered.* Kogan Page, London

Hopkin A 1990b *Development Education and Teacher Education in Wales: Preliminary Findings.* Research Project Report, School of Education, University of Wales, Cardiff

Korten D, Klauss R (eds.) 1984 *People-centered Development: Contributions Towards Theory and Planning Frameworks.* Kumarian, West Hartford, Connecticut

Mebrahtu T, White R, Brockington D (eds.) 1987 *Swann And The Global Dimension: Education For World Citizenship.* Youth Education Service, Bristol

Reischauer E 1973 *Towards The 21st Century: Education For A Changing World.* Knopf, New York

Regan C, Sinclair 1986 Learning from the past? History and development education. *Int. J. Educ. Dev.* 6(2): 127—131

比较教育与国际教育方面的文献与信息(Documentation and Information In Comparative and International Education)

本词条介绍了有关比较教育研究的文献资料的主要来源。随着信息技术使用得更为便捷,与以前相比,现在可以得到更大范围内的文献资料。但是,由于本词条的篇幅有限和比较教育所涉及的领域比较广泛,因而穷尽一切资料来介绍是不可能的。本词条介绍的主要是下面几个方面的内容:(a)有关比较教育的主要文献中心。这些文献中心主要是国际、地区性的,有些部分也涉及国家性的文献中心。并介绍了这些文献中心的主要活动和出版物;(b)对有关比较教育的其他方面信息资源的简要介绍。本词条的目的是为非专业人员提供充足的信息资料,使他们可以获得和分析有关教育的国际或地区性的文献资料。

本词条的第一部分简略地介绍了国际性文献中心,第二部分对地区性和国家性文献中心加以介绍,第三部分介绍的是其他方面的文献资源,如参考书、有关杂志、有关参考书目、比较统计资料、网络数据库,最后一部分对有关比较教育的文献资源的目前发展状况和未来发展前景作了概要性的评论。

读者可以注意到的是,在本词条中,有关西方工业社会的内容占了很大的比例,并倾向于介绍用英语写成的文献。这种状况是由两个方面的原因造成的:一为在比较教育领域的知识生产中,存在着明显的英语倾向和"发达国家"倾向,二是本词条的作者所能获得的资料的有限性。

1. 文献中心——国际范围

这一部分介绍了有关比较教育信息资料的主要的国际性文献中心。结合其他方面来说,有关比较教育的最为重要的信息资源是联合国。由于联合国具有从其成员国收集有关信息资料,使有关概念标准化以确保跨国范围的可比性的职责,因而每年出版数百种文献。有关联合国主要文献的信息,在联合国的出版服务部门所出版的出版物目录和月刊《联合国文献索引》(UNDOC)中均有刊载,其中还将每年累积的索引制作到微缩胶片上。《国际统计手册》列出了联合国所有统计资料的来源。

联合国教科文组织(UNESCO)是联合国所属的、与教育领域的联系最为紧密的一个机构,出版大量的年度性、专门性出版物。新的出版物的名单被列在其连续性刊物《出版物目录》中。旧的出版物的名单列在《印刷书籍》中。其中,最为重要的年度出版物是统计年鉴,这是有关教育的最为重要的比较统计资料。此外,联合国教科文组织还编写了大量的没有出版的文献,其中包括国际会议的会议记录、由其所委托撰写的有关研究和政策报告以及有关项目报告。联合国教科文组织一直通过计算机化数据库的方式保存与这些文献相关的资料,根据《文献与出版物名目》,在微缩胶片上或者通过实际的数据库可以看到这些资料。也可以通过联合国教科文组织的地区办事处获取有关资料(见下面第2部分的介绍)。

联合国教科文组织是几个机构的上一级组织,而这些机构负责更为直接地提供有关教育的文献资料。这几个机构中最为重要的是位于日内瓦的国际教育署(IBE)。国际教育署是于1929年成立的,当时是国际联盟的一部分,1969年被合并到联合国教科文组织中。其负责收集和分送有关比较教育的各个方面的信息资料。

国际教育署出版了大量的有关文献,如《国际教育年鉴》,每两年出版各国教育部有关会议的会议记录(可以通过微缩胶片查看这些资料)和包括涉及多个学科的有注释的国际范围内书目的《教育文献与信息资料:国际教育署公告》。此外,国际教育署出版有关文献的更为详细信息的系列参考资料,其中除了IBECENT和IBEDOC这两个数据库之外,还包括《文献中心名录》、《教育革新与信息资料》、《连续性刊物名录》、《国际教育署手册》、《教育制度国际指南》、《当前参考书目信息资源》、《教育研究协会名录》、《国际高等教育研究协会名录》、《关于教育的统计资料:国内与国际资源》、《成人教育文献与信息资源手册》、《特殊教育参考书目》。国际教育署向研究者提供10万本书和1 200份连续出版物,并负责国际教育信息网络(INED)的建设。国际教育信息网络编写《教育文献与信息服务手册》,其中列出了国家性的文献中心的名单。

另外两个与联合国教科文组织相关的组织是国际教育规划协会(IIEP)和联合国教科文组织教育协会(UIE),这两个协会的工作内容之一是提供有关文献。国际教育规划协会收集与比较教育规划相关方面的资料,通过《教育规划文献公告》可向公众提供其450多种文献的许多内容。联合国教科文组织教育协会有一个文献中心,其主要文献是有关扫盲和成人教育方面的。该中心同时出版《国际教育评论》和《终身教育参考书目》及相关的系列单行本文献。

国际劳工组织(ILO)收集正规教育之外的培训方面的资料。在其连续性出版物的名录中列出了职业培训方面出版物的名单。国际劳工组织也一直将没有出版的文献存储到计算机中,可以在微缩胶片或计算机上看到这些资料。同时,国际劳工组织还建有关于劳工的统计资料的数据库。

世界银行是另外一个涉及比较教育领域的重要文献资源。世界银行开展了多方面的教育研究,这些研究既有国际范围的,也有某一国家范围的。世界银行提供有关某一国家教育研究的主题报告或单行本,并将这些报告或单行本的名目列到其《出版物索引》中。此外,世界银行出版年度性的《世界报表》,其中包括了一百四十多个成员国的财政指标和社会指标。国际货币基金组织(IMF)收集有关各国政府财政方面的资料。例如,在其《各国政府财政统计》的系列年鉴中就有各国政府支出方面的资料,在其《世界债务报告》中有关于某一国家债务的统计资料。

除了国际组织之外,其他几个国际性文献应该提及一下。国际教育成就评价协会(IEA)收集了有关比较教育制度和教育成就方面的大量原始资料,其中大部分可以在该协会的数据库中查找到。德根哈特(Degenhart 1990)编写了有关该协会资料的参考书目。从这个协会可以得到更多的近期出版物和活动方面的资料。

哈佛国际发展协会(HIID)的BRIDGES和ABEL项目是与来自多个国家的研究者与政策制定者合作开展的。这两个项目已经开展了有关国际教育政策的多个方面研究,对有关发展状况作了文献评论。但是,必须付费才能得到其出版物。尤其值得一提的是"共享"数据库,这是一个涉及世界范围内1 000多个教育计划和项目的计算机存储的数据库。"教育的政治影响"(PIE)数据库也是由哈佛国际发展协会开发的,它包括了500种教育、社会、政治和经济方面的指标,其中可以得到有关大多数指标的跨越25年的资料。

另有两个提供有关高等教育、职业教育和成人教育方面资料的重要文献中心,它们是有关高等教育和职业教育的国际教育发展委员会(ICED)和有关成人教育的成人教育国际委员会(ICAE)。

关于国际统计资料方面的其他资源有国家科学基金会(NSF)和经济合作与发展组织的科学/技术指标及米切尔(Mitchell)的历史统计资料(Mitchell 1980,1982,1983)。与教育发展项目尤其相关的最后一个文献资源是捐赠机构。大多数捐赠机构设有文献中心,以向公众提供有关信息。加拿大的国际发展研究中心(IDRC)具有特别丰富的信息资源。有关其他文献中心的信息资源,可以通过向相关机构写信的方式获取。

2. 文献中心——地区范围

除了以上列出的全球性信息资源以外,许多地区性文献中心可以提供与某一特定地区的教育相关的资料。例如,联合国教科文组织的每一地区办事处都有自己的文献中心和出版物:非洲办事处的BREDA,拉丁美洲办事处的OREALC,亚洲和太平洋地区办事处的PROAP,阿拉伯国家办事处的UNEDBAS。联合国教科文组织专门负责高等教育事务的中心有关于西欧地区的CEPES和关于拉丁美洲地区的CRESALC。提供职业教育方面信息资料的文献中心至少有三个:关于西欧的CEDEFOP、关于拉丁美洲的CINTERFOR和关于非洲的CIADFOR。

经济合作与发展组织及其教育研究与改革中心(CERI)是有关发达市场经济背景下的教育的重要信息资源。与之类似的是,欧盟委员会和EEC向其成员国提供重要的文献资料。20世纪70年代中期,欧盟委员会建立了欧洲教育文献与信息系统(EUDISED),这是国家性的计算机化网络数据库,提供有关其成员国的教育研究方面的文摘,并出版《EUDISED 研究与发展》。EEC 也建立了教育文献网络,名为欧共体教育信息网络(EURYDICE)。可预测该信息网络将成为教育信息服务方面的网络,以促进政策制定者之间的信息交流。

其他地区的许多文献中心也已经成立,以提供关于某一特定地区教育方面的信息资料。美国的 CIECC 收集并提供有关美国教育的信息资料,CINTERPLAN(涉及教育规划、比较教育研究与有关参考书目)、REDUC(教育研究文摘)、CIDE、IIC(出版《教育评论摘要》)和 OEI(包括西班牙和葡萄牙教育的信息资料)也收集并提供地区性的教育文献中心。

在非洲法语地区,由 ACCT 提供比较教育研究方面的资料,其中既包括有关研究状况的文献,也提供有关参考书目。英联邦秘书处提供关于其成员国的丰富的信息资料。EEESP 专门提供西欧教育政策方面的信息资料,教师继续教育信息中心则主要提供东欧教育方面的信息资料。关于这些中心的资料可以从下面所列出的资源清单中找到。

最后,有几个国家已经建立了国家性的数据库。虽然这些数据库的内容主要是地方性资料,但是通常也能为比较教育研究者提供有用的参考资料。其中,最大的是位于美国的教育资源服务中心(ERIC)。ERIC 系统包括两个数据库,即关于教育类刊物的"当前索引"(CIJE)的数据库和"教育资源"(RIE)数据库。前者提供数百种刊物中与教育相关的文章的摘要,后者涉及多方面研究和有关教育项目的报告及没有出版的文献。可以通过连续性索引、主题目录、有关文摘的微缩胶片和复印件及网络等方式获取 ERIC 的资料。"教育科学公告指南"(法国)、"英国教育索引"和"澳大利亚教育"索引均提供类似的服务。

3. 直接信息资源

除了以上所提及的信息中心以外,还有其他大量的关于比较教育的信息资源,如:

参考书:有关将不同国家的教育制度、结构和特征加以比较的大量书籍已经出版了。更为重要的是在下面的"其他参考文献"中所列出的那些书。有兴趣的读者也可以参考由信格曼出版公司所出版的质量较高的"教育发展"系列丛书,其涉及领域如教师教育、教育技术、教育测量、人的发展、终身教育、特殊教育、课程和评价等。此外,高等教育(Altbach 1991)和妇女教育(Kelly 1989)方面也有一些好的参考书。

刊物:专业刊物是有关比较教育的目前发展趋势、研究和理论方面特别好的信息资源。大多数专业协会均出版属于其自己的杂志。其中最为重要的有:《比较教育评论》(由主要以美国为主的比较与国际教育协会出版)、《比较教育和国际教育》(加拿大)、《比较》(大不列颠比较教育协会)和《比较教育》(法语区比较教育协会)。其他重要的刊物包括:《国际教育评论》和《教育展望》(均为联合国教科文组织出版)、《欧洲教育杂志》(法国)、《比较教育》(英国、墨西哥、东德)、《法国教育评论》(法国)、《教育研究》(英国)和《国际教育发展杂志》。若读者需要获取更为全面的刊物名单,可以参考这套百科全书中有关主要教育刊物的列表。

学位论文:博士论文和硕士论文是另外一种重要的研究资源。遗憾的是,有关这方面文献的国际性指南目前还没有。由 F. 帕克和 B. J. 帕克(Parker F and Parker B J 1981 ~ 1987)编纂的比较教育方面的学位论文指南也许可以是称得上是这一领域最为全面的一份指南。到目前为止,这份指南已经有 19 卷,每一卷集中介绍某一特定地区的学位论文。《国际学位论文摘要》是另外一种权威性资源,但是其涉及范围仅限于北美地区。在世界范围内,教育专业的学生已经撰写了大量的论文,但是遗憾的是,其他国家的比较教育研究者无法获取其中的大部分资料。

参考书目:如上所述,国际教育署通过《教育文献与信息资料:国际教育署公告》、IBECENT 和 IBEDOC 两个网上数据库和专业性的参考书目提供重要的信息。国际教育信息网络的《教育文献与信息资源手册》也提供了一些有用的信息资料。有关比较教育方面的大量的重要参考书目是列在布特拉尔(Buttlar 1989)所编的文献中,这是一份很有价值的涉及多个主题和地区的参考书目。其中所涉及的主题和地区如高等教育、外国学生、南亚、斯堪的纳维亚、东南亚、印度、拉丁美洲、加勒比地区、阿拉伯国家、中国、独联体等等。D. H.凯利和G.凯利也编写了涉及内容广泛的妇女教育方面的参考书目(Kelly D H and Kelly G 1982,Kelly D H 1990)。有些刊物也编写连续性书目。虽然有些书目不是专门关于教育的,但是应该特别提及一下由约翰·霍普金斯大学出版社出版的“世界书目”系列。计算机技术的产生也为网上书目数据库的建立提供了可行性。许多手册中有关于这些数据库的资料(Gale Research 1991)。

网络数据库:其他网络数据库提供了关于教育项目、研究文摘和其他相关方面的信息资料,如前面已经提到的 EUDISED、CEDEFOPT、IBEDOC 和 IBECENT。其他的网络数据库还有 BIDE、BIRD、北欧国家的“教育与心理文献”(PEPSY)。国际教育信息网络的《教育文献与信息服务手册》和“盖尔研究”(Gale Research 1991)中有关于网络数据库的比较全面的清单。位于美国密歇根州的安阿伯的社会与政治研究大学联盟(ICSPR)向属于其成员的研究机构提供数百种网上数据库。“美国数据库和信息系统手册”与“美国信息系统手册”提供有关美国数据库的信息,其中许多内容面向公众开放。

专业协会:在比较教育研究者的第一个专业协会——主要以美国为主的比较与国际教育协会成立后不久,有关专业协会在欧洲、日本和太平洋地区也成立起来了。20 世纪 90 年代,大多数大的国家的比较教育研究者拥有他们自己国家的专业协会。世界比较教育协会理事会是于 20 世纪 70 年代成立的,成立的目的是协调各国协会之间的工作。该理事会举办世界性的大会,并提供其成员的名单和地址。

4. 比较与国际教育文献的现状与发展前景

虽然不同国家在语言和教育制度方面存在差异,但是至少在理论上而言,比较教育研究者可以获取大量的研究文献。不过实际情况是,对于非专业人员来说,知道从哪里可以获取什么资料是有困难的。本词条试图粗略地介绍比较教育这一领域研究文献的主要来源。越来越明显的是,有关资金总是不够的,所需要的是新的东西,即从更为自由的信息交流中所形成的新的东西。因此,不但对于研究者来说,对于政策制定者、教师、家长和学生来说,更多的信息交流将是需要的。但是,下面几个方面的因素却阻碍了信息之间的自由交流:

(a)无法获取有关资料。这有几种情况。一方面,人们可能不知道可以获取哪些资料或从哪里去获取有关资料。而另一方面,资料可能太多了:文献资料的类型是多种多样的,彼此之间没有得到协调,因而是混乱不清的。对于非研究人员来说,通常由于资料太多而无法加以理解,呈现资料的方式又不利于对其进行说明。例如,从技术上而言,使用 CD-ROM 和计算机网络系统可以使资料的存储、检索和交流更为简单,但是对于许多可能需要使用这些文献的人员而言,许多文献却无法获取。

(b)以工业化社会为中心的信息交流。虽然电子技术的发展已经促进了信息之间的交流,但是这也强化了过多的信息是从工业化社会来的这一传统情况。非工业化社会不缺乏知识,但是缺乏传播那里的人们所产生的知识的工具。

(c)信息的缺乏。在某方面来说,实际的情况是信息太多了,但是从另一方面来说,信息又太少了。例如,在比较教育研究领域内,没有系统地收集政策研究方面的文献。尽管大量的教育统计资料是可以获取的,但是许多资料是同一类型的。例如,有关学校质量方面的指标是非常少的。甚至诸如有关不同国家范围的纯入学率的这些基本指标的可靠资料也是缺乏的。有关教育政策的定量指标几乎没有。

这些问题与语言、硬件和资金等问题向未来比较教育的文献工作提出了挑战。

(为了查阅方便,我们原文附录了比较与国际教育的相关机构——译者注)

比较教育与国际教育机构:

ACCT—Agency for Cultural and Technical Cooperation, 13 quai André Citroen, F-75015 Paris, France

BREDA—Bureau Régional de l'UNESCO pour l'Education en Afrique, Avenue Roume 12, Dakar,

Senegal

BRIDGES-HIID—Harvard Institute for International Development, 1 Eliot Street, Cambridge, MA 02138, USA

British Education Index, Brotherton Library, University of Leeds, Leeds LS2 9JT, UK

CE—Council of Europe, BP 431 R6, F-67006, Strasbourg CEDEX, France

CEDEFOP—Centre Européen pour le Développement de la Formation Professionnelle, Bundesallee 22, D-1000 Berlin, Germany

CEPES—European Centre for Higher Education, Strada Stirbei Voda 39, Bucharest, Romania

CIADFOR—Centre Interafricain pour le Développement de la Formation Professionnelle, 01 BP 3771, Abidjan 01, Côte d'Ivoire

ClNTERFOR—Inter-American Research and Documentation Centre on Vocational Training, Avenida Uruguay 1238, Montevideo, Uruguay

CINTERPLAN—Inter-American Center for Study and Research in Educational Planning, Apartado Postal 70060, Caracas 1071 A, Venezuela

Commonwealth Secretariat, Marlborough House, Pall Mall, London SW1Y 5HK, UK

CRESALC—UNESCO Regional Centre for Higher Education in Latin America and the Caribbean, Altamira, Apartado Postal 68394, Caracas 1062a, Venezuela

EEC—Office of Official Publications for the European Communities, Rue de la Loi 200, B-1049 Brussels, Belgium

EIESP—European Institute for Education and Social Policy, c/o Université Paris IX-Dauphine, Pl du Maréchal de Lattre de Tassigny, F-75116 Paris, France

EUDISED—European Documentation and Information System for Education (see Council of Europe, CE above)

EURYDICE—Education Information Network for the European Community, Rue Archimède 17, Bte 17, B-1040 Brussels, Belgium

IBE—International Bureau of Education, Case Postale 199, CH-1211 Geneva 20, Switzerland

ICAE—International Council for Adult Education, 720 Bathhurst Street, Suite 500, Toronto M5R 2R4, Canada

ICED—International Council for Educational Development, 20 Nassau Street, Princeton, NJ 09540, USA

IDRC—International Development Research Center, Communications Center, Box 8500, Ottawa, K1G 3H9, Canada

lEA—International Association for the Evaluation of Educational Achievement, SVO, Sweelinck Plein 14, 2517 GK The Hague, The Netherlands

IIEP—International Institute for Educational Planning, 7—9 rue Eugène Delacroix, F-75116 Paris, France

ILO—International Labour Organisation, 4 route des Morillons, CH-1211 Geneve 22, Switzerland

IMF—International Monetary Fund, 700 Nineteenth Street, NW, Washington, DC 20431, USA

INED—International Network for Educational Informarion, (contact through IBE)

Institute for International Education, University of Stockholm, Stockholm, Sweden

OECD—Organisation for Economic Co-operation and Development, 2 rue André Pascal, F-75775 Paris CEDEX 16, France

OAS-CIECC—Inter-American Council for Education, Science and Culture, 1889 F. Street, NW, Suite 500, Washington, DC 20006, USA

OEI—Organization of Ibero-American States for Education, Science, and Culture, Ciudad Universitaria, 28040 Madrid, Spain

OREALC—UNESCO Regional Office for Education in Latin America and the Caribbean, Casilla Postal 3187, Enrique Delpiano 2058, Santiago, Chile

PROAP—UNESCO Principal Office for Asia and the Pacific, 920 Sukhumvit Road, PO Box 967, Prakanong Post Office, Bangkok 10110, Thailand

REDUC—Latin American and Caribbean Network for

Documentation in Education, Centro de lnvestigaci6n y Desarrollo de la Educación, Casilla13608, Santiago-1, Chile

UIE—UNESCO Institute for Education, 58 Feldbrunnenstraße, Postfach 132153, D-2000 Hamburg13, Germany

UN—Publications Division, New York, NY 10017, USA

UNEDBAS—UNESCO Regional Office of Education in the Arab States, PO Box 2270, Amman, Jordan

UNESCO Public Information Office, 7 place de Fontenoy, F-75700 Paris, France

UNESCO Office for the Pacific States, P. O. Box 5766, Matautu PO, Apia, Western Samoa

World Bank Publications, Department 0552, Washington, DC 20075-0552, USA

World Council of Comparative Education Societies, University of Manchester, Dept of Education, Manchester M13 9PL, UK

J. H. 威廉姆斯(J. H. Williams) 著

涂元玲 译

附录

Altbach P (ed.) 1991 *International Higher Education: An Encyclopedia.* Garland, New York

Bibliografías Internacionales BADESCO 1981 *International Bulletin of Bibliography in Education.* Bibliografías Internacionales BADESCO, Madrid

Buttlar L 1989 *Education: A Guide to Reference and Information Sources.* Libraries Unlimited, Englewood, Colorado

Degenhart R E (ed.) 1990 *Thirty Years of International Research: An Annotated Bibliography of IEA Publications (1960—1990).* IEA, The Hague

International Bureau of Education 1988 *Directory of Educational Documentation and Information Services*, 5th edn. UNESCO IBE, Geneva

Gale Research 1991 *Directory of Online Databases.* Gale Research. Detroit, Michigan

Kelly G (ed.) 1989 *International Handbook of Women's Education.* Greenwood, New York

Kelly D H 1990 *Women in Higher Education: A Select International Bibliography.* Graduate School of Education, Buffalo, New York

Kelly D H, Kelly G 1982 Women and schooling in the third world: A bibliography. In: Kelly G P, Elliott C (eds.) 1982 *Women's Education in the Third World: Comparative Perspectives.* SUNY Press, Albany, New York

Mitchell B R 1980 *European Historical Statistics: 1750—1975*, 2nd rev. edn. Macmillan, London

Mitchell B R 1982 *International Historical Statistics: Africa and Asia.* New York University, New York

Mitchell B R 1983 *International Historical Statistics: The Americas and Australia.* Macmillan, London

Parker F, Parker B J 1981—1988 *American Dissertations on Foreign Education: A Bibliography with Abstracts*, 19 vols. Whitston, New York

其他参考文献

British Council National Academic Recognition Information Centre 1987 *International Guide to Qualifications in Education.* Mansell, London

Cameron J, Cowan R, Holmes B, Hurst P, McLean M (eds.) 1983 *International Handbook of Education Systems.* Wiley, Chichester

Cao Q 1990 *Early Childhood Education in Comparative Perspective: A Select Bibliography.* Graduate School of Education, State University of New York, Buffalo, New York

Charters A N, Siddiqui D 1989 *Comparative Adult Education: State of the Art: With Annotated Resource Guide.* Centre for Continuing Education, University of British Columbia, Vancouver

Debeauvais M 1985 Documentation in comparative education. In: Husén T, Postlethwaite T N (eds.) 1985 *International Encyclopedia of Education.* Pergamon, Oxford

Halstead D, Kent (eds.) 1984 *Higher Education: A Bibliographic Handbook.* National Institute of Education, Washington, DC

Hoopes D, Hoopes K (eds.) 1991 *Guide to International Education in the United States.* Gale Research, Detroit, Michigan

KnowlesA (ed.) 1978 *International Encyclopedia of Higher Education.* Jossey-Bass, San Francisco, California

Kurian G T 1988 *World Education Encyclopedia.* Facts on File, New York

教育政策和决策：比较数据(Educational Policy and Decision-making: Comparative Data)

比较数据对教育决策会产生不同的影响，这取决于数据是怎样发布的、数据的真实可靠性、数据与相关研究发现的一致性、谁使用这些数据、基于这些数据的决策将会影响到谁。例如，联合国教科文组织出版的《统计年鉴》和世界银行出版的《世界发展报告》，这两份出版物被广为传播，它们的数据被接受并作为决策的基础是因为数据来源的可靠性和数据与研究发现相一致。然而，这些数据的实际使用则由不同类型的使用者来决定。例如，比较数据对国际机构能立刻产生影响力，但对各国教育部的影响则相对迟缓。更进一步来说，当受到决策影响的人群有能力挑战决策本身时，基于相关比较数据的决策行为则会被延迟或发生倒退。在本词条的初步介绍中，五个比较数据的案例与两项新政策有明显的关系，六个案例对政策的影响则未被判明，从而说明在数据和政策或决策之间存在着复杂的联系。

1. 比较数据在教育收益分析中的迟延影响

早在20世纪70年代出版发行的比较数据显示，对小学教育的投资相对不足，直到20世纪80年代晚期，国际投资机构才同意把小学教育投资作为一项优先考虑的事务。最初的比较数据在学者中引起了激烈的讨论，并产生了一些相关的研究发现。最终，通过再现早期的研究，发现假如对熟练工人的供给与需求曲线同时变动的话，小学教育规模的扩张能够带来经济利益。只有一致认为有必要提供更多的小学教育，各基金组织才可能愿意召开全民的世界教育大会，从而进行一系列的行动规划来巩固和加强小学教育。自从1990年在泰国召开的世界教育大会之后，世界银行、联合国开发计划署、联合国教科文组织、联合国儿童基金会和其他机构已经为小学教育提供了大量的人力物力，并且利用各种可以获得的信息为决策服务。因此，可靠的比较数据、大范围的传播、充分的论证最终促使把大量的资源用于小学教育。

2. 复读率与辍学率的比较数据影响

通过对来自拉丁美洲的比较数据的分析，第一次提出复读率被低估(而辍学率却被高估)是在20世纪60年代晚期(Schiefelbein and Dvis 1974)。但是，在拉丁美洲(PROMEDLEC 1989, 1991)、中华人民共和国(世界银行 1991)和其他地区逐步降低复读率则用了近20年时间。在这些案例中，决策之所以被延迟的原因在于以下两个局限：第一，评估方法过于复杂，为了达到对评估方法的充分理解需要认真地研究(Schiefelbein and Grossi 1981)；其次，估计的复读率几乎是按照统计原则所报告的水平的2倍，因此，在比较数据与受传统观念影响的大部分计划者和决策者之间存在着巨大的鸿沟。所以，在决策者愿意接受这样的观点——复读是一个很严重的问题——以及探询可能的原因之前，必须在研究领域中应用比较数据(Guadra and Ewert 1987, McGinn et al. 1991)。最终，世界银行和联合国教科文组织开始资助有关新的比较数据的收集工作，第一批研究成果得到了肯定(Schiefelbein 1988, OREALC 1990)。这一套新的比较数据可以评估小学复读生的年度开支，就拉丁美洲来说，其小学复读生的年度开支达到30亿美元。世界银行通过仔细调查之后对小学教育的效率表示赞赏，拉丁美洲各国教育部长们也努力提高教育质量以逐步降低复读率，从而促进教育公平的实现。

3. 比较数据对学校学年的影响

研究表明学习时间的总量与学生成绩有联系，

该研究激发了开展比较数据的收集工作,从而就教学与学校的时间安排做出了一系列的政策规定。尽管在发达国家中官方规定的教学时间的平均数比发展中国家高5%(Lockheed and Verspoor 1990),而实际教学时间则超过50%。例如,发达国家每学年是180~200天,平均每天5~6小时,发展中国家的两次轮流制学校每学年只有150天,平均每天3小时。决策者们开始意识到学习时间的差距,许多发展中国家正在收集有关实际学习时间方面的数据。与此同时,许多国家开始颁布各种政策来增加学年和学时。例如,由世界银行资助的一个项目向智利进行财政援助,以帮助其每一学年增加一星期的学时。拉丁美洲各国也正在采取类似的措施(ORAELC 1991)。

4. 比较数据对定时入学和提前入学的影响

随着人们逐渐意识到有必要提高教育的质量,比较数据对定时入学的影响引起了人们的关注。小学较高的复读率,减少重复的教育层次、增加学习时数,这些认识促使拉丁美洲在1988年使7岁学龄儿童的入学率达到94%(OREALC 1991)。在拉丁美洲,提高教育质量的要求强调儿童的定时入学。这项政策产生了如下的影响:在校学生的总学时不断增加,其原因是那些13岁或14岁的学生离开学校而准备工作;基础读物的使用量得到提高,基础读物中的故事按照年龄特征来编排,而从前的学生认为这些故事很乏味。那些对年龄较大的学生期望值很低的老师也逐渐在减少他们潜在的偏见与歧视。此外,在拉丁美洲儿童入学年龄正在呈现出历史性的下降趋势,这种现象是由对早期入学的研究所引发的。实际上,许多拉丁美洲的小学增加了一年的学前教育阶段(哥伦比亚则增加了零学级)。附加的学前教育阶段提供了一定的时间用于发展学生的读写能力,尽管存在来自家长的压力,但考虑到学前阶段的阅读水平仍旧很低和维持在旧有的水平,所以在学前教育期间发展学生的读写能力是必要的。在拉丁美洲,1990年5岁儿童中的50%进入了学前班或一年级(OREALA 1990)。

5. 比较数据对男女入学率的影响

比较数据显示了过去的不平等,解释了在拉丁美洲令人印象深刻的趋势,那就是男女入学率逐渐趋向平等。在20世纪50年代,1.8%的女性、4.0%的男性接受了高等教育,1980年的数字是7.5%和8.5%(Schiefelbein 1991)。在20世纪90年代,比较数据显示了在基础教育、中等教育和大学学术的管理职位上存在着对女性的歧视。在90年代收集的人口普查数据使得关于女性参与这些管理职位的研究成为可能。当得到社会价值观与职业责任的认可和支持时,这些有关性别的数据显示了比较数据的影响力。

6. 比较数据对少数民族双语教育的影响

比较数据显示少数民族教育水平低于平均教育水平。研究表明使用母语进行教学更能够促进阅读能力的培养。有关少数民族的比较数据持续说明少数民族的在校时间尤其是在毕业年级要比全国平均数少。然而不幸的是,双语教育对那些需要它的儿童并不能开展。少数民族学生的家长通常反对进行双语教育,因为家长不想让孩子远离主流文化,而是想让他们尽可能地学习占统治地位的语言。更为糟糕的是,为了用占统治地位的语言进行阅读,媒体并没有广泛传播这样一个观点:学生必须用他们的母语来开始进行阅读训练。然而,有关少数民族可怜的教育水平的比较数据和双语教育的缓慢开展都给加速双语教育增加了压力。

7. 教师工资的比较数据——能否制定一项工资政策

教师工资的比较数据一直是隐蔽的,假如有的话,这些数据所带来的影响可以帮助人们理解如何考虑工资水平和工资激励制度,因为尽管不断地提及责任,但是拉丁美洲的教师工资体系和水平并没有太大的改观。教师的年均收入一直保持不变,尽管在20世纪80年代的拉丁美洲出现了经济危机。教师的年均收入应是人均收入的2倍左右(Heller and Cheasty 1983)。然而,教师的工资却远远低于其他要求具有相同教育培训水平的行业。教师工资和人均收入的平均水平依然保持不变，尽管在拉丁美洲各国公立学校的教师工资常常与教师个人所受的教育培训水平、教师任教的教育层级、工作地点远近的程度相联系。试图改变教师工资结构的努力遭遇重重困难。

一方面，存在一种反对教师工资差异化的论调，认为合格教师非常缺乏。另一方面，政府当局想把教师的工资与教师的工作业绩联系在一起，但是大部分国家缺少合理的考核制度，各种干扰因素阻碍了进行责任考核的种种努力。然而，真正的障碍却有可能来自这样的社会观念：教育通常被认为只是生产低质量的产品。因此，对于那些在职的教师来说，低工资是理所当然的，而未来的教师也只能在那些未能进入高薪行业中的人群中招募。要打破这个恶性循环则显得非常困难，因为如果想要招聘到较好的教师，学校就必须提高工资水平，包括给那些正在从事教学但培训程度较低或缺乏进取心、不能达到标准而落在未来优秀教师身后的教师加工资。然而，只有少数经济快速增长的发展中国家，例如韩国和新加坡，有能力提高教师的工资和为年轻的、有前途的教师提供奖励。与此同时，教育质量的提高则有助于获得社会对新政策的支持。总而言之，比较数据在分析非常复杂的观点过程中扮演了重要的角色，每一种解决方案的设计必须从各种视角加以评估。

8. 比较数据对单位成本的分析

比较数据对单位成本的影响是不确定的。尽管有关单位成本的比较数据质量通常是存在疑问的，但初等教育、中等教育或职业教育、高等教育单位成本的差异性则在这一争论中扮演了重要的角色。高等教育的成本是初等教育的一百多倍。然而，不同层次教育中的单位成本差异在不断地减少。此外，国家教育预算的大部分被分配给了教材——根据研究发现教科书与学生成绩有相关性。更进一步说，初等教育与中等教育之间的成本差异有模糊或缺少关联的趋势，因为初等教育的班级数增加，而同时中等教育却在缩小。

9. 比较数据对文盲率的影响

尽管收集了大量有关文盲率的数据，但很难说这些数据有什么影响。在拉丁美洲，文盲率的大幅度降低是因为在初等教育阶段的净入学率的增长。在对比较数据对文盲率造成影响的系统讨论中，必须考虑以下四个因素。第一，大部分官方文件中有关文盲率的信息与15岁以上人口的全国平均数相一致；然而，有关其他比率的信息则非常少，这也就是说，较为年轻的年龄组的文盲率将会在未来20年影响到文盲率的平均水平。第二，人们很少意识到文盲率是以人口普查的形式由各国自己报告的，对所谓的“识字”人群并没有客观的识字评价标准。第三，所有那些被招收入学的人口通常在统计表格中被认为是识字的。第四，几乎每一位拉丁美洲的教育部长在20世纪80年代都承诺开展识字运动，并很快产生了影响，因为有很多参加识字运动的人以前上过学，所以统计结果并没有显示在下一轮人口普查中识字率有所上升。总而言之，识字水平的提高是由于初等教育的扩张，而比较数据对文盲率的说明则非常有限。

10. 比较数据对师生比的影响

尽管有很多研究发现，有关师生比的比较数据显示在20世纪八九十年代拉丁美洲的班级规模有缩小的趋势。研究表明班级规模从40人降到30人，甚至25人，但是班级规模的缩小对学生学业成绩并没有太多的影响(Glass et al. 1982)。然而，拉丁美洲各国降低了生师比，从1980年的29:1到1987年的27:1，尽管其教育方式采取了所谓“前沿模式”，即教师把信息和教育内容传授给后进学生，学生在照搬教师所教授的内容以便通过考试。“前沿模式”的学习很明显没有受到班级规模的影响，而是受到物理距离的影响，所谓物理距离即学生能够听到教师和阅读教师写在黑板上的内容。因此，师生比的降低主要受到研究成果的传播有限和教师工会两方面因素的影响。有关班级规模的研究主要是为了满足教师工会的反对意见，即教师工会试图改善教师的工作环境从而主张尽可能地缩小班级的规模。有关研究显示教育资源的分配应优先对班级规模的考虑，这种主张可以追溯到20世纪70年代早期(Schiefelbein and Farrell 1974)，在80年代末期班级规模缩小的趋势得到扭转，这主要是因为世界银行对该项目进行了资助。

11. 数据对高等教育扩张与人力资源计划的影响

高素质的人力资源与GNP的统计关系在20世纪70年代开始评测(OECD 1970)，许多拉丁美洲国家的高等教育规模的扩张速度高于其他教育。直到80年代末期，高等教育规模的扩张面临巨大的压力，而有关教育收益的统计数据则显示了其影响力(该统计数据支持初等教育优先发展的战略)。在1992年，人力资源方法依然在使用，但主要用于核查发展项目的持续性，而不是在经济增长和劳动力教育水平之间建立机械的联系。有关人力资源的比较数据的使用显示了减少这种机械联系的要求。例如，几个成功的发展中国家可能取得较高的经济增长率，尽管其职业教育的招生人数所占的比例很低。

12. 比较数据效果分析的几个趋势

在该领域有三个可能的趋势：(a)在比较数据与研究发现之间存在一种互动的关系，这种关系对政策制定有着积极的意义。(b)根据内容的关键要素，比较案例数量上的增加使对案例进行分组成为可能。(c)随着计算机的广泛使用，收集和处理数据更为容易，管理信息系统可以按照要求产生新的指标。更好的数据和更多的相关指标有助于开展相关的研究和新的教育过程的理论解释框架的设计。与此同时，通过内部分析或开发更好的指标，新的研究发现所产生的数据最终对决策者有很大的帮助(Schiefelbein 1990)。例如，收集到更好的统计数据和具有更好的指标的评估方法推动了有关学前教育长期影响的研究(如入学年龄、每年级学年、毕业通过率)，而这些将最终有助于设计有关该课题的更好的研究。测试评估一开始由国际教育成就评价协会开展(IEA)，许多国家认为有必要进一步提高他们的评测质量，得出用于跨国比较的成绩水平和衰退分析参数的比较数据(BRIDGES 1990)。自20世纪70年代末期开始，对教科书对学术成绩的影响的评估推动了有关教科书和教科书的平等性的数据的收集工作。政府教育补助的平等性的研究激发了对有关成本收益与补助的比较数据的强烈兴趣(Browman et al. 1986)。总而言之，理论与指标的联系越来越紧密，复杂的指标不断产生，并考虑到了与决策相关的各种要素。新的管理信息系统的开发研究将加强这种联系。其结果便是大量比较数据激增，从而使获得比较数据更为容易，在决策的更多相关领域发挥作用。

E. 席夫勒贝因(E. Schiefelbein) 著

饶耀平 译

附录

Bowman M J, Millot B, Schiefelbein E 1986 An adult life cycle perspective on public subsidies to higher education in three countries. *Econ. Educ. Rev.* 5(2): 135—145

BRIDGES Project 1990 BRIDATA microcomputer software model. Harvard Institute for International Development, Harvard University, Cambridge, Massachusetts

Cuadra E, Ewert G 1987 *Comparison of School Records with Parents' Information on Enrollment, Repetition, and Dropout: A Field Study in Honduras.* BRIDGES Project, Harvard University, Cambridge, Massachusetts

Glass G V, Cahen L, Smith M, Filby N 1982 *School Class Size: Research and Policy.* Sage Publications, Beverly Hills, California

Heller P S, Cheasty A 1983 *Sectoral Adjustment in Government Expenditures in the 1970s: The Educational Sector with Particular Emphasis on Latin America.* IMF, DM/83/82. Washington, DC

Lockheed M, Verspoor A 1990 *Improving Primary Education in Developing Countries: A Review of Policy Options.* The World Bank, Washington, DC

McGinn N et al. 1991 *Attending School and Learning or Repeating and Leaving.* Institute for International

Development, Harvard University, Cambridge, Massachusetts

OECD 1970 *Occupational and Educational Structures of the Labour Force and Levels of Economic Development.* OECD, Paris

OREALC 1989 *The State of Education in Latin America and the Caribbean. 1980—1987.* UNESCO-OREALC, Santiago

OREALC 1991 *The State of Education in Latin America and the Caribbean. 1980—1989.* UNESCO-OREALC, Santiago

PROMEDLAC Ⅲ 1989 Recommendations. *Bulletin of the Major Project of Education* No. 19. UNESCO-OREALC, Bogotá

PROMEDLAC Ⅳ 1991 Recommendations. *Bulletin of the Major Project of Education* No. 24. UNESCO-OREALC, Bogotá

Psacharopoulos G 1973 *Returns to Education: An International Comparison.* Elsevier, Amsterdam

Psacharopoulos G 1989 Time trends of the returns to education: Cross-national evidence. *Econ. Educ. Rev.* 8(3):225—231

Schiefelbein E 1975 Repeating: An overlooked problem of Latin American education. *Comp. Educ. Rev.* 19(3):468—487

Schiefelbein E 1988 *Repetition Rates: The Key Issue in South American Primary Education.* The World Bank, LATHR Division, Washington, DC

Schiefelbein E 1990 *Seven Strategies for Improving the Quality and Efficiency of the Educational System.* Child, family, community, notes, comments No. 192, UNESCO-UNICEF-WFP Cooperative Programme, Paris

Schiefelbein E 1991 Educational opportunities for women. The case of LAC. *Bulletin of the Major Project of Education* No. 24:51—78

Schiefelbein E, Farrell J 1974 Expanding the scope of educational planning: The experience of Chile. *Interchange* 5(2):18—30

Schiefelbein E, Davis R G 1974 *Development of Educational Planning Models and Applications in the Chilean School Reform.* Lexington Books, Massachusetts

Schiefelbein E, Grossi M C 1981 *Statistical Methods for Improving the Estimation of Repetition and Dropout: Two Methodological Studies.* CSR-E-40. UNESCO, Paris

WCEFA 1990 *Final Report. World Conference on Education for All.* Inter-Agency Commission for the WCEFA, New York

World Bank 1991 *China. Provincial Education Planning and Finance.* Report No. 8657—CHA. World Bank, Washington, DC

国际学士学位(International Baccalaureate)

国际学士学位(IB)是在国际预备课程基础上获得的世界范围高等教育的入学资格,其课程历时两年,通过考试取得资格。由于它所获得的广泛承认,IB 已被称为是进入大学和其他相关机构的"国际通行证"。IB 的最终目标是促进国际间的理解以及加强各国学生的交换和流动。尽管它最初的目的是为国际私立非营利学校服务的,但是现在美国、加拿大、英国以及其他少数的地区的许多公立机构(包括高中和学院、继续教育学院等)都采用 IB 课程和资格标准。此外,IB 也正在其他西欧国家试用(如斯堪的纳维亚、挪威和西班牙)。中欧(匈牙利、捷克共和国、斯洛伐克共和国)以及中美洲和拉丁美洲都在进行相似的发展,但是,在公共(政府)教育系统内部使用 IB 只被视为国家资格的补充,而不能与之对等。

1. 统计数据

1991 年 11 月,共有 62 个国家 438 所中学或学院注册成为国际学士学位机构,其地理分布跨度很广,从挪威到南非,从印度尼西亚到厄瓜多尔。其分布如表 1 所示。自 1971 年起,已有24 281人获得 IB 文凭。统计显示,人数已从 1971 ~ 1975 年间的 1 018人增加到 1986 ~ 1990 年间的13 603人。虽然在第三世界国家普及IB的工作已很努力了,但其

表1　1991 年登记参与国际学士学位的机构

地区	学校数目	国家数目
非洲/中东	23	14
亚洲/太平洋地区	43	18
欧洲	127[a]	17
拉丁美洲	68	11
北美/加勒比海	177[b]	2

a 英国有 24 所学校

b 包括 130 所美国学校和 47 所加拿大学校

学生仍有 75% 来自西欧、北美以及澳大利亚,只有 2% 来自非洲,有趣的是,还有 4% 来自东欧。

IB 作为拥有高等教育的入学资格已经得到了相当广泛的认可。全世界已有 700 所大学承认了 IB 文凭。在英国,尽管还有一些具体的课程要求,但是 IB 已经成为大学和工艺学校录取资格所要求的条件。在北美 IB 可以用来代替跳级(Advanced Placement)而获得学分;有些大学还给予 IB 一年的学分值。获 IB 文凭的毕业生已经成功地进入剑桥大学、牛津大学、哈佛大学、耶鲁大学、多伦多大学和其他许多大学。

2. IB 文凭

IB 文凭是由一个国际主考官委员会颁发的,该委员会由群体协调员和超过 1 300 名主考官主持。除了语言,所有的科目都采用英语、法语或西班牙语中的一种作为考试语言。IB 文凭既可以一次全部获得也可以分成单独的科目逐个取得。通常,一次性获得的文凭是大学入学资格所必需的。学生必须从以下几组中选择 6 门科目:(a)语言(学生的第一语言或"最好的"语言,通常是学生的母语或其学校中的教学语言),其中包括一门翻译世界文学作品的课程,这一科占 30% 的分值;(b)语言(第二种"最好"的语言,通常是学生的外语),侧重于语言的实践,交流的技巧;(c)"个人和社会"(人类和社会科学);(d)实验科学——之所以称为"实验科学",是它侧重于学生的动手实验能力,这一科必须占整个教学项目的 25%;(e)数学——包括好几种项目,如数学方法、数学以及计算机学习等;(f)美学、古典文学或计算学中的一门,或者是得到 IB 主办部门认可的课程提纲;或者是(b)、(c)、(d)组中没有提到的科目。此外,申请者必须递交一份大约四千字的文章,其内容是从课程科目中任选一科,体现出自己在其中的研究能力,同时还需要提供在理论知识课程中有良好表现的证明,以及积极参加每周一个下午的社会活动或者有创意的审美活动的证明。

文凭考试在两种水平上举行,高级的和补充的,二者成绩的结合才可以获得全部文凭。通常的结合情况是两种水平的考试各占三科。例如,一个将来在大学中学习自然科学专业的学生可以选择数学、物理和化学作为高级水平的考试科目,另外将英语作为语言 a,德语作为语言 b,以及历史三科作为辅助水平的考试科目。这些科目的等级评定从 1(很差)到 7(优秀),要获得全部的文凭,学生成绩必须达到至少 24 分。那些没有达到全部文凭要求的或者只参加了单科考试的学生,可以在其合格的科目上获得认证。考试采用书面考试、笔试和实践(适当的情况下)的形式,其中将运用到多种技术。

3. 课程发展

有专门的课程委员会行使对课程中的监管,其目的是整合国际上最好的实践中,并强调国际主义和创新。课程科目委员会由有经验的教师和主考官组成,每五年进行一次课程修订,并由"课程支持小组"提出新的发展内容,新的项目将首先在 IB 学校试行。在 20 世纪 90 年代早期,试验性的研究领域包括伊斯兰的语言、文化和历史、设计工艺、物理和化学以及戏剧艺术。另外,一个信息技术的项目,以及增加课程和考试中作为媒介语言的种类(当前只有英语、法语和西班牙语)也在考虑之中。

4. 起源和历史发展

建立一个国际高等教育资格的最初想法是在 1964 年。为满足当时的实际需要,IB 学校应运而生。在 20 世纪 60 年代早期,"流动的"学生人数增长非常迅速。这些孩子的父母包括外交官、国际组织的雇员、在国外为多国合作项目工作的人员,以及外国公司的代理人。这些来自不同国家的孩子直到16岁才能在一起接受令人满意的教育。但是,从此以后,为了进入他们自己国家的学校接受高等或继续教育,他们或者返回祖国或者在国际学校中按国别划分进行学习。于是日内瓦国际学校(于1924年得到战前国际联盟的支持而成立)为至少四个国家的考试提供准备:英国普通教育认证(高级水平)、美国专科院校的考试、法国学士学位以及瑞士的高中毕业证书。该校决定设计历史科目的考试题目,使它适用于不同国籍的高年级学生。这些都在1963年开始试验,并引起联合国教科文组织的关注。1965年一个国际学校考试组织成立了,它由许多非营利性的国际学校组成,希望为他们的学生创立一个基于真正的国际课程之上的全面的考试体系。1966年,阿利克·彼得森(Alec Peterson)博士,当时是牛津大学教育系的主任,成为该组织的第一任兼职主席。在他退休之后,他担任了全职工作,他将该组织的名称改为国际学士学位办公署(IBO)。

这一组织的创立吸引了世界上其他的国际学校。在当时那个教育改革的年代,它也引起了各国教育部和一些地区性组织如欧洲理事会的广泛注意,尤其是一些新独立的第三世界国家,他们在20世纪60年代第一次着手建立自己的课程和考试体系。1967年,IBO得到一笔福特基金,资助其最初的课程和考试试验,这一试验阶段一直持续到1976年。在这期间,来自加入IBO的国际学校的代表、督学以及各国的官员、国际和地区性的组织召开了许多会议,最终对课程内容和考试方式达成了一致。1991年,IBO庆祝其成立25周年。

5. 行政管理和从属关系

IBO在日内瓦设有总部,并在瑞士法律之下注册为基金会。它在伯尼纳斯(Bunenos)、艾里斯(Aires)、卡尔的夫(Cardiff)、纽约和新加坡设有分支机构,在澳大利亚、印度、墨西哥和英国设有代理处。它由基金会的国际理事会管理,理事会成员由许多杰出的教育家担任,并得到政府的常设研讨会以及IB学校领导常设讨论会的支持。其学术机构由一个课程委员会和一个考试委员会组成。IBO的日常工作由理事长负责,并由一个行政委员会协助其工作。IBO已认定其与UNESCO非政府身份关系以及与欧洲委员会的联合合作身份关系。

最初,它的创立引发了对其精英主义和排外主义的责难,主要是由于创立之初没有得到政府的支持,而是私人愿望的产物。但是,许多公立学校的加入(现在公立学校的数量已经超过私立学校)已经消除掉了这种疑虑。其课程的创新性质和不断进行的"滚动改革"吸引了全世界的注意。但是,它在第三世界国家的影响深度远远不及它在发达国家的影响,这也就成为IBO在新世纪的目标。

IB的哲学理念是基于这样的观念:即对于普通的全面教育的需要既包括科学教育也包括人文教育,同时也有益于现实的经济生活。德国教育家库尔特·哈恩(Kurt Hahn)的思想也被视为体现在IB理念中的有关国际主义和服务社区内容的影响来源。总之,国际学士学位可以被视为现代国际教育合作中最有意义的努力之一。

W. D. 霍尔斯(W. D. Halls) 著

刘 静 译

附录

Publications of the International Baccalaureate Organization (General Guide, teaching materials, past examination papers, various bulletins, etc.) obtainable in English, French, or Spanish from: Organisation du Baccalauréat International, Route des Morillons 15, CH 1218 Grand Saconnex, Geneva, Switzerland

Peterson A D C 1972 *The International Baccalaureate: An Experiment in Education.* Harrap, London

Peterson A D C 1987 *Schools across Frontiers: The Story of the International Baccalaureate and the United World Colleges.* Open Court, La Salle, Illinois

Renaud G 1974 *The Experimental Period of the International Baccalaureate: Objectives and Results.* A study prepared for the International Bureau of Education UNESCO, Paris

《教育大百科全书》专题名录及英文版主编

教育管理	主编	美国宾夕法尼亚大学教育学院　W. L. 博伊德(W L Boyd)教授
教育政策与规划	主编	加拿大安大略教育研究院国际教育和发展教育中心主任 J. P. 法雷利(J P Farrell)教授
教育评价	主编	美国伊利诺伊大学　H. J. 沃尔博格(H J Walberg)教授
教育人类学	主编	美国加利福尼亚大学伯克利分校　J. U. 奥布(J U Ogbu)教授
教育哲学	主编	美国斯坦福大学　D. C. 菲利普斯(D C Phillips)教授
教育社会学	主编	澳大利亚国立大学　L. J. 萨哈(L J Saha)教授
女性与教育	主编	澳大利亚墨尔本大学教育研究院 G. 拉可姆斯基(G Lakomski)教授
教育史	主编	瑞典斯德哥尔摩大学国际教育研究所 S. 马克隆德(S Marklund)教授
教育心理学	主编	比利时卢汶大学教育心理学和教育技术中心 E. 德·科尔特(E De Corte)教授
人的发展	主编	德国马克斯·普朗克心理学研究所主任 F. E. 韦纳特(F E Weinert)教授
特殊需要儿童教育	主编	美国坦普尔大学教育研究中心　M. C. 王(M C Wang)教授
学前教育	主编	美国伊利诺伊大学初级教育和儿童早期教育中心主任 L. G. 卡茨(L G Katz)教授
成人教育(上、下)	主编	荷兰图文特大学　A. 图季曼(A Tuijnman)教授
职业技术教育	主编	英国爱丁堡大学　K. 金(K King)教授
各国(地区)教育制度(上、下)	主编	德国汉堡大学　T. N. 波斯尔斯韦特(T N Postlethwaite)教授
比较教育与国际教育	主编	美国匹兹堡大学教育学院　D. 亚当斯(D Adams)教授
课程	主编	以色列特拉维夫大学　A. 莱维(A Lewy)教授
教育技术	主编	荷兰图文特大学　T. 普洛波(T Plomp)教授 美国锡拉丘兹大学教育学院　D. P. 埃利(D P Ely)教授
教学	主编	美国南加州大学　L. W. 安德森(L W Anderson)教授
教师教育	主编	美国南加州大学　L. W. 安德森(L W Anderson)教授
教育研究方法(上、下)	主编	澳大利亚富林德斯大学　J. P. 基夫斯(J P Keeves)教授
教育经济学	主编	美国斯坦福大学　M. 卡诺伊(M Carnoy)教授 美国斯坦福大学　H. M. 莱文(H M Levin)教授

《教育大百科全书》

《比较教育与国际教育》翻译、译审及编辑工作人员

翻译及译审人员

朱旭东　刘　静　杜　钢　郄海霞　郑富兴　饶耀平　涂元玲

编辑人员

卢　旭　任志林　任建成　刘　平　刘江华　刘春卉　吴兆理

宋建勋　宋艳先　张红芳　张金花　张渝佳　李　红　李　玲

李远毅　李智勇　周安平　杨　萍　杨光明　郑持军　秦　路

黄　璜　曾　艳　程　晋　程　鹏　蓝　菊　满福玺　廖　伟

熊远梅